»Meine einzige Schuld ist, als Kurdin geboren zu sein«

Heute ist Devrim Kaya 24 Jahre alt. Ihre Erlebnisse sind zuviel für ein ganzes Leben: geboren in Deutschland, als kleines Kind von ihren Eltern in die Türkei zu Verwandten abgeschoben. Als junges Mädchen erlebte sie Verfolgung, Gefängnis und Folter. Vor einem erneut drohenden Zugriff des türkischen Militärs mußte sie flüchten – zunächst nach Istanbul, dann nach Deutschland, wo ihre Eltern als Gastarbeiter leben.

Weder bei ihren Eltern noch bei den deutschen Behörden ist sie willkommen. Lange Jahre muß sie für ihre Anerkennung als politisch Verfolgte kämpfen. In dieser Zeit lebt sie versteckt – angewiesen auf die Unterstützung einer deutschen Frau, die ihr die Freundschaft anbietet.

Devrim Kaya hat ihre bemerkenswerte Lebensgeschichte aufgeschrieben. In den Erinnerungen an ihre Kindheit vermittelt sie ein eindrucksvolles Bild der schwierigen Lebensbedingungen in den Bergen Kurdistans. Authentisch schildert sie ihre politische Entwicklung: das Aufbegehren gegen die omnipräsente Unterdrückung durch türkische Behörden und Miliz, die Faszination, die die PKK auf sie ausüben konnte, und schließlich ihr Entsetzen nach der Ermordung ihres geliebten Onkels und Ersatzvaters durch die PKK. Nicht zuletzt liefert sie eine interessante Sicht Deutschlands – mit den Augen einer Fremden und denen eines Menschen auf der Flucht.

Diese Lebensgeschichte ist nicht nur ein eindringliches Zeitdokument, sondern auch die Geschichte einer außergewöhnlichen jungen Frau, die von einem tiefen Gerechtigkeitssinn durchdrungen ist und die nie ihre positive Lebenseinstellung aufgegeben hat.

Devrim Kaya, geboren 1974 in Eberbach, aufgewachsen in der Türkei, dort politisch verfolgt, reiste 1993 illegal in die Bundesrepublik ein und beantragte Asyl. Zur Zeit läuft ihr Klageverfahren gegen den negativen Bescheid des Bundesamtes. Seit einigen Monaten braucht sie immerhin keine Abschiebung zu befürchten, sondern wird amtlich »geduldet«.

Günter Wallraff ist hierzulande das Leitbild journalistischer Undercover-Recherche. Mit seinen zahlreichen Büchern, u.a. *Industriereportagen*, *Ganz unten*, *Der Aufmacher*, erreichte er ein Millionenpublikum.

Devrim Kaya

»Meine einzige Schuld ist, als Kurdin geboren zu sein«

Eine junge Frau auf der Flucht vor türkischer Folter und deutscher Justiz

Herausgegeben und mit einem Beitrag von
Günter Wallraff

Campus Verlag
Frankfurt/New York

Redaktion: Karin Beiküfner, Bad Soden

Die Deutsche Bibliothek – CIP-Einheitsaufnahme

Kaya, Devrim:
»Meine einzige Schuld ist, als Kurdin geboren zu sein« : eine junge Frau
auf der Flucht vor türkischer Folter und deutscher Justiz / Devrim Kaya.
Hrsg. von Günter Wallraff. – Frankfurt/Main ; New York : Campus Verlag 1998
ISBN 3-593-36065-9

Umschlaggestaltung: Guido Klütsch, Köln
Umschlagmotiv: Portraitphoto
Satz: Lembens+Maschke, Mainz
Druck und Bindung: Druckhaus Beltz, Hemsbach
Gedruckt auf säurefreiem und chlorfrei gebleichtem Papier.
Printed in Germany

Inhalt

Günter Wallraff

Über das Elend der Verfolgung und die Glückssache des Asyls

282

Vorwort

Ich schreibe dieses Buch aus einer Situation heraus, die wohl kaum einer meiner Leser je erleben wird. Im Deutschland des Jahres 1997 bin ich gezwungen, mich zu verstecken. Ich habe kein Verbrechen begangen. Meine einzige Schuld ist, als Kurdin geboren zu sein.

Ich weiß nicht, welche Zukunft mich erwartet. Ich bin erst 24 Jahre alt und denke oft an den Tod. Keine tödliche Krankheit bedroht mein Leben, und ich bin auch nicht geisteskrank. Ich lebe nur täglich in der Angst, verhaftet und an die Türkei ausgeliefert zu werden. Dort erwarten mich Folter und unter Umständen auch der Tod. Bevor ich jedoch sterbe, möchte ich die Wahrheit über mein Leben zu Papier bringen. Ich habe nicht mehr viel zu verlieren.

Wenn dieses Buch von möglichst vielen Lesern gelesen und als Signal verstanden wird, gegen Ungerechtigkeit und Gleichgültigkeit, wo immer sie einem begegnen, energisch vorzugehen, hat es sein Ziel erreicht, und mein Leben ist, auch wenn es keine Zukunft für mich geben sollte, nicht völlig umsonst gewesen.

Ich möchte mich bei Frau Dr. Mathia Dubberke herzlich bedanken. Nur ihrer Anregung und Hilfe ist es zu verdanken, daß dieses Buch geschrieben werden konnte. Ich habe das Manuskript für dieses Buch zunächst in türkischer Sprache verfaßt. Frau Dr. Dubberke half mir, es ins Deutsche zu übersetzen.

Dank sagen möchte ich auch meiner Lektorin, Frau Karin Beiküfner, ohne sie wäre dieses Buch nicht das geworden, was es heute ist, und Herrn Klaus Gabbert, dessen Einsatz es zu verdanken ist, daß das Buch überhaupt erscheinen konnte. Für die liebevolle Durchsicht des Manuskripts danke ich Herrn Hans Verleger und Frau Hildegard Dubberke.

Um die Identität gefährdeter Personen nicht preiszugeben, war ich leider gezwungen, die meisten Ortsnamen und einige Eigennamen zu ändern. Ich bitte meine Leser dafür um Verständnis.

1
Keine Party für ein Mädchen

Zwei Familien, ein Zuhause

Am 2. September 1974 erblickte ich in einem großen Krankenhaus in Eberbach, Deutschland, das Licht der Welt. Obwohl ich ein ganz gesundes Baby war, freuten sich meine Eltern nicht. Im Gegenteil. Ich war als Mädchen auf die Welt gekommen, und meine Eltern hatten schon zwei Töchter. Daher sollte ich unbedingt ein Junge werden.

Ich nehme an, daß es für meine Mutter keinen so großen Unterschied machte. Wie alle Mütter hatte sie mich neun Monate in ihrem Leib getragen und unter Schmerzen geboren. In diesem Moment kannte sie sicher auch nur den einen Gedanken, ihr Kind gesund auf die Welt zu bringen und es so schnell wie möglich in ihren Armen zu halten.

Mein Vater war da ganz anderer Ansicht. Meine Mutter hatte erwartet, daß er sie besuchte, um ihr gute Besserung zu wünschen. Vielleicht war es in diesem Moment ihr sehnlichster Wunsch, ihrem Mann zu zeigen, wie gesund und niedlich ihr Kind war, und mit ihm über solche Dinge zu reden.

In der kurdischen Kultur werden, vielleicht bedingt durch die jahrhundertelange osmanisch-islamische Fremdherrschaft, Frauen als minderwertig angesehen. Mein Vater bildete da absolut keine Ausnahme, obwohl er bis heute betont, ein fortschrittlich denkender Mensch zu sein. Vor meiner Geburt hatte mein Vater seinen Freunden versprochen: »Wenn ich einen Jungen bekomme, werde ich eine große Party geben. Alle dürfen essen und trinken, soviel sie wollen. Aber wenn es ein Mädchen wird, fällt die Feier ins Wasser.«

Mein Vater holte uns nicht einmal aus dem Krankenhaus ab. Auf diese Weise ließ er meine Mutter deutlich fühlen, welchen Fehler sie begangen hatte, ein Mädchen zur Welt zu bringen. Er tat gerade so, als wäre es allein ihre Schuld, daß ich kein Junge geworden war.

Meine Eltern waren 1970 als Gastarbeiter nach Deutschland gekommen. Sie wollten kein Kind großziehen, weil dann meine Mutter nicht hätte arbeiten gehen können. Wenn ich ein Junge gewesen wäre, hätten sie vermutlich alles versucht, um mich bei sich zu behalten, wie sie es später taten, als mein Bruder auf die Welt kam.

Das war die letzte Chance für meine Mutter, sonst hätte sich mein Vater wieder verheiratet. Er hatte das Recht dazu. Er durfte so oft wieder heiraten, bis es ihm endlich gelang, einen Sohn zu zeugen. Mein Bruder wurde wie ich in Deutschland geboren, und für ihn hätte meine Mutter sogar ihre Arbeit aufgegeben, aber sie hatte eine andere Möglichkeit gefunden: Mein Vater und meine Mutter gingen abwechselnd zur Schichtarbeit.

An diese Lösung des Problems hatte man bei mir nicht gedacht. Aber warum sollten sie meinetwegen auf ihre Bequemlichkeit verzichten – ich war nur ein Mädchen, das sowieso keine Zukunft hatte. Eine Frau muß Kinder zur Welt bringen, sie großziehen, auf dem Feld und im Haus arbeiten und die Füße des Mannes waschen. Wenn eine Frau nicht mindestens sechs Kinder produziert, ist sie gar keine richtige Frau. Besonders wenn sie keine Söhne bekommt. Jungen sind in der kurdischen Kultur der eigentliche Reichtum der Familie.

Für mich gab es keine Party und für meine Eltern damals keinen Grund, mich bei sich zu behalten. Vierzig Tage nach meiner Geburt brachten mich meine Eltern nach Kurdistan zu meiner Oma und meinem Onkel und fuhren eine Woche später wieder nach Deutschland zurück. Auch meine beiden Schwestern hatten sie zusammen mit mir in Kurdistan zurückgelassen. Wahrscheinlich war ihre Sehnsucht nach ihren Eltern genauso groß wie meine. Vielleicht vermißte ich die mütterliche Fürsorge sogar noch mehr als meine Schwestern, da ich noch kleiner und auf Muttermilch angewiesen war. Mein Onkel hatte fünf eigene Kinder, aber die Frau meines Onkels nahm mich auf wie ihr eigenes Kind. Ihr Sohn Veli war nur ein paar Monate älter als ich. Wie Zwillinge nährte sie uns an ihrem Busen, ich bekam die eine Brust und er die andere.

In den Bergen von Dersim war es nicht einfach, ein Kind großzuziehen. Dersim heißt in der Türkei Tunceli, und es ist streng verboten, den Namen Dersim überhaupt zu benutzen, da mit der Änderung des Namens der Stadt auch alle Erinnerungen an den großen kurdischen Volksaufstand im Jahre 1938 getilgt werden sollen. Wir waren eine arme

Familie. Unser Dorf war eines von zwanzig Dörfern auf den Berghängen, es lag ganz hoch und sah wunderschön aus. Obwohl die Natur dort herrlich war, konnte man in diesen Bergen nur von der Landwirtschaft leben, andere Erwerbsmöglichkeiten gab es nicht. Es war nicht einfach, diesen Bergen bloß ein Stückchen trockenes Brot abzugewinnen. Trotzdem hatte dieses Leben etwas Paradiesisches, da wir im Einklang mit der Natur lebten. Obwohl meine Oma dieses einfache Leben liebte, hatte sie doch ihr eigenes schweres Schicksal bitter gemacht. Oft quälten sie böse Vorahnungen über meine Zukunft, und sie sagte: »Du wirst auch so ein schlimmes Schicksal haben wie ich.« Ihre Stimme klingt mir noch heute in den Ohren. Wo sie auch hinging, nahm sie mich mit. Meine liebe Oma ließ mich nicht von ihrem Rücken, sie lief mit mir über Steine und Berghänge und machte, daß mir selbst die Steine weich erschienen, und das, obwohl sie das Gras und das Korn mit der Sichel schneiden, das Vieh hüten und die Hausarbeit für zehn Personen verrichten mußte.

Meine Oma hatte nie eine Schule besucht, aber sie war eine intelligente Frau. Sie hatte alles versucht, um meinem Vater den Schulbesuch zu ermöglichen, obwohl sie sehr arm war und nicht einmal genug zu essen hatte. Mit 14 Jahren hatte sie geheiratet. Als sie gerade 22 Jahre alt war, starb ihr Mann, und sie war als junge, schöne Frau ganz auf sich allein gestellt.

In Kurdistan ist es bis heute nicht einfach, als Frau allein zu leben. Es ist, als wollte ein Schaf in einer Herde Wölfe überleben. Ihr blieb daher nichts anderes übrig, als in eine Heirat mit einem wesentlich älteren Witwer einzuwilligen, und sie zog mit ihren drei Kindern zu ihrem neuen Ehemann. Nach zehn Tagen wollte er aber die Kinder meiner Oma nicht mehr in seinem Haus dulden. Da verfluchte meine Oma ihr Schicksal, nahm ihre Kinder und kehrte wieder in ihr kaputtes altes Haus zurück. Obwohl sie unserer Kultur nach eigentlich noch einmal hätte versuchen müssen zu heiraten, um einen männlichen »Beschützer« zu haben, und viele Leute sie nun eine Hure nannten und nicht mehr mit ihr sprachen, tat sie es nicht. Sie besann sich auf ihre eigenen Fähigkeiten, biß die Zähne zusammen und zog ihre Kinder alleine groß. Trotz ihrer schwierigen Lebensumstände hatte sie jetzt auch noch für mich zu sorgen.

Als ich vier Jahre alt war, kamen meine Eltern auf Urlaub. Es war das erste Mal, daß ich sie bewußt wahrnahm. Ich nehme an, daß sie kamen, um ihre Kinder zu sehen. Doch wir drei Schwestern fühlten uns als Mitglieder der Familie meines Onkels. Die Kinder meines Onkels sagten zu meinem Onkel »Papa« und zu meiner Tante »Mama«, und es war nur natürlich, daß wir sie auch so nannten und die Familie unseres Onkels über alles liebten.

Unsere Eltern waren für uns Fremde, und wir sagten zu ihnen »Tante« und »Onkel«. Wie sollte es auch anders sein? Darüber waren meine Eltern nicht sehr glücklich. Sie hatten sich offenbar vorgestellt, daß wir ihnen in die Arme fallen und vor Freude weinen würden. Aber dies war genauso unmöglich, als wollte man mit einem Kugelschreiber versuchen, auf die Oberfläche des Meeres seinen Namen zu schreiben. Unsere Eltern hatten für sich, oder vielleicht auch für unsere Zukunft, Geld verdienen wollen. Deswegen hatten sie uns weit von sich entfernt aufwachsen lassen. Wie soll ein Kind das aber verstehen können?

»Warum sagst du zu deiner eigenen Mutter Tante? Was soll das bedeuten?« fragte meine Mutter, dann verprügelte sie mich. Meine Eltern wollten uns näher kommen, wir aber wollten nur zu unserem Onkel, der für uns wie ein echter Vater war, zu meiner Oma, die ihr Leben mit mir geteilt hat, und zu meiner Tante, die ihre Muttermilch mir und ihrem Sohn gegeben hatte.

Meine Eltern wollten sich nicht damit abfinden. Sie waren eifersüchtig auf diejenigen, die sich unser angenommen hatten und die wir daher mehr liebten als unsere eigenen Eltern. So beschlossen sie, uns von der Familie meines Onkels weg mit nach Deutschland zu nehmen. Die Pässe waren schon fertig. Wie schwer mußte dies für unseren Onkel, unsere Tante und unsere Oma sein, die nun »ausgedient« hatten. Wir waren bei ihnen aufgewachsen, in ihrem Bett, auf ihren Armen. Wir waren für sie wie eigene Kinder, die man nun einmal nicht weggibt.

Besonders schwer war es für meine Oma. Sie war eine sehr gefühlsbetonte und ganz im Gegensatz zu meiner Mutter sehr warmherzige Frau, und schon kleine Dinge konnten sie psychisch sehr belasten. Sie fühlte wie eine Mutter für mich, und deswegen wollte sie unbedingt mit uns nach Deutschland kommen, obwohl ihr der Gedanke verhaßt war, das Land zu verlassen, in dem sie geboren, aufgewachsen und alt geworden war.

Auch wenn sie in ihrer Heimat verhungert wäre, hätte sie niemals daran gedacht, aus Kurdistan wegzugehen. Aber um nicht ständig Sehnsucht nach mir haben zu müssen, war sie bereit, sogar dieses Opfer zu bringen. Sie wollte nichts anderes, als bei mir zu bleiben und sich ständig um mich zu kümmern. Das war ihr einziger Wunsch.

Als sie mit uns nach Deutschland kam, war es sehr schwer für sie, sich an den deutschen Lebensstil zu gewöhnen, da Kurdistan hinter Deutschland mindestens hundert Jahre in der Entwicklung zurück ist. Um in unserem Dorf einen Tee zu kochen, muß man erst einmal die Kanne nehmen, sechshundert Meter den Berghang hinunter zur Quelle gehen, die Kanne füllen und wieder zum Haus hochklettern. Dann muß man Feuerholz suchen, im Herd ein Feuer machen, den Teekessel auf die Feuerstelle stellen und ständig Holz nachlegen, bis der Tee fertig gekocht ist. In Deutschland war es gar kein Problem, Tee zu kochen. Man mußte nur den roten bzw. den blauen Hahn am Waschbecken aufdrehen, um warmes bzw. kaltes Wasser zu erhalten. Dann brauchte man nur noch den Teekessel unter den Wasserhahn zu halten, ihn auf den Herd zu stellen und die Herdplatte anzustellen, und in fünf Minuten war der Tee fertig.

Meine Oma konnte sich an dieses leichte und bequeme Leben nicht gewöhnen. Wie hätte sie sich auch daran gewöhnen sollen, wenn doch ihr Lieblingssohn in Kurdistan ein so schweres Leben hatte? Sie wollte alles mit ihm teilen. Meine Oma konnte sich auch nicht mit dem bis ins Detail vorausgeplanten und festgelegten Tagesablauf in Deutschland abfinden. Sie fühlte sich wie ein Vogel in einem goldenen Käfig ihrer Freiheit beraubt. Sie war der Meinung, daß man in Deutschland wie ein Roboter oder ein Soldat in der Kaserne lebe.

Und noch etwas kam hinzu: Sie konnte nicht mitansehen, wie meine Eltern sich gegenseitig darin übertrafen, mich zu verprügeln. Anders als meine Eltern fand meine Oma es ganz normal, daß ein Kind um die Personen weint, die es als seine eigenen Eltern ansieht, und sie war dagegen, daß ich nur aus diesem Grund geschlagen wurde. Sie warf meinen Eltern vor, daß sie in Deutschland den Respekt und die Liebe ihrer Kinder und damit alles verloren hätten. Ihre Redensart war: »Man soll sich nicht beschweren, daß es im Sommer bei 40 Grad nicht schneit.« Meine Eltern hatten uns in Kurdistan aus einem großen Dorf entführt und in eine Zelle aus vier Betonwänden gesteckt. Jetzt sollte ich durch Schläge gezwungen werden, zu Menschen, die mich nicht liebten, Mama und Papa zu sagen. Ich wußte, sie waren meine echten Eltern. Das hatte ich verstanden. Die Familie meines Onkels hatte mir auch immer wieder gesagt, daß diese Personen meine Eltern wären. Gelitten habe ich nicht nur unter den Schlägen meiner Eltern, sondern fast noch mehr unter der ganzen lieblosen Atmosphäre.

Zum Glück war meine Oma eine sehr starke Frau, und so setzte sie schließlich ihren Willen gegen den meiner Eltern durch: Nach acht Monaten kehrten meine Oma und ich wieder nach Kurdistan zurück. Meine Eltern waren damit sogar einverstanden, weil sie wohl selbst inzwischen gemerkt hatten, daß sie in ihrem Leben ebenso wenig Liebe für mich würden empfinden können wie ich für sie.

Ich war unendlich froh, daß ich wieder bei meinem Onkel und meiner Tante und ihren Kindern in meinem Land sein durfte. Ich liebte unser Dorf, auch wenn es nur aus sieben, aus Lehm gebauten Häusern bestand, die sich in die hügelige Landschaft hoch über Dersim schmiegten. Die ungepflasterte Dorfstraße verwandelte sich bei Regen immer in einen reißenden Bach, den man nur überqueren konnte, wenn man sich die Schuhe auszog, sie auf die andere Seite warf, sich die Hosenbeine hochkrempelte und barfuß durch das knietiefe Wasser watete. Von der Dorfstraße zweigten noch kleinere Wege ab, die zu den weiter oben in den Hügeln gelegenen Häusern führten.

Da wir von den Erwachsenen gehört hatten, daß es in den großen Städten Straßen gab, die jeweils einen eigenen Namen trugen, machten wir uns als Kinder einen Spaß daraus, auch unsere Wege zu benennen. Wir hatten zum Beispiel eine »Dumme Straße«, weil dort eine Frau wohnte, die sich immer im Frühjahr mit den anderen Frauen des Dorfes prügelte, eine »Schrottstraße«, da dort alles Altmetall des Dorfes gelagert wurde, und eine »Diktatorenstraße«, weil dort eine sehr herrische alte Frau wohnte. Die Gasse, an der mein Elternhaus lag, wurde von uns Kindern »Zigeunerstraße« genannt, weil sich meine Eltern nach unserer Ansicht wie Zigeuner verhielten, wenn sie sich immer gegenseitig anschrien. Wenn wir im Sommer nachts wegen der unerträglichen Hitze in den Häusern auf den Dächern schliefen, riefen wir immer noch zu den Familien in den anderen Häusern hinüber: »He, ihr da, hier ist die Diktatorenstraße, wie geht es euch in der Schrottstraße? Meint ihr auch, daß es morgen wieder Probleme in der Dummen Straße geben wird?« – »Ja, hier ist die Schrottstraße. Uns geht es gut. Eigentlich ist es nicht die Zeit für Probleme in der Dummen Straße. Der April ist doch schon längst vorbei.« So neckten wir uns vor dem Einschlafen noch gegenseitig. Wenn wir uns dann in unsere Decken hüllten, betrachteten wir noch lange den herrlichen Sternenhimmel. Die Sterne glitzerten und funkelten in der trockenen Luft. Manchmal machten wir uns einen Spaß daraus, die Sternschnuppen zu zählen.

Das Haus meiner Eltern lag schräg gegenüber dem Haus meines Onkels auf einer kleinen Anhöhe. Bei beiden Häusern war der untere, etwa einen Meter hohe Teil aus unbearbeiteten Feldsteinen aufgeschichtet. Die Hohlräume zwischen diesen Steinen waren mit Lehm verschmiert. Den oberen Teil der Häuserwände bildeten ungebrannte Lehmziegel. Die Flachdächer der Häuser bestanden aus dicken Balken, zwischen die Reisigzweige geflochten waren, auf die wiederum Lehm geschichtet wurde. Nach jedem Regen mußte das Dach erneut abgedichtet werden, indem man Salz und Stroh aufbrachte und mit einer schweren Steinwalze festdrückte. Leider waren die Dächer trotzdem nicht hundertprozentig wasserdicht. Nach längeren Regengüssen passierte es immer wieder, daß es an einigen Stellen durchregnete. Dann mußte einer auf das Dach und die undichten Stellen mit Lehm verschmieren. Nach jedem Winter wurde sowieso eine neue Lehmschicht aufgebracht. Im Winter platzte auch oft etwas von dem Lehmverputz der Wände ab, so daß die Feldsteine wieder sichtbar wurden und die Häuser das Aussehen eines Flickenteppichs annahmen. Auch dies mußte im Frühjahr wieder ausgebessert werden. Wir waren also ständig mit der Instandhaltung unserer Häuser beschäftigt.

Das Haus meines Onkels, das vorher meiner Oma gehört hatte und in dem sie auch jetzt noch wohnte, war zweigeschossig. Die untere Etage diente als Stall. Im oberen Geschoß gab es insgesamt nur drei Räume: eine Wohnküche, ein Schlafzimmer, in dem wir mit zehn Personen zusammen schliefen, und eine große Vorratskammer. Licht spendeten uns Petroleumlampen und Talgkerzen. Geheizt und gekocht wurde mit Holz an der Herdstelle mit Rauchfang. Das Feuer in diesem Kamin und im eisernen Ofen im Schlafzimmer durfte im Winter auch nachts nicht ausgehen, da wir sonst alle erfroren wären. So mußte immer jemand aufstehen und Holz nachlegen. Trotzdem erinnere ich mich noch heute gern daran, wie nachts der Schein des Holzfeuers das Zimmer in ein geheimnisvolles Licht tauchte und ich beim leisen Prasseln der zerfallenden Holzscheite und dem Schnurren der neben dem Kamin liegenden Katzen wunderbar träumte. Mich störte auch überhaupt nicht, daß ich aus Platzmangel mein Bett noch mit drei anderen Kindern meines Onkels teilen mußte. Wir lagen aneinandergeschmiegt, die Füße des einen am Kopf des anderen.

Im Haus gab es keine Stühle. Die Hauswand in der Wohnküche hatte einen aus Lehm geformten Vorsprung, auf den wir eine Polsterung aus alten Stoffresten gelegt hatten. Darauf saßen die Erwachsenen. Uns Kindern wurde das Essen auf dem Fußboden serviert. Wir saßen dann alle zusammen und löffelten von einem Teller. Wer am schnellsten war, bekam auch am meisten ab. Da wir alle immer hungrig waren, gab es während des Essens oft Streit. Wir schlugen uns dann mit den Löffeln gegenseitig auf den Kopf. Oft kippte bei diesen Streitereien der Teller um, und wir hatten gar nichts mehr zu essen. Da es unter uns Kindern also bei den Mahlzeiten recht rauh zuging, durften wir niemals zusammen mit den Erwachsenen am Tisch essen. Aber da wir es nicht anders gewohnt waren, machte es uns gar nichts aus.

Der technische Fortschritt war nicht einmal auch nur in die Nähe unseres Dorfes gekommen. Was in Deutschland selbstverständlich war, bedeutete hier schwere Arbeit, wie etwa der Wasch- und Badetag. Im Winter befreiten wir uns und unsere Wäsche alle vierzehn Tage vom Schmutz, im Sommer jede Woche. Im Winter wurden die kleineren Kinder zu Hause in einem Waschbottich gebadet, der mit Holz angeheizt wurde. Die größeren mußten auch im Winter in einem Verschlag in der Nähe der Quelle baden. Dort wurde dann Wasser in einem großen Kessel erhitzt, und wir stiegen hinein. Was hieß da baden? Es war eher ein kurzes Übergießen mit Wasser.

Wir wuschen unsere Wäsche zu Hause mit heißem Wasser, zum Ausspülen brachten wir sie dann an die Quelle. So sparten wir uns, das Wasser zum Ausspülen auch noch hochtragen zu müssen. Wir kochten die weiße Wäsche mit etwas Seife und Asche, da wir kein anderes Bleichmittel hatten. Im Winter war es besonders hart, Wasser den Berghang hochzutragen. Wenn wir, bedingt durch die schweren Eimer und die Steilheit des Weges, ganz außer Atem kamen, stach die eiskalte Luft schmerzhaft in unsere Lungen. Da wir immer vor Augen hatten, wie beschwerlich es war, auch nur einen Eimer den Berg hoch zu transportieren, haushalteten wir mit dem Wasser sehr. Trotzdem badete mich meine Oma besonders intensiv. Ihr war es ganz egal, wie viele Eimer Wasser sie dazu den Berg hochschleppen mußte. Obwohl ihre Hände von der vielen Arbeit schon knorrig geworden waren und die Adern blau auf dem Handrücken hervortraten, wusch sie mich ganz liebevoll und zart. Wenn sie auf ihre rauhen Hände auch noch Seife schmierte und mich damit einrieb, kitzelte es mich so schön, daß ich aus dem Bottich gar nicht mehr raus wollte. Ich wartete immer so lange, bis sie schließlich sagte: »Komm bitte, mein Kind, ich flehe dich an mein Kleines, ich muß jetzt wieder arbeiten!« Dann war ich »wusch« aus der Wanne raus. Nun wollte sie mich mit einem Handtuch trocknen. Aber was für ein Handtuch!? Es handelte sich um einen großen, alten, löchrigen Lappen, der immer naß war, da sich vor mir schon mindestens zehn Personen damit abgetrocknet hatten. Es gab keine trockene Faser mehr daran. Er roch auch furchtbar schlecht, da man ihn nicht nach jedem Badetag waschen konnte, weil er dann zu schnell kaputt gegangen wäre. Ich schrie immer: »Bitte, trockne mich nicht mit dem blauen Lappen ab! Er ist so naß und so schmutzig! Außerdem stinkt er ganz fürchterlich!« Sie erwiderte: »Das ist gar kein Problem, mein Kind. Komm mal her!« Dann hat sie mich mit ihrer Schürze von Kopf bis Fuß abgerieben. Das war noch schlimmer. Die Schürze roch nach saurer Milch, nach Tierfutter, nach verdorbenem Essen und was weiß ich noch allem. Dagegen roch selbst der blaue Lappen noch himmlisch. Ich konnte ihr das aber nicht sagen, da ich sie nicht traurig machen wollte. Sie hatte es doch gut gemeint. Dann kämmte sie meine langen Haare mit einem Kamm aus Knochen, der ganz kaputt und schmutzig war und dem die meisten Zinken schon fehlten. Das ziepte fürchterlich. Am Ende flocht sie mir noch zwei lange Zöpfe.

Auch Pullover stellten für uns im Dorf ein großes Problem dar. Wir bekamen nur alle drei bis vier Jahre einen Pullover. Wir wuchsen schnell, aber die Pullover blieben so klein, wie sie waren. Ich haderte mit meinem Schicksal: »Bitte laß doch meinen Pullover mit mir mitwachsen!« Leider wurde meine Bitte nicht erhört, mein Pullover bedeckte meinen Bauch und meine Unterarme schon bald nicht mehr.

Bis zu meinem sechsten Lebensjahr war ich unbeschwert in meinem Dorf bei der Familie meines Onkels aufgewachsen. Nun war ich alt genug, um in die Schule zu gehen. Das Tragen einer Schuluniform war Pflicht. Woher sollten wir aber das Geld dafür nehmen? Meine Oma wußte Rat: Sie nähte von Hand selbst eine Uniform aus altem, schwarzem Stoff für mich.

In der Schule durfte nur türkisch gesprochen werden. Wie sollte ich türkisch sprechen? In der Familie, in der ich sprechen gelernt hatte, wurde nur kurdisch gesprochen. Obwohl der Kemalismus sich so viel Mühe gegeben hatte, uns zu Türken zu machen und uns zu zwingen, türkisch zu sprechen, war die Familie meines Onkels sich ihrer eigenen

Herkunft und ihres eigenen Volkes so sehr bewußt, daß dort trotz aller Repression nur kurdisch gesprochen wurde.

Das Türkische war mir allerdings nicht völlig fremd, da meine leibliche Mutter nur diese Sprache beherrschte und des Kurdischen nicht mächtig war. Sie hatte daher mit mir in Deutschland nur türkisch gesprochen. Ich hatte Türkisch auch schon manchmal in anderen Dörfern gehört.

An meinem ersten Schultag war ich, wie wohl jedes Kind, sehr aufgeregt. Alles war neu für mich. Zuerst mußte ich den Lehrer immer nur anstarren. Einen solchen Mann hatte ich in unserem Dorf noch nicht gesehen: Er war Türke, um die Dreißig und hochgewachsen. Seine blasse, nicht von Wind und Wetter gegerbte Haut, sein gepflegtes Äußeres, seine glänzenden, blonden Haare und sein eleganter Anzug beeindruckten mich sehr. Erst hatte ich etwas Angst vor ihm, aber er sprach sehr freundlich mit mir. Obwohl ich seine Worte kaum verstand, da er hochtürkisch mit Istanbuler Dialekt sprach, den ich zuvor noch nie gehört hatte, merkte ich doch an seinem Tonfall sofort, daß er es gut mit mir meinte. Anfangs hatte ich mit der Sprache ziemliche Probleme. Es dauerte aber nicht lange, bis ich sie überwunden hatte.

Unsere Schule war in unserem Dorf im zweiten Stock eines alten, noch aus Lehmziegeln gebauten Hauses untergebracht. Die Fenster unserer Schule bestanden aus Plastikfolien, die mit Reißnägeln oder Klammern befestigt waren. Es gab nur einen Lehrer, der die erste bis fünfte Klasse gleichzeitig nebeneinander in dem nicht einmal vierzig Quadratmeter großen Raum unterrichtete. Wir waren insgesamt etwa fünfzig Schüler.

Es war uns verboten, in der Schule schnell zu laufen oder zu hüpfen, da das die Decke des Untergeschosses nicht ausgehalten hätte. Durch den trockenen Lehm wurde auch so schon bei jedem Schritt viel Staub aufgewirbelt. Bei Regen- oder Schneewetter war es noch schlimmer, weil wir dann unter die undichten Stellen des Daches Schüsseln zum Auffangen des Tropfwassers stellen mußten. Wenn man Pech hatte, tropfte es einem direkt auf den Schultisch, so daß man keinen Platz mehr hatte, seine Schulhefte dort auszubreiten, da die Tische sowieso sehr schmal waren. Man konnte auch das Unglück haben, daß einem die Tropfen direkt auf den Kopf fielen oder im Nacken kitzelten. Da wir wegen des Platzmangels sehr eng zusammensitzen mußten, konnte man den Tropfen nicht ausweichen. Es blieb uns nur die Möglichkeit, entweder die Schule zu verlassen, uns eine Schüssel auf den Kopf zu stellen oder die Tropferei stoisch zu ertragen.

Unser Klo lag im Erdgeschoß. Es war gar kein richtiges Klo, sondern ein ehemaliger Stall, in den wir gingen, um dort irgendwo unsere Notdurft zu verrichten. Der Raum hatte keine Fenster. Wenn man also die Tür hinter sich schloß, war es völlig finster, so daß es ein kleines Kunststück darstellte, nicht in den Haufen seines Vorgängers zu treten. Es gab kein Wasser und kein Klopapier. Wir putzten uns mit Blättern oder flachen Steinen, die wir vorher draußen gesucht hatten, den Po ab. Hinterher juckte unser Hinterteil oft furchtbar, da an den Steinen und Blättern immer Sand hing, der dann an uns kleben blieb. Wenn die Mädchen gerade auf dem »Klo« waren, mußte jemand aufpassen, daß kein Junge das Örtchen ebenfalls benutzen konnte, und umgekehrt. Das jeweils andere Geschlecht mußte dann zur Erledigung seiner dringenden Bedürfnisse in den Wald oder in die Berge gehen, da nicht genug Zeit war, in der nur zehnminütigen Pause darauf zu warten, daß das »Klo« wieder frei würde. In den Pausen aßen wir das, was wir von zu Hause mitgebracht hatten. Plastik- oder Glasflaschen für den Transport von Getränken gab es jedoch nicht. Wenn wir Durst hatten, mußten wir den ganzen Berg hinunter zur Quelle klettern und dort Wasser mit den Händen schöpfen und trinken. Wir schafften es dann kaum noch, wieder pünktlich zum Unterricht zu erscheinen.

Es war ein Glück, daß sich unsere Schule in unserem Dorf befand. Sonst hätte ich auch, wie die Schüler aus den drei umliegenden Dörfern, acht bis zehn Kilometer bis zur Schule laufen müssen. Die Schüler aus den anderen Dörfern waren gezwungen, zwei bis drei Stunden vor Schulbeginn aufzustehen, damit sie die Schule rechtzeitig erreichten.

Im Sommer war es nicht so schlimm zu laufen, aber im Winter war es wegen des Schnees manchmal sehr, sehr beschwerlich. Der Schnee lag ein bis eineinhalb Meter hoch. Die Köpfe der Kinder guckten wie schwarze Knöpfe aus der weißen Schneefläche. Um uns den Weg frei zu machen, mußte immer zuerst ein Pferd zur Schule laufen, damit wir nicht so tief einsanken, sondern in den Fußstapfen des Pferdes relativ sicher die Schule erreichten. Manchmal glitt uns Kindern unsere Stofftasche mit den Schulsachen aus der Hand und rutschte auf dem Schnee den ganzen Abhang hinunter, so daß wir sie wieder mühsam zurückholen mußten. Wenn wir in die Klasse kamen, standen wir halberfroren da mit ganz roten Wangen und unseren zigmal geflickten Socken, die wir zum Schutz gegen die Kälte und den Schnee über den Rand unserer abgenutzten Gummischuhe gezogen hatten.

Die einzige Wärmequelle war ein alter Holzofen in der Mitte unseres Klassenzimmers. Jedes Jahr einmal mußten die Eltern der Schüler eine Ladung Holz auf dem Rücken eines Esels in die Schule transportieren. Dieses Holz mußte dann für den ganzen Winter reichen. Die Erstkläßler weinten immer wegen der Kälte.

Wenn unser Lehrer krank war, kam er mindestens fünfzehn bis zwanzig Tage nicht mehr in die Schule. Dies kam leider recht häufig vor, da unser Lehrer, wenn er auch nur unter einem Schnupfen litt, sich selbst für einen Monat krank schrieb und zu seiner Familie nach Istanbul fuhr. Vom Dorf wurde ihm zum Wohnen nur ein kleines Zimmer zur Verfügung gestellt, da wir selber keinen Platz hatten. Wenn unser Lehrer nicht da war, mußten wir vier Kilometer den Berg hinunter in eine andere Schule gehen. Hinunterlaufen war nicht so schlimm, aber wieder zurück! Das Problem war, nach der Schule den Abhang wieder hochzuklettern. Da taten uns unsere kleinen Knie immer weh.

Um uns zur Sauberkeit und zur Hygiene zu erziehen, kontrollierte unser Lehrer jeden Morgen unsere Hände, die Fingernägel und den rechten Fuß, da er nicht soviel Zeit hatte, beide Füße anzusehen. Veli, der Sohn meines Onkels und mein Milchbruder, wollte sich nie die Füße in der Früh mit kaltem Wasser auf den Steinen waschen. Eines Tages machte ich ihm einen Vorschlag: »Wasch doch nur deinen rechten Fuß, weil dein linker Fuß doch nicht kontrolliert wird.« Er folgte meinem Rat.

Irgendwann einmal stritten wir uns wegen eines Sockens. Er hatte abends, als ich schlief, meine Socken gestohlen, weil seine Socken immer schmutzig, naß und kaputt waren. Es war unmöglich, sie so oft zu flicken, wie er sie wieder ruinierte, und es hatte auch niemand Zeit, seine Socken außer der Reihe zu waschen und zu trocknen. Veli besaß – wie wir alle – kein zweites Paar Socken. Unser eines Paar mußte für ein ganzes Jahr halten, es sei denn, es lag ein besonderer Notfall vor, zum Beispiel wenn man seine Socken beim Waschen im Fluß verloren hatte oder sie beim Trocknen auf dem Ofen verbrannt waren. Dann mußte man drei oder vier Wochen nicht zueinander passende Socken tragen, bis jemand in die Stadt fuhr und man neue erhielt.

Ich kannte natürlich meine und seine Socken ganz genau. Ich stellte Veli also zur Rede, aber er wollte mir meine Socken nicht zurückgeben.

Er war größer und stärker als ich, also konnte ich ihm die Socken auch nicht mit Gewalt abnehmen. So sagte ich zu ihm: »Geh weg aus unserem Haus, ich will dich nicht mehr hier sehen, wenn du mir meine Socken nicht sofort zurückgibst!« Ich wollte ihn also aus seinem eigenen Haus werfen, obwohl ich gar nicht dort geboren war. Aber in dem Moment dachte ich überhaupt nicht darüber nach, daß seine Eltern nicht meine leiblichen Eltern waren. Er antwortete: »Hau du doch ab! Was hast du hier eigentlich zu suchen? Geh doch zu deinen eigenen dummen Eltern!« Dann rannte er weg. Ich mußte seine schmutzigen Socken anziehen und damit zur Schule gehen.

Veli und ich waren in derselben Klasse. Obwohl ich erst sechs Jahre alt war und es viel ältere Schüler gab, war mir von unserem Lehrer die Aufgabe übertragen worden, in unserer Schule für Ordnung zu sorgen. Ich war zum Beispiel dafür verantwortlich, daß alle sich während der Abwesenheit des Lehrers ruhig verhielten, und ich mußte immer die Namen der Kinder an die Tafel schreiben, die etwas angestellt hatten. Meine Oma hatte mich wohl mehr, als es bei anderen Kindern der Fall war, zur Ordnung und Sauberkeit erzogen. Außerdem besaß ich das nötige Selbstvertrauen und Durchsetzungsvermögen und war auch nicht die Dümmste in der Klasse. Ich schrieb also an diesem Tag den Namen von Veli auf die Tafel. Der Lehrer fragte: »Warum hast du den Namen von Veli an die Tafel geschrieben? Was hat er angestellt?« Ich antwortete: »Er wäscht sich immer nur den rechten Fuß, der linke ist aber ganz schmutzig. Außerdem hat er meine Socken geklaut!« Der Lehrer zog Veli zur Strafe die Ohren lang und schlug ihn, und er mußte mir noch in der Schule meine Socken zurückgeben. Unser Lehrer war ganz erstaunt, wieviel Schmutz auf so einem Kinderfuß sein konnte. So etwas hatte er noch nicht gesehen. In Istanbul, wo er herkam, war alles modern, es gab Toiletten und Badezimmer, und die Verhältnisse auf dem Dorf waren ihm daher völlig fremd.

Mein Milchbruder war meinetwegen geschlagen worden. Ich hatte jedoch nicht daran gedacht, daß ich mich nach dem Unterricht nicht mehr hinter dem Rücken des Lehrers würde verstecken können. Als wir aus der Schule kamen, verprügelte Veli mich dann ordentlich. Aber was nutzte es ihm? Von nun an wurden immer seine beiden Füße in der Schule kontrolliert. Dadurch wurde er allerdings auch jeden Tag wieder daran erinnert, was ich ihm angetan hatte. Er war deswegen immer auf mich wütend und versuchte nun ständig, irgendwelche Gemeinheiten auszuhecken, um mir das Leben schwer zu machen. Und das gelang ihm auch sehr gut. So zwang er mich, seine Hausaufgaben für ihn zu machen, indem er mir Prügel androhte.

Da unser Lehrer sich bei fünf parallel zu unterrichtenden Klassen nicht um jeden einzelnen kümmern konnte, mußten wir viel alleine lernen und bekamen sehr viel Hausaufgaben. Veli wollte seine Hausaufgaben nie machen, da er viel lieber mit anderen Kindern spielte. Eine Weile machte ich also brav seine Hausaufgaben mit, aus Angst, er würde mich sonst verprügeln. Irgendwann hatte ich aber die Nase voll. Ich wollte auch lieber spielen und draußen herumtollen wie die anderen Kinder. Ich sann darüber nach, wie ich mich dieser lästigen Pflicht entledigen könnte, und hatte eines Tages auch eine Idee: Ich schrieb das gleiche in Velis Heft, was ich auch in mein Heft geschrieben hatte, und verstellte meine Handschrift nicht mehr, damit der Lehrer sehen konnte, daß Veli seine Hausaufgaben nicht selbst gemacht hatte. Veli hatte eine so schlechte Handschrift, daß er von ihm selbst oder von mir in verstellter Handschrift geschriebene Hausaufgaben nicht richtig in der Schule vorlesen konnte. Meine eigene Schrift war dagegen sehr ordentlich. Ich wurde als erste aufgefordert vorzulesen, was ich zu Hause gemacht hatte. Dann kam Veli an die Reihe. Da Veli plötzlich flüssig seine Hausaufgaben vorlas und diese außerdem noch genau den gleichen Wortlaut hatten wie meine, merkte der Lehrer sofort, daß irgendetwas nicht stimmte. Er kontrollierte unsere Hefte und sah, daß beide in gleicher Handschrift geschrieben waren. So kam alles heraus, und der Lehrer schlug Veli zur Strafe mit dem Lineal mehrmals auf die Handfläche. Ich war sehr schadenfroh, daß ich die Angelegenheit mit den Socken und den Hausaufgaben so gut erledigt hatte. Zwar war Veli sehr böse auf mich, er ließ mich aber von nun an zähneknirschend in Ruhe, da meine »Rache« ihm jetzt schon zum zweiten Mal so schlecht bekommen war.

Das einzige, was mich wirklich ärgerte, war, daß wir zu arm waren, um uns ein Heft oder einen Bleistift zu kaufen. Wenn ein Heft zu Ende war, mußte ich alle Seiten mit einem Radiergummi wieder ausradieren. Darum war es uns in der Schule auch verboten, mit Kugelschreiber zu schreiben. Ich drückte immer so fest mit meinem Bleistift auf, daß ich kaum alles wieder wegradieren konnte. Aus diesem Grund sah mein Heft immer so schwarz aus. Wenn unsere Bleistifte bis auf einige Zentimeter geschrumpft waren, banden wir sie mit einem anderen Stück

Holz zusammen und schrieben mit ihnen weiter, bis sie ganz aufgebraucht waren.

Trotz der Armut und der primitiven Verhältnisse, in denen wir aufwuchsen, war es eine schöne Zeit, und ich fühlte mich geborgen in der Familie meines Onkels. Während dieser Jahre hatte ich meine alptraumhafte Angst vor meinen eigentlichen Eltern fast völlig vergessen. Ich dachte gar nicht mehr an sie. Doch das Familienleben im Haus meines Onkels sollte für mich bald ein Ende haben.

2
»Bist du von einem Bären überfallen worden?«

Die Flucht aus dem Haus meines Vaters

Eines Tages, ich war damals gerade acht Jahre alt, kam ein Telegramm, in dem meine leibliche Mutter ankündigte, daß sie mit ihren Kindern aus Deutschland zu uns kommen wolle, um für immer in unserem Dorf zu leben. Mein Onkel fuhr mit dem Bus nach Istanbul zum Flughafen, um meine Mutter, meine Schwestern und meinen Bruder abzuholen.

Ich wartete den ganzen nächsten Tag auf dem Dach unseres Hauses, von dem aus ich weit ins Tal hinunterblicken konnte, um ihre Ankunft im Dorf nicht zu verpassen. Zwar wollte ich meine Mutter nicht wiedersehen, aber ich hatte doch etwas Sehnsucht nach meinen Geschwistern. Außerdem quälte mich die Neugier.

Endlich sah ich sie. Sie stiegen im grünen, frischen Gras den Berg zu unserem Dorf empor. Ich lief ganz schnell zu ihnen hin, war aber zu schüchtern, meinen Geschwistern in die Arme zu fallen, da sie so hübsch wie Stadtkinder angezogen waren und ich nur meine alten zerlumpten Kleider anhatte. Meine Mutter würdigte ich keines Blickes.

Meine älteste Schwester Serpil sagte als erstes zu mir: »Weißt du was? Papa ist im Gefängnis!« Ich wußte nicht, was Gefängnis bedeutet, und dachte, dies sei vielleicht nur ein anderer Name für Deutschland. Unbekümmert scherzte ich weiter mit meinen Geschwistern und lachte. Bis wir zu Hause ankamen, erzählte ich ihnen von meinem Lamm, das mir meine Oma geschenkt hatte und auf das ich ganz besonders stolz war. Ich hatte ihm eine Halskette aus den Überresten eines alten Pullovers gemacht. Den ganzen Weg über bewunderte ich die Schuhe meiner Schwester – so schöne Schuhe hatte ich noch nie zu Gesicht bekommen. Ich schlug ihr vor: »Laß uns zu Hause unsere Schuhe tauschen. Du hast so schöne rote Schuhe!« Sie war ganz entsetzt, daß sie ihre hübschen Schuhe gegen meine alten, häßlichen Gummipantoffeln tauschen sollte.

Als wir zu Hause ankamen, fiel meine Mutter meiner Oma, die sie sonst eigentlich gar nicht mochte, völlig hilflos in die Arme und weinte. Dann fing auch meine Oma an zu weinen. Weil ich meine Oma nicht traurig sehen konnte, fing auch ich an zu weinen, obwohl ich immer noch nicht wußte, was mit meinem Vater eigentlich passiert war. Schließlich nahm meine Oma meine Geschwister in ihre Arme und küßte sie. Ich war furchtbar eifersüchtig und lief völlig aufgelöst zu meiner Tante, warf mich in ihre Arme und flehte sie an: »Schwörst du mir, daß du mir auch so hübsche rote Schuhe kaufst, wie sie meine Schwester hat? Und eine Puppe wünsche ich mir auch!« Sie drückte mich fest an sich und antwortete: »Mein Liebes, sie sind neu gekommen, darum hat deine Oma sie in den Arm genommen und geweint. Sie und ich lieben dich immer noch über alles.« Da war ich beruhigt. Irgendwann hatte ich dann aber doch verstanden, daß mein Vater für zwei Jahre im Gefängnis war, da er in Deutschland Heroin verkauft hatte.

Bevor mein Vater und meine Mutter nach Deutschland gegangen waren, hatten sie in unserem Dorf ein neues Haus gebaut. Es lag schräg gegenüber dem Haus meines Onkels. Mein Onkel hatte es in der Zwischenzeit als Speicher benutzt. Es wurde nun leer geräumt, und meine Mutter und meine Geschwister zogen dort ein. Ich durfte bei meinem Onkel bleiben, worüber ich von Herzen froh war. Wenn ich wollte, konnte ich nun mit meinen Geschwistern spielen. Sie kamen zu uns ins Haus, und ich ging auch zu ihnen.

Nach zwei Jahren wurde mein Vater aus dem Gefängnis entlassen und kam zu uns nach Hause. Er sah, daß ich herangewachsen und schon zur Haus- und Feldarbeit zu gebrauchen war. Deshalb riß er mich ohne Rücksicht auf meine Gefühle oder die meines Onkels und meiner Oma von der Familie meines Onkels weg. Meine Oma wurde darüber fast verrückt, da die Trennung von mir für sie noch unerträglicher war als für meinen Onkel.

Ich mußte nun bei meinen Eltern leben, doch sobald ich auch nur einen Moment unbeaufsichtigt war, rannte ich weg zu meiner Oma. Wenn meine Mutter das merkte, lief sie im Laufschritt hinter mir her und schleifte mich an meinen langen Haaren nach Hause zurück. Sie beschwerte sich dann bei meinem Vater über mich, der mich ordentlich durchprügelte, damit ich nie mehr auf den Gedanken kommen sollte, zu meiner Oma zu laufen. Mein kleiner, schmächtiger Körper war bald über und über mit Striemen und blauen Flecken bedeckt. Ich glaube, irgendwann begriffen meine Eltern schließlich, daß man Liebe nicht erzwingen kann. Doch um sein Gesicht nicht zu verlieren, verbot uns mein Vater dennoch strikt jeglichen Kontakt zur Familie meines Onkels oder meiner Oma. Wir durften auch nicht mehr zu meiner Tante »Mama« und zu meinem Onkel »Vater« sagen, und mein Vater sagte uns, daß Onkel, Tante und Oma Feinde seiner Familie und ganz schlechte Menschen seien.

Aber ich war inzwischen alt genug, um selbst entscheiden zu können, wer schlecht und wer gut war. Bis heute kann ich nur Gutes über meinen Onkel sagen. Er war immer nur lieb zu mir und schlug mich niemals. Von dem ganzen Gerede meines Vaters bekam ich nur Kopfschmerzen, geglaubt habe ich nicht ein einziges Wort. Jedesmal, wenn meine Eltern so schlecht über die Familie meines Onkels und über meine Oma sprachen, fing ich an zu weinen. Aber meine Eltern durften mich nicht weinen sehen, sonst wäre ich geschlagen worden. Ich tat dann immer so, als ob ich husten müßte, und ging ins Schlafzimmer. Dort weinte ich meistens so lange, bis ich einschlief.

Durch den ganzen Kummer und die Trennung von der Familie meines Onkels, die ich so liebte, wurde ich schließlich krank. Ich konnte nichts mehr essen und keine Nahrung mehr bei mir behalten. Meine Haut bekam eine ganz gelbe Farbe. Anstatt sich um mich zu kümmern, sperrte mich meine Mutter in die ungeheizte Vorratskammer unseres Hauses. Zwar war die Kammer nicht abgeschlossen, es war mir aber streng verboten, sie zu verlassen. Ich war allerdings sowieso zu schwach, um aufzustehen. Einmal am Tag sah meine Mutter nach mir und fragte: »Hast du Hunger?« Ohne zu überlegen, erwiderte ich: »Nein, Tante, ich bin nicht hungrig.« – »Was sagst du da?! Tante? Du Schlampe! Du Hure! Du sagst noch immer Tante zu mir? Habe ich dir nicht schon tausendmal gesagt, daß ich deine Mutter bin und du nicht Tante zu mir sagen sollst!« Obwohl ich schwer krank war, schlug sie mich grün und blau. Ich war bald so verzweifelt, daß ich nicht einmal mehr weinen konnte. Wenn meine Mutter mich beschimpfte und schlug, hatte das wenigstens den Vorteil, daß der Schmerz mir die Tränen in die Augen trieb. Die Tränen taten mir gut.

Drei, vier Tage war ich nun nicht mehr in der Schule gewesen. Mein Lehrer fragte natürlich Veli nach mir: »Weißt du, wo Devrim ist?

Warum kommt sie nicht in die Schule? Ist sie krank?« Veli antwortete mit weinerlicher Stimme und geröteten Augen: »Keine Ahnung.« Mehr war aus ihm nicht herauszubekommen.

Mein Lehrer mochte mich gerne. Er war mit der Familie meines Onkels befreundet. Nach der Schule ging er sofort zu meinem Onkel und erkundigte sich nach mir. Mein Onkel erzählte ihm, was geschehen war und daß ich seit vier Wochen im Haus meines leiblichen Vaters, seines Bruders, wohnen müßte, der ihm jeden Kontakt mit mir verboten hätte: »Ich weiß wirklich nicht, warum sie nicht in die Schule geht. Hoffentlich ist nichts Schlimmes passiert!« Meine Oma erzählte meinem Lehrer in ihrem sehr gebrochenen Türkisch: »Ich habe sie drei Tage nicht auf der Straße gesehen. Ich habe große Angst um sie. In letzter Zeit sind mein Sohn und meine Schwiegertochter einfach unberechenbar. Mein armes Kind! Hoffentlich haben sie es nicht umgebracht!« Mein Lehrer und meine Oma machten sich dann sofort auf den Weg zum Haus meiner Eltern.

Mein Vater war gerade an diesem Tag in die Stadt gefahren. Als meine Mutter meine Oma auf das Haus zukommen sah, trat sie ihr vor der Haustür entgegen und ging wie eine Furie auf sie los. Ich hörte das laute Stimmengewirr bis in die Vorratskammer und erkannte die Stimme meiner Oma. Ich weiß bis heute noch nicht, wie ich es trotz meiner Schwäche schaffte, so schnell aufzustehen, vor das Haus zu laufen und mich hinter dem Rücken meiner Oma zu verkriechen. Ich schrie: »Oma, Oma! Nimm mich bloß von diesen Verrückten hier weg!« Meine Oma schob mich etwas zur Seite, faßte meine Mutter an den Haaren und zog fest daran: »Bist du krank im Kopf? Sieh doch, wie das arme Mädchen aussieht! Du hast meine Tochter fast getötet!« Ich zitterte vor Angst, daß mich meine Mutter nun fürchterlich verprügeln würde, und versteckte mich hinter meinem Lehrer.

Er nahm mich in seine Arme und bemerkte, daß ich hohes Fieber hatte. In diesem Moment drehte sich alles vor meinen Augen, und ich erbrach mich. Meine Oma ließ meine Mutter sofort los, kam auf mich zu, und plötzlich traf mich ein Faustschlag auf den Kopf, so daß ich nur noch Funken sah. Meine Mutter zerrte an meinen Haaren, packte mich mit einem Griff unter dem Arm, rannte mit mir ins Haus und schloß die Tür hinter sich zu. Ich dachte, meine Mutter würde mich umbringen, und wurde vor Angst und Schmerz ohnmächtig. Irgendwann kam ich wieder zu mir, meine Nase blutete stark, und ich hatte schlimme

Schmerzen. Als ich mein eigenes Blut sah, wurde ich wieder ohnmächtig.

Meine Mutter dachte, ich würde das mit Absicht machen. Durch ihre Schläge kam ich wieder zu mir, aber ich konnte mich fast nicht mehr bewegen, mein ganzer Körper, besonders meine Rippen, brannten vor Schmerzen. Ich weiß nicht, aus welchem Grund die Haustür etwas offen stand. Auf jeden Fall sah ich durch den Türspalt, daß sich alle Dorfbewohner vor unserem Haus versammelt hatten, und ich hörte, wie meine Mutter sagte: »Mein Ehrenwort, ich habe sie wirklich nicht stark geschlagen, normalerweise lieben wir einander, wenn sich die Familie meines Schwagers nur nicht immer einmischen würde!« Sie brachte dies so stockend hervor, daß jeder sofort merkte, daß sie nicht die Wahrheit sagte. Ich konnte ihre Lügerei nicht aushalten und wälzte mich stöhnend auf die Seite: »Tante, warum lügst du? Ich lieb dich doch gar nicht! Außerdem hast du mich so geschlagen, daß ich nicht aufstehen kann. Ich will zu meiner Oma! Helfen Sie mir! Nehmen Sie mich doch von meiner Mama weg! Bitte helft mir doch!« Die Nachbarn wunderten sich, wie ein kleines Mädchen in meinem Alter schon soviel Widerstand leisten konnte. Sie sahen, daß ich in meinem Blut und in meinem Erbrochenen auf dem Boden lag und mein ganzer Körper grün und blau geschlagen war. Sie sagten zu meiner Mutter: »Gott soll dich und deinen Mann strafen! Wie kannst du so etwas einem kleinen Kind antun? Wir haben auch so viele Kinder, wir würden sie niemals so behandeln! Sie ist in unserem Dorf aufgewachsen. Sie ist so ein liebes Mädchen. Wir lieben sie alle! Außerdem haben wir gesehen, wie die Familie deines Schwagers für sie gesorgt hat. Sie lieben sie so, daß sie lieber selbst nichts essen oder anziehen würden, nur um es ihr geben zu können. Warum sollten sie Devrim das Herz schwer machen, indem sie sich zwischen euch und Devrim stellen, dazu lieben sie sie doch viel zu sehr!«

In diesem Moment kam meine Oma. Groß, mit schon ergrauten Haaren – früher waren sie ganz blond gewesen –, grünen Augen und vor Zorn bebend. Sie stieß meine Mutter mit so viel Schwung zur Seite, daß sie an die Wand flog. Sie nahm mich in ihre Arme, zog mich auf ihren Schoß und flehte: »Gott, nimm ihre Seele zu dir! Ich kann es nicht ertragen, Devrim so zu sehen. Lieber soll sie tot sein, als weiter so ein Schicksal zu erleiden.« Wenige Minuten später kam auch mein Onkel. Er hatte einen Vorschlaghammer in der Hand, schwitzte am ganzen Körper und keuchte vor Anstrengung. So böse hatte ich meinen Onkel noch nie gesehen. Meine Oma hielt meinen fast schon leblosen Körper in ihren Armen und schluchzte nur noch. Als mein Onkel dies sah, dachte er, ich wäre tot. Es sah so aus, als wollte er meine Mutter auf der Stelle mit seinem Hammer erschlagen. Meine Mutter rannte in Panik weg und schloß sich ein. Er fragte meine Oma ganz laut auf kurdisch: »Ist sie tot?« Ohne ein Wort zu sagen, stand meine Oma auf und ging zu meinem Onkel. Sie warf sich vor ihm auf die Knie und bat: »Bitte, mein Sohn, beflecke deine Hände nicht mit Blut! Sie lebt noch.« Unsere Nachbarn bekamen es mit der Angst zu tun, als sie meinen Onkel mit dem schweren Hammer in der Hand, rasend vor Zorn vor sich stehen sahen. Nicht nur in unserem Dorf, in ganz Dersim war er dafür bekannt, daß er zwar schwer aus der Ruhe zu bringen war, wenn er aber einmal wirklich zornig auf jemanden wurde, dann Gnade ihm Gott! Bisher hatte er sich an das Verbot meines Vaters gehalten und mich nicht wieder gesehen. Als er mich in diesem Zustand sah, traf es ihn wie ein Schock. Er warf den Hammer weg, nahm mich in den Arm und schrie ganz laut: »Devrim, mein armes, kleines Mädchen, was haben sie dir angetan?« Dann brach er weinend über meinem schmächtigen Körper zusammen. Die Nachbarn hatten meinen Onkel noch nie weinen sehen. Jetzt waren sie von dieser Szene so erschüttert, daß sie auch die Tränen nicht zurückhalten konnten. Mein Onkel nahm mich schließlich ganz vorsichtig auf den Arm und trug mich zu seinem Haus. Dort legte er mich auf die Sitzbank. Meine Oma wusch mich, versorgte meine Wunden und tröstete mich liebevoll, bis ich vor Erschöpfung einschlief.

Wahrscheinlich trug sie mich dann in ihr Bett, wo ich morgens erwachte. Sie war schon aufgestanden, und ich genoß es, noch ein bißchen vor mich hinzuträumen. Da hörte ich ihre Schritte vor der Tür. Sie kam ganz atemlos von draußen angerannt und rief mir zu: »Dein Papa ist von der Stadt zurück!« Ich fürchtete, daß er mich zu sich zurückholen würde, um sein Gesicht zu wahren. Er stand im Dorf sowieso als völliger Versager da. Aus Deutschland hatte er kein Geld mitgebracht, sondern war dort als Krimineller im Gefängnis gewesen. Jetzt liebten ihn nicht einmal mehr seine Töchter. Dies konnte er nicht einfach hinnehmen. Abgesehen davon, war ich jetzt kräftig genug, um für ihn zu arbeiten, wie meine älteren Schwestern, die für ihn das Vieh hüten und Haus- und Feldarbeit jeglicher Art verrichten mußten.

Was sollte ich jetzt tun? Ich konnte mich nicht einfach verstecken, wenn er nach mir rief. Ich hatte Angst, daß er mich totschlagen würde, weil er mich schließlich doch irgendwo finden mußte. Ich fing an zu zittern und machte mir, ganz wörtlich, in die Hosen. Ich konnte mir gut vorstellen, wie meine Mutter meinem Vater den halben Weg in die Stadt entgegengelaufen war, um ihm den Vorfall vom letzten Tag in allen Einzelheiten aus ihrer Sicht zu schildern.

Es kam, wie ich es erwartet hatte. Ohne an die Tür zu klopfen, stand mein Vater plötzlich im Zimmer. »Devrim, komm, steh auf! Wir gehen nach Hause.« Er begrüßte weder mich noch meinen Onkel oder jemanden der anderen Anwesenden. Ich sah meinen Onkel flehentlich an, wagte in diesem Moment aber nicht, ihn direkt anzusprechen. Doch mein Blick sagte mehr als alle Worte: »Onkel, bitte hilf mir! Gib mich nicht zu ihm zurück! Er wird mich umbringen!« Mein Onkel fragte mich: »Willst du nach Hause gehen?« Ich hatte mich schon vor acht Jahren entschieden, nicht zu gehen, aber aus Angst vor meinem Vater, der direkt neben mir stand, hatte ich nun nicht den Mut, nein zu sagen. Als mein Vater mein Zögern bemerkte, sagte er zu mir: »Komm, steh auf! Ich zertrampele dich sonst unter meinen Füßen«, eine Drohung, die ich durchaus wörtlich nahm. Mein Onkel forderte meinen Vater auf: »Arif, du siehst doch, sie will nicht gehen. Verlaß bitte sofort mein Haus!« Er wollte jedoch nicht. Es entspann sich eine lange Diskussion zwischen beiden, und am Ende gab mein Onkel dann schließlich doch nach, da er nur zu gut wußte, was für ein verbohrter Mensch mein Vater war. Er warnte meinen Vater: »Ich gebe dir Devrim mit, du mußt mir aber versprechen, daß weder du noch deine Frau Devrim oder deine anderen Kinder jemals wieder schlagen. Wenn du dich daran nicht hältst, schwöre ich dir hier und jetzt, daß dein Blut in Strömen fließen wird!« Ich mußte nun also doch wieder mit meinem Vater nach Hause gehen. Als wir bei meiner Mutter ankamen, sah sie aus wie ein aufgeblasener Luftballon, der beim kleinsten falschen Wort zu explodieren drohte.

Mein Vater war eigentlich ein gebildeter Mensch, der sich sowohl in der Arbeiterbewegung als auch in der kurdischen Freiheitsbewegung engagiert hatte. Privat hielt er sich jedoch keineswegs an demokratische Ideale, sondern setzte seinen Willen tyrannisch durch. Jetzt wollte er noch einmal von mir hören, ob sich alles so abgespielt hatte, wie es ihm meine Mutter geschildert hatte. Ich berichtete aus meiner Sicht, wie es dazu gekommen war. Obwohl mein Vater wissen mußte, daß ich recht hatte, warnte er mich: »Wenn du noch einmal deine Mama ärgerst, bringe ich dich ganz bestimmt um!« Durch die Unterstützung meines Vaters fühlte sich meine Mutter nun besonders stark. Sie stand auf, stach mit ihrem Finger fast in mein Auge und sagte zu mir: »Ich schwör' dir, daß ich deine Füße und deine Zunge abschneiden werde, wenn du noch einmal zu deinem Onkel läufst oder ihm sagst, daß ich dich geschlagen hätte! Du bist ein sehr schlimmes Beispiel für deine Geschwister. Die wollen jetzt auch nur noch alle zu deinem Onkel! Das ist allein deine Schuld!« Warum sollte ich ein schlechtes Beispiel sein? Was hatte ich schon Schlimmes getan, außer sie »Tante« zu nennen? Mit welchem Recht nannte sie sich denn meine Mutter? Auch Katzen und Kaninchen bringen Junge zur Welt, verlassen sie aber bald wieder. Aber selbst Tiereltern hätten ihre Kinder niemals so schlecht behandelt, wie uns unsere Eltern behandelten. Sie waren wie tollwütige Tiere und schlugen ohne wirklichen Grund ständig auf mich und meine Geschwister ein. Meine Geschwister hatten genauso zu leiden wie ich. Sie wagten es allerdings weniger als ich, dagegen aufzubegehren. Sie nickten nur noch stumm und ergeben mit dem Kopf, wenn sie getadelt wurden, um nicht schon wieder verprügelt zu werden.

Es waren kaum zwei Wochen vergangen, als mein Vater uns wieder einmal tyrannisierte. Diesmal ging es um Gummischuhe. Wir waren acht Personen, uns Kinder mitgerechnet. Vor unserer Tür standen also sechzehn Schuhe. Wenn wir nur kurz vor die Tür gehen wollten, um beispielsweise Holz zu holen oder die Hühner von der Terrasse zu scheuchen, kümmerten wir uns nicht darum, welche Schuhe wir gerade erwischten. Hauptsache wir hatten an jedem Fuß einen Schuh. So hatte unser Vater sich schon zweimal über uns geärgert, als er vor die Tür gehen wollte und seine Schuhe nicht finden konnte, weil irgend jemand von uns sie gerade anhatte. Er wollte dieses Problem nun ein für allemal lösen und rief uns alle ins Haus. Dann legte er den eisernen Feuerhaken in den Holzofen. Er befahl meiner ältesten Schwester Serpil, die Haustür abzuschließen, damit keiner uns helfen könnte, wenn wir schrien. Er sagte, er wolle mit dem rotglühenden Eisen unsere kleinen, niedlichen Fußsohlen verbrennen. Durch die schreckliche Angst zitterten wir nur noch und machten unsere Hosen naß. Als meine Schwester von der Haustür nicht gleich wiederkam, brüllte er nach ihr. Uns war gar nicht aufgefallen, daß unsere älteste Schwester nicht zurückgekehrt war, weil wir so mit unserer eigenen Angst beschäftigt waren. Mein Vater befahl uns, nach Größe geordnet in einer Reihe Platz zu nehmen und unsere Socken auszuziehen. Unser letztes Stündlein schien nun gekommen, wir hatten keine Hoffnung mehr, daß uns die Folter erspart bleiben könnte.

Ich werde niemals verstehen, wie ein Mensch andere Menschen foltern kann, und noch weniger, wie man so etwas Kindern antun kann. Am allerwenigsten kann ich jedoch begreifen, wie ein Vater seine eigenen Kinder auf solche Weise mißhandeln kann. Unser Vater hielt uns nun einen Vortrag, warum er uns in einer solch bestialischen Weise strafen wollte.

Er erzählte uns auch, wie weh es tun würde, und daß wir eine Weile nicht würden laufen können. Er malte uns in allen Einzelheiten aus, wie das heiße Eisen auf der Haut unserer Fußsohlen zischen und sich immer tiefer einbrennen würde. Wir bekamen noch mehr Angst, und unsere kleinen Herzen schlugen fast zum Zerspringen. Wir sahen einander an, als ob wir voneinander Hilfe zu erwarten hätten, obwohl wir natürlich wußten, daß dies unmöglich war. Mein Vater wollte mit meiner zweitältesten Schwester Demet anfangen und sagte zu ihr: »Ich werde dir jetzt etwas Gutes tun. Wenn ich dir jetzt die Füße verbrenne, wirst du so starke Schmerzen haben, daß du dich immer daran erinnern wirst, daß man nicht die Schuhe von anderen Leuten anzieht!« In diesem Moment geschah das Wunder: Plötzlich stürmten meine Oma und meine Tante ins Haus. Hinter ihnen stand meine Schwester Serpil, die zum Glück die Geistesgegenwart besessen hatte, sie zu Hilfe zu rufen, als sie von meinem Vater zur Tür geschickt wurde. Sie sahen unsere weit aufgerissenen Augen und fahlen Gesichter, wie wir da saßen und vor Angst wie Espenlaub zitterten. Meine Oma riß meinem Vater den Feuerhaken aus der Hand und ging damit auf ihn los: »Sei froh, daß du mein Sohn bist! Wenn du es nicht wärst, würde ich dir deinen ganzen Körper mit diesem glühenden Eisen verbrennen, damit du endlich lernst, was Furcht und Schmerz bedeuten.« In diesem Moment dachten wir Kinder alle das gleiche: »Oma, tu es doch bitte! Brenn ihn so, daß er vor Schmerzen um Gnade winselt!« Meine Oma war aber ein viel zu guter Mensch, als daß sie so etwas hätte tun können. Mein Vater redete nun auf meine Oma ein, um ihr die Situation zu erklären: »Du läßt mich meine Kinder nicht richtig erziehen!« schimpfte er. »Wenn du das unter richtiger Kindererziehung verstehst, lasse ich dich natürlich nicht, du blöder Ochse!« Schließlich beruhigten sich beide wieder etwas. Mein Vater versprach meiner Oma, so etwas nie wieder zu tun, und so verließ sie zusammen mit meiner Tante wieder das Haus.

Natürlich hielt sich mein Vater nicht an sein Versprechen. Keine fünf Minuten später ließ er seine ganze Wut an meiner ältesten Schwester aus und verprügelte sie bis zur Bewußtlosigkeit. Zum Glück konnte er sie nicht mehr mit dem Eisen verbrennen, da es schon wieder kalt geworden war und er wohl nicht mehr so lange warten wollte, bis es wieder heiß war.

Aber nicht nur unser Vater tyrannisierte uns. Meine Mutter stand ihm in dieser Hinsicht nicht nach. Sie war in Peri, einem Ort, der zum Verwaltungsbezirk Dersim gehört, aufgewachsen. Peri heißt wörtlich übersetzt »die Verhexte«, und bei uns gibt es auch ein Schimpfwort, das heißt: »Du hast bestimmt in Peri Wasser getrunken!« Wenn man dies zu jemandem sagt, meint man damit, daß man ihn für verrückt hält. Wenn ich jetzt sage, daß aus Peri noch kein vernünftiger Mensch hervorgegangen ist, ist das natürlich eine Beleidigung für die Einwohner Peris. Aber ich glaube fest, daß sehr viel Wahres daran ist.

In der Nähe von Peri liegt Elazig. Über diese Stadt sagte schon Atatürk: »Wenn man die Aufgabe hat, aus jeder Stadt unseres Landes einen Dummen zu suchen, muß man in Elazig nicht lange suchen, man könnte jeden nehmen.« Vielleicht gab es in beiden Städten auch einige intelligente Menschen, aber die haben diese Städte dann bald fluchtartig verlassen, weil sie unter so viel Dummheit einfach nicht existieren können. In Elazig steht übrigens auch das größte Krankenhaus für Geistesgestörte in der Türkei. Und wahrscheinlich wurde es deshalb dort gebaut, weil dort und im benachbarten, etwas kleineren Peri so viele potentielle Patienten leben.

Unglücklicherweise kam meine Mutter nun einmal aus Peri. Die Mutter meiner Mutter hatte immer wieder Anfälle von geistiger Umnachtung und Tobsucht gehabt, die schließlich zum Tode führten. Auch meine Mutter hatte einen solchen Anfall schon einmal erlitten. Mein Onkel hatte sie damals zu einem Arzt gebracht, nachdem Sitzungen bei einem Hodscha – so wird ein für heilig gehaltener Mann des Islam genannt, der eine Pilgerfahrt nach Mekka und Medina gemacht hat – meiner Mutter nicht geholfen hatten und auch Besuche bei angeblich wundertätigen Frauen ihre »Besessenheit« nicht hatten austreiben können. Die ärztliche Behandlung hatte zunächst ebenfalls keinen Erfolg. Nach einiger Zeit besserte sich der Zustand meiner Mutter jedoch von selbst. Hätte sich mein Onkel nicht soviel um meine Mutter bemüht, hätten wir unsere Mutter sicher verloren. Wie aber dankte sie es ihm, als sie wieder gesund war? Jeden Tag warf sie Steine an seine Tür und beschimpfte ihn. Mein Onkel lachte nur über sie und meinte: »Vielleicht hat sie etwas zurückbehalten! Verrückte bedanken sich bestimmt immer auf diese Art und Weise!«

Nach etwa einem Jahr hatten meine Eltern endlich verstanden, daß es mit uns nicht so weitergehen konnte. Sie schafften es nicht, uns Geschwister völlig von der Familie meines Onkels und meiner Oma fernzuhalten. Daher zogen sie mit uns nach Peri. Peri liegt in einer Ebene. Die Vegetation ist kümmerlich, im Gegensatz zu unserem Dorf gibt es dort keinen größeren Baumbestand. Es ist zu trocken, um eine ertragreiche Landwirtschaft oder Viehzucht zu betreiben. Die Felder sind durch Erbteilung so klein geworden, daß sie ihre Besitzer kaum noch ernähren. Nur wenige reiche Leute besitzen etwas mehr Land.

Drei Viertel der Einwohner bekennen sich zum Islam, die anderen sind Alewiten. Aufgrund der dort vorherrschenden muslimischen Tradition ist es den Frauen in Peri nicht erlaubt, einen Beruf auszuüben, und sie sollten auch gar nicht außerhalb des Hauses auf dem Feld arbeiten. Oft erzwingt jedoch die Armut der Familie, daß sie es dennoch tun. Da es sonst keine Abwechslung gibt, besuchen sich die Frauen der benachbarten Häuser jeden Tag gegenseitig. Sie gehen von Haus zu Haus, essen und trinken dort und tratschen über die Nachbarn, von denen sie gerade gekommen sind.

Wenn man sich also mit ihnen von Angesicht zu Angesicht unterhält, sind sie freundlich; sobald man sich jedoch umdreht, reden sie schlecht über einen – und das, obwohl im Koran steht, daß man über seinen Nachbarn nichts Schlechtes sagen soll. Peri ist etwas anders als das übrige Kurdistan, und es hat sich hier ein ganz eigenständiger Lebensstil und ein türkischer Dialekt entwickelt, der fast zu einer eigenen Sprache geworden ist. Obwohl die Einwohner Peris Kurden sind, bekennen die meisten sich nicht dazu, sondern kämpfen als Dorfschützer auf der Seite der türkischen Regierung.

Die Frauen in Peri kannten meine Mutter gut, da sie dort aufgewachsen war. Innerhalb eines Tages wußten über dreihundert Familien, daß meine Mutter mit ihrer Familie wieder in Peri war. Die Nachbarinnen kamen alle herbeigeströmt, angeblich um zu helfen, in Wirklichkeit waren sie jedoch nur neugierig. Sie wollten möglichst schnell alles über unsere Familienverhältnisse erfahren. Meine Mutter fühlte sich hier immer noch wie zu Hause und erzählte und erzählte.

Am nächsten Freitag waren die »freundlichen« Nachbarinnen wieder bei uns zu Besuch. Ich war gerade damit beschäftigt, in meiner Schultasche zu kramen und mir Bücher herauszusuchen, die ich hier vielleicht würde brauchen können, als ein Bild herausfiel, das die Familie meines Onkels zeigte. Als ich es sah, spürte ich plötzlich das Heimweh so stark, daß ich es nahm, küßte und anfing zu weinen. Da brach die Hölle los! Die ganze Horde Frauen stürzte sich auf mich, schlug mit Fäusten auf mich ein und trat mit den Füßen gegen meinen Kopf. Ich wußte bald nicht mehr, wo oben und unten war. Durch den Lärm des ganzen Kampfgetümmels tönte die keifende Stimme meiner Mutter, die die Furien anfeuerte: »Seht doch! Sie nimmt das Bild ihres nichtsnutzigen Onkels und küßt es! Warum küßt sie mein Bild nicht? Wenn ihr Gott liebt, gebt es ihr ordentlich!« Nach einigen Minuten lag ich grün und blau geschlagen am Boden. Die Frauen priesen nun gegenseitig ihre »Heldentaten«: »Ich habe es ihr richtig besorgt!« – »Ich habe sie ordentlich an den Haaren gezogen!« – »Ich habe ihr den Arm verdreht!« So ging es in einem fort, und für eine kurze Weile waren sie von mir abgelenkt. Meine Schwester Serpil nutzte die Chance und raunte mir zu: »Mach schnell! Hau hier ab! Versuch zum Onkel zu gehen! Das ist deine einzige Chance, sonst bringen sie dich hier wirklich noch um!« Ganz langsam stand ich auf, um die Frauen nicht wieder auf mich aufmerksam zu machen, und griff nach meiner Stofftasche mit den Schulsachen. Die hätte ich niemals zurückgelassen, weil ich meine Schule über alles liebte.

Für ein kleines Mädchen von acht Jahren war es nicht einfach, den weiten Weg bis in unser Dorf allein zurückzulegen. Hinzu kam, daß zwischen Peri und unserem Dorf ein ganz großer Fluß liegt, den man nur mit einem Schiff überqueren kann. Für die Überfahrt brauchte man natürlich Geld, was ich nicht hatte. Es war schon März, aber es war trotzdem kalt, und ich hatte keine Jacke. Hätte ich sie mitgenommen, hätten die Frauen mit Sicherheit bemerkt, daß ich wegrennen wollte. Aber ich hatte keine Wahl. Ich mußte es versuchen.

Die Gelegenheit war günstig. Es gelang mir, mich unbemerkt aus dem Haus zu schleichen. Ohne mich umzusehen, lief ich etwa zwanzig Minuten in Richtung Fluß. Am Ufer des Flusses wartete und wartete ich auf die Fähre. Der Fährmann bemerkte mich vom anderen Ufer aus einfach nicht, da ich noch so klein war. Ich winkte und versuchte, so laut ich konnte, ihn zu mir herüberzurufen. Schließlich hörte er meine

Rufe und kam mit seiner Fähre auf meine Seite des Flusses. Vom vielen Weinen hatte ich ganz rote Augen, und meine schönen Haare klebten nur noch wirr an meinem Kopf. Überall hatte ich Blutergüsse, und ich zitterte vor Kälte. Als der Fährmann mich so sah, sagte er: »Komm her zu mir, du armes Mädchen! Bist du vom Zweiten Weltkrieg übriggeblieben?« Er glaubte, mich wiederzuerkennen, da er ein Freund meines Onkels war. Ganz sicher war er sich aber nicht, deshalb fragte er mich, wer ich sei und woher ich komme und was mir zugestoßen sei. Sein Haus stand auf der anderen Flußseite, und dorthin nahm er mich mit. Seine Frau war wie ihr Mann sehr nett zu mir. Sie setzte mich in die Nähe des Ofens, damit ich mich wieder aufwärmen konnte, kochte mir warmen Tee und gab mir etwas zu essen. Dann wollte sie meine zerzausten Haare kämmen, aber das ging nicht, und sie merkte, daß sie mir dabei wehtat, weil meine ganze Kopfhaut mit Wunden und Beulen bedeckt war. Ich bekam eine warme Jacke, die für mich zwar viel zu groß war, so daß die Jackenärmel fast bis auf den Boden baumelten, aber mich wunderbar wärmte. Dann trug sie mir schöne Grüße für meinen Onkel auf und gab mir zum Abschied den gutgemeinten Rat: »Paß auf dich auf und geh schön langsam!«

Ich wollte so schnell wie möglich zu meinem Onkel und machte mich auf den Weg. Unter normalen Umständen mußte ein Erwachsener gut zweieinhalb Stunden die Berge hochklettern, um von dem Fluß in unser Dorf zu gelangen. Ich glaube nicht, daß ich so lange brauchte, mir schien es, als würde ich die Berghänge wie im Flug erklimmen. Ich war kaum noch einen Kilometer vom Dorf entfernt, als ich merkte, daß ich trotz der Kälte völlig durchgeschwitzt war und nicht mehr einen Schritt weiter laufen konnte. Neben dem Weg stand ein großer Mandelbaum. Ich setzte mich darunter, um fünf Minuten Pause zu machen. Augenblicklich fiel ich vor Erschöpfung in einen tiefen Schlaf, der eher einer Ohnmacht glich.

Als ich erwachte, konnte ich meine Hände und Füße vor Kälte kaum noch bewegen, und es war überall um mich nur Dunkelheit. Die Beulen auf meinem Kopf schmerzten fürchterlich. Wie sollte ich in diesem Zustand nun noch unser Dorf erreichen? Außerdem gab es dort fünf Hunde, die mich zerfleischen würden, wenn ich mich in der Dunkelheit näherte. Ich war allein in der Nacht und völlig verzweifelt. Ich wußte, daß sich an meiner rechten Seite ein tiefes Bachtal befinden mußte. Wäre ich dort hinuntergefallen, hätte das mein Ende bedeutet. Ich massierte meine Hände und Füße so lange, bis wieder etwas Gefühl in sie kam. Dann kletterte ich auf den Mandelbaum, um vor den Hunden sicher zu sein, und rief mit all der mir noch verbliebenen Kraft um Hilfe. Plötzlich spürte ich, wie mir mein Blut in den Kopf stieg. Ich konnte mich nicht mehr festhalten. Alles drehte sich um mich. Ich umklammerte den Baumstamm, so fest ich konnte, und wartete auf den Moment, wo ich wie eine reife Birne zu Boden fallen würde.

Die Hunde des Dorfes hatten wohl meine Stimme gehört. Plötzlich standen sie alle unter meinem Baum, knurrten, kläfften und sprangen an ihm hoch. Die Angst verlieh mir übermenschliche Kräfte. Ich klammerte mich noch fester an den Baum und schrie um mein Leben. Endlose Minuten später hörte ich die Stimme unseres Nachbarn: »Da schreit doch einer! Was ist denn los? Keine Angst, ich bin gleich da!« Kurz darauf sah ich das Licht einer Taschenlampe. Der Nachbar stand unter dem Baum und fragte: »Wer sind Sie? Was machen Sie dort oben auf dem Baum?« Mit weinerlicher Stimme antwortete ich: »Ich bin's doch nur, Devrim!« Er erwiderte: »Na komm doch runter! Oder kannst du nicht?« Mit letzter Kraft und dank seiner Hilfe erreichte ich den Erdboden. »Du armes Mädchen! Du bist wirklich ein Unglücksrabe! Was machst du denn hier mitten in der Nacht so ganz allein auf diesem Baum?« bedauerte er mich. Ich erzählte ihm, wie es dazu gekommen war, und wir machten uns gemeinsam auf den Weg ins Dorf.

Er ging mit mir natürlich sofort zum Haus meines Onkels, und wir klopften an die Tür. Meine Oma rief mit lauter und abweisender Stimme: »Wer ist denn da?« Ich antwortete: »Ich bin es, Devrim! Bitte mach' doch auf!« Mit einem mächtigen Schwung riß sie die Tür auf und nahm mich zärtlich in den Arm: »Mein Kleines, was machst du denn hier? Was hat man dir bloß angetan?« So fragte sie mich immer wieder. Der Nachbar wandte sich an meine Oma: »Laß doch das Mädchen erst einmal ins Haus! Sie ist ja fast erfroren.« In ihrer Sorge um mich hatte meine Oma unseren Nachbarn noch gar nicht wahrgenommen. Jetzt war sie etwas beruhigt, da sie annahm, ich wäre mit dem Nachbarn gekommen: »Warum seid ihr denn so spät? Es ist doch schon ganz dunkel! Wie bist du denn überhaupt nach Peri zu ihren Eltern gekommen und warum haben sie dir Devrim mitgegeben?« Mein Onkel und seine Kinder saßen, wie ich es gewohnt war, in gemütlicher Runde um das Feuer. Sie sahen mich an. Als ich sie alle so der Reihe nach betrachtete, fiel mir trotz meiner Erschöpfung und meiner Schmerzen sofort auf, daß meine Milchmutter fehlte. Ich fragte meinen Onkel sofort: Wo ist denn meine Mama? Ist ihr etwas passiert? Fehlt ihr etwas?« Mein Onkel konnte in der Dunkelheit meinen schlimmen Zustand nicht erkennen und dachte, daß ich nur einfach zu Besuch käme. Er wollte einen Scherz machen und sagte mit seiner warmen, sympathischen Stimme: »Sie ist tot, meine Tochter!« Ich erschrak furchtbar und weinte ganz laut. Ich merkte erst nach einer Weile, daß die ganze Familie um mich herum stand und laut lachte. Erst da wußte ich, daß es ein dummer Spaß gewesen war.

Mein Onkel stand nun von seinem Sitzkissen auf, faßte mich an der Hand und zog mich auf seinen Schoß. Wie immer wollte er mit seiner Hand meine Haare streicheln und den Duft meiner Haare genießen. Ich bekam Angst, er würde dabei meine Beulen fühlen und sich furchtbar über meine Eltern aufregen. Daher riß ich mich von ihm los. Das nutzte aber nichts, da er ganz vernarrt in meine langen, seidigen Haare war. Meine Oma wusch meine Haare immer mit Tonerde, da wir uns sowieso kein Haarshampoo leisten konnten. Tonerde ist ein uraltes Reinigungsmittel, das schon lange vor der Erfindung der Seife zum Waschen benutzt wurde. Die Haare werden nicht so schnell wieder schmutzig, bekommen einen herrlichen Glanz und duften wunderbar nach Natur. Dies mochte mein Onkel so gerne. Diesmal konnte ich ihm seinen Wunsch jedoch leider nicht erfüllen. Ich tat so, als ob ich spielen wollte, und rannte zur Tür. Es war eine ganz alte, noch vollständig aus Holz gefertigte Tür. Als ich dort war, bekam ich sie fast ins Gesicht, da plötzlich jemand hereingestürmt kam. Es war meine Tante. Sie hatte getrocknetes Traubengelee in der Hand, das bei uns eine begehrte Süßigkeit ist. Als sie mich sah, ließ sie alles fallen und umarmte mich. Sie drückte mich ganz fest an sich, was meinen geschundenen Rippen schrecklich wehtat. Ich gab ihr mit keinem Laut zu verstehen, wie mich meine Rippen durch ihre Umarmung schmerzten. Sie streichelte mit ihren Händen meinen Kopf: »Meine liebe Kleine, schön, daß du wieder da bist!« Da fühlte sie meine Beulen: »Was ist das? Was ist mit deinem Kopf passiert? Haben sie dich etwa wieder verprügelt? Oder bist du von einem Bären überfallen worden? Sag schon, sprich doch!«

In diesem Moment standen alle auf, und meine Oma befahl mir: »Zieh dich ganz aus! Ich will genau sehen, was sie mit dir gemacht haben.« Sie half mir, mich zu entkleiden, und so konnten nun alle sehen, was mit mir geschehen war. Für meinen Onkel war es besonders schlimm, da er geschworen hatte, meinen Vater umzubringen, wenn er mich noch einmal mißhandeln würde. Meine Oma und meine Tante versuchten, so gut sie es vermochten, meine Wunden und Beulen zu behandeln. Wo immer sie mich berührten, spürte ich große Schmerzen. Aber weinen durfte ich nicht, weil ich fürchtete, mein Onkel könnte dann seinen Schwur wahrmachen. Nicht daß ich etwas dagegen gehabt hätte, wenn mein Vater umgebracht würde. Aber ich hatte große Angst davor, daß meinem Onkel dabei etwas zustoßen könnte oder er wegen Mordes ins Gefängnis müßte. Während ich tapfer gegen meine Schmerzen ankämpfte, wandte ich meinen Blick nicht von meinem Onkel ab. Ich beobachtete jede seiner Reaktionen. Auf einmal stand er auf, außer sich vor Zorn und lief zur Wand, wo ein doppelläufiges Gewehr hing. Ich warf mich ihm in den Weg und flehte: »Bitte, Papa, laß doch! Es tut ja gar nicht so weh. Tu es bitte, bitte nicht! Mach dich und uns nicht unglücklich! Laß das Gewehr hängen! Mein Vater ist es gar nicht wert, daß du dich seinetwegen ins Unglück stürzt!« Schließlich gab er nach und versprach mir: »Gut, mein Kind. Wenn du es wirklich nicht willst, dann tue ich es auch nicht.« Ich atmete auf, für den Augenblick war die Gefahr abgewendet. Erschöpft schlief ich in den Armen meines Onkels ein.

Am nächsten und den folgenden Tagen hatte ich große Angst, daß meine Eltern nach mir suchen, mit meinem Onkel Streit anfangen und mich wieder zu sich nach Peri mitnehmen würden. Aber nichts dergleichen geschah. Ich schien meinen Eltern so gleichgültig zu sein, daß sie sich nicht einmal darum kümmerten, wo ich geblieben war. Meine leiblichen Eltern kamen nicht in unser Dorf zurück, um mich zu suchen. Ich blieb also bei der Familie meines Onkels und ging auch weiter dort zur Schule.

3
Eine Frage der Ehre

Die Spur der Gewalt im täglichen Leben

Unser normales tägliches Leben wurde von einigen Feiertagen unterbrochen, die meistens religiöser Natur waren. Die Mitglieder unserer Familie waren Alewiten. Begründet wurde diese Religion vom Propheten Ali. Er wurde beim Beten in der Moschee von seinen Gegnern mit einem Schwert erschlagen. Bevor er starb, verfluchte er die Bigotterie der Moslems und rief aus: »Wer mir nachfolgen will, darf sich nicht Moslem nennen, und nichts so tun, wie sie es machen. Geht niemals in eine Moschee, betet nicht zu vorgeschriebenen Zeiten und haltet keinen Ramadan!«

Von den fünf Familien unseres Dorfes waren nur zwei sunnitische Moslems, die drei anderen waren zumindest dem Namen nach Alewiten, wobei die Familie meines Onkels wohl dem Atheismus näherstand, dies aber aus Rücksicht auf die religiösen Gefühle der anderen nicht offen aussprach. Wenn die Zeit des Ramadans kam, aßen und tranken wir aus Höflichkeit, wie auch die anderen Familien, von Sonnenaufgang bis zum Sonnenuntergang nichts in der Öffentlichkeit. Bei mir war es aber etwas anderes.

Mir fällt es bis heute sehr schwer, irgendwelche willkürlich aufgestellten Regeln und Vorschriften zu akzeptieren. Ich war in der Schule bei allen beliebt, aber während des Ramadans sprachen meine muslimischen Freundinnen kaum mit mir, da ich sie immer damit ärgerte, daß ich auch in der Schule aß und trank, obwohl es ihnen streng verboten war. Ich war wütend darüber, daß sie nicht mit mir sprachen, und sagte daher zu ihnen: »Der Prophet hat Kindern erlaubt, während des Ramadans zu essen, er hat doch nur das Trinken verboten. Das weiß ich ganz genau.« Sie glaubten mir doch tatsächlich und aßen mit Begeisterung. Am nächsten Tag sagte ich es ihnen genau umgekehrt. Dann aßen sie nichts, aber tranken mit großem Vergnügen. Ich weiß auch nicht genau, warum sie mir glaubten. Vielleicht hielten sie mich wegen meiner guten schulischen Leistungen für so intelligent, daß sie mir einfach jeden Unsinn blindlings abnahmen.

Irgendwann erzählten sie jedoch ihren Eltern, wozu ich sie in der Schule angestiftet hatte. Die Eltern kamen dann alle zu meinem Onkel gelaufen, um sich über mich zu beschweren. Mein Onkel sagte zu ihnen: »Ja, was soll ich jetzt machen? Sie ist die Blume meines Hauses. Hätte das eines meiner anderen Kinder getan, hätte ich es ganz bestimmt totgeschlagen. Aber bei ihr ist das etwas anderes. Bitte, versteht doch! Aber ich werde ganz bestimmt ein ernstes Wörtchen mit ihr reden.« Später erzählte er mir alles und tadelte mich scherzhaft: »Das hättest du aber wirklich nicht tun sollen!« Dabei lachte er still in sich hinein.

Überhaupt waren wir im Dorf sehr ungebildet. Ich erinnere mich noch gut, wie unser Lehrer einen Schüler nach seinem Alter fragte. Der Junge sah auf seine Zehenspitzen herab und wurde ganz rot im Gesicht, so schämte er sich. Dann fing er zögernd an zu sprechen: »Ich habe schon einmal meine Mutter danach gefragt. Sie hat mir gesagt, daß ich genau an dem Tage geboren sei, an dem unsere rote Kuh – die mit dem weißen Stirnfleck – gekalbt hat.« – »Und wann war das?« – »Ja, meine Mutter hat hin und her überlegt, aber sie kann sich leider nicht mehr daran erinnern.« Der Lehrer war ganz erstaunt. Er sah ein, daß der Junge tatsächlich nicht wußte, in welchem Jahr er genau geboren war. Er fragte weiter: »Weißt du denn wenigstens, in welchem Monat das war?« Der Junge antwortete: »Nein, leider nicht, aber meine Mutter hat gesagt, daß damals gerade unser Mandelbaum zu blühen anfing.« Unser Lehrer schien über diese Antwort ganz erschüttert zu sein und nahm an, daß er wohl unglücklicherweise gerade den Dümmsten der Klasse gefragt hatte. Er stellte also einem anderen Schüler dieselbe Frage. Der Junge hatte wohl etwas vor sich hin geträumt und verstand statt »wann« »wo«. Er antwortete: »Ich bin im Stall geboren.« – »Was soll das heißen ›im Stall‹?« gab der Lehrer etwas verärgert zurück. »Ja, wissen Sie, das ist bei uns so: Wir haben in unserem Haus leider nur einen Raum, in dem wir wohnen und schlafen. Dort sitzen die Männer und trinken Tee. Wenn nun die Zeit kommt, wo sollen denn die Frauen ihre Kinder bekommen, wenn nicht im Stall? Es geht doch nicht, daß wir die Männer aus dem Haus werfen, damit die Frauen dort gebären. Stellen Sie sich doch mal den Schmutz vor! Das ganze Bett wäre blutig. Wer soll das denn sauber machen? Da ist es doch besser, wenn die Frauen ihre Kinder draußen im Stall auf dem Stroh kriegen. Das kann man schließlich hinterher leicht wieder wegräumen.« – »Gut, das habe ich soweit verstanden, aber nun sag mir doch, wie alt du bist!« – »Ich bin sechzehn Jahre alt.« Unser Lehrer musterte den Jungen nun von oben bis unten und fragte: »Aber du siehst doch eher aus wie zwölf. Du bist doch gar nicht so hoch gewachsen, und ich ich sehe auch noch keine Bartstoppeln in deinem Gesicht sprießen, wie kannst du dann schon sechzehn Jahre alt sein?« – »Aber das ist doch ganz einfach zu erklären. Ich hatte noch einen vier Jahre älteren Bruder, der leider gestorben ist. Den hatte mein Vater schon bei den Behörden angemeldet. Als ich dann geboren wurde, hatte mein Vater keine Zeit, nach Dersim zu fahren und meine Geburt und den Tod meines Bruders zu melden. So gelte ich nun als mein eigener Bruder und bin daher schon sechzehn Jahre alt.« Der Lehrer warf einen verzweifelten Blick gen Himmel und seufzte tief.

Wir kannten kein gekauftes Spielzeug. Aus Lehm- und Tonerde formten wir Puppenkörper und legten sie in die heiße Mittagssonne, bis sie trocken waren. Obwohl ich von der sengenden Sonne immer Nasenbluten bekam, blieb ich stets bei der von mir angefertigten Puppe, bis sie ganz trocken war. Mit dem Saft roter Blumen malte ich dann den Mund auf, und mit verschiedenen anderen farbigen Pflanzensäften verschönte ich ihren Körper. Trotzdem wünschte ich mir sehnlichst, eine richtige Puppe aus einem Geschäft zu besitzen, wie ich sie einmal bei der Tochter meines Lehrers gesehen hatte. Dieser Wunsch erfüllte sich leider nicht, da gekauftes Spielzeug für uns viel zu teuer war.

Ich hatte wohl eine gewisse Vorahnung, daß das Glück meiner Kindheit nicht ewig andauern würde, darum genoß ich es in vollen Zügen. Als ich neun Jahre alt war, hatte das unbeschwerte Leben ein Ende: Da meine Eltern in Peri nicht genug Geld hatten verdienen können, wollten sie wieder in unser Dorf zurückkommen. Auf der einen Seite freute ich mich sehr, meine Geschwister wiederzusehen, auf der anderen Seite hatte ich große Angst, meinen Eltern erneut zu begegnen.

Die Familie meines Onkels hatte sich mit meinen Eltern in der Zwischenzeit wieder ausgesöhnt und wollte ihnen bei ihrem Umzug helfen. Ich blieb an diesem Tag allein im Haus meines Onkels zurück. Auch wenn ich schreckliche Angst hatte, wollte ich es mir doch nicht anmerken lassen. Da ich schon die ganze vorherige Nacht vor Aufregung nicht geschlafen hatte, nickte ich auf einem Sitzkissen ein. Plötzlich verspürte ich einen heftigen, schmerzhaften Schlag auf meinen Rippen, der mich aus dem Schlaf riß. Durch die Schmerzen bekam ich fast keine Luft mehr. Als ich meine Augen richtig aufgemacht hatte, sah ich, daß meine Mutter sich über mich beugte. Sie lachte höhnisch: »Na, du Schlampe! Hast wohl gemeint, ich erwische dich nicht!« Sie packte mich an den Haaren und schlug mehrmals mit voller Wucht auf meine Nase. Das reichte ihr aber noch nicht. Sie griff gerade nach einem Nudelholz, um mich damit noch mehr zu verprügeln. Mit einem Satz sprang ich aus dem Fenster, obwohl das Zimmer im zweiten Stock über dem Stall lag.

Offenbar hatte ich durch den Sturz kurz das Bewußtsein verloren. Als ich wieder zu mir kam, standen alle Nachbarn um mich herum. Sie waren gerade dabei, mich mit Wasser zu bespritzen. Einige weinten. Sie dachten, ich sei wohl aus dem Fenster gefallen. Ich verspürte einen stechenden Schmerz in meiner linken Hand und fing an, um Hilfe zu schreien, weil ich dachte, daß meine Mutter immer noch hinter mir her war. Erst jetzt verstanden die Dorfbewohner die Situation. Dann kam mein Onkel herbeigerannt. Zunächst wollte er mir nicht glauben, daß meine Mutter mich in seinem Haus überfallen hatte, obwohl doch meine Eltern erst gerade im Dorf angekommen waren. Er dachte, ich würde phantasieren. Er lief hinauf in den Raum, wo mich meine Mutter so brutal geschlagen hatte. Erst als er das Blut im Zimmer auf dem Boden sah, glaubte er meinen Beteuerungen.

Er nahm mich in seine Arme und trug mich wieder hinein. Die Leute strömten hinterher und drängten sich ins Haus. Wild entschlossen riß mein Onkel das Gewehr von der Wand, zog mich an sich und rannte mit mir den Berghang hoch in den Wald. Die Dorfbewohner folgten ihm, so schnell sie konnten. Sie riefen hinter ihm her: »Mert, was hast du denn vor? Wo willst du denn hin? Was hast du mit dem Mädchen vor?« Er schrie zurück: »Ich werde Devrim töten und dann mir selbst das Leben nehmen! Ich kann es nicht mehr mitansehen, wie sie hier so leiden muß! Tot ist sie besser dran!« Völlig verstört und außer sich vor Wut keuchte er weiter den steilen Berg hoch. Was hätte er auch tun können? Hätte er meinen Vater ermordet, wäre er ins Gefängnis gekommen, dann hätten die Kinder beider Familien keinen Ernährer mehr gehabt. So blieb wenigstens noch mein Vater übrig, um sich um sie zu kümmern.

Langsam verstand ich, was mein Onkel vorhatte. Ich redete auf ihn ein: »Papa, was soll das? Du brauchst deine Finger nicht mit mir schmutzig zu machen. Ich schwör dir, ich werde mich selber umbringen.« In dem Moment wollte er mich gerade auf seinen Rücken nehmen, um mich besser tragen zu können. Ich schrie vor Schmerzen, als er meinen kaputten Arm um seinen Hals legte. Dadurch abgelenkt, bemerkte er nicht, daß die Nachbarn sich ihm schon bis auf wenige Meter genähert hatten. Es gelang ihnen, ihm das Gewehr zu entreißen. Sie nahmen mich aus den Armen meines Onkels und trugen mich zum Haus meiner leiblichen Eltern. Sie legten mich dort auf den Boden und riefen: »Kommt, ihr Wölfe, wir haben euch ein Lamm gebracht, das ihr auffressen könnt!«

Mein Vater kam allein heraus und entschuldigte sich für das Verhalten seiner Frau: »Das habe ich wirklich nicht gewollt! Wie konnte meine Frau so etwas tun! Ich habe ihr deshalb schon eine ordentliche Tracht Prügel verabreicht. Ich bin nicht zu euch gekommen, um Devrim oder der Familie meines Bruders Ärger zu machen. Glaubt mir doch! Devrim wird es bei mir gut haben.« Zwar glaubte ich meinem Vater kein Wort, ich blieb aber trotzdem in seinem Haus, da ich meinen Onkel nicht weiter in Schwierigkeiten bringen wollte. Ich war alt genug, um für mich selbst zu entscheiden. Lieber wollte ich weiter von meinen Eltern so brutal behandelt werden, als meinen Onkel tot oder im Gefängnis zu sehen.

Ich hatte keine andere Wahl. Von nun an mußte ich bei meinen Eltern leben. Wie meine Schwestern zuvor schon, hatte ich bereit zu sein, alles hinzunehmen, was sich meine Eltern an Grausamkeiten ausdenken mochten. Meine Wünsche und Hoffnungen für die Zukunft mußte ich wohl für immer in meinem Herzen begraben. Mein Vater hatte mir versprochen, mich nie wieder zu schlagen. Auch meine Mutter sollte so etwas nie wieder tun dürfen, sonst würde er sie gehörig verprügeln, was er sowieso fast jeden Tag tat. Dieses Versprechen hielt er gerade zwei Tage ein, dann ging meine Mutter jeden Tag wie ein tollwütiger Hund auf mich los.

Irgendwie mußte ich mit diesem Leben zurechtkommen. Mit der Rückkehr meiner Eltern war meine Kindheit zu Ende. Ich mußte anfangen zu arbeiten.

Ich war gerade neun Jahre alt geworden, aber mein Vater ließ mich wie eine Zwanzigjährige schuften. Er bürdete uns immer mehr Arbeit auf, um immer mehr Geld zu verdienen. So kaufte er hundert Truthähne. Meine Aufgabe wurde es, für diese Tiere zu sorgen. Ich war mit dieser Arbeit völlig überfordert. Wie sollte ein so kleines Mädchen wie ich schon für hundert Truthühner Futter besorgen? Viele flogen mir einfach weg, wurden vom Fuchs gefressen oder gestohlen. Mein Vater war dann immer ganz zornig auf mich und schlug mich viel.

Aber ich mußte nicht nur in Angst vor meinem Vater und meiner Mutter leben, auch vor der Familie unseres Nachbarn mußte ich mich wie alle Mitglieder unserer Familie ständig in acht nehmen, da wir mit ihr in Blutfehde lagen, und das, obwohl wir weder jemanden von ihrer Familie umgebracht hatten noch sie von unserer. Wenn man mit einer Familie in Blutrache liegt, darf man mit keinem Angehörigen dieser Familie sprechen, auch nicht mit den kleinen Enkeln oder den Urgroßeltern, oder mit ihnen Geschäfte machen. Wenn man den Grund und Boden der verfeindeten Familie betritt, muß man damit rechnen, von ihnen erschossen zu werden, oder man muß bereit sein, sie zu erschießen.

So zerfleischen sich die Kurden von Generation zu Generation gegenseitig. Nur dadurch, daß wir nicht zusammenhalten, sondern uns gegenseitig verraten und umbringen, sind wir bis heute ein so leichtes Opfer für äußere Feinde gewesen. Unsere Unterdrücker haben unsere Identität, unsere Erde, unsere Ehre und den Reichtum unseres Landes gestohlen. Sie plündern unser Land wie die Geier aus und treiben dort, was sie wollen. Das hat hundert Jahre keiner wahrgenommen. Hätten wir statt gegeneinander gegen unsere Feinde gekämpft, ständen wir heute ganz anders da.

Das beste Beispiel dafür ist unsere Familie. Hätten wir uns nicht gegenseitig das Leben schwer gemacht, sondern versucht, gemeinsam etwas aufzubauen, hätten wir viel erreichen können. Das archaische Prinzip der Blutrache ist in unserer modernen Zeit sowieso völlig überholt. Ich bin jetzt vierundzwanzig. Wie sollte ich heute ein Gewehr in die Hand nehmen und irgend jemanden aus der Familie töten, mit der wir in Blutrache liegen, obwohl ich ihn doch überhaupt nicht kenne? Aber unsere Eltern und Großeltern haben uns so erzogen. Wir sind in dieser Kultur aufgewachsen. Obwohl mein Onkel sicher genauso dachte, konnte er nicht verhindern, daß er in eine Blutfehde hineingezogen wurde. Alte Verhaltensmuster lassen sich eben so schnell nicht ändern, selbst wenn man sie für überholt hält.

Wie war es nun dazu gekommen? Mein Bruder mußte nach muslimischer Sitte beschnitten werden, obwohl wir, wie schon gesagt, keine Moslems waren. Die Beschneidung der Jungen nimmt auch in der alewitischen Tradition einen festen Platz ein. Dies war immer ein großer Festtag, an dem viele Gäste kamen. Den kleinen Jungen wurde gesagt, daß es gar nicht weh tun würde, und sie bekamen an diesem Tag ganz viele Süßigkeiten, Geld und Geschenke. Auf dem Höhepunkt des Festes mußte sich mein Bruder auf den Schoß eines Mannes setzen, der ihn während der Beschneidung ganz fest hielt. Man bat immer sehr gute Freunde der Familie, dies zu tun, denn es war eine hohe Ehre. Jemand, der diese Aufgabe übernimmt, wird »Kirve« genannt, ein Wort, das sich noch am ehesten als »Pate« übersetzen läßt. Nach der Zeremonie gilt der Kirve als Bruder der Familie. Unsere Familien durften daher nicht untereinander heiraten. Diese Sitte gibt es jedoch nur bei den Alewiten, bei den Moslems existiert zwar auch ein Kirve, er wird aber durch das Beschneidungszeremoniell nicht mit der Familie verwandt.

Fast jeder im Dorf trug zum Schutz gegen wilde Tiere eine Waffe bei sich. Nun geschah es eines Tages, daß ein Ochse unseres Kirve auf das Grundstück unseres Nachbarn lief. Sein Sohn hütete den Ochsen und versuchte, ihn wieder zurückzutreiben. Dabei geriet er mit dem Sohn des Nachbarn in einen heftigen Streit, verlor die Nerven und erschoß ihn. Später fanden unsere Nachbarn die Leiche ihres Sohnes. Mein Onkel war im Dorf ein sehr angesehener und geachteter Mann, der immer nur das tat, was ihm gefiel. Unsere Nachbarn hatten ihn deswegen insgeheim wohl schon seit langem beneidet. Darum verdächtigten sie jetzt ihn der Tat. Obwohl sie nicht die geringsten Beweise gegen ihn in der Hand hatten, zeigten sie ihn bei der Polizei an.

Mein Onkel stellte sich selbst der Polizei, als er von der Beschuldigung hörte. Er kam, obwohl er unschuldig war, für sechs Monate ins Gefängnis. Dies ist in der Türkei durchaus nicht unüblich. Wenn man kein Bestechungsgeld zahlen kann, werden die Gerichtsverfahren oft sehr lange verschleppt. Der Sohn des Kirve versuchte vergeblich, ins Ausland zu fliehen. Nach sechs Monaten stellte er sich jedoch selbst der Polizei, und mein Onkel kam frei. Die Familie unseres Nachbarn erschoß dann in Blutrache unseren Kirve. Danach versöhnte sich die Familie unseres Nachbarn wieder mit der Familie unseres Kirven. Unsere Nachbarn wußten nun, wer ihren Sohn in Wirklichkeit ermordet hatte, trotzdem wollten sie wider jede Vernunft weiter an unserer Familie

Blutrache üben. Ich nehme an, daß sie immer noch auf meinen Onkel neidisch waren und die Blutrache nur als Vorwand benutzten. Wie es den Gesetzen der Blutrache entsprach, versuchten sie nun, jeden männlichen Angehörigen unserer Familie zu ermorden und jede Frau unserer Familie zu vergewaltigen.

Ihnen war bekannt, wann mein Onkel aus dem Gefängnis entlassen werden würde. Die Männer der Nachbarsfamilie bewaffneten sich und kontrollierten den ganzen Weg vom Gefängnis zu unserem Haus, damit sie meinen Onkel an einer günstigen Stelle abfangen und erschießen konnten. Es war klar, daß wir uns auch alle bewaffnen mußten, um dies zu verhindern. Mein Onkel war aber zu schlau, um sich einfach erschießen zu lassen. Er ließ seine persönlichen Sachen mit dem Bus nach Hause bringen, er selbst wählte aber einen anderen Weg, um ins Dorf zurückzukehren. Dies hatte er uns jedoch zuvor nicht mitgeteilt. Wir gingen daher davon aus, daß wir ihn vor seinen Verfolgern beschützen müßten. Besonders gefährlich erschien uns das letzte, etwa drei Kilometer lange Stück, an dem der Bus wegen der Steigung und der schlechten Wegstrecke langsamer fahren mußte. Dort warteten meine Oma und ich auf einem Pferd mit zwei Gewehren in der Hand, um nach unseren Nachbarn Ausschau zu halten und sie zu erschießen, falls sie die Hand gegen meinen Onkel erheben sollten. Wir kamen unbehelligt in unserem Dorf an, ohne auf unsere Nachbarn zu treffen. Wir begleiteten dann den Bus zu Pferde bis zum Haus unseres Onkels.

Die letzten sechs Monate waren für meine Oma sehr schwer gewesen. Als der Bus hielt und mein Onkel nicht ausstieg, geriet sie in Panik. Plötzlich bemerkte sie, daß mein Onkel schon vor seinem Haus stand und ihr zuwinkte. Ungläubig und voller Freude blickte sie ihn an. Sie wollte gerade etwas sagen, da brach sie plötzlich dort, wo sie stand, zusammen. Wir wußten nicht, was wir tun sollten. Mein Onkel holte einen Eimer kaltes Wasser und überschüttete meine Oma von Kopf bis Fuß damit. Sie kam wieder zu sich, konnte aber nicht aufstehen. Sie sprach auch nur noch ganz verlangsamt und mit großer Mühe. Wir dachten, sie würde sich über Nacht wieder etwas erholen, was aber leider nicht der Fall war. Am nächsten Morgen fuhren wir daher schon ganz früh in die Stadt zum Arzt. Er diagnostizierte einen Schlaganfall, der beide Gehirnhälften betraf, und machte uns nicht viel Hoffnung. Nur mit viel Pflege und regelmäßiger Massage könnte vielleicht die rechte Körperseite ihre Kraft wiedererhalten.

Ich brachte meine Oma in das Haus meines Vaters, da ich sie dort besser versorgen und mich um sie kümmern konnte. Nachts schlief ich kaum, sondern massierte sie ständig. Am Tage wechselte ich mich dann mit meinen anderen Schwestern bei der Krankenpflege ab. Über drei Monate war es ihr überhaupt nicht möglich, das Bett zu verlassen. Dann besserte sich ihr Zustand allmählich. Sie konnte schließlich wieder mit Hilfe eines Stockes gehen. Sieben Jahre konnte meine Oma nicht ohne Hilfe aufstehen oder auf die Toilette gehen. Wie schrecklich mußte es für eine so aktive Frau sein, so hilflos und völlig auf andere angewiesen dazuliegen. Trotzdem war ich froh, daß meine Oma nicht tot, sondern noch immer bei mir war. Es wurde mir nie zuviel, sie zu pflegen. Das beste und frischeste Gemüse, das auf unseren Feldern wuchs, aßen meine Schwestern und ich nicht selber, sondern wir brachten es zu meiner Oma.

Immer wenn wir zu ihr hinein kamen oder wieder hinausgingen, weinte sie. Es war schrecklich schwer für sie, ein solches Leben zu akzeptieren. Noch vor einem Monat hatte sie mit der Waffe in der Hand ihren Sohn vor seinen Feinden beschützt. Vier, fünf Monate zuvor war sie ganz allein zu unseren Nachbarn gegangen, mit denen wir in Blutfehde lagen. »Hört mich an, ihr Verrückten!« hatte sie ihnen zugerufen. »Euer Sohn ist erschossen worden. Er war noch so jung! Es tut mir wirklich leid. Laßt mich euren Schmerz teilen! Laßt uns zusammen trauern! Mein Sohn hat es nicht getan. Er ist kein Verbrecher! Ich schwöre es!« Alle waren von ihren Sitzen aufgesprungen und wollten sie wie ein Rudel wilder Wölfe in Stücke reißen. Sie hatte ihre Waffe gezogen und sie bedroht: »Ich habe euch gesagt, daß wir keine Verbrecher sind. Wenn ihr aber unbedingt Blut sehen wollt, dann soll es euer eigenes sein. Mit dieser Waffe erschieße ich einen oder zwei von euch, bevor ihr mich überwältigen könnt! Ich werde jetzt nach Hause gehen. Wenn ihr meinem Sohn oder meinem Enkel auch jetzt noch etwas antun wollt, dann kann ich das, was ich jetzt versäume, aber immer noch nachholen. Merkt euch das!« Nun hatte ein grausames Schicksal sie ans Bett gefesselt. Sie konnte uns nicht mehr beschützen. Und darum hatte sie ständig Angst um uns.

Aber ich hatte nicht nur die Aufgabe, meine Oma zu pflegen, sondern ich mußte auch wie meine anderen Schwestern hart arbeiten. Nach der Schule hatte ich sofort nach Hause zu kommen und meine Schuluniform auszuziehen. Ich klemmte mir dann meine Schultasche unter den Arm und ging hinaus, um Schafe und Ziegen zu hüten. Meine Hausaufgaben machte ich auf der Weide. Zu essen gab es jeden Tag nur Brot und Quark, mehr nicht. Oft tat ich mich mit den anderen Dorfkindern zusammen, und wir hüteten unser Vieh gemeinsam. Bald konnten wir Quark und Brot nicht mehr ausstehen und versuchten unseren Speisezettel etwas aufzubessern. Einer von uns stahl Butter, die teuer war, einer Mehl und ein anderer Zucker. Daraus kochten wir türkischen Honig, der uns ganz prima schmeckte. Wenn die Reihe an mir war, Butter zu klauen, hatte ich immer schreckliche Angst, erwischt zu werden. Meine Mutter hätte mich bestimmt totgeschlagen. Blitzschnell griff ich mit meinen Fingern in die Butterdose und nahm etwas Butter heraus. Dann strich ich, wie ich es bei meiner Mutter gesehen hatte, die Oberfläche der Butter wieder glatt, damit sie nichts merkte. Ab und zu stahlen wir auch Eier, sonst wären wir nie in ihren Genuß gekommen, da sie nur für den Verkauf bestimmt waren.

An einem Tag war ich ganz allein mit meinen Tieren, da meine Freundinnen ihre Schafe und Ziegen anderswo hüteten. Ich saß in der Mittagshitze unter einem großen Baum, um auszuruhen, da es auch für die Schafe zu warm zum Weiden war. Ich legte mich auf den Rücken und guckte in den Himmel. Auf einmal hörte ich ein komisches Geräusch.

Schnell sprang ich auf und nahm meine Pistole, die ich wegen unserer Blutfehde immer bei mir trug, zur Hand. Jemand warf Steine nach mir, um mich aufzutreiben. Ich konnte aber nicht erkennen, wer es war, da er sich hinter den Büschen versteckt hielt. Ich wußte sofort, daß es wieder um diese verdammte Blutrache ging. Ich drehte mich um und lief etwas in die Büsche hinein. Da sah ich zwei junge Männer. Der eine hielt in seiner Hand eine große schwarze Schlange. Diese warf er mit Schwung zu mir herüber. Ich erschrak, weil ich glaubte, die Schlange lebe noch, bis ich merkte, daß das Reptil schon tot war. Sie wollten mich also wohl nur erschrecken, damit ich in Panik wegrannte und sie mich leichter überwältigen und vergewaltigen konnten.

Diesmal waren sie aber an die Falsche geraten. Ich hatte keine Angst vor ihnen. Von meinen Eltern war ich einiges gewöhnt und verlor also nicht so schnell die Nerven: »Hört auf! Ich warne euch zum letzten Mal! Ich werde euch sonst beide erschießen!« Dann richtete ich meine Waffe auf sie. Die zwei jungen Männer nahmen ihre Beine in die Hand und verschwanden, so schnell sie konnten, von der Bildfläche. Hinterher mußte ich noch lange darüber lachen. Ob sie wohl auch so gerannt wären, wenn sie gewußt hätten, daß ich noch niemals getroffen hatte?

Ich erzählte diesen Vorfall niemandem. Wäre es den zwei jungen Männern gelungen, mich zu vergewaltigen, hätte dies für meine Familie ein noch größeres Problem bedeutet, als wenn ein männliches Mitglied der Familie ermordet worden wäre. Die Ehre der Frauen einer Familie mußte unter allen Umständen verteidigt werden. Wenn das nicht gelang, war dies eine große Schande für die ganze Familie, die nur mit Blut abgewaschen werden konnte.

Kurdische Männer sehen es als ihre höchste Pflicht, die Ehre ihrer Frauen und Töchter, die Ehre der Familie um jeden Preis zu verteidigen. Dabei wird völlig übersehen, daß momentan die Ehre der gesamten kurdischen Nation auf dem Spiel steht. Jeden Tag werden die Menschenrechte auf das Schwerste verletzt. Unsere Ehre müßte darin bestehen, uns geschlossen gegen diese alltägliche Unterdrückung zur Wehr zu setzen, nicht aber uns aufgrund eines überkommenen Ehrbegriffs gegenseitig wie Raubtiere abzuschlachten.

4
Zuckerbrot und Peitsche

Aus der Geschichte der Kurdenverfolgung

Eines Tages, es war im September 1983, hämmerte es frühmorgens sehr laut an der Haustür neben unserem Zimmer. Wir Geschwister schliefen getrennt von den Eltern. Unser Haus hatte zwei Außentüren, eine davon befand sich in der Nähe der Abstellkammer, die uns als Kinderzimmer diente. Zwischen dieser Kammer und dem Schlafraum der Eltern lagen zwei weitere Räume. Die Hunde bellten wie verrückt, und wir standen sofort auf, gingen zur Tür und fragten, wer dort sei. Jemand antwortete freundlich: »Wir sind's, Schwester. Keine Angst! Wir sind Soldaten!«

Ich geriet sofort in Panik, da meine Pistole, die ich wegen der Blutrache immer griffbereit hatte, nicht angemeldet war. Sie lag unter meinem Kopfkissen. Ich wußte, daß die Soldaten bei Kurden immer nach Waffen suchten. Sie hatten große Angst vor der Kurdischen Arbeiterpartei (PKK), die die Kurden zum Kampf gegen die Regierung zu mobilisieren begonnen hatte. Ich erwiderte: »Kleinen Moment, wir müssen uns nur kurz anziehen! Nur zwei Minuten bitte!« Ich holte meine Pistole und versteckte sie ganz schnell in meiner Pluderhose. Noch bevor ich ganz fertig war, schrie einer der Soldaten: »Ich ficke eure zwei Minuten! Macht eure verdammte Tür auf! Sonst schlage ich sie kaputt und bringe euch alle auf den Dorfplatz. Dort werdet ihr euch dann ausziehen!« Meine Schwester Serpil öffnete die Tür.

Ich war damals neun Jahre alt, aber so klein und so dünn, daß ich wie vier oder fünf wirkte. Die Soldaten stürmten herein und schoben uns brutal zur Seite. Ich tat so, als ob ich weinte: »Ich möchte zu meiner Mama, wo ist meine Mama?« Das war meine einzige Chance. Einer der Soldaten kam zu mir und sagte: »Deine Mama und dein Papa müssen mit uns zur Karakolstation gehen. Wenn du willst, kannst du sie begleiten.«

Ich warf mich auf den Boden, griff mir an die Brust und tat so, als ob ich schwer krank sei. Drei Soldaten kamen zu mir. Einer fragte: »Was ist denn mit dir los, du Hurentochter? Komm, steh auf! Los!« – »Mein Herz, mein Herz, ich krieg' keine Luft!«, jammerte ich. Serpil verstand, was ich damit erreichen wollte, und half mir: »Sie sind hier wie ein Bär eingedrungen! Da wundern Sie sich, daß ein so kleines Mädchen zu Tode erschreckt ist? Sie ist schwer herzkrank. Das einzige, was wir machen können, ist, sie sofort an die frische Luft zu bringen, sonst stirbt sie!« Sie nahm mich an die Hand und lief zur Tür, dabei rief sie: »Wenn meiner kleinen Schwester etwas passiert, soll euch die ganze Welt auf den Kopf fallen!«

Ein Soldat lief uns hinterher: »Ja, jetzt weiß ich, warum das große Mädchen zu seiner Mutter will!« Als ich diese Worte hörte, starb ich fast vor Angst. Ich nahm an, daß er meine Pistole entdeckt hatte. Ich flüsterte meiner Schwester ganz leise zu: »Komm, sag jetzt, daß ich zu krank zum Reden bin!« Meine Schwester wandte sich an den Soldaten: »Sehen Sie doch, wie blau ihre Lippen sind! Sie kann jetzt nicht reden!« Dann lief sie mit mir zur Tür hinaus. Ein anderer Soldat wurde auf das Geschehen aufmerksam und befahl: »Nimm die Große, laß die Kleine laufen! Wenn sie verreckt, werden wir dafür verantwortlich gemacht.«

Ich war sehr erleichtert, daß sie meine Pistole also wohl doch nicht entdeckt hatten, und rannte weg, so schnell ich konnte. In der Nähe einiger Bäume suchte ich Unterschlupf und verscharrte meine Pistole unter etwas Laub und Erde. Dann ging ich wieder zurück ins Dorf, um zu erfahren, was mit den anderen passiert war.

Als ich ankam, sah ich, daß mein Onkel gerade verhört wurde. Ich hörte, wie er immer wieder beteuerte: »So glauben Sie mir doch! Bei uns gibt es keine ungenehmigte Waffe. Sie können überall suchen.« Der Soldat forderte meinen Onkel trotzdem auf: »Sie sind der Bürgermeister, Sie müssen auf jeden Fall mit uns kommen!« Ich blickte mich zufällig um, da sah ich meine Oma mit ihrem Stock den Berg heraufkommen. Sie haßte türkische Soldaten abgrundtief.

Meine Oma hatte niemals das Blutbad von Dersim im Jahre 1938 vergessen, bei dem auf Befehl Mustafa Kemal Atatürks rund 70.000 Kurden niedergemetzelt wurden. Sie hatte mit eigenen Augen gesehen, wie die Soldaten jungen schwangeren Mädchen die Bäuche aufschlitzten, um sie, wie sie sagten, »von ihren kurdischen Bastardbabies zu entbinden«. Ich glaube nicht, daß es jemandem, der dies miterlebt hat, überhaupt je gelingen kann, so etwas zu vergessen. Sie erzählte uns auch, daß sie Herrn Atatürk noch persönlich gesehen hatte. Damals war sie noch ein junges Mädchen gewesen. Auch wenn seitdem eine lange Zeit vergangen war, haßte sie seine Soldaten immer noch bis aufs Blut. Die Ereignisse der Jahre 1974 und 1977, als es in der Türkei zu einem Militärputsch kam und jeder demokratische Ansatz im Blut erstickt wurde, waren wegen der damaligen pogromartigen Übergriffe auf Kurden ebenfalls für immer tief in ihr Gedächtnis eingebrannt.

Die türkische Regierung hatte uns unsere Freiheit genommen, uns zu Sklaven im eigenen Land gemacht. Wäre sich das kurdische Volk nach dem Ersten Weltkrieg einig gewesen, hätten wir vielleicht die Aufteilung Kurdistans im Vertrag von Serves 1920 verhindern können. Hätten wir nicht auf die falschen Versprechungen Atatürks vertraut, der uns autonome kurdische Gebiete anbot, wenn wir an seiner Seite für einen türkischen Nationalstaat kämpften, wäre die Geschichte sicher anders verlaufen. So aber erkannten die Alliierten im Jahr 1923 im Friedensabkommen von Lausanne zwar die türkische Souveränität über Anatolien an, von kurdischer Autonomie oder auch nur einem Minderheitenstatus war aber nicht mehr die Rede. Gleich nach der Gründung der Republik Türkei wurden die kurdische Sprache und Kultur verboten. Infolgedessen kam es zu einem Aufstand, der von Scheich Said angeführt und 1925 von Atatürk blutig niedergeschlagen wurde. Hunderte von Aufständischen wurden durch Schnellgerichte zum Tode verurteilt.

Übergriffe durch Soldaten gehören für uns bis heute zum Alltag. Fast jeden Monat kamen die Soldaten zu uns, suchten nach Waffen, beleidigten und bedrohten uns. Oft wurden wir auch mißhandelt, oder einige von uns mußten sie auf die Karakolstation – eine Art Polizeistation, die jedoch mit Soldaten besetzt ist – begleiten, wo immer die Gefahr bestand, gefoltert zu werden. Wenn sie gerade Lust dazu haben, können sie jeden straflos töten oder ganze Dörfer niederbrennen.

Als ich sah, daß sich ein Soldat meiner Oma näherte, ahnte ich Schlimmes und eilte ihr zu Hilfe. Ich erreichte sie noch vor dem Soldaten. Er verlangte: »Du, Alte, sag mal zu deinen Enkel- und Schwiegertöchtern, daß sie für uns Tee kochen sollen! Wir sind außerdem hungrig. Bringt auch was zu essen!« Meine Oma winkte den Soldaten mit dem Finger etwas näher zu sich heran. Der Soldat erwartete, daß sie ihm aus Ehrerbietung vielleicht die Füße küssen würde, und näherte sich mit herablassender Geste. Als er ganz dicht vor ihr stand, sagte sie: »Ich werde dir helfen! Du taugst vielleicht gerade noch als mein Fußabtreter. Ich würde lieber meinen Tee und mein Essen an die Schweine verfüttern, als es dir zu geben. Ihr Hundesöhne! Was denkt ihr euch eigentlich?« Der Soldat richtete sofort seine Waffe auf meine Oma und drohte: »Soll ich dich erschießen, du Hure? Oder soll ich dir deinen Bauch aufschlitzen und mit deinen Gedärmen die Vögel füttern?«

Der Kommandant, der beobachtet hatte, daß der Soldat meine Oma mit der Waffe bedrohte, kam sofort zu uns herüber und wollte wissen, was vorgefallen sei. Ich ließ den Soldaten gar nicht erst zu Wort kommen, sondern plapperte darauflos: »Herr Kommandant, dieser Onkel Soldat hat zu meiner Oma gesagt: Wir haben Hunger, bringt uns Tee und etwas zu essen. Da hat meine Oma gesagt: Aber natürlich, mein Sohn! Ich werde euch gleich etwas zu essen bringen, aber ist euer Kommandant darüber informiert? Da hat der Onkel Soldat gesagt: Was meinst du mit Kommandant? Meinst du den Schweinehund da drüben? Der hat uns ganz umsonst die Berge hochklettern lassen. Hier ist doch gar nichts!«

Meine Oma wunderte sich über meine Geistesgegenwart, bestätigte aber gleich dem Kommandanten meine Aussage: »Herr Komandant, es war ganz bestimmt genauso, wie das kleine Mädchen hier sagt. Sie wissen doch selbst, daß kleine Kinder niemals lügen!« Der arme Soldat wollte sich nun rechtfertigen, doch der Kommandant ließ ihm keine Zeit dazu. Er schlug ihm seine Faust mit voller Kraft auf die Nase. Das Blut quoll ihm aus beiden Nasenlöchern, so daß er in kurzer Zeit völlig blutüberströmt war. Als ich das Blut sah, fing ich an zu weinen. Da sagte der Kommandant zu dem Soldaten: »Guck, du Idiot, dieses kleine Mädchen hat auch Angst vor dir. Sie hat bestimmt gedacht, wenn ein Soldat nicht einmal seinem eigenen Kommandanten gehorcht, wer weiß, was er dann mit uns tut?« Dann schlug er ihn noch einmal zusammen.

Danach versammelte der Kommandant seine Soldaten auf dem Platz um sich und hielt ihnen einen Vortrag über soldatische Pflicht und Ehre: »Kommt her, ihr Schweine! Wenn ihr Hunger habt, dann kennt ihr also keinen Vorgesetzten mehr. Was seid ihr nur für Soldaten! Zur Strafe dürft ihr hier nichts essen und nichts trinken, und wir werden jetzt nicht, wie eigentlich geplant, in die Kaserne zurückkehren, sondern noch in andere Dörfer gehen und auch dort werdet ihr euren Durst und

Hunger nicht stillen!« Da sie nun also nicht gleich zur Karakolstation gingen, nahmen sie glücklicherweise meinen Onkel nicht mit.

Kurz nach diesem Vorfall mit den Soldaten gab es eine große Freude in unserem Dorf: Wir wurden an das Stromnetz angeschlossen! Bis dahin lebten wir beschaulich dahin, jetzt änderte sich unser Lebensrhythmus von einem Tag auf den anderen radikal. Zuvor hatten wir uns abends immer eine Petroleumlampe auf den Tisch gestellt und in ihrem Schein unsere Hausaufgaben gemacht. Ich fand dieses Leben ohne Elektrizität schön, denn es war nicht so hektisch und viel naturnäher.

Mit dem technischen Fortschritt hatte ich ohnehin schon zuvor einmal meine Probleme gehabt. Noch bevor meine Oma krank wurde, war ich mit ihr einmal in Peri, um etwas einzukaufen. Sie traf in der Stadt eine Freundin, die uns zum Teetrinken in ihr Haus einlud. Dort sah ich etwas, das ich noch nie zuvor gesehen hatte: ganz kleine Menschen, blauen Himmel und einen großen Fluß, der auf Miniaturgröße verkleinert war. Ich erschrak, weil ich dachte, gleich würde die ganze Wohnung überschwemmt, und verkroch mich hinter meiner Oma, um nicht naß zu werden. Seltsamerweise hatte meine Oma gar keine Angst, aber sie merkte natürlich, daß ich mich vor etwas fürchtete und sie wußte auch wovor: »Das ist ein Fernseher, mein Kind!« erklärte sie mir, dann unterhielt sie sich weiter mit ihrer Freundin.

Woher sollte ich wissen, was Fernsehen ist? Alles spielte sich in einem kleinen Schrank hinter einem Glas ab. Ich fragte also: »Was ist das, Fernsehen?« Meine Oma antwortete: »Weißt du das nicht mehr? Wir haben doch in Deutschland auch ferngesehen.« Dann setzte sie ihr Gespräch fort. Ich konnte nicht noch einmal ihre Unterhaltung unterbrechen, das wäre unverschämt gewesen. Also nickte ich und gab vor, verstanden zu haben, obwohl ich immer noch keine Ahnung hatte, wovon die Rede war. Meine Oma hatte offenbar nicht daran gedacht, daß ich erst vier Jahre alt gewesen war, als wir für kurze Zeit in Deutschland gelebt hatten. Ich starrte weiter wie gebannt in den Apparat, um möglichst viel von dem Geschehen mitzubekommen. Es waren vier Männer auf Pferden zu sehen. Einer kam ihnen zu Fuß entgegen. Alle trugen Waffen. Die vier Männer auf den Pferden fielen über den Fußgänger her und richteten ihn übel zu. Ich erwartete nun von meiner Oma, daß sie endlich eingreifen und etwas sagen würde wie: »Nun hört doch endlich einmal auf! Vier gegen einen, das ist doch unfair!« Sie war doch auch sonst immer für Gerechtigkeit. Aber sie reagierte überhaupt nicht.

Nach einiger Zeit stand sie auf, da wir uns langsam verabschieden und nach Hause gehen mußten.

Ich blieb im Zimmer, denn jetzt wollte ich die kleinen Männer, die sich so ungehörig benahmen, selbst erschlagen. Sie hatten wieder angefangen, ihr Opfer zu verprügeln. Ich sprach dem Mann Mut zu: »Keine Angst, ich bin auf deiner Seite!« Dann schlug ich mit der flachen Hand den anderen Männern ins Gesicht, wobei ich allerdings nur die Mattscheibe traf. Obwohl ich doch, wie ich meinte, recht hart zugeschlagen hatte und daher erwartete, daß ich die Bösewichte alle mit meiner Hand zerquetscht hätte, fuhren sie ungerührt mit ihrem brutalen Treiben fort. Als ich sah, daß ich keine Chance hatte, ihnen etwas anzuhaben, steckte ich ihnen allen die Zunge heraus und rannte meiner Oma nach, die schon ungeduldig nach mir rief. Unterwegs erzählte ich ihr von meinem mutigen, aber leider erfolglosen Kampf auf der Seite der Gerechtigkeit. Sie lachte und versuchte mir das Prinzip eines Fernsehers, so gut sie konnte, zu erklären.

Dann erzählte sie mir von ihren Erfahrungen mit neuer Technik. Mein Vater hätte ihr einmal ein Radio mit Batteriebetrieb aus Deutschland mitgebracht, das sie gern anstellte, um Musik und Wortbeiträge zu hören. Bei uns gibt es eine Tradition, daß man jeden Freitagabend Essen zu armen Leuten und Waisen bringt. Man erwirbt sich durch diese Almosengabe religiöse Verdienste. Eines Freitagabends kamen die Nachbarn auch zu ihr, um ihr Lebensmittel zu bringen, obwohl sie das bisher noch nie getan hatten. Meine Oma war darüber ganz erstaunt und sagte zu ihnen: »Was soll das? Wir sind doch gar nicht so arm!« Sie erwiderten: »Komm, Nachbarin, nimm das! Schäm dich nicht! Du hast doch so viele Gäste zu Hause. Bei uns wird man, selbst wenn man Milliardär ist, schnell arm, wenn man viele Gäste hat.« Sie wunderte sich, was sie wohl mit Gästen meinten? Sie hatte doch in letzter Zeit keinen größeren Besuch gehabt und erwartete auch keinen. Da schoß es ihr wie ein Blitz durch den Kopf: Na klar – das neue Radio!

Sie versuchte, ihren Nachbarn zu erklären, daß die Stimmen aus einem kleinen Kasten kämen, den sie auf dem Tisch stehen habe. Sie verstanden aber überhaupt nichts und glaubten ihr nicht. Enttäuscht, daß sie ihre Gaben nicht annehmen wollte und daß sie die vermeintlichen Gäste nicht zu Gesicht bekommen hatten, zogen sie wieder ab. Am nächsten Tag schickten sie ihr zwei erwachsene Mädchen, die meiner Oma wegen der vielen Gäste beim Saubermachen helfen sollten. Meine

Oma nahm an, daß die Mädchen sie nur einfach wieder einmal besuchen wollten, so wie es unter Nachbarn üblich ist. Sie war nur darüber erstaunt, daß sie ihre besten Kleider angezogen hatten. Sie hatte es gerade etwas eilig, da sie noch das Vieh füttern mußte, und forderte die Mädchen daher auf, inzwischen Radio zu hören.« Als sie wegging, fingen die Mädchen sofort an, überall ganz gründlich sauberzumachen. Sie wunderten sich sehr darüber, daß sie schon fast das ganze Haus saubergemacht hatten, ohne auch nur einen einzigen Gast zu Gesicht bekommen zu haben, obwohl sie ihre Stimmen immer noch hörten. Sie guckten ungläubig auf den Radioapparat, aus dem die Stimmen kamen. Wo hatten sich diese eigenartigen Gäste nur versteckt? War das vielleicht Hexenwerk? Dann nahm eine von ihnen ein Stück Holz und zertrümmerte das Radio mit einem wuchtigen Schlag. Hinterher berichteten sie meiner Oma ganz stolz, daß sie ihre vielen Gäste vertrieben hätten und daß sie sich nun keine Sorgen mehr zu machen brauche. Meine Oma konnte aus Höflichkeit ihnen gegenüber nicht einmal offen zugeben, wie traurig und wütend sie über die Zerstörung ihres Radios war.

Nun bekam also unser Dorf Stromanschluß. Alle elektrischen Installationen waren verlegt worden, wir warteten nur noch auf den Provinzgouverneur, der den roten Hebel umlegen sollte, mit dem wir ans Netz angeschlossen werden sollten. Als er mit seinem Wagen vorfuhr, schlachteten wir ihm zu Ehren einen Hammel. Der Tod des Tieres hatte auch eine rituelle Bedeutung für uns. Sein Blut sollte unser Dorf vor Schaden durch den neuen Elektrizitätsanschluß bewahren. Der Provinzgouverneur schien davon überzeugt zu sein, daß sein Bauchumfang seiner Wichtigkeit entsprach. Seine Glatze glänzte in der Sonne, und er transpirierte so stark, daß sich schon bei seiner Ankunft im Dorf unter den Achseln auf seinem weißen Hemd Schweißflecken gebildet hatten.

Er legte unter großem Beifall und Jubel den roten Hebel um. Nun hatten wir Strom. Es wurde ihm gerade Fleisch des frisch geschlachteten Hammels zum Essen angeboten, als ein Nachbar meines Onkels ganz aufgeregt zu ihm gelaufen kam: »Ich muß euch ganz dringend etwas sagen, sonst gibt es noch ein Unglück! Hört mich an! Denkt euch, meine Frau hat den Strom eingeschaltet und guckt wie dumm nur noch in die Lampen. Sie macht ihn gar nicht wieder aus. Ich habe ihr jetzt schon bestimmt tausendmal gesagt, sie soll endlich die verdammten Lampen wieder ausschalten, sonst wird uns der ganze Strom noch weglaufen, und wir hätten wieder kein elektrisches Licht mehr. Jetzt versuchen Sie bitte mit ihr zu reden! Vielleicht können Sie mehr bewirken als ich.« Der Gouverneur lief bis zum Haaransatz knallrot an, da er dachte, der Mann wolle ihn auf den Arm nehmen und sich über ihn lustig machen. Der Bittsteller bemerkte davon jedoch nichts und bestand darauf, daß der Gouverneur nun ganz dringend zu seinem Haus kommen müsse, um das große Unglück noch rechtzeitig abzuwenden. Langsam wurde dem aber klar, daß es dem Mann ernst war und er wirklich keinerlei Ahnung von den Prinzipien der Elektrizität hatte. Er brach in ein unbändiges Lachen aus. Die Tränen liefen ihm über beide Wangen, und er wälzte sich fast vor Lachen auf dem Boden. Dann ließ er sich alle Einwohner auf dem Dorfplatz versammeln und hielt ihnen einen Vortrag über elektrischen Strom. Er führte aus, daß man den Lichtschalter niemals mit nassen Fingern betätigen dürfe, da man sonst zu Asche verbrannt werde. Das gleiche drohe uns auch, wenn wir mit Metall in der Steckdose hantierten. Er führte uns die Risiken der Elektrizität so drastisch vor Augen, daß wir unsere Hände immer ganz trocken rieben, wenn wir auch nur in die Nähe eines Lichtschalters kamen. Für jemanden, der mit den Annehmlichkeiten der Elektrizität aufgewachsen ist, wird es sicher sehr komisch ausgesehen haben, wenn wir wie verrückt unsere Hände mit einem Lappen abrieben, bevor wir einen Lichtschalter berührten.

Der Strom mußte privat bezahlt werden. Da für die Schule die Kosten für einen Stromanschluß vom Staat nicht übernommen wurden, gab es in unserer Schule nach wie vor kein elektrisches Licht. Für den Ausbau der Moschee war hingegen Geld vorhanden. Dorthin wurde auch Strom verlegt.

Der türkische Staat hatte nicht etwa die Absicht, uns aus reiner Menschenfreundlichkeit durch den Anschluß an das Stromnetz ein besseres Leben zu ermöglichen. Er war vielmehr daran interessiert, uns Kurden nach dem Prinzip »Zuckerbrot und Peitsche« davon abzuhalten, gegen unsere Unterdrückung zu opponieren. Wenn das Leben der einfachen Leute auf dem Lande leichter wurde, waren sie nicht mehr so leicht zu motivieren, auf der Seite der kurdischen Widerstandsbewegung zu kämpfen. Dadurch, daß es jetzt Fernsehen im Dorf gab, bekam die türkische Propaganda nun direkt Einfluß auf die Dorfbewohner. Wenn man die muslimische Religion durch staatliche Unterstützung förderte, wurde es schwieriger, Kurden zum Kampf gegen ihre türkischen

»Glaubensbrüder« zu gewinnen. Obwohl es immer die Politik von Kemal Atatürk gewesen ist, den islamischen Einfluß in der Türkei zurückzudrängen und das Land zu einem modernen Staat zu machen, und sich die türkische Regierung immer noch auf die Prinzipien des Kemalismus beruft, scheint sie heute keine Probleme mehr damit zu haben, den Islam als ein geeignetes Mittel einzusetzen, um die Freiheitsbewegung der Kurden zu spalten. Wir Alewiten kommen damit in die unangenehme Lage, daß wir von zwei Seiten angegriffen werden. Die Mullahs sehen in uns Ungläubige, der türkische Staat Kurden. Beide sind sich aber darin einig, daß wir uns unterzuordnen haben und unsere eigene Kultur verleugnen müssen und daß wir ansonsten ohne Daseinsberechtigung sind.

Nun hatte der Fortschritt also auch unser Dorf erreicht, und unser Leben änderte sich in einem immer schnelleren Tempo. Aber meine Arbeit wurde dadurch nicht weniger. Im gleichen Maße, wie ich heranwuchs, wurde mir auch immer mehr Arbeit aufgebürdet. Unsere Familie hielt eine immer größere Anzahl von Schafen, Ziegen und Kühen. Deshalb mußten wir nun weitere Wege zurücklegen, um unser Vieh auf neue Weidegründe zu treiben. Wir Kinder waren nach der Schule nur noch damit beschäftigt, unser Vieh satt zu bekommen. Wenn wir in den Sommerferien nicht täglich in die Schule mußten, trieben wir die Tiere auf die Hochweiden in den Bergen. In dieser Zeit kehrten wir auch abends nicht nach Hause zurück, sondern übernachteten mit unserem Vieh draußen. Wenn eins der Tiere krank wurde, verprügelten mich meine Eltern abends, wenn ich todmüde nach Hause kam, und ich mußte hungrig ins Bett gehen. Das war meine Strafe dafür, daß ich nicht besser aufgepaßt hatte.

Ich fing an, den Hund unseres Nachbarn zu beneiden. Er bekam zwar auch wenig zu essen, mußte aber nicht so schwer arbeiten und wurde auch weniger verprügelt als ich. Keine Familie im Dorf ließ ihre Kinder so schwer arbeiten wie mein Vater uns. Trotz der vielen Arbeit wurde unsere Familie aber nicht wohlhabender als die Nachbarn. Wenn ich heute daran zurückdenke, wieviel Getreide ich, auf dem Boden hockend, mit der Sichel schnitt und von Hand bündelte, bekomme ich schon allein bei der Erinnerung daran sofort wieder Rückenschmerzen. Wenn unser Vater einmal keine andere Arbeit mehr für uns fand, dann ließ er uns zur Erholung Steine, die fast so groß und schwer wie wir selbst waren, von unseren Feldern wegrollen.

Unser Vater befahl uns, fast alles anzubauen, was auf dem Boden dort überhaupt wuchs: Weizen, Mais, Gerste und Linsen und vieles andere. Wir arbeiteten nicht wie normale Menschen, sondern wir schufteten wie Ameisen, die auch niemals aufhören, hin und her zu rennen, und dabei Lasten bewegen, die ihr Körpergewicht um das Mehrfache übersteigen. Wir fanden am Tag keine Zeit mehr, das frisch geschnittene Getreide von den zwei bis drei Kilometer entfernten Feldern nach Hause zu transportieren. Aber was machte das? Unser Vater sagte zu uns: »Wir haben ja noch die Nacht, bei Vollmond ist es gar kein Problem weiterzuarbeiten. Außerdem ist es dann auch nicht mehr so heiß. Euch wird die Arbeit nachts sicher mehr Freude machen. Wenn ihr tagsüber schon nichts zu Wege bringt, so seid wenigstens nachts fleißig!«

Auch unsere Tiere hatten es nicht leicht. Unser Vater lud den Eseln immer soviel Last auf, daß sie sich fast nicht mehr bewegen konnten. Für die Tiere war es schon auf ebener Strecke schwer, nicht unter ihrer Last zusammenzubrechen. Wenn der Weg aber steiler wurde, war es reines Glück, wenn sie nicht das Gleichgewicht verloren. Um ihnen zu helfen, hing ich mich einmal links, einmal rechts an das Tragegestell und balancierte das Gewicht aus. Wenn die Esel ausrutschten und die ganze Ladung zu Boden fiel, ging die Hölle los. Mein Vater mußte dann alles wieder aufladen. Darüber wurde er immer so wütend, daß er uns wieder und wieder schlug. Die Sommerferien waren für mich nicht wie für deutsche Kinder die schönste Zeit des Jahres, sondern eine Zeit, in der ich für meinen Vater die reinste Fronarbeit leisten mußte. Ich konnte es daher gar nicht erwarten, daß ich im Herbst wieder in die Schule gehen durfte.

Die Grundschule in unserem Dorf endete mit dem fünften Schuljahr. Damit endete auch meine Schulpflicht, und mein Vater wollte, daß ich von nun an den ganzen Tag für ihn arbeiten sollte. Die ganzen Sommerferien über kämpfte ich mit ihm um die Erlaubnis, in die Mittelschule nach Peri gehen zu dürfen. Sicher hätte ich keinen Erfolg gehabt, wenn mir mein Lehrer nicht geholfen hätte. Mein Vater sah nämlich überhaupt nicht ein, wofür ein Mädchen eine gute Schulbildung brauchte, da es doch sowieso bald heiratet und nur zum Arbeiten da ist. Mein Lehrer hielt meinem Vater vor, daß er doch selbst Lehrer gewesen sei und darum einsehen müsse, daß ein so intelligentes und begabtes Mädchen wie ich unbedingt gefördert werden müsse. Das paßte meinem Vater gar nicht, aber er konnte auch nicht einfach offen zugeben, daß er gegen eine Schulbildung für Mädchen war.

Nach außen hin tat mein Vater immer so, als sei er ein gebildeter und fortschrittlich denkender Mann, aber in Wirklichkeit hatte er Angst davor, daß seine Kinder einmal mehr wissen könnten als er selbst. Er sagte zu uns: »Seht doch, was aus mir geworden ist! Ich bin lange Jahre zur Schule gegangen und als Lehrer ausgebildet, aber was habe ich erreicht? Mir geht es jetzt auch nicht besser als meinen Nachbarn, die nie eine Schule besucht haben!« Mein Vater hatte meine Schwestern auch nur eine bzw. zwei Klassen der Mittelschule besuchen lassen, bei mir meinte er wohl, daß es sich gar nicht lohnen würde, mich nach Peri zu schicken. Da meine beiden Schwestern nie Geld für Schulbücher erhalten hatten, hatten sie dem Unterricht auch nicht folgen können. Sie gaben daher schon nach kurzer Zeit auf, und mein Vater nahm sie von der Schule.

Er glaubte daher, daß es bei mir genauso sein würde, und ging davon aus, daß, wenn er mich jetzt nach Peri schickte, ohne mir die Möglichkeit zu geben, das nötige Schulmaterial zu kaufen, ich auch bald die Segel streichen und reumütig zu ihm zurückkommen würde. Ich hätte ihm dann später nicht vorwerfen können, daß er mir nicht die Chance zum Besuch einer weiterführenden Schule gegeben hätte.

Ich war schon damals der festen Überzeugung, daß die Schule meine einzige Chance für eine bessere Zukunft sei, sonst hätte ich wie alle anderen auch mit fünfzehn oder sechzehn Jahren heiraten müssen. Ich hätte meinen zukünftigen Ehemann, unserer Tradition entsprechend, erst bei meiner Hochzeit zu Gesicht bekommen. Daß junge Leute sich schon vor der Hochzeit kennenlernen und selbst über ihre Heirat entscheiden, ist in unserer Kultur völlig undenkbar. Mit etwas Glück wäre es mir vielleicht gelungen, schon bei den Heiratsverhandlungen unserer beiden Familien einen kurzen Blick durch das Schlüsselloch auf ihn zu werfen.

Wenn mir das Glück hold wäre, würde ich meinem Mann dann sechs bis acht Kinder, am besten nur Jungen, schenken. Hätte ich aber Pech und würde nur Mädchen zur Welt bringen, wäre es ihm erlaubt, weitere Frauen zu heiraten, bis er endlich einen Sohn sein eigen nennen könnte. Ich wäre dann gezwungen, mit all seinen Frauen und deren Kindern unter einem Dach zusammenzuleben und meinen Mann mit ihnen zu teilen. Würde ich ein solches Leben nicht ertragen, gäbe es nur noch den Ausweg, in mein Elternhaus zurückzugehen, was noch schlimmer wäre. Meine Eltern würden mich dann wieder verheiraten. Da ich dann keine Jungfrau mehr wäre, hätte ich nur die Chance, mich mit einem sechzig- bis siebzigjährigen Witwer zu liieren und wie ein Tier mein Leben lang für ihn und seine Kinder zu schuften.

Die einzige Möglichkeit, eine solche Zukunft zu vermeiden, bestand für mich darin, weiter die Schule zu besuchen, um dann, gut ausgebildet, einen eigenen Beruf zu ergreifen. Deswegen wollte ich unbedingt weiter zur Schule gehen.

Mein Vater erlaubte mir schließlich nach langer Diskussion doch, in Peri zur Schule zu gehen. Er schickte mich zu Kan, dem Bruder meiner Mutter, der ein Haus in Peri besaß. Dieser Mann litt an der gleichen Krankheit wie alle in Peri: Seine Geisteskraft hatte schon etwas nachgelassen, und er war außerdem dem Glücksspiel verfallen. Leider verlor er dabei immer, so daß er schließlich sein Haus verkaufen mußte und ich mein Obdach verlor.

Es wäre völlig undenkbar gewesen, wenn ich allein in Peri ein Zimmer gemietet hätte. Ein anständiges, unverheiratetes Mädchen muß immer bei ihrer Familie wohnen. Hält sie sich an dieses Gebot nicht, wird ihr gleich unterstellt, nicht besser als eine Hure zu sein. Ins Dorf zurück wollte ich aber auch nicht. Ich rief daher Murat, den Sohn meines Onkels Mert, in Mersin an und erzählte ihm, was passiert war, und daß ich unbedingt die Schule weitermachen wollte. Ich fragte ihn, ob ich bei ihm in Mersin weiter zur Schule gehen könne. Er war sofort damit einverstanden und holte mich ab.

5
»Kurden gibt es nicht in der Türkei«

Meine Schulzeit in Mersin

Mein Cousin Murat war ein sehr warmherziger Mensch. Das konnte man von seiner Frau leider nicht sagen. Sie zankte ihren Mann oft aus und schlug ihn sogar, selbst wenn es sich nur um Kleinigkeiten handelte. So wie sie verhält sich eine Frau in Kurdistan ganz selten. So sagen wir normalerweise über Frauen, die mit blauen Augen oder eingeschlagener Nase herumlaufen: »Ihr Mann taugt wirklich etwas, er zeigt seiner Frau, wer der Herr im Hause ist!« Wenn ein kurdischer Mann seine Frau laut ruft, soll sie sich sofort vor ihm auf den Boden werfen und demütig darauf warten, daß sie von ihm verprügelt wird. Wenn manche kurdischen Männer jedoch türkische Soldaten nur aus der Ferne sehen, verkriechen sie sich vor Angst und überlassen es ihren Frauen, die Kinder vor den Übergriffen des Militärs zu schützen. Durch die von der PKK ins Leben gerufene kurdische Befreiungsfront hat sich inzwischen jedoch einiges geändert.

Die PKK – »Partiya Karkeren Kurdistan«, die am 27.11.1978 gegründete Arbeiterpartei Kurdistans – propagiert seit 1984 den bewaffneten Kampf mit dem Ziel, einen unabhängigen, sozialistisch ausgerichteten kurdischen Staat zu schaffen. Vorsitzender ist seit der Parteigründung Abdullah Öcalan.

Wie auch immer man zur PKK stehen mag, in jedem Fall tritt sie als sozialistische Partei bedingungslos für die Gleichberechtigung der Frau ein, was die Position der Frau in der kurdischen Gesellschaft schon deutlich verbessert hat. Eine Frau, die mit der Waffe in der Hand Seite an Seite mit Männern kämpft, läßt sich auch zu Hause von ihrem Ehemann nichts mehr sagen. Die PKK hat außerdem den kurdischen Männern durch ihr Beispiel gezeigt, daß es gemeinsam möglich ist, erfolgreich gegen die türkische Gewaltherrschaft zu kämpfen, und daß das türkische Militär nicht ganz so unbezwingbar ist, wie es vorgibt zu sein.

Als ich zu meinem Cousin kam, dachte ich, daß ich dem Martyrium in meiner Familie nun endlich entronnen wäre. Doch leider kam ich vom Regen in die Traufe, da die Frau meines Cousins ausgesprochen herrschsüchtig war und ihrem Mann und jetzt auch mir das Leben zur Hölle machte. Die Frau meines Cousins fragte mich gleich bei meiner Ankunft, ob mein Vater mir auch genug Geld für die Schule mitgegeben hätte. Ich wurde vor Scham knallrot. Sie war für mich wie die Frau meines Bruders, und ich hätte nie erwartet, daß sie mit mir in diesem Ton über Geld sprach. Ich hatte großen Respekt vor dem Sohn meines Onkels, mit dem ich zusammen aufgewachsen war, sonst hätte ich noch im selben Moment ihr Haus wieder verlassen.

Am nächsten Tag begleitete mich mein Cousin zur Mittelschule in Mersin, um mich anzumelden. Der Direktor sagte, daß er für mich in seiner Schule keinen Platz habe, da mein Name »Devrim« – »Revolution« – sei. Ein Mädchen mit diesem umstürzlerischen Namen habe an seiner Schule nichts verloren. Mein Vater hatte mir diesen kurdischen Namen in Deutschland gegeben. In der Türkei war es Kurden streng verboten, ihren Kindern kurdische Namen zu geben und natürlich schon gar keine mit politischer Bedeutung. Aber dieser Name stand nun einmal in meiner Geburtsurkunde, die ich bei der Schulanmeldung vorlegen mußte. Mein Cousin fragte nur: »Wieviel wollen Sie haben?«, da sich solche Dinge in der Türkei normalerweise leicht mit Geld regeln lassen. Ich glaube, der Direktor war einer der teuersten Beamten in der ganzen Türkei. Murat mußte einen ganzen Monatslohn für mich bezahlen und sich sogar noch von seinen Freunden etwas leihen.

Als wir zu Hause waren, beichtete er seiner Frau, daß er dem Direktor etwas Geld für mich gegeben habe. Daraufhin brach die Hölle los, und er wurde von seiner Frau auch noch den ganzen nächsten Tag ausgezankt. Das hielt ich nicht aus. Ich besuchte nur einen Tag diese Schule, dann wechselte ich in eine öffentliche Internatsschule für Mädchen. Hier war der Schulbesuch frei, und uns wurde auch Unterkunft und Essen gestellt.

Der Lehrplan war allerdings vollständig muslimisch ausgerichtet. Religion war wichtiger als Mathematik und selbst noch wichtiger als Türkisch. Zwar wurden auch Naturwissenschaften und Geschichte unterrichtet, aber ohne eine gute Note im Fach Religion konnte man nicht versetzt werden, auch wenn man in allen anderen Fächer die Beste gewesen wäre. Ich sollte fünfmal am Tag beten und den Ramadan halten. Zu meinem Unglück war ich nicht nur Alewitin, sondern noch schlimmer: Atheistin. Es gibt bei uns eine Redensart, die lautet: Was ich erlebt habe, hat noch nicht einmal ein gekochtes Huhn erlebt! Genauso dachte ich über den religiösen Zwang an meiner Schule, da ich so etwas bisher in meiner Schulzeit noch nicht kennengelernt hatte.

Eines Tages kam unser Religionslehrer in die Klasse und forderte mich auf: »Bete El Hamdüllahi!« Ich antwortete ihm: »Herr Lehrer, können Sie das beten?« Er erwiderte erstaunt: »Aber natürlich, schließlich bin ich euer Religionslehrer!« Ich fragte weiter: »Und können Sie auch Arabisch?« – »Nein, ganz wenig, aber was geht dich das an?«, gab er barsch zurück. »Ich kann leider auch nicht Arabisch. Wenn ich nicht weiß, was die Worte bedeuten, kann ich ein solches Gebet nicht sprechen. Vielleicht ist ja irgendein böses Wort darin enthalten, was Gott mißfällt, und ich könnte ihn dann unbeabsichtigt beleidigen!« Dem Lehrer stieg das Blut in den Kopf, und er antwortete mit zusammengebissenen Zähnen: »Na gut, wir sehen uns nach der Religionsstunde im Lehrerzimmer!«

Nach dem Unterricht fand ich mich im Lehrerzimmer ein. Dort erwartete mich auch unser Direktor, vor Zorn ganz rot im Gesicht. Obwohl keiner mich dazu aufgefordert hatte, nahm ich mir einen Stuhl und setzte mich. Der Direktor brüllte mich an: »Steh auf, du Verrückte! Hat dir jemand gesagt, daß du dich setzen sollst?« Ich gab ganz gelassen zurück: »Aber wenn der Stuhl doch dort leer ist!« Ich stand im Zeitlupentempo auf und hörte mir seine Strafpredigt an. »Frau Devrim, dein Name hat uns schon gereicht, und jetzt erzählt mir dein Lehrer, daß dein Charakter noch unverschämter als dein Name ist! Darüber könnte ich noch hinwegsehen, weil du ein so intelligentes Mädchen bist. Aber nun hast du deinen Lehrer auch noch vor der ganzen Klasse beleidigt, und du versuchst, alle Mädchen gegen den wahren Glauben aufzuhetzen. Das kann ich nicht akzeptieren! Wenn du dir auch nur noch die geringste Kleinigkeit zu Schulden kommen läßt, fliegst du im hohen Bogen von der Schule, das kann ich dir versprechen! Jetzt raus hier!«

Ich wußte nur zu gut, daß mein Schuldenregister ziemlich angewachsen war, und war daher vorsichtig. Das Problem war nur, daß ich auf religiöse Dinge nun beinahe allergisch reagierte und oft Mühe hatte, mich bei den Sticheleien des Lehrers zu beherrschen. Ich sann darüber nach, wie ich meine Situation verbessern könnte, und hatte auch schon bald eine gute Idee. Allerdings brauchte ich dazu die Hilfe meiner Mitschülerinnen.

Unsere ganze Klasse klagte über das Essen, denn wir bekamen ständig nichts anderes als Nudeln und Reis, Reis und Nudeln. Wir konnten Nudeln und Reis schon nicht mehr sehen. Hier mußte dringend Abhilfe geschaffen werden. Eines Freitagabends lud ich daher alle Schülerinnen meiner Klasse in eine Teestube ein. Ich sagte ihnen, daß wir etwas Wichtiges zu besprechen hätten, deshalb sollten wir uns sonntags dort treffen. Ich hätte eine Idee, wie wir etwas Besseres zu essen bekommen könnten.

Beim Tee erzählte ich ihnen meinen Plan: »Laßt uns gleich montagfrüh protestieren! Wir schreiben Spruchbänder mit unseren Forderungen und entrollen sie dann in der Schule.« Die anderen hatten große Angst: »Devrim, du bist doch verrückt. Die werden uns totschlagen! Die holen ganz bestimmt die Polizei. Demonstrationen sind doch streng verboten!« Ich bot ihnen an: »Wenn es irgendwelche Schwierigkeiten gibt, dann sagt doch einfach, daß alles meine Idee gewesen sei! Falls die Polizei eingreift, müßt ihr nur unbedingt sagen, daß der Religionslehrer mich geschlagen hat. Dann wird schon alles gut gehen. Laßt mich nur machen! Wenn ihr nur das tut, was ich euch sage, werdet ihr nie wieder Reis und Nudeln essen.« Nach langem Hin und Her stimmten sie schließlich meinem Plan zu. Wir bereiteten die Transparente noch am gleichen Abend vor.

Jeden Montagmorgen vor Schulbeginn und jeden Freitagabend nach Schulende mußten wir uns auf dem Schulhof versammeln, die türkische Nationalhymne singen und die Nationalflagge hissen bzw. einholen. Als wir an diesem Montagmorgen damit fertig waren, entrollten wir unsere Transparente vor der versammelten Schülerschaft. Dort stand geschrieben: »Schluß mit Nudeln und Reis!« – »Unser Magen ist damit schon bis oben hin voll!« – »Wir sind Schülerinnen und keine Hühner!« – »Wir wollen Gerechtigkeit!« – »Ich bin Schülerin und will weiter zur Schule gehen!« Alle guckten erst einmal ganz dumm, da sie so etwas noch niemals zuvor erlebt hatten. Die Lehrer tuschelten aufgeregt miteinander, dann rannte der Direktor in das Schulgebäude zurück. Mir war sofort klar, daß er die Polizei rufen wollte.

Es dauerte keine fünf Minuten, da stürmte eine Horde Soldaten den Schulhof, Schlagstöcke in den Händen, und forderte uns auf: »Schnell in die Wagen! Marsch da rein! Ihr müßt alle sofort mitkommen!« Etwa fünfzig von uns wurden in die Militärfahrzeuge getrieben. Der Direktor der Schule wandte sich an den Kommandanten und zeigte mit dem Finger auf mich: »Herr Kommandant, die da ist es! Sie ist der Kopf der Schlange!« Der Kommandant verlud mich zusammen mit den anderen, und wir wurden zur Karakolstation gefahren. Ich wurde dort sofort von meinen Mitschülerinnen getrennt und allein in ein Zimmer gebracht.

Am Abend kam der Kommandant zu mir: »Jetzt bist du an der Reihe! Alle anderen haben beim Verhör schon zugegeben, daß du sie angestiftet hast!« Ich antwortete nur: »Ja, das stimmt!« Er wollte wissen: »Warum hast du das getan? Weißt du nicht, daß das schwer bestraft werden kann?« Ich erzählte ihm: »Es tut mir leid, Herr Kommandant, ich wollte wirklich keinen Ärger machen! Aber was hätten wir denn anderes tun sollen?« Der Kommandant fragte, schon etwas neugierig geworden: »Was soll das denn nun schon wieder heißen?« – »Ich will Ihnen kurz erklären, wie es dazu gekommen ist«, begann ich zu erzählen. »Ich hatte mit meinem Religionslehrer Probleme, weil ich eine Sure des Korans auf Arabisch aufsagen sollte. Ich bin aber Alewitin und keine Muslimin, warum soll ich also den Koran auf Arabisch lesen, das ich sowieso nicht verstehe? Mein Religionslehrer bestellte mich zu sich ins Lehrerzimmer und sagte zu mir: ›Weißt du, warum ihr alle den Koran auf Arabisch lesen sollt? Die Antwort ist ganz einfach: Weil es im Koran nun einmal geschrieben steht, daß ihr es tun müßt. Wunderst du dich nicht, daß es hier außer Reis und Nudeln nichts zu essen gibt? Wir geben euch nur noch dieses eintönige Essen, damit ihr davon bald so genug habt, daß ihr niemals mehr in die Schule gehen wollt. Und das ist gut so, da es im Islam den Mädchen sowieso verboten ist, eine Schule zu besuchen!‹ Bitte glauben Sie mir, Herr Kommandant, das hat er wirklich wortwörtlich so gesagt. Ich habe ganz verwundert gefragt: ›Ist das wirklich so?‹ Als er bejahte, habe ich ihm gedroht: ›Gut, dann werde ich das jetzt allen Mädchen erzählen!‹ Dann rannte ich, so schnell ich konnte, aus dem Zimmer und schlug die Tür hinter mir zu. Ich lief sofort in meine Klasse zurück. Er folgte mir direkt auf den Fersen. Als ich gerade die Klasse erreicht hatte und meinen Mund aufmachte, um meinen Mitschülerinnen diese Neuigkeit zu berichten, holte er mich ein. Er schlug mich dann vor der ganzen Klasse, so daß ich nichts erzählen konnte. Nach dem Unterricht teilte ich meinen Mitschülerinnen aber doch mit, was unser Religionslehrer über uns gesagt hat. Sie waren darüber ganz wütend und außer sich. Herr Kommandant, Sie verstehen doch sicher, daß wir uns eine solche Behandlung nicht gefallen lassen konnten! Er hat uns einfach provoziert. Schließlich sind wir doch auch Menschen und wollen etwas lernen. Das sehen Sie, Herr Kommandant, als gebildeter Mann doch sicher ein!«

Der Kommandant war völlig meiner Meinung. Er war furchtbar wütend auf meinen Religionslehrer, rief sofort in der Schule an und wollte ihn sprechen. Während des Telefonats mußte ich meine ganze Beherrschung aufbieten, um nicht laut loszulachen. Der Kommandant zankte den Lehrer aus: »Religion ist nur ein kleines Teilgebiet der Ausbildung junger Menschen! Ein Religionslehrer darf niemals eine solche Einstellung haben. Was bilden Sie sich nur ein? Haben Sie niemals etwas von Kemal Atatürk gehört?« Dann entließ er mich ganz freundlich: »Gut, mein Kind. Du hast wirklich keine Schuld. Geh einfach morgen wieder ganz brav zur Schule!« Ich rief: »Nein, nein! Schicken Sie mich bloß nicht! Mein Religionslehrer wird bestimmt alles versuchen, um mir das Leben an der Schule zur Hölle zu machen!« Der Kommandant redete beruhigend auf mich ein: »Aber mein Kind, ich kenne doch jetzt die ganze Wahrheit. Du brauchst wirklich keine Angst zu haben! Wenn es wieder irgendwelche Probleme geben sollte, rufst du mich einfach an. Dein Lehrer wird mich dann erst einmal richtig kennenlernen.« Hochbeglückt, wie gut mein Plan funktioniert hatte, verließ ich laut vor mich hin pfeifend die Karakolstation.

Seit diesem Tag hatte mein Religionslehrer so große Angst vor mir, daß er mich nie wieder auch nur im geringsten ärgerte. Mehr noch, er glaubte fast schon selbst, daß die Dinge, die ich dem Kommandanten über ihn erzählt hatte, sich wirklich so abgespielt hätten. Zwar hatte ich vor meinem Religionslehrer jetzt Ruhe, dafür bekam ich Probleme mit der übrigen Lehrerschaft, die jeden meiner Schritte beobachtete, da sie mich nun für gemeingefährlich hielten. Obwohl ich eigentlich eine sehr gute Schülerin war, konnte ich in der Schule kein Bein mehr auf die Erde bekommen.

Dazu trug auch bei, daß meine Familie arm war, und mein Vater auch nicht willens, für mich Schulkleidung, Bücher und Schreibmaterial zu kaufen. Obwohl ich in den Ferien immer sehr hart arbeitete, um mir etwas dazu zu verdienen, reichte es nicht. Ich hatte ständig nur die ältesten Sachen. Ich mochte Sport so gern. In der ersten Klasse der Mittelschule hatte mir mein Onkel einen sehr teuren Adidas-Trainingsanzug gekauft, auf den ich mächtig stolz war. Er war mein bestes Stück, das ich mit größter Sorgfalt behandelte. Ich versuchte, das Material möglichst zu schonen und wagte es nicht einmal, mich mit dem Trainingsanzug auf den Boden zu setzen, damit er sich nicht so schnell abnutzte. Aber es half alles nichts. In der letzten Klasse vor dem Abitur trug ich das Geschenk meines Onkels zwar immer noch, aber der Anzug war mir viel zu klein geworden. So sehr ich auch versuchte, die Ärmel und Hosenbeine nach unten zu ziehen, immer guckten meine nackten Arme und Beine ein gutes Stück heraus. Auch der Bauchnabel war nicht mehr ganz bedeckt. Ich probierte den Anzug zu waschen und dann im nassen Zustand zu dehnen, damit er länger würde. Aber leider war der Stoff von bester Qualität, so daß ich damit keinen Erfolg hatte, so sehr ich auch zog und zerrte. Erst schämte ich mich furchtbar vor meinen Klassenkameradinnen, wenn sie mich so mitleidig anblickten. Irgendwann konnten ihre spöttischen Bemerkungen mich aber nicht mehr treffen. Sie waren sowieso eifersüchtig auf mich, da ich in der Schule immer bessere Noten als sie bekam. Darum hänselten sie mich viel. Wann immer sich die Gelegenheit bot, versuchte ich, ihnen ihre minderwertige Position als Frauen in der türkischen Gesellschaft bewußt zu machen und sie zum Protest dagegen zu bewegen. Leider fast immer ohne Erfolg. Sie mieden meine Gesellschaft mehr und mehr, da ich nach ihrer Ansicht nur Unruhe stiftete.

Am Ende des Schuljahres bekamen wir unsere Zeugnisse. Da ich meist die Klassenbeste war, bekam ich mein Zeugnis zuerst ausgehändigt und der Lehrer gratulierte mir. Oft erhielt ich sogar ein Belobigungsschreiben, das an meinen Vater gerichtet war und in dem die Lehrer meine Leistungen hervorhoben. Trotzdem konnte ich mich nicht richtig freuen. Es gab ja keinen, der meine Freude geteilt hätte. Obwohl ich sechs Jahre in Mersin zur Schule gegangen bin, besuchten mich meine Eltern dort nicht ein einziges Mal. Die anderen Schülerinnen freuten sich hingegen über ihre Zeugnisse meist riesig. Obwohl ihre Leistungen weit weniger gut waren als die meinigen, wurden sie von ihren Eltern überschwenglich gelobt und mit Geschenken überschüttet, nur weil sie die Versetzung geschafft hatten. Diese Ungerechtigkeit wurmte mich sehr.

Eines Tages besuchten mich meine Oma und Mustafa, ein Sohn meines Onkels. Sie holten mich abends von der Schule ab, und wir gingen gemeinsam zu Murat, meinem Cousin in Mersin. Ich war überglücklich, meine Oma wiederzusehen. Sie aber weinte nur und erzählte mir: »Denk dir doch, mein Kind, dein Vater und dein Onkel sind auf die Karakolstation gebracht und dort schwer geschlagen worden!« Ich erschrak und fragte ganz aufgeregt: »Aber Oma, aus welchem Grund denn? Was haben sie denn verbrochen? Sie sind doch keine Kriminellen!«

Meine Oma erklärte mir: »Vielleicht hast du schon etwas über die PKK gehört. Am 15. August 1984 haben sie zu den Waffen gegriffen und losgeschlagen. Sie haben drei Karakolstationen in Kurdistan angegriffen. Endlich gibt es wieder einen kurdischen Widerstand, der diesen Namen auch verdient! Wie lange habe ich darauf gewartet, daß endlich jemand uns Kurden eint und gegen die türkische Tyrannei aufbegehrt! Daß ich das noch erleben darf! Vielleicht sind die Toten von Dersim doch nicht vergeblich gestorben. Und das beste ist, auch Frauen dürfen bei der PKK mit der Waffe in der Hand kämpfen. Kannst du dir das vorstellen, Kind? Ich bin eigentlich gar nicht dafür, Krieg zu führen. Aber was sollen wir noch anderes tun, mein Kind? Wir haben es wirklich lange genug mit friedlichem Widerstand versucht. Aber was hat es uns gebracht? Hunderte von unseren Leuten sitzen in den Gefängnissen. Es ist uns verboten, unsere eigene Sprache zu sprechen. Am liebsten würden sie uns auch noch verbieten, kurdisch zu denken. Aber das werden sie nie schaffen. Da bin ich mir jetzt ganz sicher.«

Dann fragte sie mich, ob ich vielleicht schon von Diyarbakir gehört hätte. »Viele Kurden sind dort im Gefängnis entsetzlich gefoltert worden«, erzählte meine Oma weiter, »manche nur, weil sie es gewagt hatten, Kurdisch öffentlich zu sprechen oder ein kurdisches Lied zu singen. Trotz der Folter haben die meisten heldenhaft Widerstand geleistet. Die PKK hat ihnen gezeigt, wofür es sich zu kämpfen lohnt.«

Sie erzählte mir schließlich auch von Mazlum Dogan, der in Diyarbakir immer wieder schwer gefoltert worden war und trotzdem den Widerstand der kurdischen Gefangenen organisiert hatte. Mit Erfolg: »Seinem heldenhaften Einsatz ist es zu verdanken, daß die Häftlinge nicht mehr gefoltert wurden oder wegen der unmenschlichen Haftbedingungen starben. Am 21. März 84, also an unserem Newrozfest, dem kurdischen Neujahrsfest, erhängte er sich aus Protest gegen die Unterdrükkung der Kurden in seiner Zelle. Er wollte mit seinem Tod die Welt auf das Leid der Kurden aufmerksam machen. Er gab sein Leben für sein

Volk. Was für ein mutiger Mann! Solche Beispiele brauchen wir, um unserem Volk wieder sein Selbstbewußtsein zurückzugeben«, schwärmte meine Oma.

Ich hatte meine Oma noch nie mit solcher Begeisterung reden hören und dachte bei mir, daß ich ganz bestimmt auch einmal zur PKK gehen wollte. Ich mußte unbedingt diese Leute kennenlernen, die selbst Frauen in ihren Reihen kämpfen ließen. Schließlich war ich schon von klein auf den Umgang mit der Waffe gewöhnt. Ich malte mir in meiner Phantasie aus, wie aufregend es sein würde, als Guerilla mit der Kalaschnikow in der Hand gegen die Unterdrücker zu kämpfen und ein einfaches Leben in der Natur zu führen. Ich träumte davon, meine kurdischen Schwestern und Brüder aus den Klauen des türkischen Militärs zu erretten und dann irgendwann einmal wie Mazlum Dogan den Heldentod für mein Volk zu sterben.

Meine Gedanken kreisten nur noch um meinen Traum, zur PKK zu gehen. An der Schule verlor ich immer mehr das Interesse. Was sollte ich auch hier noch über meinen Schulbüchern sitzen, wenn draußen das kurdische Volk in einem heldenhaften Kampf verblutete! Zwar waren die Lehrer mit meinen schulischen Leistungen immer noch sehr zufrieden, aber mein ständiger Widerstand gegen die religiöse Orientierung der Schule und gegen die Ansicht meiner Lehrer, Mädchen seien eben dumm und dem Mann im Denken völlig unterlegen, brachte sie immer mehr gegen mich auf.

Ich fühlte mich an dieser Schule wie eine schwarze Olive in einem weißen Joghurt. Wenn es irgendwelche Konflikte gab, mußte ich mich immer einmischen. Ich konnte einfach nicht anders. Immer wollte ich genau wissen, wer Recht und wer Unrecht hatte. Ich wurde dadurch mehr und mehr zu einem Außenseiter in meiner Klasse, aber ich konnte und wollte mich nicht anpassen. Irgendwann stand ich vollständig allein da, von niemandem mehr bekam ich Unterstützung.

Eines Tages hatten wir an der Schule eine für unsere Abiturnote wichtige mündliche Prüfung. Da es gerade die Zeit des Ramadans war, erhielten wir das Prüfungsthema: »Welche Bedeutung hat der Ramadan für mich?« Jedes Mädchen sollte nun etwas zu diesem Thema sagen. Eine erzählte, daß sie den ganzen Ramadan über den Menschen helfen wollte, eine andere, daß dieser Monat eine Zeit der besonderen Gottesnähe und Gotteserfahrung für sie sei. Und so erzählte ein Mädchen nach dem anderen seine Geschichte. Nun kam die Reihe an mich. Was sollte ich nur zu diesem Thema sagen? Religiöse Erfahrungen dieser Art waren mir völlig fremd.

Ich begann meine Geschichte: »In unserem Dorf gibt es eine Wallfahrtsstätte. Dort steht in einem kleinen Raum eine längliche Kiste, von der gesagt wird, daß sich darin zwei schwarze ineinander verwundene Schlangen befänden, die göttlicher Herkunft seien. Wenn ein Ehepaar sich einen Sohn wünscht oder jemand krank ist oder sonst ein Unglück abgewendet werden soll, gehen die Menschen dorthin und opfern ein Lamm. Diese Kultstätte wird bestimmt schon seit über hundert Jahren verehrt. Als meine Oma einen Schlaganfall bekommen hat, haben wir sie dorthin gebracht und ein Lammopfer vollzogen. Doch ohne jeden Erfolg! Darüber war ich sehr wütend und enttäuscht. Ich dachte, daß vielleicht gar nichts in der Kiste sei und daß wir alle nun seit mehr als hundert Jahren nur einem Aberglauben anhingen. Ich wollte daher zornig die Kiste öffnen, obwohl mir bekannt war, daß die Prophezeiung sagt, daß jeder, der die Kiste öffnen und die Ruhe der göttlichen Schlangen stören würde, durch den Zorn Gottes zu Asche verbrannt werden würde.

In der Mittagshitze, als alles schlief und keiner die heilige Stätte besuchte, machte ich mich zusammen mit den anderen Kindern des Dorfes, die ich in meinen Plan eingeweiht hatte, ans Werk. Ich brachte von zu Hause eine Leiter, mit deren Hilfe ich den Sarkophag von seinem Sockel holen wollte. Als ich so auf die Kiste losstürmte, hatten die Dorfkinder große Angst vor dem Fluch der Schlangen und murmelten daher ständig Gebete für mich. Ich glaubte an den ganzen Humbug nicht, deshalb riß ich die Kiste von ihrem Platz. Dabei sagte ich ganz laut: ›Schlange, wenn du wirklich heilig bist, dann töte mich, wie du es versprochen hast, denn ich werde deine Kiste jetzt aufmachen!‹ Durch die versammelte Kinderschar ging ein Raunen. Ohne noch länger zu zögern, öffnete ich die Kiste. Darinnen lagen nur zwei eigenartig geformte Holzstücke, die in vierzig Lagen Stoffrollen gewickelt waren. Als ich das den Kindern zeigen wollte, bedeckten sie sich nur angstvoll mit ihren Händen ihre Gesichter. Sie erwarteten, daß ich nun gleich nur noch ein Häufchen Asche sein würde. Aber es passierte nichts. Dann wickelte ich die Holzstücke wie vorher ein und brachte den Sarkophag wieder an seinen Platz.«

Ich war mit meiner Geschichte noch nicht ganz fertig, da brachen meine Mitschülerinnen schon in laute Buhrufe aus. Sie riefen: »Pfui, daß sie sich nicht schämt! Schlimm genug, daß sie so etwas Gotteslästerliches tut, aber es dann auch noch stolz zu erzählen!« Auch mein Lehrer konnte kaum noch an sich halten. Er gab mir die schlechtmöglichste Note und warf mich aus der Klasse.

Diesmal ging ich ohne Einladung zum Direktor. Ich klopfte an die Tür seines Zimmers. Als er öffnete, war er ganz überrascht, daß ich es wagte, ihn, ohne daß er mich zu sich gerufen hatte, zu besuchen, und daß ich Tränen in den Augen hatte und fast kein Wort herausbrachte. Ich erzählte ihm, wie meine Prüfung abgelaufen war. Leider hatte er für meine Probleme keinerlei Verständnis und war noch wütender auf mich als mein Lehrer. Er hielt mir eine Standpauke: »Du weißt doch, daß unser Volk sehr religiös ist! Wie konntest du so etwas nur tun?« Ich rechtfertigte mich: »Herr Direktor, Sie wissen doch, daß ich aus einer alewitischen Familie komme. Persönlich glaube ich überhaupt nicht an Gott. Ich bin Atheist!« Als er mich weiter auszankte, setzte ich noch hinzu: »Und außerdem bin ich Kurdin!« – »Was, Kurdin, was soll das nun schon wieder heißen? Kurden gibt es doch in der Türkei gar nicht. Kommst du etwa aus dem Ausland? Haben die Kurden denn überhaupt eine eigene Sprache und Kultur? Sag doch mal auf kurdisch: Wie geht es Ihnen?« Ich sagte ihm den Satz auf kurdisch. Das reichte ihm aber noch nicht, er ließ sich noch einige weitere Sätze übersetzen. Dann fing er an zu lachen: »Was soll das denn für eine komische Sprache sein? So kann doch kein vernünftiger Mensch sprechen!« Daß er mich und unsere Kultur so verhöhnte, tat mir weh. Wortlos drehte ich mich um und machte die Tür hinter mir zu.

Als ich wieder in meine Klasse kam, sagten meine Klassenkameradinnen zu mir: »Was willst du hier eigentlich noch? Du hast doch keinen Glauben! Du Gottlose! Verschwinde bloß von hier! Mit solchem Abschaum wie dir wollen wir nichts zu tun haben!« Und sie sagten noch Schlimmeres. Ich fühlte mich völlig hilflos und ausgeliefert und brauchte dringend jemanden, mit dem ich über alles reden konnte. Ich lief daher zu meinem Cousin Murat.

Als ich ankam, sah ich, daß der ganze Hausrat vor der Tür stand. Auf meine Frage, was das bedeute, erfuhr ich, daß sie wieder zurück in unser Dorf gehen wollten. Davon hatte ich nichts gewußt. Sie hatten es nicht einmal für nötig befunden, mich über ihre Absicht zu informieren, und ich war sehr traurig, daß sie mich einfach so im Stich ließen. Es war mir auch kein Trost, daß sie sich entschuldigten und mir versicherten, sie hätten mich vor ihrer Abreise noch in meiner Schule besucht, um mir alles zu erzählen.

Murat nahm mich in den Arm und weinte: »Weißt du schon, meine Schwester, daß dein Vater seit zwei Monaten in Deutschland ist? Es tut mir so leid für dich! Aber was hätte er anderes tun können? Er hatte hier viele Probleme mit den türkischen Sicherheitskräften. Mein Vater und dein Vater haben manchmal den Kämpfern von der PKK Unterschlupf gewährt und sie mit Nahrungsmitteln versorgt. Ein Nachbar muß das bemerkt haben und hat sie wohl bei der Karakolstation angezeigt. So ein Verräter! Ich habe dir das bisher nicht gesagt, weil ich nicht wollte, daß du wegen dieser Probleme deine Schule während der Abiturprüfungen verläßt. Ich wollte wirklich nur dein Bestes. Sei mir deswegen nicht böse! Das Problem ist nun, daß die Soldaten nicht glauben, daß dein Vater wirklich inzwischen in Deutschland ist. Sie sind davon überzeugt, daß er zur PKK gegangen ist. Was sind das nur für Holzköpfe! Immer wieder haben sie nach deinem Vater bei deiner Familie gesucht. Sie machten dann deiner Schwester Demet große Probleme, so daß sie auch nach Deutschland gehen mußte. Jetzt hat deine Mama uns geschrieben, daß du unbedingt nach Hause kommen mußt. Das wollten wir dir aber nicht sagen. Deine Schule ist wichtiger. Außerdem brauchst du dir deshalb keine Sorgen mehr zu machen. Mein Vater hat mir sowieso geschrieben, daß ich zu ihm nach Hause kommen soll, da er fast jeden Tag zur Karakolstation gehen muß und dort oft so schwer geschlagen wird, daß er einige Tage nicht arbeiten kann. Jemand muß also die Arbeit auf dem Hof tun. Deshalb werde ich jetzt gehen und ihm helfen. Ich kann mich dann auch gleich um deine Familie kümmern. Du kannst dich auf mich verlassen. Mach dir keine Sorgen! Es wird schon alles gut werden. Geh ruhig weiter zur Schule!«

Das mußte ich erst einmal alles verarbeiten. Als wir uns verabschiedeten, nahm ich mir vor, doch noch einmal zu versuchen, weiter in die Schule zu gehen und das Abitur zu machen. Vielleicht ließe sich ja alles wieder einrenken, schließlich hatte die Familie meines Onkels im Moment ganz andere Schwierigkeiten. Da konnte ich ihnen nicht gerade jetzt Kummer bereiten.

Am nächsten Morgen ging ich dann doch wieder zur Schule. Ein mir bis dahin unbekannter Lehrer war in meiner Klasse und schickte mich gleich zum Direktor. Er sagte zu mir: »Devrim, laß uns über das Problem von gestern noch einmal sprechen! Ich habe mir deine ganzen

Prüfungsergebnisse angesehen. Du hast wirklich ganz außergewöhnliche Leistungen vorzuweisen. Das, was du in deiner mündlichen Prüfung über die Religion gesagt hast, ist eigentlich gar nicht so schlimm. Jeder hat in Glaubensdingen eben seine eigene Überzeugung. Aber warum, um Gotteswillen, hast du so darauf bestanden, daß du Kurdin bist?« Ich unterbrach ihn: »Moment, ich weiß sowieso, daß Sie mich jetzt von der Schule werfen und mir das nur in höflicher Form langsam beibringen wollen. Diese Mühe können Sie sich sparen. Ich gehe von selbst.« Etwas betreten erwiderte er: »Du bist so schlau, Mädchen! Du hast vollkommen recht. So leid es mir auch tut, ich habe keine andere Wahl. Bei deinem Namen und deiner politischen Einstellung kann ich dich einfach nicht mehr länger an meiner Schule halten. Du bist wie ein fauler Apfel, der mir alle anderen ansteckt. Ich hoffe, daß du mich verstehen kannst. Sechs Jahre lang hast du in unserer Schule nur Unruhe gestiftet. Wenn du mir nicht direkt ins Gesicht gesagt hättest, daß du Kurdin bist, und ich es daher nicht gewußt hätte, wärst du vielleicht sogar in den verbleibenden drei Monaten noch in der Lage gewesen, mir die ganze Klasse mit deinen komischen politischen Ideen zu infiltrieren!« Ich hatte also keine andere Wahl, als wieder zurück in unser Dorf nach Kurdistan zu gehen.

Als ich ankam, sah ich meine Oma vor dem Haus meines Onkels stehen. Mit ihrem Stock stand sie an die Hauswand gelehnt, ihre hübschen grünen Augen weit in die Ferne gerichtet. Als ich auf sie zuging und sie ansprach, drehte sie ihren Kopf langsam zu mir und sah mich an, als ob ich eine Traumgestalt sei, die sich bald wieder verflüchtigen würde. Sie wollte zu mir kommen, konnte es aber nicht. Ich lief zu ihr hinüber und schmiegte mich in ihre warmen Arme. Den Duft ihrer Haut hatte ich so vermißt. Im türkischen Ausland hatte ich mich so allein und einsam gefühlt, hier in Kurdistan war ich wieder zu Hause und bei den einzigen Menschen auf der Welt, die mich wirklich verstanden.

Meine Oma und ich gingen nicht gleich ins Haus, sondern machten zuvor noch einen kleinen Spaziergang zusammen. Ich erzählte ihr, daß und aus welchem Grund ich mit meiner Schule aufgehört hatte. Sie war furchtbar böse auf mich: »Was hast du getan? Habe ich dir nicht immer gesagt, daß nur die Schule deine Zukunft ist? Ich rate dir jetzt gut: Mach weiter!« – »Aber Oma, du hast mir doch auch gesagt, daß ich meine Augen nie vor Unrecht verschließen darf, sondern immer dann, wenn jemand ungerecht behandelt wird, dagegen kämpfen soll! Genau das habe ich getan.« So ging unsere Diskussion noch eine Weile hin und her, bis wir schließlich wieder vor dem Haus meines Onkels ankamen.

Alle waren ganz außer sich vor Freude, mich wiederzusehen. Wir saßen gemütlich beisammen und unterhielten uns, als meine Mutter völlig aufgelöst hereingestürmt kam. Sie nahm mich in den Arm, drückte mich an ihr Herz und weinte. Weinte sie meinetwegen? Sollte sie das erste Mal nach siebzehn Jahren wirklich Mutterliebe für mich empfinden? Ich konnte es fast nicht glauben. Trotzdem brachen sich die von mir so lange tapfer zurückgehaltenen Tränen plötzlich in Sturzbächen Bahn. Vor Rührung fingen auch alle anderen an zu weinen, obwohl jeder versuchte, seine Tränen vor dem anderen zu verbergen.

Keiner dachte daran, mich zu fragen, ob ich Hunger hätte, nur meine Oma schlug schließlich vor: »Mein Herz, ich mach' dir jetzt eigenhändig etwas Wunderschönes zu essen. Das, was ich immer für dich gekocht habe und was du so gerne ißt. Das hast du doch bestimmt vermißt!« Ich wunderte mich, wie sie das trotz ihrer Krankheit fertigbringen könnte, deshalb antwortete ich etwas zögerlich: »Aber natürlich, ich habe es sehr vermißt!« Sie sagte: »Bitte, hilf mir, mein Kind, ich will aufstehen!« Ich tat es und nahm sie liebvoll in den Arm: »Oma, du hast schon so viel für mich getan. Du brauchst wirklich nicht noch mehr tun. Jetzt ist die Reihe an mir. Ich sehe das als Ehre an und werde es gern tun. Sag mir nur, wo ich alles finden kann, um das Essen zuzubereiten!« Ich machte auf die Schnelle Rühreier und bereitete Tee zu. Wir aßen und tranken Tee miteinander.

Nach dem Tee wollte ich unser Dorf, das ich so lange nicht gesehen hatte, in aller Ruhe in Augenschein nehmen. Hier war ich aufgewachsen, hier kannten meine Füße jeden Stein. Hier hatte ich sehr viel gearbeitet, sehr viel geweint, aber nur selten gelacht. Alles schien mir auf einmal völlig verändert. Mein Vater kommandierte mich nicht mehr herum, meine Mutter schlug mich nicht mehr, sondern weinte um mich. So eigenartig es schien, irgendwie war ich an den vorher in unserer Familie herrschenden Ton mehr gewöhnt. Jetzt war es meiner Mutter ganz egal, ob ich mich bei ihr oder bei meinem Onkel aufhielt. Sie war immer sehr freundlich zu mir. Sie hatte ja nur noch mich.

Meine älteste Schwester Serpil war inzwischen in Diyarbakir mit dem Sohn meiner Tante verheiratet, meine zweitälteste Schwester Demet befand sich wie auch mein Vater in Deutschland, meine jüngste Schwester Revsan und mein Bruder Mazlum besuchten in Peri die Schule. Alle diese Gedanken stiegen in mir empor, und ich besprach sie mit meiner Oma: »Weißt du, Oma, früher waren wir doch eigentlich ganz glücklich. Wir hatten damals gar keine richtigen Probleme, wenn man sie mit den heutigen vergleicht. Jetzt wird es mit jedem Tag schlimmer.« Meine Oma antwortete mit tiefer Trauer in ihrer Stimme: »Ach, mein liebes Mädchen, weißt du, irgendwann verliert sowohl das Leben als auch der Tod seinen Schrecken. Ich habe alles schon erlebt. Ein toter Esel braucht keine Angst mehr vor den Wölfen zu haben. Aber um dich tut es mir leid. Du hast alles noch vor dir, und ich werde dich nicht mehr lange begleiten können.«

Als ich meine Oma so sprechen hörte, wurde ich ganz traurig. Ich ahnte, daß mein Leben bald einen ganz anderen Verlauf nehmen würde und ich nicht mehr lange in unserem Dorf würde bleiben können. Wenn ich so über meine Zukunft nachgrübelte, mußte ich immer wieder an die Guerilla denken, von denen meine Oma mir in Mersin so aufgeregt erzählt hatte. Ich träumte immer noch davon, eines Tages mit ihnen zu ziehen und für mein so grausam unterdrücktes Volk zu kämpfen. Irgendwie ging mir dieser Gedanke nicht mehr aus dem Kopf.

6
Widerstand und Hoffnung – die PKK

Das erste Verhör im Gefängnis

Nachdem mein Vater nun nicht mehr da war, verstanden sich auch meine Mutter und meine Oma besser miteinander. Oft unterhielten sie sich am Abend über die Dummheiten, die ich in meiner Kindheit angestellt hatte. So erzählte meine Oma meiner Mutter: »Weißt du noch, Hanim, wie Devrim einmal nach der Schule mit ihrer Freundin ins Nachbardorf geritten ist, um den muslimischen Frauen dort Lesen und Schreiben beizubringen? Die Männer des Dorfes hätten sie fast in Stücke gerissen. Weißt du noch, wie die ganze Schar wütender Männer am nächsten Tag in unserem Dorf stand und sich lautstark über Devrim beschwerte? Wie wir nur so etwas hätten zulassen können! Junge Mädchen ganz allein ohne männliche Begleitung in ihr Dorf zu schicken und dann auch noch ihre Frauen gegen sie aufzuwiegeln. Fast wäre es zu einer Prügelei gekommen.« Meine Mutter antwortete: »Ja, Devrim hat uns wirklich immer viel Ärger gemacht. Ich hoffe, sie wird nicht irgendwann einmal sich oder ihre Familie ins Unglück stürzen!« Schon bald sollten sich diese Vorahnungen bewahrheiten.

Eines Tages kamen ganz in der Frühe wieder Soldaten zu uns. Meine Mutter öffnete die Tür, und sie stürmten ins Haus. »Na, du Hure, sag uns mal, wo du deinen Mann und deine Tochter hingeschickt hast!«, riefen sie. Ich und meine Oma lagen noch im Bett. Vier, fünf Soldaten richteten sofort ihre Kalaschnikows auf mich: »Hände hoch! Wer bist du?« Meine Mutter antwortete: »Seid ihr denn blind? Das ist doch meine Tochter. Sie ist aus Mersin gekommen.« Die Soldaten verlangten: »Hol sofort ihren Ausweis, du Schlampe, sonst erschießen wir sie.« Ich sagte meiner Mutter, wo mein Ausweis war, und sie holte ihn.

Die Soldaten warfen einen kurzen Blick darauf und schrien: »Ach, gerade diese Hure suchen wir!« Sie gaben also vor, mich zu suchen, obwohl sie eigentlich hinter meiner älteren Schwester her waren, die sich aber glücklicherweise schon in Deutschland befand. Sie befahlen mir, mich anzuziehen und mit ihnen zu kommen. Eilig zog ich mich an. Sie griffen mir brutal in die Haare und schleiften mich unter Schreien und Schimpfen aus dem Haus.

Meine Oma und meine Mutter schrien so laut hinter mir her, daß mein Onkel durch ihre Rufe alarmiert wurde. Er kam herbeigestürmt, um zu sehen, was passiert war. Als die Soldaten meinen Onkel sahen, sagten sie nur: »Ach, du Hurenbock, du gehörst auch dazu. Dich nehmen wir auch gleich wieder einmal mit. Unsere letzte Unterhaltung hat dir wohl noch nicht gereicht!« Sie schleppten uns mit sich fort und brachten uns mit der Fähre in die Karakolstation nach Peri. Dort trennten sie mich von meinem Onkel.

Einer der Soldaten fesselte mir die Hände und verband mir die Augen, so daß ich nichts mehr sehen konnte. Eine männliche Stimme fragte mich: »Du Hexe, wo sind dein Papa und deine Schwester? Ich rate dir gut, sag lieber gleich, wo diese Schweine sind! Wir werden es sowieso aus dir herausbekommen.« Ich antwortete ihm: »Die sind doch in Deutschland.« Sofort prasselten von allen Seiten Schläge auf mich nieder. Ich wurde von ihnen zu Boden geschlagen, da hörte ich die gleiche Frage schon wieder. Diese Mal sagte ich wütend: »Wenn ihr Probleme mit meinem Vater oder meiner Schwester habt, dann tut euer schmutziges Geschäft alleine. Was habe ich damit zu schaffen? Sucht sie euch doch selbst!« Daraufhin schlugen sie mich noch brutaler zusammen. Dann brachten sie mich weg.

Ich wußte nicht, wohin sie mich brachten, ich nehme aber an, daß sie mich nach Dersim fuhren, da sich dort ein größeres Verhörzentrum befand. Hier stellten sie mir wieder die gleiche Frage. Außerdem wollten sie von mir wissen, wo ich zur Schule gegangen war und ob ich schon einmal Probleme mit der Polizei gehabt hätte. Ich antwortete: »Ich, nie.« Wohlweislich verschwieg ich ihnen mein Erlebnis in der Karakolstation in Mersin. Dann fragten sie mich, warum ich mit der Schule aufgehört hätte. Ich antwortete: »Ihr wart so nett. Ihr habt meinem Vater und meiner Schwester so große Probleme gemacht, daß sie nach Deutschland geflohen sind. Jetzt muß ich meiner Mutter helfen, ich kann sie im Dorf doch nicht einfach ganz allein lassen!«

Sie fragten weiter: »Und was macht dein Cousin Murat?« – »Wenn Sie das so interessiert, können Sie gern zum Kaffeetrinken kommen und selbst sehen, was er macht!«, gab ich frech zurück. Nach dieser Antwort prügelten sie mich fast bewußtlos und brachten mich die Treppe hinunter in eine ganz kleine, kalte und nasse Zelle. Sie setzten mich mit verbundenen Augen und gefesselten Händen auf einen Stuhl.

Die Zelle war so niedrig, daß ich meinen Oberkörper nicht aufrichten konnte, sondern die ganze Zeit über in gekrümmter Haltung sitzen mußte. Der Gestank in der Zelle war ganz fürchterlich. Die Kälte und Nässe drangen immer tiefer in mich ein. Manchmal kamen sie, schleiften mich in einen anderen Raum, schlugen mich und brachten mich wieder in meine Zelle zurück. Ich bekam nichts zu essen und nichts zu trinken. Da meine Augen verbunden waren, wußte ich nicht, wann Tag und wann Nacht war, und daher auch nicht, wie viele Tage ich schon in der Zelle verbracht hatte.

Ich geriet schließlich in einen Zustand, in dem ich mehr tot als lebendig war. Ich kann mich nur noch verschwommen daran erinnern, daß irgendwann einer zu mir sagte: »Dieses Mal werden wir dich freilassen, du scheinst wirklich nichts zu wissen. Aber du kannst sicher sein, wir werden wiederkommen. Bis dahin mußt du herausbekommen haben, wo sich deine Schwester und dein Vater aufhalten, sonst wird dir das, was du jetzt erlebt hast, wie das reinste Paradies erscheinen.« Wahrscheinlich haben sie mich dann zurück nach Peri gebracht.

Als ich das nächste Mal zu Bewußtsein kam, nahmen sie mir gerade meine Augenbinde ab und warfen mich vor der Karakolstation in Peri auf die Straße. Dabei verhöhnten sie mich: »Wir werden uns bestimmt wiedersehen! Freust du dich schon darauf?« Plötzlich wurde mir bewußt, daß mein Onkel fehlte. Obwohl mir meine Zunge nach der langen Zeit des Durstens wie ein aufgedunsener pelziger Lappen am Gaumen klebte und ich daher nur mit Mühe sprechen konnte, fragte ich: »Wo ist mein Onkel? Was habt ihr mit ihm gemacht?« Sie antworteten: »Der ist schon weg. Jetzt frag nicht soviel, sondern mach, daß du wegkommst!«

Obwohl ich fast nicht mehr laufen konnte und sich mir alles vor Augen drehte, erreichte ich mit letzter Kraft das Haus einer Freundin in Peri. Ich rief zu Hause an und sagte meiner Mutter, daß es mir gut gehe und ich, sobald wie möglich, ins Dorf kommen würde. Einige Tage war ich aber so krank, daß ich beim besten Willen nicht in unser Dorf gehen konnte. Meine Freundin pflegte mich, bis es mir wieder etwas besser ging.

Als ich nach dieser Zeit wieder zu Hause ankam, waren ganz viele Leute im Haus meines Onkels. Alle weinten. Ich wußte sofort, daß etwas Schreckliches passiert war. Auf einmal hörte ich meine Oma laut schreien. Ich schob die Leute unsanft zur Seite und bahnte mir, so schnell ich konnte, den Weg zu meiner Oma. Sie lag im Bett. Als sie mich erblickte, winkte sie mir mit ihrem Finger, näher zu kommen. Ich schmiegte mich an sie. Sie küßte mich ganz fest auf die Wangen und preßte mich an sich. Weinend erzählte sie mir, daß sie ausgerutscht und schwer gestürzt sei. Sie sagte: »Jetzt haben wir einander noch einmal wiedergesehen. Darüber bin ich sehr glücklich. Ich weiß, daß ich sterben werde, aber jetzt bin ich beruhigt.« Ich schluchzte auf: »Oma, sag doch nicht so was! Ich bring dich sofort zum Arzt. Du wirst sehen, es wird alles wieder gut werden!« Sie erwiderte: »Mein Kind, das wird mir nicht helfen. Ich werde nie wieder laufen können. Wenn du mich liebst, bring mich bitte nicht zum Arzt. Ich will in Ruhe sterben.«

Sie wollte einfach nicht mehr leben. Sie aß und trank nicht mehr. Sie ließ sich nur noch etwas die Lippen von uns befeuchten. Sie konnte sich nicht mehr bewegen und machte alles unter sich. Sie hatte starke Schmerzen. Sie schrie sogar nachts vor Schmerzen. Vierzig Tage lag sie in diesem schrecklichen Zustand. Ich blieb immer bei ihr. Ich schlief auch bei ihr. Ich konnte nur noch weinen. Ihre Schmerzen waren auch meine Schmerzen. Diese vierzig Tage erschienen mir endlos. Ich glaube, sie haben mich mein halbes Leben gekostet.

Am vierzigsten Tag reinigte ich frühmorgens wie jeden Tag das Gebiß meiner Oma. Als ich es ihr wieder in den Mund schieben wollte, tastete sie mit ihren knöchernen Händen nach den meinen. Sie nahm meine Hand und küßte sie. Ich hielt ihre Hände fest und legte sie mir auf mein Gesicht und küßte sie immer wieder. Sie sah mir noch einmal direkt in mein Gesicht, dann verlor sich ihr Blick für immer in der Ferne.

Ich hatte das Gefühl, in eine furchtbare Leere zu fallen. Ich stürzte immer tiefer und tiefer. Es schien, daß nichts mehr meinen Fall würde aufhalten können, so restlos verlassen fühlte ich mich. Sie war für mich wie ein Vater, wie eine Mutter, wie ein Bruder, wie eine Schwester und wie meine beste Freundin gewesen. Sie war einfach alles für mich gewesen. In ihr fand ich meinen Halt in der Welt.

Ihre Augen waren noch immer halb geöffnet. Es schien mir, als würde sie mich immer noch anblicken. Aber sie hörte mich nicht mehr. Sie schlief so tief und fest. Wenn ich sonst weinte oder in Schwierigkeiten war, war sie doch immer sofort aufgestanden und hatte versucht, mich zu trösten. Oder wenn sie ein Problem hatte, war sie immer zu mir gekommen und hatte mich gebeten: »Komm, mein Kind! Bitte sing etwas für mich!« Sie hatte ein bestimmtes Lied, das sie besonders mochte. Der Text dazu lautete: »Was habe ich dir getan, Welt, daß du mich immer nur weinen läßt? Was habe ich dir getan, Welt, daß du mir nichts als Schmerzen bereitest?« Wenn sie traurig war, mußte ich immer dieses Lied für sie singen. Dann nahm sie mich in ihre Arme und weinte. Diesmal sang ich es auch für sie. Meine Tränen rannen dabei über ihr Gesicht und machten es ganz naß.

Ich wollte einfach noch nicht glauben, daß sie wirklich tot war. Unsere Familie und die Nachbarn strömten herbei. Sie holten von der Quelle frisches Wasser und fingen an, meine Oma zu waschen. Ich legte ihre kalten Arme um meinen Hals und umklammerte ihren Körper ganz fest. Sie schafften es nicht, mich von ihr wegzureißen. Nach einer Weile wollte ich selbst auch den Körper meiner Oma, der mir im Leben immer soviel bedeutet hatte, waschen. Meine Tränen vermengten sich mit dem Wasser. Plötzlich drehte sich alles um mich, und ich wurde ohnmächtig.

Als ich wieder zu mir kam, befand ich mich in einem anderen Zimmer. Meine Verwandten sagten zu mir: »Wir haben deine Oma schon beerdigt. Du bist einige Stunden ohnmächtig gewesen.« Erst glaubte ich ihnen. Später erzählten sie mir, daß sie mich damals angelogen hätten. Sie hätten Angst gehabt, daß ich irgendwelche Dummheiten machen würde, da ich immer wiederholte, ich wolle mit meiner Oma zusammen ins Grab. Irgendwann nickte ich für einen kurzen Moment ein, ich träumte, daß meine Oma zu mir sagte: »Devrim, gibst du mir bitte etwas zu trinken?« Ich schrak auf und ging ganz schnell in ihr Zimmer. Als ich die Tür aufmachte, war dort niemand mehr. Meine Oma schlief da draußen irgendwo ganz allein ohne mich.

Schließlich begriff ich, daß meine Oma sich zwar körperlich von mir entfernt hatte, aber ich fühlte, daß ihre Seele noch immer bei mir war. Wenn mir meine Oma auch keine Geldmittel hinterlassen hatte, so gab sie mir doch etwas viel Wichtigeres mit auf meinen Lebensweg: die Begeisterung für ein Ideal, das meinem Leben einen neuen Sinn geben konnte. Ihre Erzählungen über die PKK und den kurdischen Widerstand hatte ich nicht vergessen. Für mich stand fest, daß ich unbedingt eine Kämpferin der PKK werden wollte. Ich wollte dies nicht nur meiner Oma zuliebe. Ich hatte erlebt, was die türkischen Sicherheitskräfte mit meinem Onkel gemacht hatten. Ich hatte auch am eigenen Leib erfahren, was Folter bedeutete. Dieser Barbarei mußte endgültig Einhalt geboten werden. Dafür wollte ich kämpfen. Dafür war ich bereit zu sterben.

Im Dorf war ich nicht mehr sicher. Jeden Tag konnten die Soldaten kommen und mich wieder auf die Karakolstation bringen, so wie sie es mir bei unserem »Abschied« in Peri angedroht hatten. Wenn ich wieder nichts anderes über den Aufenthalt meines Vaters und meiner Schwester gesagt hätte, als daß sie in Deutschland seien, wäre ich von ihnen wahrscheinlich sowieso ermordet worden. Wenn ich schon sterben mußte, dann wollte ich wenigstens nicht elend in irgendeinem türkischen Folterkeller verrecken. Ich zog es vor, mit der Waffe in der Hand für die Freiheit meines Volkes zu sterben.

Mein Cousin Murat hatte schon vor einiger Zeit angefangen, die Kämpfer der PKK zu unterstützen. Er versorgte sie mit Nahrung und Kleidung, wenn sie in unser Dorf kamen. Seine Aufgabe war es zudem, Kontakte zu knüpfen und neue Leute für die PKK zu werben. Aus Sicherheitsgründen hatte er mir seine politische Arbeit zunächst verschwiegen. Meine kleineren Geschwister, die während ihrer Schulzeit in Peri beim Vater meiner Mutter wohnten, berichteten mir aber, daß Murat, wenn er sie dort besuchte, immer viele Leute einlud und daß er meine Geschwister dann aus dem Zimmer schickte, damit sie nicht hören konnten, was gesprochen wurde. Ich vermutete daher gleich, daß er politisch tätig war, und erzählte ihm von meinem Traum, für die PKK zu kämpfen. Er erzählte mir, wie begeistert er war, endlich aktiv etwas gegen die Unterdrückung unseres Volkes tun zu können und gab mir die Adresse einer Physiklehrerin in Peri.

Ich ging zu ihr und sagte ihr, daß Murat mich geschickt hatte. Wir unterhielten uns, und sie fragte mich, ob ich schon etwas über die PKK wisse. Ich erzählte ihr das Wenige, was ich bisher erfahren hatte. Sie gab mir einige Bücher, die ich unbedingt lesen sollte, und fragte mich: »Was hast du dir denn eigentlich gedacht, was du für die PKK tun könntest?« Ich antwortete: »Für die PKK kann ich einfach alles tun. Ich bin sogar jederzeit bereit, mein Leben für sie zu opfern!« Sie dämpfte meine Begeisterung zunächst etwas: »Lies erst einmal die Bücher, die ich dir gegeben habe! Dann werden wir weiter sehen.«

Zurück im Dorf las ich die Bücher, so schnell ich nur konnte, und gab sie auch meiner Freundin Ayse, die im Nachbarhaus wohnte. Am meisten interessierten mich die Bücher, die sich mit dem kurdischen Widerstand im Gefängnis von Diyarbakir beschäftigten, besonders das Buch von Selim Cürükaya *Morgendämmerung in Diyarbakir*, in dem er beschrieb, wie heldenhaft Mazlum Dogan und andere PKK-Aktivisten trotz der unmenschlichen Haftbedingungen in diesem Gefängnis Widerstand geleistet hatten. Von soviel Tapferkeit war ich ganz begeistert. Ich wollte nun auch wie Mazlum Dogan für mein Volk und die PKK sterben, und ich hatte mir auch schon etwas Besonderes ausgedacht.

Im Stadtzentrum von Peri stand ein großes Denkmal von Atatürk. Ich plante, einen Reifen mit Zellstoff zu füllen, ihn mit Benzin zu tränken und ihn dem Herrn Atatürk an unserem Newrozfest um den Hals zu hängen. Dann wollte ich mich selbst mit Benzin übergießen und den Reifen anzünden. Ich stellte mir vor, wie das vom Reifen abtropfende Benzin mich wie eine Fackel entzünden und verbrennen lassen würde. Ich wollte die Bevölkerung von Peri mit dieser Tat aufrütteln, um sie zum Widerstand gegen die türkische Gewaltherrschaft zu treiben.

Als ich der Physiklehrerin die Bücher zurückgab, erzählte ich ihr von meinem Plan. Sie war ganz entsetzt: »Nein, Devrim, das darfst du nicht! Du kannst lebend viel mehr für uns tun!« Ich war ein bißchen enttäuscht: »Ich will aber unbedingt etwas für die PKK tun. Laß mich dann wenigstens mit den anderen kämpfen! Meine Freundin Ayse will auch mitkommen.« Sie antwortete: »Es tut mir leid für dich und deine Freundin, aber ihr könnt jetzt im Winter nicht zu unseren Kämpfern in die Berge gehen. Eure Fußspuren im Schnee würden den türkischen Sicherheitskräften verraten, wo sich unsere Verbände gerade aufhalten. Ihr müßt warten, bis Tauwetter einsetzt!« Ich wollte aber nicht warten: »Nein, ich will unbedingt jetzt gehen, sonst bringe ich mich am Newrozfest um!« – »Na gut, wenn du unbedingt willst«, erwiderte sie, »dann werde ich eben noch einmal Kontakt mit unseren Kämpfern aufnehmen und sie fragen, ob sie nicht vielleicht eine Möglichkeit für dich sehen.« Sie schickte meine Freundin und mich wieder zu unserem Dorf zurück: »Wartet dort! Morgen werdet ihr Nachricht von mir erhalten!« Am nächsten Tag kam sie selbst in unser Dorf und sagte: »Gut, ihr dürft gehen!« Wir konnten unser Glück kaum fassen.

Im Februar 1992 machten wir uns dann, wie mit der Lehrerin abgesprochen, auf den Weg nach Peri. Einen Monat zuvor hatte mir mein

Vater tausend Mark aus Deutschland geschickt. Diese nahm ich mit, um meiner Freundin und mir in Peri etwas Warmes zum Anziehen zu kaufen. Wir riefen unsere Freunde und Freundinnen und ehemaligen Mitschüler zu einer Versammlung zusammen und berichteten, daß wir uns den PKK-Kämpfern anschließen wollten. Es gab eine richtige Abschiedsparty. Nach zwei Stunden wollten wir jedem der etwa fünfzig anwesenden Schülerinnen und Schüler zum Abschied noch einmal die Hände schütteln. Siebzehn von ihnen wollten uns aber nicht die Hand geben. Ich war ganz erstaunt und fragte sie nach dem Grund. Einer antwortete: »Warum gibst du denn deiner Freundin Ayse nicht die Hand?« Ich erwiderte ärgerlich: »Was soll der Unsinn? Sie kommt doch mit mir.« – »Siehst du, genau aus dem gleichen Grund haben wir dir nicht die Hand geschüttelt. Wir wollen eben auch mitkommen.« Ich konnte es gar nicht fassen. Auf einmal waren wir neunzehn. Ich sah meine Freunde alle schon mit der Kalaschnikow in der Hand für die PKK kämpfen. Wir waren nicht mehr alleine. Das ganze kurdische Volk begann, sich zu erheben.

Ich konnte zunächst vor Ergriffenheit nicht sprechen, da tippte mir Ayse auf die Schulter: »Du, Kollegin, sie erwarten von dir eine Antwort!« Ich antwortete: »Du weißt doch, das kann ich nicht allein entscheiden. Ich muß nachfragen. Gib mir eine halbe Stunde!« Die anderen protestierten: »Wenn ihr jetzt beide geht, sehen wir euch sicher nicht wieder.« Ich ließ also Ayse bei ihnen und machte mich auf den Weg zu der Lehrerin. Als sie mir die Tür öffnete, blickte sie mich ganz erstaunt an und sagte: »Gott sei Dank, daß du lebst!« Scherzhaft fragte ich: »Wieso hast du von mir einen Brief bekommen, daß ich mich erschießen oder mich auf andere Art und Weise umbringen wollte?« – »Nein, das nicht, aber vorhin hat die Frau von deinem Cousin Murat angerufen und berichtet, daß Murat in deinem Dorf verhaftet worden ist. Du weißt doch, daß Murat sehr viele Leute kennt. Er hat ja auch dich zu mir gebracht. Natürlich vertraue ich Murat, aber du kennst doch selbst die Methoden, die sie anwenden! Bei der Verhaftung soll er schwer geschlagen worden sei. Die Soldaten haben ihn auch nach dir gefragt. Das ist sehr schlimm. Sie suchen nun nach dir! Du kannst jetzt nicht einfach in Peri auf der Straße herumlaufen. Sie könnten dich erkennen und verhaften!«

Ich kam erst gar nicht dazu, ihr zu berichten, weswegen ich eigentlich zu ihr gekommen war, so aufgeregt war sie. Als ich es schließlich doch noch schaffte, sie zu unterbrechen, und ihr mitteilte, daß noch siebzehn andere mit uns kommen wollten, wurde sie böse und schimpfte: »Wie kannst du so was von alleine machen? Du kennst doch gar nicht alle gut genug. Jetzt wissen sie, daß du zu den Guerillas gehen willst. Wie kannst du sicher sein, daß nicht doch ein Verräter unter ihnen ist?« Ich rechtfertigte mich: »Ich wollte doch nur, daß sie alle wissen, daß von Peri auch jemand für die PKK kämpfen will. Vielleicht hilft unser Beispiel, um sie ebenfalls für unseren Kampf zu gewinnen!« Sie merkte, daß ich es nicht böse gemeint hatte. »Na gut, jetzt ist sowieso nichts mehr daran zu ändern. Wir müssen nun eben sehen, wie wir das Beste daraus machen können. Wir haben aber jetzt nur noch eine Stunde, dann kommen unsere Kontaktleute. Am besten bleibst du gleich hier. Ich gehe zu deinen Freunden, erkläre ihnen die Situation und hole Ayse.«

Nach einer Stunde war die Lehrerin aber noch immer nicht zurück. Es klopfte an der Tür, ich öffnete und zwei Männer kamen herein. Sie schüttelten mir die Hand: »Hallo, Kollegin, wie geht's?« Ich war vollkommen durcheinander, so sehr freute ich mich, daß ich endlich einmal einem Guerilla der PKK persönlich gegenüber stand. Wie stolz war ich, daß sie mich »Kollegin« nannten und mir einfach so die Hand schüttelten!

Sie fragten mich, wo die Lehrerin sei, und ich erzählte ihnen, was geschehen war. Sie forderten mich auf: »Komm, dann schnell weg hier! Wer weiß, wann die Polizei kommt! Wir nehmen dich gleich mit.« Ich freute mich riesig, wandte aber trotzdem ein: »Das geht doch nicht. Ich muß doch noch auf die Lehrerin und meine Freundin warten. Sie will doch auch mit!« Sie erwiderten: »Kollegin, das ist doch kein Problem! Schreib einfach einen Zettel, daß die, die du erwartet hast, gekommen sind und daß du mit ihnen gegangen bist! Deine Freundin können wir dann immer noch später holen.« Ich tat, was sie vorgeschlagen hatten, und verließ mit ihnen das Haus.

Wir fuhren direkt mit einem Taxi nach Dersim. Dort trafen wir uns im Krankenhaus mit einer Krankenschwester. Die Männer machten mich mit dem Mädchen bekannt und verließen uns dann. Sie sagten mir zum Abschied: »Sie weiß Bescheid, sie wird dich weiter bringen!« Die Krankenschwester rief sofort die Lehrerin an, um zu erfahren, ob ihr oder meiner Freundin etwas passiert sei und warum sie so spät zurückgekommen seien. Sie entschuldigte sich, die Diskussion mit meinen Freunden habe zu lange gedauert, da sie nicht hatten zurückbleiben wollen. Sie werde Ayse später bringen. Einige Stunden später traf Ayse dann tatsächlich ebenfalls bei uns in Dersim ein.

Kurz danach wurden wir von einem Mann abgeholt, der uns mit dem Bus nach Erzincan brachte, wo wir zunächst bei einer Familie Unterschlupf fanden. Am nächsten Tag mieteten wir ein altes, billiges Haus. Wir gaben vor, Studenten zu sein, die Miete bezahlte ich von meinen tausend Mark. Als ich fragte: »Was soll das? Wozu brauchen wir ein Haus? Wir wollen zur PKK in die Berge, um dort zu kämpfen!«, antwortete mir der Kollege: »Es schneit im Moment nicht. Wir müssen warten, bis der Neuschnee unsere Spuren gleich wieder zudeckt. So lange müßt ihr hierbleiben.« Dann brachte er uns sehr, sehr viele Bücher über die PKK, über die Theorie des Marxismus-Leninismus und über kurdische Geschichte und erklärte: »Wir fangen in der Zwischenzeit schon einmal mit eurer Ausbildung an!« Das ärgerte mich furchtbar. Ich konnte es nicht erwarten, zum Kämpfen zu kommen. Nun sollte ich hier über Büchern sitzen und büffeln! Auf meinen Protest erhielt ich zur Antwort: »Was denkst du dir eigentlich? Auch wenn wir euch jetzt gleich zu den Guerillas brächten, müßtet ihr dort auch nichts anderes tun als hier. Gekämpft wird im Winter nicht. Dazu liegt in den Bergen viel zu viel Schnee! Die Kollegen dort vervollständigen im Winter ebenfalls ihre theoretische Ausbildung.«

Ich mußte mich also wohl oder übel in Geduld fassen. Die theoretische Ausbildung langweilte mich zunächst schrecklich. Ich las und las, manchmal schlief ich sogar in der Nacht nicht. Es gab einen großen Unterschied zwischen dem, was uns in der türkischen Schule gelehrt worden war, und dem, was wir jetzt lernten. Bei der PKK brachte man uns zunächst bei, wer wir eigentlich waren. Endlich erfuhren wir, was sich in der Geschichte wirklich ereignet hatte, und nicht nur das, was die türkische Propaganda uns hatte glauben machen wollen. Wir lernten jetzt, daß wir Kurden ein Volk mit eigener Sprache und Kultur sind. Wir hatten schon lange vor den Türken hier gesiedelt. Unsere Kultur war viel älter als die türkische. Welche Offenbarung für mich! Meine Muttersprache war also nicht nur ein etwas heruntergekommener Dialekt des Türkischen, den nur die »Bergtürken« sprachen, sondern gehörte als indogermanische Sprache zu einer der ältesten Sprachfamilien der Welt.

Wir erfuhren auch, daß das türkische Volk ebenfalls unter der jetzigen Regierung zu leiden hatte. So hatte die hohe Inflationsrate viele

Türken in bitterste Armut gestürzt. Türken, die sich für Meinungsfreiheit und Menschenrechte einsetzten oder einen etwas liberaleren Kurs in der Kurdenfrage vertraten, mußten genauso wie wir Kurden mit Verhaftung und Folter rechnen. Politisch aktive Türken hatten also im wesentlichen die gleichen Probleme. Es gab nur einen Unterschied: Wir Kurden wurden vom türkischen Staat immer tyrannisiert, auch wenn wir gar kein Interesse an Politik bekundeten. Um verhaftet und gefoltert zu werden, reichte es aus, als Kurde geboren zu sein.

Politisch engagierte Kurden waren also doppelt gefährdet, zum einen wegen ihrer Volkszugehörigkeit, zum anderen wegen ihrer politischen Überzeugung. Ein Türke, der sich systemkonform verhielt, hatte dagegen nichts zu befürchten. Obwohl sie wissen mußten, daß sie sich dadurch selbst in Gefahr brachten, traten auch einige Türken für die Rechte der Kurden ein. Sie waren sich bewußt, daß man schwere Menschenrechtsverletzungen niemals hinnehmen darf, auch wenn man selbst nicht aktuell davon betroffen ist, da ein Staat, der den einen Teil seiner Untertanen straffrei morden und foltern läßt, schließlich auch keinen Respekt mehr vor den Bürgerrechten seiner übrigen Staatsbürger haben wird. Viele Türken unterstützten daher unseren Kampf gegen die Gewaltherrschaft.

Je mehr ich über die Hintergründe in der Politik erfuhr, um so mehr gab ich der PKK aus tiefstem Herzen recht. Es war mir, als ob jemand eine Augenbinde von meinen Augen genommen hätte und ich zum ersten Mal in meinem Leben klar sehen und die Wahrheit erkennen könnte. Ich lernte, daß es viele Wege gab, für die Freiheit des kurdischen Volkes zu arbeiten. Der bewaffnete Kampf war nur einer davon. Als »Kollege« hatte man nicht das Recht, sich selbst auszusuchen, wie man unserer Sache am liebsten dienen wollte. Jede Arbeit war wichtig. Egal, wo die Führung einen hinstellte, man hatte sein Bestes zu geben und keine unnötigen Fragen zu stellen. Obwohl ich das nun begriffen hatte, wollte ich aber insgeheim immer noch am liebsten an vorderster Front mit der Waffe in der Hand kämpfen. Diesen Traum hatte ich noch nicht aufgegeben.

Wir hatten uns als Studentinnen ausgegeben, und deswegen konnten wir nicht ständig im Haus bleiben. Wir verließen daher jeden Tag gegen sieben Uhr unsere Wohnung und kamen erst gegen drei Uhr nachmittags wieder zurück. In der Stadt trafen wir uns mit unseren beiden Kontaktleuten Ali und Pala. Wir besuchten den ganzen Tag Leute, die Interesse an der Arbeit der PKK bekundet hatten, und diskutierten viel mit den Familien, bei denen wir eingeladen waren. So lernten meine Freundin und ich, wie man Menschen überzeugen und für eine Sache gewinnen konnte.

An den Wochenenden fuhren wir hinaus aufs Land, um dort neue Anhänger unter den Bauern zu werben. Zum ersten Mal in meinem Leben hatte ich das Gefühl, daß ich als Frau Männern gegenüber völlig gleichberechtigt war. In unseren Diskussionen über Politik wurden meine Argumente von Ali und Pala immer ernst genommen und niemals mit den mir bisher so vertrauten Einwürfen wie: »Du bist doch eine Frau, was verstehst du denn davon?«, zurückgewiesen.

Zwar hatte auch Atatürk die Gleichberechtigung der Frau propagiert, aber bis heute ist sie nicht viel mehr als ein Lippenbekenntnis geblieben, und Frauen in hohen Regierungsämtern wie Tansu Ciller sind nur ein Aushängeschild für die türkische Politik. Politik wird in der Türkei nach wie vor nur von Männern gemacht. In der PKK war die Gleichberechtigung der Frau tatsächlich Realität geworden. Die PKK bedeutete für die Frauen nicht nur die Befreiung von der türkischen Repression, sondern auch von der Unterdrückung durch den Mann.

Als wir etwa zwei Monate so verbracht hatten, informierte man uns, daß wir einen unserer Leute aus Dersim erwarten sollten. Am nächsten Morgen kam er an, stellte sich mit seinem Decknamen Remzi vor und sagte uns: »Wir gehen jetzt zur kämpfenden Truppe. Packt alle Sachen zusammen!« Er schickte unsere Ausbilder mit dem Auftrag weg, zu anderen jungen Leuten Kontakt aufzunehmen, die ebenfalls von der PKK ausgebildet werden sollten. Dann befahl er mir: »Wir müssen alle Materialien und Dokumente im Haus verstecken! Welchen Platz habt ihr denn dafür?« Ich wurde mißtrauisch. Warum wollte er wissen, wo das ganze Material aufbewahrt wurde?

Innerhalb der PKK hatten wir strenge Sicherheitsregeln. Nur die Personen, die für ihre Arbeit unbedingt über bestimmte Informationen verfügen mußten, wurden eingeweiht. Prinzipiell galt, daß je weniger jemand wußte, um so weniger konnte er auch bei einer eventuellen Festnahme verraten. Demzufolge hätte nur unsere Gruppe wissen dürfen, wo die Dokumente sich befanden, nicht jedoch ein PKK-Mitglied aus Dersim. Ich gab daher zurück: »Das verstehe ich nicht. Warum machst du das? Du gehörst doch gar nicht hierher. Ali und Pala sind doch für uns verantwortlich!« Er ermahnte mich: »Jetzt hast du gegen die Regeln der PKK verstoßen. Hast du denn gar nichts gelernt? Das muß bestraft werden. Du mußt noch einen Monat länger hier bleiben!« Ich wurde wütend und schimpfte zurück: »Wer bist du denn? Du hast kein Recht, irgendwelche Strafen zu verhängen!«

Während wir noch miteinander stritten, kam Ali zurück. Ich erzählte ihm von meiner Meinungsverschiedenheit mit Remzi. Er hörte mir nur zu, reagierte aber überhaupt nicht. Mir war Remzi vom ersten Moment an äußerst unsympathisch. Er hatte so kalte Augen, und ich konnte ihm kein Vertrauen entgegenbringen: »Ich werde auf keinen Fall Kollege Remzi zeigen, wo wir unsere Materialien versteckt haben. Wir sind dafür als Mitglied einer revolutionären Organisation allein verantwortlich und auch durchaus in der Lage, diese Verantwortung zu übernehmen«, sagte ich. Da lenkte Ali ein: »Komm, Kollege Remzi, laß uns gehen! Sie kann die Papiere auch während unserer Abwesenheit verstecken und mich dann später anrufen und mir mitteilen, wo sie sind.« Dann wandte er sich an mich: »Wir kommen in einer Stunde zurück. Bis dahin macht euch fertig!«

Ich versteckte die Dokumente ganz allein im Keller des Hauses. Meine Freundin packte in dieser Zeit unsere Sachen. Ich sagte auch meiner Freundin nicht, wo ich die Materialien untergebracht hatte. Dann warteten wir auf die Rückkehr der beiden Kollegen. Wir waren überglücklich, daß es endlich in den Kampf gehen sollte. Als aber auch nach eineinhalb Stunden die beiden Männer noch nicht zurückgekehrt waren, sagte ich zu meiner Freundin: »Remzi hat mir überhaupt nicht gefallen. Vielleicht ist irgendetwas schiefgegangen. Laß uns besser rausgehen und uns in der Nähe des Hauses verstecken! Ich habe so das Gefühl, daß das sicherer ist. Wir können dann ja beobachten, was passiert.«

Wir versteckten uns auf der gegenüberliegenden Straßenseite und starrten aus unserem Versteck heraus bestimmt vier Stunden auf das Haus. Aber es kam niemand. Wir gingen dann zur Bushaltestelle. Ich hatte von der Physiklehrerin in Peri noch eine Telefonnummer und eine Kontaktadresse in Diyarbakir für den Notfall erhalten. Dort rief ich jetzt an, erzählte, was sich ereignet hatte, und bat um Hilfe. Ich erhielt den Befehl, sofort zusammen mit meiner Freundin nach Diyarbakir zu gehen. Der Mann am Telefon fragte mich dann: »Weiß Kollege Remzi auch etwas über die Physiklehrerin?« Ich antwortete: »Na klar, Remzi stammt doch auch aus Dersim. Er hat mir schöne Grüße von ihr bestellt. Als ich sie dann anrufen wollte, war er aber dagegen. Er meinte, daß ihr Telefon eventuell abgehört würde.« – »In Ordnung, kommt auf jeden Fall erst einmal hierher nach Diyarbakir. Dann sehen wir weiter!«

Ich legte den Telefonhörer auf und wählte die Nummer der Physiklehrerin. Ich wollte sie warnen und erfahren, ob sie Remzi tatsächlich kannte. Ich erzählte ihr von Remzi und dem langen Ausbleiben meiner Ausbilder: »Vielleicht sind sie verhaftet worden. Ich kann mir nicht helfen. Es kann ja sein, daß ich Remzi Unrecht tue, aber seine Augen haben mir überhaupt nicht gefallen. Kannst du dir vorstellen, daß er uns verraten hat?« – »Ich weiß es wirklich nicht. Ich kenne ihn ja kaum«, antwortete sie. Ich erwiderte: »Gut, paß jetzt auf, was ich dir sage. Wenn wir in Diyarbakir ankommen, rufe ich dich sofort an. Wenn ich mich nicht heute noch bei dir melde, ist bestimmt etwas schiefgegangen.« Dann legte ich auf.

Von meinem Geld kaufte ich für mich und meine Freundin Ayse eine Fahrkarte über Erzurum nach Diyarbakir. Direkt über Dersim dorthin zu fahren, wäre zwar kürzer gewesen, es erschien uns aber zu gefährlich, weil zumindest ich dort sicher allein schon wegen meiner Schwester und meines Vaters gesucht wurde. Ich sprach mich mit Ayse ab, welche Geschichte wir erzählen wollten, falls wir kontrolliert würden. Wir schworen uns hoch und heilig, immer nur bei dieser Geschichte zu bleiben, auch wenn wir getrennt verhört werden sollten.

Gegen elf Uhr abends wurde unser Bus in der Nähe von Erzurum von Soldaten angehalten. Meine Freundin und ich hatten uns zur Sicherheit nicht zusammengesetzt, ich saß ganz hinten im Bus, sie vorne. In den Bus stiegen vorne und hinten Soldaten ein und begannen damit, die Ausweise der Insassen zu kontrollieren. Da Ayse vorn am Einstieg saß, wurde sie als erste kontrolliert. Eine mir schier endlos erscheinende Zeit hielten die Soldaten ihren Ausweis in den Händen und starrten einmal auf das Papier, einmal auf sie. Während dieser Zeit ließen sie ihre Blicke auch im ganzen Bus umherschweifen. Es war mir sofort klar, daß sie noch jemanden suchten und daß es sich nicht um eine Routinekontrolle handelte. Aber was sollte ich tun? Nach hinten hinaus konnte ich nicht, dort befanden sich ebenfalls Soldaten. Ich beschloß, mich schlafend zu stellen.

Einer der Soldaten machte sich nun direkt auf den Weg zu mir, ohne die anderen Fahrgäste weiter zu kontrollieren. »Komm, steh auf!« sprach er mich an und zerrte mich am Arm hoch. Nach meinem Ausweis fragte er nicht, er schien also zu wissen, wer ich war. Trotzdem fragte ich: »Hey, was soll das?« Er rief den anderen Soldaten zu: »Ich glaube, wir haben gefunden, was wir suchen! Laßt die anderen Businsassen aussteigen! Wir können die Straßensperre jetzt auch aufheben.«

Sie trieben alle Passagiere außer mir und meiner Freundin aus dem Bus. Plötzlich war der ganze Bus mit Soldaten gefüllt. Alle richteten ihre Kalaschnikows auf mich und riefen: »Hände hoch!« Verzweifelt schrie ich: »Was wollen Sie denn eigentlich von mir? Es kann sich nur um einen Irrtum handeln! Kontrollieren Sie doch erst einmal meinen Ausweis!« Einer stieß mich brutal mit dem Gewehrkolben in den Rükken, ein anderer zog mir im gleichen Moment die Füße weg, so daß ich der Länge nach auf den Boden des Busses hinschlug. Sie fesselten mir Hände und Füße. Hilflos lag ich am Boden. Einer faßte meine Haare und schleifte mich zur Bustür. Wie ein totes Bündel warfen sie mich in den Schnee.

Am Straßenrand standen die Businsassen und der Fahrer und verfolgten die Szene, unternahmen aber nichts, da sie fürchteten, erschossen zu werden, falls sie versuchten, sich einzumischen. Ich schrie ihnen zu: »Hilfe! Tun Sie doch was! Mein Name ist Devrim Kaya! Informieren Sie die Zeitung! Ich bin unschuldig!« Kaum hatte ich das gerufen, prasselten von allen Seiten Kolbenhiebe auf mich nieder. Ich bemerkte, als ich den Kopf etwas drehte, daß meine Freundin neben mir auf dem Boden lag. Ich versuchte wieder, um Hilfe zu schreien. Bevor ich noch ein Wort herausbringen konnte, schlugen sie mich mit ihren Gewehrkolben bewußtlos.

Als ich wieder meine Augen aufmachte, lagen meine Freundin und ich in einem großen Zimmer gefesselt auf dem Boden. Ich wandte mich ihr zu: »Kollegin, wie geht's dir?« Als ich das sagte, trafen meinen Rükken wieder schwere Kolbenhiebe. Da wir auf dem Bauch lagen, bemerkte ich erst jetzt, daß sich im Raum außer uns beiden noch viele bis an die Zähne bewaffnete Polizisten befanden. Einer schimpfte sofort los: »Was geht das dich an! Schau dich lieber selber an! Du schwimmst doch in deinem eigenen Blut!« Ein anderer drohte: »Wenn du nicht gleich dein Maul hältst, können wir dich auch knebeln! Weißt du nicht, daß es streng verboten ist, miteinander zu reden?« Dann verbanden sie Ayse die Augen und schleiften sie aus dem Raum.

Ein paar Minuten später erhielt ich auch eine Augenbinde. Einige Männer schleppten und zerrten mich eine Treppe hinunter. Bis heute klingt mir noch das Quietschen der sich öffnenden Metalltür in den

Ohren, als sie mich in eine Zelle stießen. In der Zelle befand sich ein Stuhl, auf den sie mich setzten. Meine Hände und Füße blieben gefesselt. Dann hörte ich wieder das Quietschen der Tür, woraus ich schloß, daß sie die Zelle wieder verlassen hatten. Ich versuchte aufzustehen, dabei stieß ich mit meinem Kopf an die Decke.

Durch die Kolbenschläge zuvor konnte ich nicht ohne Schmerzen auf dem Stuhl sitzen, ich versuchte daher, mich vom Stuhl rutschen zu lassen, um mich auf den Boden zu legen. Das ging aber auch nicht, da sich direkt rechts und links neben meinem Stuhl schon die Zellenwand befand. Verzweifelt trat ich mit meinen Füßen an die Zellentür. Kurz darauf vernahm ich ein Klopfen.

Ich dachte an meine Freundin und fragte leise: »Ayse, bist du es?« Auf eimal hörte ich eine Männerstimme ganz laut schreien: »Was ist denn mit dir los? Du willst wohl von mir gefickt werden?« Als ich dies hörte, drehte ich völlig durch. Mir war alles egal. Wütend schlug ich mit meinen gefesselten Händen an die Tür und rief zurück: »Hau bloß ab, du Idiot! Du kannst mich mal! Laß mich in Ruhe!« In der kalten Zelle fühlte ich, daß mir etwas Warmes über das Gesicht lief. Es roch nach Blut. Ich verlor jedes Zeitgefühl. Alles drehte sich um mich. In diesem Moment erinnerte ich mich an Mazlum Dogan. Ich mußte auch so stark sein, wie er es gewesen war.

In meine Zelle drang nun kein Laut mehr. Ich fühlte mich so allein und verlassen. Ich wußte jetzt, was es heißen mußte, lebendig begraben zu sein. Meine Gedanken zerfaserten immer mehr. Um mich irgendwie abzulenken, ging ich alles noch einmal in allen Einzelheiten durch, was ich beim kommenden Verhör sagen wollte. Auf einmal hörte ich eine leise Stimme wispern: »Mein Kind, meine Tochter, du bist doch gerade erst siebzehn. Was hast du denn mit der Politik zu schaffen? Und jetzt im Winter ist es doch so kalt hier. Ich werde dir helfen.« Die Stimme kam langsam immer näher.

Auf einmal schrie ein Mann: »Wer hat denn Frau Kaya hier eingesperrt? Bringt mir sofort den Schlüssel! Auf euch kann man sich doch gar nicht verlassen. Ich habe euch doch immer gesagt, daß ihr ganz freundlich sein müßt.« Ich hörte jemanden schnell laufen. Die Schritte näherten sich. Dann hörte ich die Tür quietschen. Ich wurde von kräftigen Händen an den Armen gefaßt und vom Stuhl hochgezogen. Ich merkte, daß man mir Hand- und Fußfesseln löste. Als ich meine Hände frei hatte, wollte ich mir die Augenbinde selbst abnehmen.

Doch die Stimme, die eben noch so freundlich zu mir gesprochen hatte, sagte auf einmal: »Nein, Frau Kaya, das machen wir nicht! Versuchen Sie das nicht noch einmal!« Ich war zu schwach, um selber zu laufen. Man schleppte mich mehrere Treppen hoch. Ich wurde in einen geheizten Raum gebracht und auf einen weichen Stuhl gesetzt. Oh wie genoß ich die Wärme nach dem Aufenthalt in der eiskalten Zelle!

Meine Hände wurden jetzt nach vorn gefesselt. Die freundliche Männerstimme sagte: »Frau Kaya, ich muß mit Ihnen etwas ganz Wichtiges besprechen. Ich muß Ihnen einige Fragen stellen. Ich habe hier einen Fragebogen, den Sie später ausfüllen werden. Als erstes: Sind Sie verheiratet? Haben Sie Kinder? Sind Sie noch Jungfrau?« Ich antwortete nicht. »Frau Kaya, bitte glauben Sie mir, wenn Sie mir die Wahrheit erzählen, wird Ihnen nichts passieren, und ich werde Sie sofort freilassen«, fuhr er fort. Ich erwiderte: »Das können Sie vergessen. Ich kann nicht schreiben, da meine Hände gefesselt, meine Augen verbunden sind und mein ganzer Körper von Ihren Leuten zerschlagen worden ist. Wie könnte ich Ihnen vertrauen, wenn Ihre Männer mich so mißhandelt haben?«

Daraufhin schrie er: »Bringen Sie die Frau in das Gästezimmer, baden Sie sie auch und lösen Sie ihre Fußfesseln. Seien Sie ganz, ganz freundlich!« Ich war mir völlig sicher, daß man mir meine Fußfesseln schon in der Zelle abgenommen hatte. Offenbar versuchte man, mich mit solchen Bemerkungen geistig zu desorientieren. Ich sollte glauben, daß ich dabei wäre, meinen Verstand zu verlieren.

Man schleifte mich wieder die Treppe hinunter. Sie öffneten eine Tür und stellten mich knietief in eiskaltes Wasser. Sie zogen mich völlig nackt aus. Einer packte mich am Hals und tauchte meinen Kopf mehrmals unter Wasser. Ich rang nach Luft und fürchtete zu ersticken. Ich war völlig durchnäßt und zitterte vor Kälte. Das Wasser stank entsetzlich. Sie legten mich dann auf eine Decke. Einer schrie laut: »Frau Doktor, sie ist fertig. Sie können jetzt kommen!« Ein anderer antwortete: »Ja, die wird schon in einer Stunde kommen, laß die Sau dort liegen!« Mein ganzer Körper schlotterte nur so vor Kälte. Schon allein bei dem Gedanken, daß ich noch eine Stunde in dieser Eiseskälte würde verbringen müssen, wurde mir übel, und ich mußte mich übergeben.

Wie hungrige Wölfe, die sich auf ein Lamm stürzen, kamen sie über mich. Einer sagte: »Guck mal, du Idiotin, du hast die ganze schöne Wolldecke schmutzig gemacht. Wahrscheinlich ist es dir gar nicht so kalt. Wenn wir dir jetzt die Wolldecke wegnehmen, wirst du etwas frische Luft bekommen. Das hilft gegen Übelkeit, und wir können auch noch deinen hübschen Körper etwas besser bewundern!« Viele Männerhände faßten an meinen Busen und preßten ihn so fest, daß es mir schien, als könnte ich die Schmerzen am ganzen Körper fühlen. Einige griffen mit ihren Händen an andere intime Stellen meines Körpers.

Ich versuchte in aufrechte Position zu kommen und meine gefesselten Hände schützend an meinen Körper zu pressen. Sie stießen mich grob zu Boden. Jemand sagte: »Wir werden dich jetzt noch einmal duschen. Ich werde dann als erster mit dir schlafen!« Ein anderer rief: »Nein, jetzt bin ich aber mal dran. Du hast doch eben mit dem anderen Mädchen schon deinen Spaß gehabt!« Da hörte ich wieder die Stimme des Mannes, der vorhin so nett mit mir gesprochen hatte. Zwar sprach er mit verstellter Stimme, ich erkannte ihn aber trotzdem wieder, als er schimpfte: »Jetzt hört aber auf, ihr Eselssöhne! Wir müssen die Hure erst einmal gynäkologisch untersuchen lassen, damit wir wissen, ob sie noch Jungfrau ist. Vorher dürfen wir keinen Geschlechtsverkehr mit ihr haben, sonst bekommen wir Ärger.«

Ich merkte, daß derselbe Mann, der eben seine Kollegen gewarnt hatte, sich mir langsam näherte. Er sagte, wobei er nun wieder seine »nette« Stimme benutze: »Na, Frau Kaya, haben Sie jetzt Lust, meine Fragen zu beantworten?« Ich antwortete böse: »Hau bloß ab!« Mit liebevollem Ton fragte er weiter: »Mein Baby, gefällt dir dein Zimmer auch? Glaube mir, das ist das einzig wirklich schöne und bequeme Besuchszimmer, das wir haben. Ich habe es extra für dich herrichten lassen. Hast du Lust, mit mir zu schlafen?« Ich antwortete nur: »Halt die Klappe!« – »Ah, du magst mich nicht! Wenn ich ein Mitglied der PKK wäre, würdest du es sicher gerne tun, nicht wahr? Weiß der Himmel, wie viele PKK-Genossen mit dir schon geschlafen haben! Ein so hübsches Mädchen wie dich ficken sie bei der PKK immer!«

Ich schrie laut: »Wenn die PKK in den Bergen tatsächlich Sex machen würde, hättet ihr Scheißkerle hier nicht die Stimme unserer Waffen gehört, sondern Liebeslieder. Statt Schulungen für den Kampf gäbe es nur noch Kindergärten und Kinderspielplätze!« Ich war noch nicht fertig, da prasselten von allen Seiten mit voller Wucht geführte Schlagstockhiebe auf mich nieder. Sie schrien: »Wenn du von der Stärke der PKK so überzeugt bist, warum helfen dir dann deine Genossen nicht hier raus?« Sie schlugen mich mit solcher Heftigkeit, daß mein ganzer

Körper von ihren Hieben hin und her geworfen wurde und ich schließlich ohnmächtig wurde.

Als ich wieder zu mir kam, war es wunderbar warm um mich. Einer rief: »Ja, jetzt kann sie kommen!« Einige Minuten später rissen sie meine Beine brutal auseinander, und es wurde etwas Metallisches in meine Vagina eingeführt. Eine Frauenstimme sagte: »Ja, ja, die Hure ist schon noch Jungfrau, und so schlecht geht es ihr auch nicht!« Sie lösten meine Handfesseln, faßten mich unter den Armen und schleppten mich weg. Sie ließen mich fallen und sagten: » Komm schon, du Verrückte, stell dich doch nicht so an! Du kannst doch selber laufen.« Wenn ich zusammensackte, schlugen sie mich wieder.

Sie brachten mich irgendwo hin. Sie schlugen mich immer wieder und wieder. »Wenn du nicht redest, werden wir niemals wieder aufhören, dich zu schlagen. Für uns ist das kein Problem, wir können uns beim Schlagen ja abwechseln.« Ich spürte warmes Blut von meinem Kopf an mir herunterlaufen. Das Blut lief und lief. Einer rief: »Wir brauchen ganz schnell einen Arzt!« Dann stellte mir jemand eine Frage, die mich offensichtlich verwirren sollte: »Bist du denn verrückt? Warum hast du dich nackend ausgezogen? Warum hast du dir selbst in deine Hände gebissen? Du bist doch kein Hund! An dieser kleinen Wunde wirst du nicht sterben.« Die etwas ältere Stimme sagte weiter: »Bringen Sie diese Hündin von hier weg und machen Sie weiter, sonst werde ich es tun!« Ich schimpfte: »Hau'n Sie bloß ab! Was sind Sie eigentlich für ein Arzt?!« Die ältere Stimme erwiderte: »Für was habt ihr mich hierher geholt? So lange sie noch so schimpfen kann, braucht sie keinen Arzt.« Plötzlich traf mich etwas Nasses, Weiches im Gesicht. Es schien sich um meine Wäsche zu handeln. Einer schrie: »Komm zieh dich an, du Hure!« Wie sollte ich mich aber mit gefesselten Händen anziehen? Sie »halfen« mir also dabei, wobei sie mich mit ihren schmutzigen Händen auch an den intimsten Stellen berührten. Meine Wäsche war vollkommen durchnäßt und stank nach Blut. Mit dem nassen Zeug an meinem Körper war die Kälte noch schwerer zu ertragen als vorher. Ich merkte, daß mein Widerstand langsam erlahmte.

In dem Moment dachte ich wieder an Mazlum Dogan und seinen Widerstand in Diyarbakir. Er und die anderen PKK-Kollegen hatten noch Schlimmeres als ich erduldet und hatten trotzdem nicht aufgegeben. Ich rekapitulierte, ob ich bis jetzt irgend etwas verraten hatte. Ich dachte daran, was den anderen PKK-Kollegen passieren würde, wenn ich ihre Namen preisgäbe. Was würde geschehen, wenn sie die von mir versteckten Bücher über unsere Organisation fänden? Jeder Buchstabe dieser Bücher war mit dem Blut unserer Märtyrer geschrieben. Wenn ich alles verraten würde, wie könnte ich noch jemals Vertretern der PKK in die Augen sehen? Ich hätte meinen Kopf niemals wieder erheben können. Ich hätte nicht nur sie, sondern noch schlimmer, auch mich selbst verraten.

Obwohl jede Faser meines Körpers dagegen protestierte, versprach ich mir selbst, weiter zu kämpfen und nicht aufzugeben, egal was immer sie mir auch noch antun würden. So eigenartig es schien, dieser Gedanke verlieh mir wieder neue Kraft.

7
Wilde Bestien

In den Händen der türkischen Staatspolizei

Ich habe nie verstanden, wie Menschen so grausam sein können. Wir waren gerade erst siebzehn. Wie konnten Menschen, die imstande waren, so etwas anderen Menschen anzutun, überhaupt noch ruhig schlafen? Hatten unsere Folterer denn keine Familie? Hatten sie keine Frauen und Töchter? Natürlich mußten sie Familie haben, schließlich waren sie als Baby nicht vom Himmel gefallen.

Die PKK hatte herausgefunden, daß der türkische Sicherheitsdienst Waisenkinder aufzog, um sie später zu Folterknechten auszubilden. Auch diese Kinder waren einmal niedliche und unschuldige Babies. Wären sie unter normalen Bedingungen aufgewachsen, hätten sie verstanden, was es bedeutet, ein junges hilfloses Mädchen so unmenschlich zu schlagen und sogar noch Freude an ihren Schreien zu empfinden. Die einzige Schuld dieser Kinder war es, keine Eltern zu haben. Wirklich verantwortlich war allein die türkische Regierung, die diesen Kindern ihre Menschlichkeit genommen und sie zu wilden Bestien gemacht hatte.

Nun war ich diesen Menschen hilflos ausgeliefert. Ich konnte von denen, die selber kaum noch etwas Menschliches an sich hatten, auch keine Menschlichkeit erwarten. Nur von mir selbst konnte ich etwas erwarten. Ich mußte gegen diese Unmenschlichkeit Widerstand leisten, wenn auch nur, um mit meinem Beispiel zu zeigen, daß es selbst unter diesen entsetzlichen Umständen noch ethische Werte gab, die die Folterknechte nicht zerstören konnten. Ich zwang mich, über solche Dinge nachzudenken, damit mich die Schmerzen nicht zum Wahnsinn trieben.

Aber ein Schlagstockhieb unterbrach abrupt meine Gedanken. »Na hörst du mich nicht, du Schlange? Willst du nicht endlich reden, oder hast du immer noch nicht genug?« Ich erwiderte: »Nein, danke schön, ich habe nichts zu sagen.« – »Na gut, dann werden wir dich nach Tunceli schicken!« Dabei lachte er höhnisch. »Die werden dich noch netter behandeln als wir. Du kannst dich schon auf die vielen Männer dort freuen, die es gar nicht erwarten können, dich zu ficken! Deine Freundin Ayse hat uns schon alles erzählt. Sie ist jetzt frei. Warum bist du so dumm?« Ich sagte: »Wenn Ayse euch schon alles gesagt hat, warum wollt ihr dann überhaupt von mir noch etwas wissen?«

Sie schleppten mich die Treppe hoch. Durch die Kälte und den Wind merkte ich, daß wir uns außerhalb des Hauses befinden mußten. Meine nassen Kleider froren mir fast am Körper fest. Dann nahm ich wahr, daß wir in einem Fahrzeug waren. Ich hörte, wie einer sagte: »Öffne bloß das Fenster! Die Hure stinkt ganz fürchterlich!« – »Welches Fenster?« – »Na, das kleine ovale da oben!« Durch diese Unterhaltung wußte ich nun, daß ich in einem Polizeifahrzeug sein mußte.

Da ich mir dachte, daß wir nach Dersim unterwegs wären, hoffte ich, daß sie mich nun während der einige Stunden dauernden Fahrt nicht schlagen würden. Leider trog diese Hoffnung. Das Schlimmste war, auf der Bank sitzen zu müssen. Sie war so kalt und hart. Ich hatte überall Schmerzen und konnte daher nicht mehr richtig sitzen. Ich merkte, daß jemand neben mir atmete. Ich hoffte, daß man meine Freundin Ayse neben mich gesetzt hatte, darum hustete ich jetzt, damit sie meine Stimme erkennen würde. Ich hatte sowieso einen schlimmen Husten, so daß diese Art der Kontaktaufnahme sicher nicht auffiel. Es kam aber keine Antwort. Dann fragte ich: »Ayse, bist du es? Bist du neben mir?« Sie konnte gerade noch mit »Ja« antworten, da wurde ich auch schon zu Boden geschlagen.

Da ich sowieso nur noch Schmerzen kannte, war es mir ganz egal, daß sie mich schlugen, die Hauptsache war, daß ich meine Freundin wiedergefunden hatte. Zur Strafe sollte ich auf dem Boden liegen bleiben. Das hatte ich mir sowieso gewünscht. Zwar war der Boden eiskalt, aber in liegender Position konnte ich meine Schmerzen besser ertragen als in sitzender. Nur wenn das Fahrzeug über eine Bodenwelle fuhr, und das tat es bei der schlechten Wegstrecke sehr oft, hätte ich vor Schmerzen am liebsten laut geschrien. Zwei Männerstimmen beschwerten sich über ihren Kommandanten. Einer sagte: »Das lohnt sich doch gar nicht. Wegen dieser zwei Mädchen müssen wir den ganzen langen Weg hin- und herfahren. Und das bei diesem Sauwetter, wo doch so viel

Schnee gefallen ist. Wir haben doch sonst immer solche wie diese gleich erschossen und dann gesagt, sie hätten einen Autounfall gehabt. Das ist doch gar nicht zu fassen! Warum sollen wir es bei diesen Mädchen nicht genauso machen?«

Ich war gerade mit meinen eigenen Gedanken beschäftigt, als ich auf ihr Gespräch aufmerksam wurde. Ich stellte mir vor, wie unser Fahrzeug von den PKK-Guerillas gestoppt werden würde und unsere Bewacher uns um Gnade anflehen würden. Ich würde dann eigenhändig meinen PKK-Kollegen eine Kalaschnikow entreißen und unsere Bewacher kaltblütig erschießen. Aber mir wurde sofort klar, daß ich sowieso bloß einem Wunschtraum nachhing. Ich träumte weiter.

Es war ein wunderschöner Traum. Ich sah mich mit meinen Kollegen von der PKK mit der Waffe in der Hand auf den höchsten Gipfeln der Berge Kurdistans stehen. Wir waren eins mit den sich im Wind wiegenden Bäumen. Wir waren eine verschworene Gemeinschaft. Jeder von uns war bereit, mit einem Lied für Freiheit und Demokratie auf den Lippen zu sterben.

Mein Traum wurde abrupt unterbrochen, als unsere Bewacher zu singen anfingen. Sie grölten ein dummes Liebeslied. Einer sagte: »Na, ihr zwei Mädchen, jetzt müßt ihr Bauchtanz machen!« Ich antwortete: »Was haben Sie da gesagt? Gehen Sie doch zu Ihrer Mama, soll die doch Bauchtanz machen!« Da schlugen sie wieder so heftig auf mich ein, daß ich das Bewußtsein verlor. Bewußtlosigkeit war wenigstens ein Zustand, in dem ich keine Schmerzen mehr verspürte.

Endlich hielt das Fahrzeug an. Die Männer sagten, wir seien in Tunceli angekommen. Sie faßten mich an Händen und Füßen und trugen mich aus dem Fahrzeug. Ich weiß nicht, wohin sie mich brachten. Auf jeden Fall setzten sie mich wieder auf einen Stuhl, und ich hörte, daß eine Tür geschlossen wurde. Hier war es noch kälter als in der Zelle in Erzurum. Meine Füße befanden sich in eiskaltem Wasser, das zum Teil gefroren war, und fürchterlich stank.

Zu allem Unglück bekam ich jetzt auch noch meine Periode. Das hatte mir gerade noch gefehlt! Ich hatte schrecklichen Durst. Meine Lippen waren ganz trocken und aufgedunsen. Trotz des entsetzlichen Gestanks des Wassers versuchte ich, ein paar Schlucke zu trinken. Ich ließ mich ganz langsam vom Stuhl rutschen. Die Wände waren mir so nah, daß ich lange Zeit probieren mußte, bis mein Mund endlich das Wasser berührte. Meine Hände waren so eng gebunden, daß die Fesseln tief in mein Fleisch schnitten. Mit jeder Bewegung schnitten sie noch tiefer ein. Ich schaffte es nicht, mit meinen Händen einen Schluck Wasser zu schöpfen, und trank schließlich wie ein Tier mit dem Mund. Das Wasser schmeckte entsetzlich. Es roch schon wie ein Gemisch aus Aas und Kot, der Geschmack war noch übler. Mich überkam ein schrecklicher Würgereiz, aber mein Magen war völlig leer, so daß ich außer Flüssigkeit nichts herausbrachte.

Ich konnte mich nicht erinnern, wieviel Zeit seit meiner Verhaftung vergangen war. Es kam mir wie eine Unendlichkeit vor. Wann hatte ich das letzte Mal gegessen, wann das letzte Mal getrunken oder geschlafen? Ich versuchte, wieder auf meinen Stuhl zu kommen. Dabei merkte ich, daß meine Harnblase bis zum Bersten gefüllt war. Ich trat mit den Füßen an die Zellentür, damit man auf mich aufmerksam würde. Dann rief ich laut, aber auch auf mein Rufen antwortete niemand. Ich überlegte schließlich: »Ich bin sowieso pitschnaß und völlig verdreckt, warum mache ich mir nicht einfach in die Hose?« Wenigstens eine Minute hielt mich mein eigener Harn etwas warm. Ich wußte jetzt auch, warum es in der Zelle so entsetzlich stank. Sicher hatten schon viele Kollegen vor mir das gleiche Problem gehabt und es genauso gelöst.

Mein Husten verschlimmerte sich auch immer mehr. Langsam wurde mein Körper durch die Schmerzen und die Kälte ganz taub. Ich geriet in einen Zustand, in dem ich mir vorkam, als würde ich in einem Ozean von Leid schwimmen und könnte niemals das sichere Ufer erreichen. Nach einer kleinen Ewigkeit hörte ich jemanden fragen: »Was willst du, warum schreist du denn? Willst du, daß wir dich wieder schlagen?« Da ich hoffte, auf der Toilette Wasser trinken zu können, sagte ich: »Ich muß aufs Klo!« Er antwortete: »Du Verrückte! Was meinst du, wofür dein hübsches Zimmer hier da ist. Hier kannst du soviel scheißen wie du willst!« Ich sagte: »Ich brauch' aber Zellstoff!« Er wunderte sich: »Wieso? Was willst du damit?« Ich erwiderte: »Haben Sie keine Frau?« – »Weshalb interessiert dich das? Bist du etwa in mich verliebt? Um Gottes Willen, nein! Ich bin nicht so dumm, eine Terroristin zu heiraten!« Trotz meiner Schmerzen lachte ich: »Sie haben eben gesagt ›Um Gottes Willen‹, glauben Sie wirklich an Gott? Ich kann mir nicht vorstellen, daß uns Gott erlaubt hat, Menschen zu foltern oder zu töten. Auch Terroristen sind Menschen! Außerdem sind wir keine Terroristen, wir verlangen nur das zurück, was ihr uns genommen habt. Jetzt sprechen Sie über Liebe. Da haben Sie auch keine Ahnung. Wie kann jemand, der mit verbundenen Augen vor Ihnen sitzt und so schwer gefoltert wird, verliebt sein. Als letztes haben Sie gefragt, was ich mit Zellstoff machen will. Ich bin eine Frau und habe meine Periode. Deswegen brauch' ich es, zum Fressen ganz bestimmt nicht!«

Von Ferne hörte ich leise Musik. Es war das Lied, das wir auch immer in der Schule hatten singen müssen und in dem das Türkentum verherrlicht wird: »Ich bin ein Türke, ehrlich, fleißig, gehorsam. Meine Liebe zu meinem Land und meinem Volk ist größer als die Liebe zu mir selbst...« Der Mann vor der Tür schien an meinen Worten interessiert, er sagte: »Moment, Moment, ich mach bloß das Radio leiser. Also Terroristen kennen auch Gott? Das ist ja sehr interessant. Darüber möchte ich noch mehr wissen. Sie lügen doch. Keiner von euch Terroristenschweinen glaubt an Gott. Ich bin sicher, daß du nur so viele schöne Worte machst, weil du in mich verliebt bist. Na, jetzt rede doch Mädchen! Das gefällt mir. Du kannst wirklich gut reden. Mach weiter!« Ich gab zurück: »Nein, jetzt nicht. Machen Sie erst einmal meine Fesseln etwas lockerer. Meine Handgelenke schmerzen fürchterlich. Wenn Sie es nicht glauben, sehen Sie doch selbst. Ich habe wirklich entsetzliche Schmerzen!«

Ich redete noch eine Weile auf ihn ein, bis er schließlich die Tür öffnete. Er versuchte, seinen Finger zwischen meine Haut und meine Handfesseln zu schieben und erschrak: »Das ist ja wirklich ganz geschwollen und dick!« Er lockerte die Fesselung etwas. »Nun komm, ich bring dich aufs Klo.« Ich bat: »Sie wissen ja, ich kann nicht allein laufen. Wenn Sie mir helfen, wäre das sehr nett von Ihnen!« Er half mir aufzustehen und sagte, daß er mich auf die Toilette führen wolle. Auch mit seiner Hilfe konnte ich kaum stehen oder laufen. Wir liefen ein Stück, dann sagte er: »Setz dich hin, das ist die Toilette!« Ich versuchte, ihm zu erklären: »Augen verbunden – meine Fesseln – meine Hose – und ich!« Ich dachte, vielleicht würde er das Problem verstehen, wenn ich ganz einfache Worte wählte. Eine Geistesgröße schien er mir sowieso nicht gerade zu sein. Doch auf einmal war er nicht mehr da. Da ich allein nicht stehen konnte, legte ich mich auf den Boden. Ich dachte: »Hoffentlich kommt keiner. Hier ist es wenigstens etwas trockener und wärmer!« Ich war so müde. Als ich so auf dem Boden lag, überkam mich sofort der Schlaf.

Es dauerte nicht eine Minute, da wurde ich mit eiskaltem Wasser überschüttet. Das war schön, da aus meinen Haaren etwas Wasser abtropfte, das ich mit der Zunge auffing. In dem Moment erinnerte ich mich wieder an den Schafskopf, der mich hergebracht hatte. Vielleicht hatte er es tatsächlich gut mit mir gemeint und war von jemand anderem überrascht worden, als er mich auf das Klo brachte. Vielleicht war er jetzt selbst in Schwierigkeiten. Auf einmal hörte ich seine Stimme wieder. Er schlug mit seinem Schlagstock auf meine Rippen, auf meinen Hals, auf meinen Kopf und auf jede noch mögliche Stelle meines Körpers. »Na, du Hurentochter, hast du nicht draußen schon genug Leute für die PKK angeworben. Jetzt versuchst du sogar noch die treuesten Anhänger der Regierung mit deinen Ideen zu vergiften! Wir alle sind die Regierung. Was wollt ihr paar Leute schon gegen uns ausrichten? Ich habe nur kurz mit dir gesprochen, dann wolltest du, daß ich dir deine Fesseln lockere. Dann hast du verlangt, aufs Klo geführt zu werden, und ich sollte dir auch noch die Hose runterziehen! Es hätte nicht viel gefehlt, und ich hätte dir auch noch den Hintern abputzen müssen. Bin ich dein Sklave? Hast du nicht mehr Respekt vor einem Vertreter des türkischen Staates?« Sie schlugen mich so, daß mir die Luft wegblieb. Ich rang krampfhaft nach Atem und bekam einen schrecklichen Hustenanfall. Dann faßten sie mich unter den Armen und wollten mich fortschleifen. Da ich meine Beine aber überhaupt nicht mehr bewegen konnte, trugen sie mich schließlich wie eine Leiche an Händen und Füßen fort.

Sie legten mich auf etwas Weiches und Warmes. Ich dachte, es sei ein Bett. Auf einmal schrie eine Frau um Hilfe und flehte: »Schlagt mich nicht! Bitte, bitte, schlagt mich nicht! Ich will euch auch alles sagen!« Danach hörte ich einen Mann entsetzlich schreien. Auch er bettelte um Gnade. Ich dachte sofort an meine Freundin und meine anderen PKK-Kollegen. Da hörte ich etwas Komisches. Das Schreien und Wimmern schwoll plötzlich ganz laut an und wurde dann wieder ganz leise. Es mußte sich um eine Tonbandaufnahme handeln. Sie versuchten also nur, mich auf diese Weise zu zermürben. Als ich das erkannt hatte, war ich furchtbar erleichtert. Ihr Trick war zum Glück bei mir wirkungslos geblieben. Ich merkte, daß meine Peiniger noch irgendwo in meiner Nähe sein mußten, da ich ihren Atem hören konnte.

Obwohl ich mir dachte, daß es vergeblich sein würde, hatte ich doch so furchtbaren Durst, daß ich schrie: »Wasser! Ich habe schrecklichen Durst! Geben Sie mir endlich Wasser! Bitte!« Da fühlte ich einen warmen Strahl auf meinem Kopf. Jemand mußte auf mich uriniert haben.

Der Harn brannte wie Feuer in meinen Wunden. Ich hatte das Bedürfnis, meine Kopfhaut zu kratzen, da sie durch den Harn schrecklich zu jucken begann. Es ging aber nicht, weil meine Hände gefesselt waren. Jemand machte sich dann an meinen Handfesseln zu schaffen. Eine Männerstimme befahl mir: »Wir werden jetzt Ihre Fesseln lösen. Sie dürfen dann Ihre Augenbinde abnehmen. Drehen Sie sich aber bloß nicht um! Wenn Sie Ihren Kopf auch nur einen Zentimeter zur Seite wenden, werden Sie die Kugeln, die Ihren Körper durchsieben werden, nicht mehr zählen können!« Ich fühlte gleichzeitig einen metallischen Gegenstand an meinem Hinterkopf, den ich für ein Gewehr hielt. Als ich die Binde abnahm, blickte ich in das grelle Licht mehrerer auf mich gerichteter Scheinwerfer. Ich schloß die Augen sofort wieder, da ich das helle Licht nach der ständigen Dunkelheit nicht ertragen konnte. Dann schloß und öffnete ich meine Augen immer wieder im Wechsel, bis ich mich an das gleißende Licht etwas gewöhnt hatte. Meine Kopfschmerzen verschlimmerten sich dadurch noch.

Ich sah an meinem Körper hinunter. Er war überall mit verkrustetem Blut bedeckt. Es gab kaum noch eine Stelle, die keine Wunde aufwies. Die Wunden waren aufgequollen und eiterten. Es quoll Wundwasser aus ihnen heraus, das entsetzlich stank. Eine Männerstimme sagte: »Jetzt, Devrim, hast du Lust zu sprechen oder sollen wir dich weiter behandeln? Schau doch mal an, wie du aussiehst! Faß doch mal mit deinen Händen auf deinen Kopf!« Ich blickte auf meine Hände, die nur noch eine geschwollene, blaurote Masse waren. Dort, wo die Fesseln gesessen hatten, war ein roter tiefer Einschnitt zu sehen. Dann betastete ich meinen Kopf. Aus der Wunde dort tropfte das Wundwasser auf meine Hände. Durch den Schmerz, den mir die Berührung verursachte und den Gestank nach Fäulnis und Verwesung, der von meinem Körper ausging, wurde ich ohnmächtig.

Als ich wieder zu mir kam, lag ich auf etwas, das sich wie ein Bett anfühlte. Ich war vollkommen nackt. Meine Augen waren wieder verbunden, ich war aber nicht gefesselt. Vermutlich hatte man mich mit kaltem Wasser übergossen, um mich wieder zur Besinnung zu bringen, da mein ganzer Körper naß war. Ich stöhnte wieder: »Durst! Bitte Wasser! Gebt mir Wasser!« Niemand antwortete. Ich dachte, niemand sei da, darum griff ich an meine Augenbinde. »Psst! Pfoten da weg!« schrie jemand und fuhr dann fort: »Hast du nachgedacht? Willst du jetzt doch sprechen?« Ich erwiderte: »Nein, ich denke nicht daran, mit euch zu reden. Ich werde vor Gericht sprechen!« Zur Antwort strich er mit etwas Hartem, ich vermute, es war ein Schlagstock, über meinen Busen. Dann glitt das harte Etwas weiter nach unten zu meiner Schamgegend hinab. »Willst du immer noch nicht sprechen? Die Männer da draußen sind schon ganz geil darauf, dich zu ficken!« Ich hörte, was er sagte, aber es drang irgendwie nicht mehr richtig in mein Bewußtsein. Ich würde sowieso bald sterben, sollten sie doch machen, was sie wollten!

Mein ganzes Denken kreiste nur noch um das eine: Endlich trinken! Ich schrie wieder nach Wasser. »Wenn du sprichst, kriegst du Wasser! Das verspreche ich dir!« – »Ich werde niemals sprechen, auch wenn ich vor Durst sterben sollte!« gab ich wütend zurück. Da legten sie mich auf den Boden. Sie grätschten meine Hände und Füße und traten mit ihren schweren Militärstiefeln auf meine Gliedmaßen. Ich konnte keine Bewegung mehr machen. Ich lag völlig hilflos in dieser Position auf dem Boden ausgestreckt. Plötzlich fühlte ich etwas Nasses auf meinen beiden Brüsten. »Nun bekommst du Wasser!« sagte eine Stimme, »jetzt!« Statt des Wassers bekam ich einen Stromstoß. Der Strom ließ meinen Körper unkontrolliert zucken. Sie fragten wieder: »Willst du jetzt sprechen?«

Obwohl ich nicht antwortete, schalteten sie den Strom immer wieder an. An und aus, an und aus. Ich konnte es nicht mehr aushalten und schrie aus vollem Halse. Oh, wie sehnlich wünschte ich mir in diesem Moment, ohnmächtig werden zu können! »Wirst du jetzt sprechen?« Ein anderer sagte: »Meine Tochter, dir geht es ganz schlecht. Meinst du, das hier sei schon das Schlimmste? Das kommt erst noch! Wir werden jetzt bei dir auch die gleiche Methode anwenden wie bei deiner Freundin und deinen anderen Kollegen. Sie haben uns alles Stück für Stück erzählt und sich hinterher noch bei uns entschuldigt. Du hast sowieso keine Chance. Ich will dir bloß unnötige Schmerzen ersparen. Bitte rede vorher!« Ich bekam zwar alles mit und wollte auch gern antworten, aber ich brachte wegen meines Zustandes kein Wort heraus. Da schrie er mich an: »Du mußt doch irgendwann reden, du Idiotin! Du bist nicht aus Stein. Mach mich nicht verrückt! So, jetzt hast du deine letzte Chance. Wenn du jetzt nicht sprechen kannst, uns aber später alles sagen willst, dann hebe nur deinen Finger. Nur dieses kleine Zeichen verlange ich von dir! Dann lassen wir dich zwei, drei Tage in Ruhe, damit du dich etwas erholen kannst. Ist das denn wirklich zuviel verlangt?« Ich reagierte nicht. Ich hoffte, daß sie mich jetzt umbringen würden. »Sag mir wenigstens, ob du Remzi kennst! Ich weiß, daß ihr in Erzincan gewohnt habt und dort von der PKK ausgebildet worden seid. Du hast dort alle Unterlagen für die PKK versteckt. Du hast zwei Monate für die PKK in Erzincan gearbeitet. Ich weiß, daß du neue Leute für die PKK geworben und Geld gesammelt hast!«

Das war zwar alles wahr, aber ich konnte es nicht zugeben. Es konnte kein Zufall sein, daß er über ein so großes Detailwissen verfügte. Dafür gab es nur eine Erklärung: Remzi war wirklich ein Spion gewesen. Trotzdem bedeutete das nicht das Ende der PKK. Verräter hat es immer gegeben und wird es auch immer wieder geben. Wir mußten aus unseren Fehlern lernen. Es konnte Verräter, Spione und Provokateure geben, damit mußte man rechnen, wichtig war nur, daß man sie als solche erkannte und rechtzeitig ausschaltete, bevor sie noch mehr Schaden anrichteten.

Ich wollte mich selbst und meine Freunde nicht belasten, darum gab ich vor, Remzi nicht zu kennen. Hätte ich zugegeben, daß wir mit der PKK gearbeitet hatten, wären sie und ich mit Sicherheit zu einer über dreißigjährigen Gefängnisstrafe verurteilt worden. Obwohl es fast unmöglich erschien, hatte ich mich bisher dem Willen meiner Folterer in keiner Weise gefügt. Ich merkte, daß sie mein Widerstand immer wütender machte. Ich hoffte, daß sie sich zu unkontrollierten Handlungen hinreißen lassen und mich schließlich töten würden. Das war immer noch besser, als weiter gefoltert zu werden. Deshalb gab ich mir alle Mühe, sie weiter zu provozieren.

Ein sehr »liebenswürdiger« Herr fragte: »Weißt du überhaupt, daß ich dich gefickt habe, als du ohnmächtig warst?« Ich erwiderte: »Ihr Schweine, ihr versteht auch vom Geschlechtsverkehr nichts. Meine Ehre befindet sich nicht zwischen meinen Beinen. Ich schäme mich nicht, ihr solltet euch schämen! Ich würde mich auch nicht wundern, wenn ihr mit einer Leiche schlafen würdet.« Vor Wut knirschte er mit den Zähnen. In einem Land wie der Türkei, wo es der Moralkodex vorschreibt, daß ein Vater seine eigene Tochter töten muß, wenn sie vorehelichen Geschlechtsverkehr hatte, war ihm eine solche Antwort wohl noch von keinem Mädchen geboten worden. Er packte mich fest am Hals und schüttelte mich: »Ich bring dich um! Tut dir denn überhaupt nichts weh? Wo ist dein schwacher Punkt? Den muß doch jeder Mensch haben! Sag uns endlich, wie hast du die PKK überhaupt kennengelernt? Du kannst es ruhig jetzt sagen. Heute ist sowieso der letzte Tag deines

Lebens.« Unter Keuchen stieß ich in abgehackten Worten hervor: »Was, habt ihr mich wirklich die ganzen Tage nur deshalb verprügelt?«

Ich bekam wieder einen Hustenanfall, der meine Rippenschmerzen stark verschlimmerte. Trotzdem fuhr ich fort: »Diese Frage ist doch ganz einfach zu beantworten. Ich wollte unbedingt Kontakt mit der PKK aufnehmen. Aber das habe ich leider Gottes nicht geschafft, obwohl ich wirklich alles versucht habe. Daran ist aber nur der türkische Staat schuld. Hättet ihr nicht meinen Onkel, meinen Vater, meine Schwester und mich so auf der Karakolstation mißhandelt, wäre ich wahrscheinlich nie auf die Idee gekommen. So hatte ich aber sowieso keinen anderen Ausweg mehr. Ihr habt mir gedroht, mich nochmals auf die Karakolstation mitzunehmen, falls ich euch nicht den Aufenthaltsort meines Vaters und meiner Schwester nenne. Sie befinden sich aber wirklich in Deutschland, daher war mir das unmöglich. Ich konnte nicht wie ein Schaf beim Metzger darauf warten, daß ihr mich wieder abholt. Kein Mensch will ermordet oder mißhandelt werden, besonders nicht, wenn man wie ich, erst siebzehn Jahre alt ist. Ich hatte keine Chance, in der Türkei zu leben. Darum wollte ich zu meiner Tante nach Diyarbakir gehen und dann zu meinem Vater nach Deutschland. Ich habe das Leben dem Tod vorgezogen. Wenn dies ein Unrecht sein soll, so akzeptiere ich meine Schuld nicht!«

Einer der Männer antwortete: »Na gut, soweit glauben wir dir. Aber was hast du dann in Erzincan gesucht?« – »Ich war mein ganzes Leben noch niemals in Erzincan! Vielleicht haben Sie sich geirrt. Ich war in Erzurum. Ich konnte nicht direkt über Dersim nach Diyarbakir fahren, da ich Angst hatte, dort gesucht zu werden. Darum bin ich über Erzurum gefahren.« Sie fragten weiter: »Und woher kennst du die Ayse?« – »Ich bin im Dorf mit ihr zusammen aufgewachsen. Ich wollte nicht allein gehen. Darum habe ich sie mitgenommen. Das ist alles, was ich sagen kann. Mehr weiß ich wirklich nicht. Machen Sie mich nicht verrückt!« Da ich immer wieder innehalten mußte, um nach Luft zu schnappen und zu husten, nahm dieses Gespräch einige Zeit in Anspruch.

Die ganze Zeit über hatte ich völlig nackend in entwürdigender Position vor ihnen gelegen. Jetzt zogen sie mich wieder hoch und kleideten mich an. »Gut, Devrim, ich öffne jetzt deine Augenbinde. Dann wirst du jemanden sehen, der behauptet, dich zu kennen. Es ist Remzi.« Sie nahmen meine Augenbinde ab. Das Licht blendete wieder entsetzlich. Ich durfte auch diesmal meinen Kopf nicht zur Seite wenden. Ich sah Remzi mir direkt gegenüber stehen. Er hatte normale Kleidung an und war unverletzt. Es schien ihm sehr gut zu gehen. Er war offensichtlich nicht mißhandelt worden. Ich nahm meinen ganzen Mund voll mit dem mir noch verbliebenen Speichel und spuckte ihm die ganze Ladung im hohen Bogen ins Gesicht. Dabei beschimpfte ich ihn: »Schäm dich, du Schwein!«

Sie schlugen mich darauf hin mit aller Heftigkeit zusammen und verbanden meine Augen wieder. »Na, du Hure, was erzählst du uns denn hier für Märchen. Warum hast du ihm ins Gesicht gespuckt? Also gib schon zu, du kennst ihn!« Ich erwiderte: »Was hättet ihr denn getan? Die ganze Zeit über bin ich nur so geschlagen worden, weil er euch Lügengeschichten über mich erzählt hat. Und jetzt schämt er sich nicht einmal, sondern lügt mir mitten ins Gesicht.«

Sie packten mich wieder und schleppten mich irgendwohin. Wieder einmal hatten sie keinen Erfolg mit ihren Methoden gehabt. Sie wurden immer wütender. Sie zogen mich nochmals nackt aus und übergossen mich mit eiskaltem Wasser. Dann schlugen sie mich erneut systematisch. Schließlich fingen sie wieder an, mir Elektroschocks an meinem Busen zu verabreichen, wobei sie diesmal, wie sie sagten, höher »dosierten«. Obwohl ich es nicht wollte, schrie ich bei jedem Stromschlag aus vollem Halse. Mein ganzer Körper bäumte sich wieder und wieder unter den Schocks auf. Sie hörten dann kurzfristig auf, um die Elektroden umzusetzen. Diesmal war die Elektrode an meinem Finger angelegt. Ich schrie und schrie. Ich wurde bald selbst taub davon. Ich dachte, das ganze Haus würde auf mich fallen, weil meine Schreie es in den Grundfesten erschüttern mußten.

Als sie schließlich aufhörten, zitterte mein Körper immer noch weiter. Mir war ganz schwarz vor Augen. Schmerzen hatte ich nicht mehr, das einzige Gefühl, das geblieben war, war nur dieser entsetzliche Durst. Einer schrie: »Sprich doch endlich! Du bist doch kein Stein. Die ganze Welt soll dich ficken. Ich ficke persönlich deine Mutter und deine Schwester.« Soweit bekam ich seine Worte noch mit, dann fiel ich in Ohnmacht.

Als ich wieder zu mir kam, spürte ich ein kaltes Metall auf meinem Rücken. Jemand sagte: »Tief atmen!« Es handelte sich offenbar um einen Arzt, der mich mit einem Stethoskop abhörte. Ich zitterte immer noch und wurde von Hustenkrämpfen geschüttelt. Ich konnte daher seinem Befehl nicht Folge leisten. Ich flehte: »Durst! Gebt mir etwas zu trinken!« Sie gaben mir etwas ganz Süßes zu trinken. Ich trank und trank, bis ich nicht mehr konnte. Der »Arzt« sagte: »Was geht denn hier vor? Seht ihr denn nicht, daß es ihr sehr gut geht? Seid ihr auch schon von der PKK angeworben, daß ihr so nachgiebig und zartfühlend seid? Macht schon endlich weiter! Das ist doch euer Job!« Dann wandte er sich an einen der anderen Männer und fragte: »Habt ihr dieser Hündin etwas zu fressen gegeben?« Ich konnte gerade noch sagen: »Ich will nichts zu essen. Ich bin im Hungerstreik!«, da lachte er ganz laut: »Was soll das heißen, Hungerstreik? Na mach doch, mach doch! Du hast jetzt über sieben Tage nichts mehr gegessen. Wenn ich dir trockenes Brot bringe, wirst du es bestimmt gierig hinunterschlingen.«

Ich konnte ihm nicht antworten, da mich die Schocks so geschwächt hatten, daß mir selbst das Sprechen ungeheuer schwer fiel. Dann drückten sie mir etwas wie einen Kugelschreiber in die Hand und führten meine Hand wie zur Unterschrift. Ich konnte mich nicht dagegen wehren. Als ich mich wieder etwas erholt hatte, fragte jemand: »Hast du einen Rechtsanwalt?« – »Ich habe keinen, aber es kann sein, daß mein Vater einen geschickt hat!« erwiderte ich. »Was, dein Vater? Wie soll er wissen, daß du im Gefängnis bist!« Ich gab zur Antwort: »Als ihr mich damals im Bus verhaftet habt, habe ich laut um Hilfe geschrien und meinen Namen genannt. Über vierzig Leute müssen das gehört haben. Bestimmt war wenigstens ein menschlich denkendes Wesen darunter. Es muß in der *Özgur ülke* gestanden haben. Diese Zeitung kann man auch in Deutschland kaufen. Dort wird es mein Vater gelesen haben. Wenn Sie mir nicht glauben, rufen Sie doch die Redaktion an!« Die *Özgur ülke* – »Freies Land« – ist eine oppositionelle Tageszeitung, die in der Türkei nur wenige Wochen erscheinen konnte, da fast jede Ausgabe beschlagnahmt wurde. »Du Schlaukopf, woher weißt du das alles? Natürlich stehst du in der Zeitung. Jetzt suchen dich drei Rechtsanwälte wie verrückt!« Ich bat: »Ich möchte meine Rechtsanwälte unbedingt sehen.«

Meine Hoffnung wurde sofort wieder zerstört, als sie sagten: »Wir haben mit ihnen gesprochen und ihnen ganz freundlich und höflich mitgeteilt, daß uns ein Mädchen dieses Namens unbekannt sei. Du hast also nur eine Chance: Du sagst uns alles ganz lieb, dann bist du frei!« – »Was soll das nutzen? Ich habe Ihnen doch schon alles gesagt, aber Sie glauben mir nicht, und lügen kann ich nicht.« Sie schlugen mich noch ein letztes Mal. Dann fragte einer: »Wieviel Geld brauchst du? Wieviel

Millionen willst du?« Ich war völlig überrascht von ihrem Angebot: »Das können Sie vergessen. Ich bin nicht so wie ihr. Ich lüge nicht des Geldes wegen. Ich verkaufe mich nicht.« Er fuhr fort: »Ich habe nur noch eine abschließende Frage: Weiß deine Mutter, daß du bei der PKK bist?« Ich fiel auf seine Fangfrage nicht herein, sondern gab zurück: »Nein, ich bin nicht bei der PKK. Ich habe nur meiner Mutter geschrieben, daß ich in Deutschland sei und es mir gut gehe, damit sie sich keine Sorgen macht.«

Tatsächlich hatte ich, bevor ich nach Peri ging, um mich der PKK anzuschließen, einen Brief geschrieben, in dem stand, daß ich nun in Deutschland sei und daß es mir gut gehe. Ich hatte ihn mit meiner Handschrift an meine Mutter adressiert und einen deutschen Absender darauf geschrieben. Dann hatte ich ihn in einen zweiten Umschlag gelegt und alles an meinen Vater nach Deutschland gesandt. Er sollte den einliegenden Brief an meine Mutter schicken, damit sie ihn vorzeigen könnte, falls die Polizei nach mir fragte. Sie hätte dann einen »Beweis« gehabt, daß ich nicht bei der PKK wäre. Ich vermutete nun, daß dieser Brief abgefangen worden war. Ich weiß aber bis heute nicht, ob dies tatsächlich der Fall war.

Ich war völlig fertig und kaum noch bei Bewußtsein. Sie schleppten mich weg und setzten mich auf einen Stuhl. Sie lösten meine Fesseln und meine Augenbinde. Ich dachte, sie würden mich jetzt erschießen. Als ich meine Augen wieder an das Licht gewöhnt hatte, sah ich, daß ich mich in einer Art Büroraum befand. Neben mir stand ein Polizist und richtete seine Waffe auf mich. Ich sagte zu ihm: »Ich kann nicht mehr sitzen. Lassen Sie mich bitte auf den Boden legen!« Er antwortete: »Ja, kannst du!« Er sah mich an, als sei ich eine Maus und er eine Katze. Ich blickte ihn an, als sei er ein Schaf und ich ein Löwe. So belauerten wir uns gegenseitig wie Raubtiere.

Jemand klopfte an die Tür. Mein Bewacher rief: »Herein!« Mein Onkel trat ein. Dann folgte meine Mutter. Ich dachte, sie hätten sie hergebracht, damit ich sie noch ein letztes Mal sehen könnte, bevor sie mich hinrichteten. Ich freute mich riesig. Ich wollte aufstehen und zu meinem Onkel gehen. Es ging aber nicht. Meine Beine gehorchten mir nicht mehr. Meine Mutter erkannte mich offenbar nicht, sie schrie: »Ich habe euch doch gesagt, daß sie in Deutschland ist. Das da ist nicht meine Tochter. Meinen Sie, ich würde meine eigene Tochter nicht erkennen?« Ich war völlig durcheinander. Begann ich verrückt zu werden?

Wie kam es, daß ich dachte, diese Frau sei meine Mutter? Ich konnte keinen Gedanken mehr logisch zu Ende verfolgen.

Ich blickte zu meinem Onkel hinüber. Aus seinen wunderschönen grünen Augen, die ich immer so geliebt hatte, liefen die Tränen hinunter auf sein weißes Hemd. Er sah mich an, als könne er nicht glauben, daß dieser blutverkrustete und entstellte Körper wirklich einmal seine geliebte Devrim gewesen war. Er schien immer noch zu hoffen, daß alles nur ein schrecklicher Alptraum sei. Meine Mutter stand hinter meinem Onkel, sie konnte daher seine Tränen nicht sehen. Sie sagte zu meinem Onkel: »Hörst du denn nicht? Ich sagte doch, laß uns nach Hause gehen! Oder kennst du dieses Mädchen?« Ich konnte die ganze Szene immer noch nicht begreifen.

Obwohl ich meiner Mutter gesagt hatte, daß ich zur PKK ginge, und sie daher befürchten mußte, daß so etwas geschehen konnte, erkannte sie mich nicht. Vielleicht wollte sie nur immer noch bei ihrer Aussage bleiben, die ich mit ihr abgesprochen hatte, daß ich in Deutschland sei. Aber das war doch momentan völlig sinnlos, da den Sicherheitskräften meine Identität sowieso bekannt war. Je mehr ich versuchte, eine logische Erklärung zu finden, um so irrealer erschien mir das Ganze. Es war vielleicht doch nur alles ein Traum. Da sah ich, daß mein Onkel seinen Kopf mit aller Kraft an die Wand des Zimmers schlug und immer wieder rief: »Nein, nein, ich glaube es nicht! Das darf nicht wahr sein! Ihr Schweine! Wie könnt ihr so grausam sein?« Meine Mutter fiel ihm ins Wort: »Ach, was ist denn? Kennst du das Mädchen? Wein doch nicht! Die werden uns nur auslachen.«

Der Polizist sprach meine Mutter an: »Warum lügst du immer noch? Bist du auch von der PKK?« Langsam begriff ich, daß meine Mutter mich tatsächlich nicht erkannt hatte. Endlich brachte ich es fertig zu schreien: »Mama, kennst du mich denn nicht? Ich bin's, Devrim!« Wenn ich an den Moment denke, als mich meine Mutter endlich erkannte, läuft es mir immer noch kalt über den Rücken. Ihrer Kehle entrang sich ein furchtbares Stöhnen, das dann in einen entsetzlichen Schrei überging. Ich glaube, ganz Dersim muß es gehört haben. Sie stürzte sich auf mich und wollte mich in ihre Arme nehmen. Sie drückte mich so fest an sich, daß ich vor Schmerzen laut aufschrie.

Meine Mutter stand unter Schock. Sie zog mich an meinen Haaren hoch, um zu sehen, ob in meinem verquollenen Gesicht noch Augen wären. Dann ließ sie mich abrupt los und schrie den Polizisten an: »Ihr gottlosen, gewissenlosen Menschen! Ihr werdet selber im Blut meiner Tochter, das ihr verschüttet habt, ertrinken! Ihr habt meiner Tochter ein Auge genommen. Aber meine Tochter ist intelligent. Euer Verbrechen wird euch nichts nutzen. Sie wird euch auch mit einem Auge euer schmutziges Handwerk legen. Ich werde euch wegen eurer Menschenrechtsverletzungen anklagen.« Der Polizist richtete seine Kalaschnikow meiner Mutter direkt auf die Brust und brüllte sie an: »Du blödes Weib! Willst du jetzt endlich damit aufhören, oder soll ich dir gleich eine Kugel geben?« Dann riß er die Tür auf und warf meine Muttter aus dem Zimmer. Kaum war sie draußen, trommelte sie mit ihren Fäusten ganz laut an die Tür: »Laßt mich! Ich will sie noch sehen! Laßt mich bei meinem Kind bleiben!« In dem Moment suchten meine Augen wie verrückt nach meinem Onkel. Ich hatte solche Angst, daß er irgendwelche Dummheiten machen würde, da er völlig durcheinander war.

Plötzlich stürmten sehr viele Polizisten in das Zimmer. Sie hielten eine Wolldecke in der Hand. Sie wickelten mich in die Decke und trugen mich wie eine Leiche in das Tuch eingeschlagen zu einem wartenden Auto. Sie fuhren mich, wie ich später erfuhr, zum Zentralgefängnis von Dersim.

8
»Lebst du noch?«

Drei Wochen im Gefängnis von Dersim

Normalerweise ist das Gefängnis in Dersim ein Gefängnis für Kriminelle, aber nicht für politische Gefangene. Warum ich trotzdem dorthin gebracht wurde, kann ich nur vermuten. Ich nehme an, daß ich wegen meines lebensbedrohlichen Zustandes nicht über weite Strecken transportiert werden konnte. Mich einfach umzubringen, hatten sie wohl wegen des Artikels über meine Verhaftung in der *Özgür ülke* nicht gewagt. Wenn ich nicht wieder aufgetaucht wäre, hätten der türkische Menschenrechtsverein und auch internationale Menschenrechtsorganisationen den Behörden vielleicht unangenehme Fragen gestellt. Das sollte offenbar vermieden werden.

Im Gefängnis legten sie mich auf ein Bett. Im Raum befanden sich noch zwei oder drei Gefängnisaufseherinnen. Als ich mich etwas zur Seite drehte, sah ich, daß meine Freundin Ayse neben mir lag. Ich war sehr froh, sie hier wiederzufinden. »Ayse, wie geht's dir? Lebst du noch?« Sie wandte mir ihr zerschlagenes Gesicht zu, und es gelang ihr, ein Lächeln anzudeuten: »Kollegin, du bist doch ein Genie. Frag doch nicht schon wieder, wie es mir geht! Dir geht es doch selbst schlecht genug. Na, was hast du denn bei den Verhören gesagt? Bist du immer bei dem geblieben, was wir uns gegenseitig versprochen hatten? Ach, ich bin ja auch doof! Ich seh es doch. Wenn nicht, wärst du nicht so schlimm zugerichtet.« Ich erwiderte: »Ach, laß gut sein! Sag mal, hast du Remzi gesehen? Hast du zugegeben, ihn zu kennen? Hast du irgendwas unterschrieben?« Ihre Antwort bekam ich nicht mehr mit. Ich fiel in Ohnmacht.

Als ich wieder zu mir kam, klatschten die Aufseherinnen gerade in die Hände. Sie wollten mich wohl auf diese Art wieder zu Bewußtsein bringen, wagten aber nicht, mich anzufassen. Ich sah mich um und bemerkte, daß Ayse nicht mehr da war. Ich fragte nach ihr. Eine Wärterin antwortete: »Sie ist auf der Toilette. Sie weint. Sie denkt wohl, du seist tot. Soll ich sie holen?« – »Ja, schnell, holen Sie sie, schnell! Machen Sie schon!« Da rief sie ganz laut über den Flur: »Ayse, komm schnell! Sie ist nicht tot! Sie lebt! Ich habe doch gesagt, daß sie nur ohnmächtig ist!« Gestützt von zwei anderen Gefangenen kam Ayse wieder ins Zimmer. Ihr blutiges, verquollenes Gesicht näherte sich dem meinen. Sie nahm mich ganz vorsichtig in den Arm. »Kollegin Devrim, du hast deinen Namen Revolution wirklich verdient. Du machst ihm alle Ehre. Du darfst nicht sterben. Wir brauchen dich.«

Ich verzog mein zerschlagenes Gesicht zu einem angedeuteten Lächeln: »Weißt du, Ayse, dein Gesicht erinnert mich an das eines Indianers. Deine Haare sind ganz wirr durcheinander. Du siehst wirklich zum Fürchten aus!« – »Na, was meinst du, wie du erst aussiehst!« Wir mußten beide lachen. Sie sagte: »Wenn du jetzt auf die Straße gehst, werden alle vor dir wegrennen. Sie würden denken, daß du gerade aus dem Grab auferstanden bist. Du siehst wirklich aus wie eine Leiche auf Urlaub.«

Ich wollte unbedingt einen Spiegel haben und bat die Wächterinnen darum. Aber sie hatten so viel Angst vor uns, daß sie es nicht wagten, sich uns zu nähern. Ich setzte all meine Überredungskünste ein, bis sie mir schließlich doch einen Spiegel brachten. Sie hielten ihn mir mit spitzen Fingern hin, als fürchteten sie, ich würde ihnen die Hand abbeißen. Als ich mein Spiegelbild sah, erschrak ich: Mein Gesicht war ganz aufgedunsen und blutverkrustet. Meine Augen waren so blau geschlagen, daß man zweimal hinsehen mußte, um zu bemerken, daß sich in den blutigen Höhlen wirklich noch Augen befanden. Darum hatte meine Mutter wohl auch angenommen, ich hätte ein Auge eingebüßt. Von Ayse erfuhr ich, daß seit unserer Verhaftung fünfzehn Tage vergangen waren. Ich weiß heute noch nicht, wie es mir möglich war, zwei Wochen Folter zu überleben. Aber ich lebte wirklich noch und fing gerade an, mir dieser Tatsache wieder bewußt zu werden.

Meine Freundin und ich stellten fest, daß wir beide dringend ein Bad benötigten. Wir sagten unseren Wunsch den Aufseherinnen. Sie empfahlen uns, einen schriftlichen Antrag beim Gefängnisdirektor zu stellen. Aber mit welcher Hand sollten wir denn schreiben? Unsere Hände waren nur noch unförmige fleischige Massen. Ich bat eine Wächterin, den Antrag für uns zu stellen, und sie ging auch wirklich zum Direktor.

Also durften wir baden. Sie machten Feuer im Ofen und stellten eine zehn Liter Metallbutterdose darauf, um darin Wasser zum Kochen zu bringen. Eine von uns mußte nun ins Badezimmer gehen. Meine Freundin bot mir an: »Geh du zuerst, Devrim!« Ich antwortete ihr: »Bist du denn wahnsinnig? Du kannst wenigstens mit Hilfe laufen. Ich glaube, dazu bin ich noch nicht fähig. Geh schon! Du bist die erste!« Sie guckte mich an: »Kollegin Devrim, ich würde ja gerne baden. Aber sieh doch meine verdreckten Kleider an. Wenn ich die nachher sowieso wieder anziehen muß, ist es doch ganz sinnlos zu baden!« Ich sah ihr in die Augen und sagte scherzhaft: »Ach ja, du brauchst noch ein Hochzeitskleid, eine Pediküre und einen Friseur, sonst gehst du nicht baden. Bei uns kommt es nicht auf Schönheit an. Wie wir aussehen ist egal, nur die Revolution ist wichtig. Merk dir das endlich! Und nun hau endlich ab!«

Die Aufseherinnen halfen ihr. Nach einer Stunde rief meine Freundin ganz laut. Ich konnte ihre Worte aber nicht genau verstehen. Eine Wächterin kam zu mir gerannt und rief: »Deine Freundin hat jetzt gebadet, dadurch sind ihre Wunden ganz aufgequollen. Ihr ganzer Körper ist jetzt geschwollen. Ihre Hose paßt ihr nicht mehr!« Das hatte gerade noch gefehlt. Was sollte ich jetzt tun? Aber ich war eine Freiheitskämpferin, ich konnte nicht einfach sagen: »Mir geht es selber dreckig. Lös deine Probleme alleine!«, sondern ich mußte einen Weg finden, ihr zu helfen. Ich dachte daran, aus meinem Laken ein Stück herauszureißen und daraus etwas zum Anziehen für sie zu improvisieren.

Ich versuchte aufzustehen, aber meine Beine trugen mich nicht mehr. Es schien, als wären die Knochen darin alle zerschlagen. Ich sackte wie ein nasser Sack zusammen. Eine Wächterin schimpfte: »Diese Leute von der PKK! Warum denken sie niemals an sich selber? Jetzt liegt sie da wie ein Klumpen Fleisch. Wer soll sie jetzt wieder aufs Bett heben. Immer machen sie uns nur Arbeit!« Ich antwortete ihr: »Jetzt nehmen Sie bitte eine Schere und schneiden Sie von meinem Laken etwas ab. Versuchen Sie daraus einen Rock zu machen!« Sie erwiderte: »Sind Sie denn wahnsinnig? Wissen Sie nicht, daß das streng verboten ist? Haben Sie einmal darüber nachgedacht, was solch ein Laken den türkischen Staat kostet?« Ich antwortete zornig: »Nun machen Sie schon, oder soll ich es selber machen? Ich werde dem Direktor nicht sagen, daß Sie es waren. Ich nehme die Schuld auf mich!« Sie tat schließlich doch, was ich verlangte, und brachte meiner Freundin ein Stück Laken, damit sie ihre Blöße bedecken konnte.

Als Ayse nach fünf Minuten wieder ins Zimmer kam, sah ich sofort, daß ich sie größer geschätzt hatte, als sie tatsächlich war. Sie hatte das Tuch mehrmals um ihren Körper gewickelt und sah in diesem Aufzug ganz unförmig aus. Alle lachten, auch die kriminellen Gefangenen, die sich mit uns im Raum befanden und uns bisher nur verängstigt angestarrt hatten. Ayse legte sich auf ihr Bett und schlief vor Erschöpfung sofort ein.

Jetzt war die Reihe an mir. Die Aufseherinnen schleppten mich ins »Badezimmer«: eine ganz enge Kammer, in der sich ein Holzschemel befand; der Boden war aus Beton, und das Wasser sollte durch ein kleines Loch abfließen, das man auch als Klo benutzen konnte. Das heiße Wasser in der zehn Liter Butterschüssel hatte man neben den Hocker auf den Boden gestellt. Die Wärterinnen zogen mich aus, wobei sie sich die Nase zuhielten, weil von meinem Körper ein so entsetzlicher Gestank aufstieg. Sie versuchten mich auf den Hocker zu setzen. Es war mir aber unmöglich, mich ohne Hilfe auf dem Schemel zu halten. Da sie selbst nicht mit mir baden und naß werden wollten, gaben sie ihren Versuch schließlich auf und brachten mich unverrichteter Dinge wieder zurück in das Zimmer. Sie sagten zu mir: »So geht es mit dir nicht weiter. Wir haben keine Lust, dich immer so herumzuschleppen. Wir werden mit dem Direktor sprechen. Er soll dir einen Arzt schicken!«

Zehn Minuten später klopfte es an der Tür, und ein unscheinbarer Mann kam herein. Er schien sich seiner hohen Position bewußt zu sein und sah sich in einer Art und Weise im Raum um, die Respekt einflößend wirken sollte. Die anderen Gefangenen und das Wachpersonal nahmen vor ihm Haltung an. Ich wußte daher, daß es sich nur um den Gefängnisdirektor höchstpersönlich handeln konnte. Er fragte: »Wo ist Devrim?« Ich antwortete: »Hier bin ich.« Er sah mich wohl zum ersten Mal, denn er brachte erstaunt hervor: »Mein Gott, wie siehst du denn aus?« Ich erwiderte: »Warum sagen Sie du zu mir? Ich glaube nicht, daß wir uns persönlich kennen. Ich glaube auch nicht, daß wir zusammen jemals Buttermilch und Brot gegessen haben. Wir waren auch ganz sicher niemals als Kameraden zusammen beim Militär. Was soll also das Du!« Er antwortete: »Ah ja, jetzt verstehe ich. Es ist tatsächlich wahr, was man mir über dich erzählt hat. Mein Gott, du bist noch so jung! Willst du wirklich bis zu deinem Tod immer so aufsässig sprechen und dir dadurch nichts als Probleme machen?« Ich bat: »Bitte, lassen Sie das jetzt! Ich brauche wirklich dringend einen normalen Arzt, also einen, den ihr nicht gekauft habt.« Der Direktor näherte sich mir langsam und fragte: »Darf ich die Decke anheben? Ich muß mich davon überzeugen, ob es wirklich erforderlich ist, einen Arzt zu rufen.« Ich gab frech zurück: »Ach, ich dachte, Sie seien hier der Direktor. Daß Sie aber auch Arzthelfer sind – davon hat mir keiner etwas gesagt. Aber na bitte, heben Sie doch die Decke hoch, ich schäme mich nicht!« Ich war mir bewußt, daß ich ihn provozierte. Aber mir war alles egal. Sollten sie mich doch töten! Das war vielleicht sowieso besser, als den Rest meines Lebens im Gefängnis zu verbringen. Auf jeden Fall wollte ich ihnen zeigen, daß sie mich nicht dazu gebracht hatten, um Gnade zu winseln.

Der Direktor gab einer Aufseherin den Befehl, die Bettdecke anzuheben. Meine Unterhose war völlig mit Blut, Urin und Dreck verschmiert. Als er das sah, wandte er sein Gesicht ab. Ich hatte den Eindruck, daß er sich schämte. Ich sagte: »Herr Direktor, Sie brauchen sich wirklich nicht zu genieren! Sehen Sie nur hin! Im Moment habe ich wenigstens noch eine Unterhose an, während der fünfzehn Tage im Verhörzentrum war noch nicht einmal das der Fall. Alle Männer dort haben mich völlig unbekleidet gesehen und ihren Spaß daran gehabt. Auf Sie als einen mehr oder weniger kommt es wirklich nicht mehr an. Tun Sie sich keinen Zwang an!« Er antwortete: »Mein Kind, ich schwöre dir, ich gehöre nicht zu ihnen. Bei der Ehre meines Sohnes! Ich schwöre es! Ich will dich nicht so sehen. Es tut mir selbst weh. Ich bring dich sofort zum Arzt. Aber wo ist überhaupt dein Laken?« Er wandte sich einer Wärterin zu: »Oder habt ihr ihr keins gegeben?« Die Wärterin fing fast an zu zittern: »Nein, nein, natürlich haben wir das. Aber sie hat es zerrissen, um einen Rock für ihre Freundin daraus anzufertigen!«

Der Direktor war ganz konsterniert: »Was, mit diesen Händen hat sie das geschafft? Warum habt ihr mir das nicht gleich gesagt? Wenn sie immer noch solche Kraft hat, wird sie noch mein ganzes Gefängnis abreißen!« Ich mußte schmunzeln: »Nein, Herr Direktor, das werde ich sicher nicht tun. Da brauchen Sie wirklich keine zu Angst haben. Es verhält sich vielmehr so: Die Polizei hat unser ganzes Geld gestohlen. Wir hatten vier Millionen türkische Lira, die haben sie uns abgenommen und nicht wieder zurückgegeben. Jetzt haben wir kein Geld mehr, um uns von den Wachen neue Kleidung besorgen zu lassen. Nachdem meine Freundin gebadet hatte, war ihr ganzer Körper geschwollen, ihr paßte nicht einmal mehr ihre Hose. Sie wollten doch sicher auch nicht, daß sie hier vor allen Leuten nackend herumläuft, oder? Deshalb habe ich das Laken genommen.« Das Wachpersonal und die übrigen Gefangenen bekamen ganz große Augen, als sie mich in dieser Weise mit dem Direktor sprechen hörten. Das hatte noch keiner gewagt.

Schließlich sagte der Direktor zu mir: »Gut, stehen Sie auf, ich werde Sie jetzt gleich zum Arzt fahren lassen!« Ich wandte ein: »Herr Direktor, ich kann hier nicht weg. Wenn Sie mich jetzt wegbringen lassen, würde das meinen Tod bedeuten.« Ich wollte unbedingt verhindern, daß ich das Gefängnis wieder verlassen mußte. Uns war bei der PKK immer eingeschärft worden, alles zu versuchen, um uns nicht wieder aus einem Gefängnis wegbringen zu lassen. Man war dann in höchster Gefahr, entweder wieder in ein Folterzentrum gebracht zu werden oder einfach ganz von der Bildfläche zu verschwinden. Eigentlich war es mir völlig egal, was sie mit mir machen würden. Selbst der Tod konnte nicht schlimmer sein als das, was ich erlebt hatte. Aber auf keinen Fall wollte ich wieder so gequält werden.

Irgend etwas war in mir unter der Folter zerbrochen. Mein Inneres war wie versteinert. Ich war durch die Hölle gegangen. Es schien mir, als sei nun auf immer ein Teil dieser Hölle in mir eingeschlossen. Ich sah in allen Menschen nur noch meine Feinde. Da ich während der Verhöre stets eine Augenbinde getragen hatte, kannte ich die Identität meiner Folterer nicht. Jeder Mensch, dem ich in Zukunft begegnen würde, konnte es gewesen sein. Wenn ich einem Mann ins Gesicht sah, fragte ich mich immer wieder: War er einer von denen, die mich so bestialisch gequält hatten? War das die Stimme, die erst so freundlich mit mir gesprochen hatte, nur um mich dann später um so grausamer zu mißhandeln? Selbst wenn jemand nett und zuvorkommend zu mir war, vermutete ich immer, daß seine Freundlichkeit in Wirklichkeit nur Hinterlist war. Sprach mich jemand barsch an, fühlte ich mich sofort wieder in die Foltersituation zurückversetzt. Ich konnte keinem Menschen mehr mein Vertrauen schenken. Es war, als hätte sich zwischen mir und meinen Mitmenschen eine unüberwindliche Wand aufgebaut. Ich hatte meine totale Hilflosigkeit gegenüber brutaler, mitleidsloser Gewalt erlebt. Dieses Gefühl des Ausgeliefertseins verlor sich auch jetzt nicht.

Sicher, ich hatte bis jetzt der Folter standgehalten und meine Freunde nicht verraten, aber mir war auch nur zu bewußt geworden, daß meiner Widerstandskraft Grenzen gesetzt waren. Wahrscheinlich hatte ich mehr über mich selbst erfahren als die meisten Menschen und auch mehr als für meine psychische Stabilität gut war. Ich wußte, daß mein

Körper schwach war. Obwohl ich es nicht gewollt hatte, hatte ich zum Beispiel meine Peiniger um Wasser angefleht. Für diese Schwäche haßte ich mich. Überhaupt hatte sich in mir eine zerstörerische Wut aufgebaut. Ich war auf solch schreckliche Weise verletzt worden, daß ich nun meinerseits den unwiderstehlichen Drang verspürte, meiner angestauten Aggression freien Lauf zu lassen. Zuletzt war es nur noch meine Wut auf meine Peiniger gewesen, die mich vor dem Zusammenbruch bewahrt hatte.

Als ich mich entschloß zu versuchen der Folter standzuhalten, tat ich dies, um meine Freunde zu schützen und die Ziele, an die ich glaubte, nicht zu verraten. Wie wenig war zum Schluß davon noch geblieben! Nur noch der ganz primitive Haß auf die Leute, die mich so grausam quälten, hatte mir zuletzt noch die Kraft gegeben zu überleben. Dieser Haß brannte auch weiter in mir. Er richtete sich sowohl nach außen gegen andere Personen als auch nach innen gegen mich selbst. Ich wollte meine Schwäche vor mir selbst und anderen nicht zugeben. Jede Schwäche konnte von meinen Feinden gegen mich ausgenutzt werden, das hatte ich jetzt zur Genüge erfahren. Um zu überleben, muß man stark sein. Das hatte ich gelernt. Ich mußte allen zeigen, daß sie mich nicht psychisch gebrochen hatten. Angriff war immer noch die beste Verteidigung.

Früher war ich ein rücksichtsvoller, zuvorkommender Mensch gewesen. Ich hatte von einem mir unbekannten Menschen zunächst immer das Beste angenommen. Jetzt war das Gegenteil der Fall. Ich konnte meine Aggressivität kaum noch kontrollieren. Es war, als hätten die Brutalität und die Wildheit meiner Folterer auf mich abgefärbt. Es fiel mir unsagbar schwer, im Gefängnispersonal noch menschliche Wesen zu sehen. Ich übertrug meinen Haß auf meine Folterer unreflektiert auf alle Personen des Gefängnisses, die ebenfalls die türkische Staatsmacht repräsentierten. Ich sah in ihnen keine Individuen mehr, sondern nur noch meinen Feind, den türkischen Staat, der mir das alles angetan hatte. Natürlich gaben sie mir durch ihr Verhalten auch keinerlei Anlaß, meine Einstellung zu überdenken. Rational sah ich zwar ein, daß mein aggressiver Ton ihnen gegenüber für mich gefährlich werden konnte, emotional war ich aber nicht in der Lage, mich zu beherrschen. Ich wollte sie treffen, wo es mir nur irgendwie möglich war.

Nach langer Diskussion ließ der Direktor schließlich doch einen Arzt kommen. Der Arzt, ein älterer, weißhaariger Herr mit einem eigentlich recht Vertrauen einflößenden Blick, fragte mich: »Guten Tag, was haben Sie?« Bevor ich noch antworten konnte, fiel der Direktor mir ins Wort: »Sie ist eine Treppe runtergefallen und befindet sich seit fünfzehn Tagen im Hungerstreik. Das hat sie nun davon!« Er redete immer so weiter. Ich ließ ihn gewähren, da sich die Erklärung für meine Verletzungen ja gleich von allein ergeben mußte. Ich sprach den Arzt an: »Herr Doktor, kann ich mit Ihnen allein reden? Mein Leben steht auf dem Spiel.« Der Direktor unterbrach mich: »Nein, nein, das geht auf keinen Fall!« Ich gab zurück: »Ja sicher, auf keinen Fall! Sonst würde ja euer ganzes schmutziges Geschäft ans Tageslicht kommen. Natürlich bin ich die Treppe runtergefallen und meine Freundin auch. Aber welche Treppe? Erklären Sie doch bitte dem Doktor, daß es sich um diese endlose Treppe gehandelt hat, die hinunter in eure Folterkeller führt! Aber mehr sage ich nicht, lassen Sie doch den Arzt selber entscheiden, wer von uns beiden die Wahrheit sagt!«

Ich wandte mich an den Arzt: »Herr Doktor, untersuchen Sie mich bitte gründlich am ganzen Körper! Wenn Sie Ihren Beruf als Arzt wirklich ernst nehmen, finden Sie heraus, ob meine Verletzungen durch Schlagstöcke und Strom verursacht worden sind oder nicht! Während der Folter haben mich mehrere Ärzte untersucht und mich für völlig gesund befunden. Sie gaben sogar die Anordnung, mich weiter zu quälen. Ist das auch Ihre Diagnose? Wenn Sie aber ein Mensch sind und Ihnen die ärztliche Ethik noch irgend etwas bedeutet, bitte ich Sie, jetzt mit der Untersuchung anzufangen!«

Das Gesicht des Direktors war knallrot geworden. Der Arzt schlug meine Decke ganz vorsichtig zurück. Er sah nur kurz hin, dann wußte er Bescheid. Er drehte sich um und schrieb etwas auf, das er dem Direktor gab. Er streichelte mir mit der Hand über meine Haare und sagte: »Verzeih mir bitte, Mädchen! Ich kann deinen jungen Körper nicht behandeln. Ich bin immer ehrlich gewesen, und das möchte ich auch bleiben. Versteh mich bitte!« Dabei kamen ihm die Tränen. Er ging dann zusammen mit dem Direktor weg. Meine Augen starrten noch eine lange Zeit auf die geschlossene Tür. Irgendwie wartete ich immer noch darauf, daß der Arzt zurückkommen und mich behandeln würde. Warum hatte er die Behandlung abgelehnt?

Nach einiger Zeit kam der Arzt dann tatsächlich wieder ins Zimmer zurück. Ich fragte ihn: »Na, haben Sie sich jetzt auch verkauft? Sind Sie deshalb zurückgekommen? Wollen Sie jetzt etwa bescheinigen, daß es mir gut geht? Wenn Sie das vorhaben, können Sie gleich gehen.« Er erwiderte: »Frau Kaya, ich kann Sie hier im Gefängnis nicht behandeln, da mir hier die Möglichkeiten dazu fehlen. Sie müssen unbedingt in ein Krankenhaus!« Ich fragte zurück: »Herr Doktor, was haben Sie denn eigentlich vor? Wollen Sie mich wieder zur Folterung schicken? Wenn ich mich vom Gefängnis auch nur einen Schritt weit entferne, wird man mich wieder in das Verhörzentrum bringen. Das weiß ich ganz genau.« Er antwortete darauf nicht. Was hätte er auch sagen sollen?

Er zog seine Jacke aus, holte eine Spritze aus seinem Koffer, setzte eine Injektionsnadel auf. Dann zog er eine Flüssigkeit aus einer Ampulle auf. Ich bekam furchtbare Angst, daß er mich mit der Injektionsnadel foltern wollte. Ich malte mir aus, daß er mit der Nadel immer wieder an den empfindlichsten Stellen meines Körpers zustechen würde. Oder vielleicht war in der Spritze irgendein schmerzverursachendes Mittel oder gar ein tödliches Gift? Wollte man meinen Widerstand jetzt mit Psychopharmaka brechen? Mein ganzer Körper begann zu zittern. Als er dies bemerkte, redete er beruhigend auf mich ein: »Frau Kaya, das ist nur eine schmerzstillende Spritze. Sie wird Sie eventuell etwas schläfrig machen. Sie brauchen wirklich keine Angst davor zu haben!«

Obwohl sein Gesicht und seine Stimme so nett waren, konnte ich ihm nicht vertrauen. Auch meine Folterer hatten immer erst freundlich zu mir gesprochen, um mich dann nur um so entsetzlicher zu quälen. Mein ganzer Körper verkrampfte sich daher, als ich die Injektionskanüle in meinem Fleisch spürte. Er bat dann alle Anwesenden, sich umzudrehen, da er mich zur weiteren Untersuchung und Behandlung entkleiden wollte. Ich wandte mich an den Arzt: »Ich schäme mich wirklich nicht. Die anderen brauchen sich nicht umzudrehen, außer dem Herrn Direktor sind schließlich nur Frauen anwesend.« Da ich den Direktor, der eben den Arzt so schamlos angelogen hatte, ärgern wollte, fuhr ich fort: »Aber der Herr Direktor soll bitte das Zimmer verlassen, er ist ein Mann!« Der Arzt sah mich an und schmunzelte etwas, als wollte er sagen: Du hast wohl vor nichts und niemandem Respekt. Obwohl es dir so schlecht geht, mußt du dich auch noch mit dem Direktor anlegen. Er wandte sich dann an den Direktor: »Sie haben gehört, was sie gesagt hat. Was meinen Sie dazu?« Ich warf ein: »Was soll er schon dazu sagen, oder meinen Sie, daß er mich gern unbekleidet sehen will?« Dann fuhr ich fort: »Wo ist die Tür? Machen Sie doch endlich die Tür auf, damit er geht!« Der Direktor verließ kommentarlos das Zimmer.

Durch die lange Diskussion wurde es mir wieder ganz schwarz vor Augen. Nur noch ganz verschwommen bekam ich mit, daß der Arzt meinen Körper von oben bis unten untersuchte. Er murmelte etwas von einer beidseitigen schweren Lungenentzündung und partiellem Nierenversagen und davon, daß so etwas eigentlich nur in einem Krankenhaus behandelt werden könne. Selbst dann bestände noch Lebensgefahr für mich. Er säuberte und behandelte meine Wunden. Kurz bevor er damit fertig war, setzten die Schmerzen wieder ein. Er empfahl mir: »Bewegen Sie sich bitte so wenig wie möglich und waschen Sie sich einen Monat lang nicht! Trinken Sie viel und nehmen Sie drei bis vier Tage keine feste Nahrung zu sich! Am besten würde Ihnen Suppe bekommen. Ich werde jetzt jeden Tag kommen, um Ihre Verbände zu wechseln.« Dann begann er damit, meine Freundin zu behandeln. Als er fertig war, verabschiedete er sich von uns.

Gegen siebzehn Uhr sagte eine Wärterin zu mir: »Frau Kaya, Sie haben Besuch!« Ich fragte, wer es sei. Sie antwortete: »Viele heißen auch Kaya, haben also den gleichen Familiennamen wie Sie. Es sind aber auch einige andere darunter. Das ganze Gefängnis ist schon mit Ihrem Besuch voll!« Ich dachte, daß wahrscheinlich mein Onkel dabei sei. Ich fühlte mich trotzdem viel zu schwach, um jetzt Besuch zu empfangen, daher ließ ich ihm aufschreiben, daß ich im Moment nicht kommen könne. Zwei Minuten später erhielt ich einen Zettel zurück, auf dem mit seiner Handschrift geschrieben stand: »Mein liebes Herz, wenn du mich liebst, dann komm bitte! Ich will dich unbedingt sehen, sonst bringe ich mich um. Du brauchst nicht zu sprechen. Ich möchte dein liebes Gesicht nur noch einmal sehen. Deine Freundinnen sind da, auch deine Schwestern, deine Mama und meine Söhne Hasan und Veli. Außerdem habe ich für dich einen Rechtsanwalt gefunden. Du brauchst dir also keine Sorgen zu machen.«

Als ich das gelesen hatte, bat ich die Wachen, mir zu helfen, damit ich alle sehen könne. Ich wickelte mich in meine Decke, nahm meine Freundin Ayse mit und wollte mich auf den Weg machen. Die Aufseherinnen wiesen Ayse aber gleich an zu bleiben: »Der Besuch ist für Devrim, nicht für dich. Scher dich weg!« Mit Hilfe dreier Wärterinnen gelang es mir, das Besuchszimmer zu erreichen. Eine doppelte Glasscheibe trennte die Besucher von den Gefangenen. Sprechen konnte man nur über Kopfhörer und Mikrophon. Jemand setzte mir den Kopfhörer auf. Meine ganze Familie und fast alle meine Freundinnen waren anwesend. Alle schrien und weinten durcheinander. Ich fragte: »Was ist denn eigentlich mit euch los? Ich lebe noch, das seht ihr doch. Was soll also dieses Geschrei?«

Mein Milchbruder Veli sprach mich zuerst an: »Meine liebe Devrim, warum hast du uns bloß verlassen? Warum bist du von zu Hause weggegangen? Deine Mutter hat erzählt, daß dein linkes Auge ausgeschlagen sei. Gott sei Dank, jetzt sehe ich, daß das nicht der Fall ist. Warum halten dich die Wärterinnen auf beiden Seiten fest? Kannst du nicht alleine laufen?« Meine Mutter konnte es kaum erwarten, nun endlich mit mir zu sprechen. Sie entriß Veli das Mikrophon und sagte: »Devrim, deine Freundinnen sind alle heute hier, weil ich ihnen erzählt habe, daß du ein Auge verloren hättest. Bitte entschuldige!«

Dann fuhr sie fort: »Vor fünfzehn Tagen sind Polizisten und Soldaten in unser Haus gekommen und haben das Unterste zuoberst gekehrt. Sie haben immer wieder nach dir gefragt. Dann mußten wir uns jeden Tag auf der Karakolstation in Peri melden. Sie wollten ständig etwas über dich wissen. Sie haben uns dort geschlagen, beschimpft und schikaniert.« Ich bekam nicht alles ganz genau mit, was sie sagte, da ich ständig von Hustenkrämpfen geschüttelt wurde. Dann sprachen meine Freundinnen aus Peri mit mir. Sie fragten, wie es mir gehe und ob sie irgend etwas für mich tun könnten. Sie berichteten mir auch, daß die Hälfte meiner Freundinnen noch draußen wartete. Da die Zeit knapp war und da sie vorsichtig sein mußten, konnten sie nicht viel mehr sagen.

Als letzter sprach mein Onkel mit mir, wobei er ständig weinte: »Mein Kind, als ich dich in solch schrecklichem Zustand gesehen hatte, bin ich gleich nach Dersim gefahren, habe mir fünf Millionen türkische Lira geliehen und dir einen Rechtsanwalt besorgt.« Ich antwortete: »Vielen Dank, das war wirklich lieb von dir, aber man hat mir gesagt, daß sich schon drei Rechtsanwälte um mich kümmern. Hol dir dein Geld also lieber zurück! Was ich aber gut gebrauchen könnte, sind solche Kleinigkeiten wie Hosen zum Anziehen oder Shampoo. Auch Handtücher wären ganz prima.« Die Aufseherinnen unterbrachen uns: »Die Besuchszeit ist zu Ende!« Es war sowieso alles zu viel für mich gewesen. Fast ohnmächtig, brachten mich die Wächterinnen zurück zu meinem Bett.

Die ganze Nacht über hatte ich solche starken Schmerzen, daß ich nicht schlafen konnte. Die Aufseherinnen wechselten sich im Schichtdienst ab. Um sechs Uhr kam eine neue Wärterin herein. Sie war groß und stämmig gebaut. Sie brüllte: »Alles aufstehen, fertigmachen zum Appell!« Ich konnte mich immer noch kaum bewegen, geschweige denn aufstehen. Als sie mich bemerkte, sprach sie mich sofort an: »Ach, Sie sind neu hier. Warum stehen Sie nicht auf?« Ich antwortete: »Ich glaube, Sie sind auch neu hier. Ich bin eine politische Gefangene, und außerdem kann ich nicht aufstehen!« Sie erwiderte: »Es ist mir völlig egal, ob sie politisch oder sonst irgend etwas sind. Sie werden sich gefälligst der Gefängnisdisziplin unterwerfen.« Mit diesen Worten zog sie mir die Decke weg.

Als sie meine Verbände sah, die über Nacht völlig durchgeblutet waren, erschrak sie: »Mein Gott, was haben Sie denn da?« Ich erwiderte: »Na, ich hoffe, Sie haben jetzt verstanden, warum ich nicht aufstehen kann. Außerdem habe ich Ihnen doch gesagt, daß ich eine politische Gefangene bin.« Sie gab zurück: »Ja, das habe ich verstanden. Aber jetzt kommen Sie! Versuchen Sie aufzustehen!« Ich wollte ihr Angst machen, um mir Respekt zu verschaffen, darum sagte ich: »Kommen Sie einmal näher zu mir!« Sie näherte sich mir ganz gelangweilt. »Hören Sie mal, ich bin von der PKK. Ich habe drei Jahre als kurdische Guerilla gekämpft und bisher fünfunddreißig Menschen ermordet. Einfache Soldaten, aber auch Kommandanten und andere hohe Tiere habe ich auf verschiedene Art und Weise umgebracht. Wir kämpfen gegen die türkische Regierung. Obwohl wir jetzt im Gefängnis sind, werden wir unseren Kampf immer noch weiter fortsetzen. Zwar haben wir jetzt keine Kalaschnikow mehr, aber unser Körper und unsere Zunge sind uns Waffe genug. Wenn wir schon die ganze Regierung bekämpfen, meinen Sie, daß uns dann so ein paar Aufseherinnen wie Sie im Weg stehen werden? Ich warne Sie zum letzten Mal: Wenn Sie uns Gefangene wie Schafe mit dem Finger abzählen wollen, dann werde ich mir etwas für Sie überlegen! Ich hoffe, daß wir uns jetzt ein für allemal verstanden haben!« Sie schien völlig verwirrt. Sie wußte nicht, was sie sagen sollte. Ohne ein Wort zu erwidern, verließ sie den Raum.

Die anderen Gefangenen blickten meine Freundin und mich bewundernd an. Zuerst hatten sie Angst vor uns gehabt, jetzt wollte jede Kontakt mit uns aufnehmen. Eine gab uns Seife, eine andere ein Handtuch oder etwas zum Anziehen. Eine nach der anderen kam zu uns, stellte sich vor und schüttelte uns die Hand. Eine Gefangene, die wegen Mordes schon seit vier Jahren im Gefängnis war, erzählte uns, daß der Direktor die anderen Gefangenen vor uns gewarnt hatte. Er hätte in etwa folgende Ansprache gehalten: »Die beiden Mädchen sind ganz gefährliche Terroristen. Paßt bloß auf, sonst werden sie auch euch Probleme machen! Sprecht sie möglichst überhaupt nicht an! Seht ihnen nicht einmal in die Augen, sonst werden sie sauer auf euch!« Sie selbst hätte aber schon etwas mehr über die PKK gehört, deshalb glaube sie dem Direktor nicht. Sie half uns von nun an sehr beim Essen, bei den Toilettengängen und anderen Dingen des täglichen Lebens.

Jeden Tag ging es uns jetzt besser. Obwohl der Arzt versprochen hatte, mich täglich zu behandeln, sah ich ihn nie wieder. Ich hoffte, daß er meinetwegen wenigstens keine Probleme bekommen hatte. Meine Freundin konnte schon wieder alleine laufen. Ich war gerade wieder in der Lage, ohne Hilfe zu sitzen. An Laufen war aber immer noch nicht zu denken.

Wir waren zwanzig Tage im Zentralgefängnis von Dersim, als sie uns holten, uns Handschellen und Fußfesseln anlegten und uns in einem geschlossenen Wagen nach Erzincan brachten. Ich legte die Fahrt auf dem Fahrzeugboden liegend zurück. Sie wickelten mich wieder in eine Wolldecke und trugen mich so in das Gefängnisgebäude. Dort legten sie mich auf einem Bett ab.

9
Bis an die Grenzen

Hungerstreik der PKK-Häftlinge

In der Zelle, in die sie uns nun gebracht hatten, befanden sich außer meiner Freundin und mir noch elf andere weibliche Gefangene. Die Fesseln hatte man uns abgenommen. Die anderen Gefangenen begrüßten uns mit Handschlag und fragten nach unserem Namen. »Ich bin Devrim« stellte ich mich vor. »Sind Sie Kurdin?« – »Ja, ich bin eine Kurdin. Gibt es hier eigentlich PKK-Gefangene?« – »Wieso? Sind Sie von der PKK?« Ich erwiderte: »Ich nehme an, Sie auch.« Sie sagte: »Ja, natürlich. Wir sind hier fünf von der PKK und sechs politische Gefangene von anderen Organisationen.« Wir fielen einander in die Arme. Sie versuchten, meine Wunden zu versorgen, indem sie Nivea-Creme auftrugen, da sie keine anderen Medikamente hatten. Dann gaben sie uns etwas besonders Gutes zu essen und bereiteten unsere Betten zum Schlafen vor. Ein Mädchen fragte mich: »Kollegin, hast du dich nie gewaschen? Wie siehst du denn eigentlich aus?« Ich erwiderte: »Nein, ich bin jetzt seit fünfundreißig Tagen verhaftet. Seitdem habe ich mich nicht mehr gewaschen.« Sie neckte mich: »Na, dann wird es aber jetzt wirklich Zeit.« Meine Kolleginnen machten in einer zehn Liter Butterdose Wasser für mich heiß und setzten mich in einen Waschbottich, in dem sonst die Wäsche gewaschen wurde. Ganz langsam und vorsichtig lösten sie mit dem heißen Wasser die Schmutz- und Blutkrusten von meinem Körper. Sie versuchten auch, meine Haare zu waschen und zu entwirren. Das war aber unmöglich. Deshalb ließen sie die Wachen eine Schere holen und fragten mich, ob sie meine Haare abschneiden dürften. Ich war natürlich damit einverstanden, da sie sowieso alle auszufallen begonnen hatten. Als ich wieder im Bett war, fühlte ich mich das erste Mal während meiner Haft wieder richtig wohl und behaglich. Ich dachte, ich sei neu geboren. Ich schlief bis zum Morgen durch.

Am nächsten Tag berichteten wir uns gegenseitig unsere Erlebnisse. Sie erzählten mir, daß dies ein Gefängnis für politische Gefangene sei. Die meisten würden hier auf ihr Verfahren vor dem DGM, dem türkischen Staatssicherheitsgericht, warten, einige seien aber auch schon zu langjährigen Gefängnisstrafen verurteilt worden. Ich nahm an, daß meine Freundin und ich auch, um vor Gericht gestellt zu werden, von Dersim nach Erzincan verlegt worden waren, da es in Dersim kein DGM gab.

Ich erkundigte mich, ob hier auch politische Schulungen abgehalten würden. Bei unserer Unterweisung durch die PKK war uns nämlich eingeschärft worden, daß, wann immer mehrere PKK-Gefangene zusammen im Gefängnis seien, wir uns gegenseitig Unterricht über den politischen Kampf zu erteilen hätten. Ich fragte meine Mitgefangenen auch nach der internen Parteidisziplin und dem Tagesablauf im Gefängnis.

Eine sagte: »So wie bisher kann es nicht weitergehen. Wir müssen irgend etwas tun! Wir bekommen nur noch türkische Zeitungen, aber kein oppositionelles Blatt. Der Kontakt mit den Rechtsanwälten ist uns erst einen Tag vor unserer Gerichtsverhandlung erlaubt, so daß eine sinnvolle Verteidigung nicht möglich ist. Wir erhalten keine Erlaubnis, Besuch zu empfangen. Unsere privaten Briefe werden streng zensiert. Wenn sie auch nur die geringsten politischen Andeutungen enthalten, werden sie uns nicht ausgehändigt. In der Männerabteilung befinden sich mindestens zweihundert PKK-Gefangene. Mit denen dürfen wir keinerlei Kontakt haben. Und außerdem ist das Essen, das sie uns geben, fast ungenießbar!« Ich fragte: »Wie lange habt ihr diese Probleme?« Eine Kollegin antwortete: »Ungefähr zwei Monate.« Ich wollte wissen: »Na, und habt ihr euch beschwert oder es überhaupt jemandem gesagt? Habt ihr jemanden als Sprecherin gewählt?« – »Nein, das haben wir nicht«, gab sie zur Antwort. Ich schlug vor: »Die Parteidisziplin schreibt aber doch vor, eine Vorsitzende zu wählen.« Sie baten mich, diese Funktion zu übernehmen. Zunächst wollte ich nicht. Schließlich war ich fast eine der jüngsten unter meinen Kolleginnen. Aber keine von ihnen schien genug Selbstbewußtsein zu haben, dem Gefängnisdirektor als Sprecherin allein gegenüber zu treten. Obwohl sie der PKK angehörten, dachten sie immer noch in traditionell vorgegebenen Bahnen. Ohne männliche Führung, die ihnen sagte, was als nächstes zu tun sei, wirkten sie etwas verloren.

Ich war ganz froh, wieder eine Aufgabe zu haben, die mich von den schrecklichen, erst kurz zurückliegenden Ereignissen wenigstens etwas ablenkte. Das Vertrauen, das mir meine Mitgefangenen entgegenbrachten, gab zudem meinem angeschlagenen Selbstwertgefühl wieder etwas Auftrieb. Schließlich willigte ich also in die Wahl ein. Auch die Gefangenen der anderen politischen Organisationen akzeptierten mich als ihre Sprecherin. Meine Wahl wurde schriftlich festgehalten. Ich erhielt den Auftrag, mit dem Direktor zu sprechen, um unsere Forderungen vorzutragen.

Zwei Aufseherinnen schleppten mich, da ich immer noch nicht allein laufen konnte, auf meine Bitte zum Direktor. Ich sagte zu ihm: »Ich bin zur Sprecherin meiner Zelle gewählt worden und möchte Ihnen einige Probleme vortragen.« Er erwiderte: »Ah, Sie sind Frau Kaya, nicht wahr?« Ich gab zurück: »Das ist aber erstaunlich! Der Gefängnisdirektor von Dersim hat Sie also so schnell über mich informiert!« Dann übergab ich ihm die schriftliche Bestätigung meiner Wahl und unseren Forderungskatalog.

Er sah mich überheblich an: »Wer hat dich eigentlich als Vorsitzende gewählt? Das geht nicht. Du bist krank. Außerdem hat bisher jeder Gefangene selbst für sich gesprochen. Was soll also dieser Quatsch? Euren Forderungskatalog könnt ihr vergessen. Wegen euch werden wir doch unser Gefängnissystem nicht auf den Kopf stellen! Wenn ich euch immer in allem nachgeben würde, was hätte ich dann noch hier zu suchen? Dann könntet ihr das Gefängnis ja gleich selbst verwalten und euch auch alle selbst freilassen!« Ich protestierte: »Wir sind politische Gefangene, keine Kriminellen! Wir wollen bloß wie Menschen behandelt werden! Ich werde jetzt zu meinen Freunden zurückgehen und ihnen ihre Antwort überbringen.«

Ich erzählte meinen Kolleginnen, was der Direktor gesagt hatte, und wir berieten, was zu tun sei. Um unseren Forderungen Nachdruck zu verschaffen, blieb uns als letztes Mittel nur der Hungerstreik. Wir teilten sowohl dem Direktor als auch dem DGM schriftlich mit, daß wir uns von jetzt an im Hungerstreik befänden.

Wir waren nun schon fünfzehn Tage im Hungerstreik, ohne daß jemand davon Notiz zu nehmen schien. Am fünfzehnten Tag lasen wir zu unserem Erstaunen in der offiziellen türkischen Zeitung, daß sich die Frauenabteilung des Gefängnisses in Erzincan im Hungerstreik befände. Natürlich wurde unser Tun als völlig unerheblich und lächerlich hingestellt, aber zumindest hatte nun doch die Öffentlichkeit davon erfahren. Am nächsten Tag hörten wir von Solidaritätshungerstreiks unserer Kollegen in Buca, in Adana, in Nevsehir und Yozgat. Man kann sich kaum vorstellen, was uns das für einen moralischen Auftrieb gab. Auch unsere Kollegen von der Männerabteilung unseres Gefängnisses befanden sich mittlerweile im Hungerstreik. Mein gesundheitlicher Zustand verschlechterte sich jeden Tag mehr. Aufgrund der fehlenden Nahrungsaufnahme heilten meine Wunden nicht.

Die Gefängnisleitung versuchte, uns zum Essen zu verführen. Wie mir meine Kolleginnen erzählt hatten, war das Essen vor unserem Hungerstreik fast ungenießbar gewesen. Jetzt boten sie uns jeden Tag nur noch die feinsten Delikatessen an. Aber ihre Taktik hatte keinen Erfolg. Schwierig sind immer nur die ersten Tage eines Hungerstreiks. Da kommt es wirklich auf Selbstbeherrschung an. Danach verspürt man keinen Hunger mehr. Man wird nur immer schwächer und schwächer, so daß man den ganzen Tag fast nur noch liegend verbringen kann. Die Haare begannen uns auszufallen. Jeden Morgen fanden wir sie büschelweise auf unserem Kopfkissen. Ich magerte allmählich zum Skelett ab. Meine Gesichtshaut spannte schon über meinen Schädelknochen.

Am zwanzigsten Tag unseres Fastens kam der Direktor in unsere Zelle. Er versprach, allen unseren Forderungen nachzugeben, allerdings bezüglich des regelmäßigen Kontaktes zu unseren Rechtsanwälten könne er nichts für uns tun, da das nicht in seiner Verantwortung läge. Er wandte sich an mich: »Na, was sagen Sie dazu? Hören Sie auf oder machen Sie weiter?« Ich antwortete: »Das kann ich nicht allein entscheiden. Ich will mich erst mit dem Vorsitzenden der Männerabteilung besprechen!«

Der Direktor ließ mich durch zwei Wächterinnen in das Besuchszimmer der Männerabteilung bringen. Dort befand sich ein Kollege von uns, sein Name war Murat. »Kollegin, was ist denn mit dir los? Wie siehst du denn aus?« fragte er mich. Ich erzählte ihm von unserem Hungerstreik und unseren Forderungen. Er wurde ganz böse auf mich: »Kollegin, ich glaube, ihr dort in der Frauenabteilung habt gar keine Ahnung von der PKK-Disziplin. Ihr habt das mit dem Hungerstreik gut gemacht, aber daß du dich in deinem Zustand daran beteiligt hast und daß dich die anderen Kolleginnen nicht daran gehindert haben, war ein grober Verstoß gegen die Regeln der PKK! Jeder Kollege ist für uns wichtig. Wir wollen nicht, daß jemand stirbt. Es geht uns nur darum, unsere Forderungen durchzusetzen. Du aber hast mit deinem Leben gespielt!«

Er erzählte weiter, daß er selbst vor einigen Wochen Gerichtstermin gehabt und dabei mit seinen Rechtsanwälten gesprochen habe. Sie hätten ihn nach mir und meiner Freundin Ayse gefragt. Die Rechtsanwälte wären der Meinung gewesen, daß wir inzwischen tot seien, weil es ihnen trotz ihrer verzweifelten Bemühungen nicht gelungen war, unseren neuen Aufenthaltsort zu ermitteln. Die Anwälte hätten auch verschiedene Menschenrechtsorganisationen in unseren Fall eingeschaltet. »Die werden aber froh sein, daß ihr noch lebt!« fuhr er fort. »Ich werde meine Kollegen informieren, damit sie ihre Anwälte benachrichtigen, daß ihr nicht tot seid. Ihr könnt jetzt mit dem Hungerstreik aufhören. Wir wollen erst einmal mit dem zufrieden sein, was wir bisher erreicht haben.« Dann sprach ich mit Murat ab, wie wir die PKK-Schulung in der Frauenabteilung künftig organisieren sollten. Ohne jegliches Material war es sehr schwierig, jemanden zu unterrichten. Er tröstete mich damit, daß er sich darum kümmern werde. Dann verabschiedeten wir uns.

Ich übermittelte meinen Kolleginnen die Grüße aus der Männerabteilung und sagte ihnen, daß wir unseren Hungerstreik jetzt beenden könnten. Wir setzten ein Schreiben an den Direktor auf, in dem wir sein Angebot akzeptierten und ihn baten, uns Suppe bringen zu lassen. Etwas später brachte man uns statt der Suppe versalzenes Fleisch und trockenes Brot. Bei meiner Ausbildung in der PKK hatte ich gelernt, daß man nach so langer Nahrungskarenz niemals gleich feste trockene Nahrung zu sich nehmen darf, da das irreversible Schäden im Magen-Darm-Trakt zur Folge haben kann.

Meine Zellengenossinnen wollten sich sofort auf das Essen stürzen. Ich schrie sie an: »Halt, seid ihr verrückt? Wollt ihr euch umbringen? Habt ihr bei der PKK denn gar nichts gelernt?« Ich ließ sie das Fleisch in Wasser waschen. Dann weichten wir das Brot in diesem Wasser ein. So hatten wir doch unsere Suppe. Das Fleisch schickten wir dem Direktor zurück. Wir waren auf die erfolgreiche Beendigung unseres Hungerstreiks so stolz, daß uns auch die Wassersuppe mundete. Über eine Woche erhielten wir nur dieses trockene Essen, aber da uns Wasser zur Verfügung stand, konnten wir uns helfen – dieser Anschlag der Gefängnisleitung auf unsere Gesundheit war also gründlich mißlungen.

Wir hatten nun die Erlaubnis, daß eine von uns Frauen alle zwei Wochen einmal für eine halbe Stunde mit einem Vertreter der Männerabteilung sprechen durfte. Bei einem dieser Treffen erhielt ich einen von der PKK verfaßten Plan mit Vorschriften, wie der Tagesablauf eines PKK-Gefangenen im Gefängnis zu organisieren sei. Wir hielten diesen Plan von nun an peinlich genau ein: Morgens um sieben Uhr standen wir auf; danach war eine halbe Stunde Frühsport auf dem Gefängnishof vorgesehen, von halb acht bis acht Frühstück, pünktlich um acht Uhr Beginn des Unterrichts in kurdischer Geschichte, um zwölf Uhr Mittagessen, danach zwei Stunden Pause, die für private Dinge wie Putzen, Wäschewaschen etc. genutzt werden konnten, nachmittags gemeinsames Zeitungslesen und kritische Diskussion über das Gelesene, danach Einzelstudium der PKK-Ideologie und der Theorie des Marxismus-Leninismus oder kurdischer Geschichte. Dies geschah, indem wir uns über diese Themen gegenseitig Vorträge hielten. So wurden wir mit der PKK und auch mit den Praktiken unserer Feinde immer vertrauter. Durch die ideologische Schulung fühlten wir uns nicht mehr als Gefangene in einem Gefängnis, sondern vielmehr als Studenten an einer Universität der Revolution. Jeden Tag lernten wir Neues und Interessantes. Wir hatten eine Aufgabe zu erfüllen und einen festen Zeitplan einzuhalten. Das bewahrte uns davor, durch die tägliche Gefängnisroutine stumpfsinnig zu werden.

Aber trotzdem vermißte ich das Grün der Pflanzen und die Weite des Himmels, von dem ich auf dem Gefängnishof immer nur einen kleinen Ausschnitt sah. Im Gefängnis hörte man keinen Vogel singen. Hier gab es nicht den Wind und die Weite der Berge Kurdistans. Hier existierte nur kalter Beton, das Schlagen von Eisentüren und lautes Rufen im Befehlston. Manchmal fühlte ich mich trotz der vielen Kolleginnen um mich herum sehr einsam und verlassen, aber die Parteidisziplin untersagte es uns streng, vor anderen Kollegen zu weinen. So tat ich es nur ab und zu nachts ganz heimlich unter meiner Decke. Abends vor dem Einschlafen stellte ich mir oft einen Sonnenuntergang am Meer vor. Es kam mir vor, als könnte ich den frischen Meereswind förmlich auf meiner Haut spüren. Ich roch das salzige Meerwasser, während der blutrote Sonnenball langsam in den endlosen Fluten des Meeres versank. Falls ich jemals das Gefängnis würde verlassen dürfen, versprach ich mir selbst, ans Meer zu fahren, um dieses Naturschauspiel zu bewundern. Oft nutzte ich die wenige Freizeit, die mir blieb, dazu, diese und andere Gedanken einem Tagebuch anzuvertrauen. So gingen die Tage in ständigem Gleichmaß relativ ereignislos dahin.

Am Abend des 17. März 1992 hatten mir meine Kolleginnen gerade in der Zelle beim Baden geholfen, da ich dies immer noch nicht alleine konnte. Gegen halb acht saß ich nun gemütlich mit dem Rücken zum Ofen, auf dem das heiße Wasser für den Tee blubberte, und schrieb einen Brief an meinen Vater. Plötzlich hörte ich ein komisches Geräusch, das aus der Erde zu kommen schien, wie ein tiefes Donnergrollen. So etwas hatte ich in meinem Leben noch nie gehört. Die Glühlampe an der Decke schaukelte wie verrückt hin und her. Als ich die Lampe sich so stark bewegen sah, fühlte ich mich wieder in die Situation zurückversetzt, als man mir die Elektroschocks verabreicht hatte. Ich schrie vor Entsetzen. Dann ging das Licht aus. Ich spürte, wie das ganze heiße Wasser, das auf dem Ofen gestanden hatte, sich über meinen Rücken ergoß, hörte, daß die Schlafpritschen mit Donnergetöse umfielen und wie Menschen vor Angst und Panik durcheinanderschrien. Dann traf das heiße Ofenrohr meinen rechten Fuß. Plötzlich war die ganze Zelle voller Rauch, und die glühenden Kohlen waren überall verstreut. Ich bekam kaum noch Luft. Mein Rücken schmerzte durch die Verbrühung unerträglich.

Ich versuchte, die Tür zu erreichen, aber in der Dunkelheit und bei den vielen Hindernissen, die jetzt in der Zelle verstreut herumlagen, konnte ich den Ausgang nicht finden. Der Rauch trieb mir die Tränen in die Augen, und ich konnte vor lauter Husten kaum noch atmen. Viele meiner Kolleginnen schrien laut um Hilfe, viele brüllten auch meinen Namen. Ich versuchte, mich nach den Stimmen zu orientieren. Ich stolperte, fiel hin, stand wieder auf, nur um gleich darauf erneut gegen ein Hindernis zu rennen. Ich schrie in Todesangst um Hilfe. Ich kämpfte gegen den beißenden Rauch an, meine Hände und Knie waren schon völlig aufgeschürft und blutig. Irgendwo mußte es doch einen Weg nach draußen geben!

Da hörte ich die Stimme meiner Freundin: »Devrim, hier lang! Hier geht's raus! Schnell, mach schon!« Ich versuchte, ihr zu folgen, verlor aber immer wieder die Orientierung. Ich fürchtete, ohnmächtig zu werden und zu ersticken. Meine Glieder wurden bleischwer, und ich spürte einen unwiderstehlichen Wunsch nach Schlaf. Warum sollte ich noch dagegen ankämpfen? Ich weiß heute noch nicht wie, aber nach einer mir unendlich lang erscheinenden Zeit – in Wirklichkeit waren sicher nur wenige Minuten vergangen – stolperte ich mit letzter Kraft über Betontrümmer nach draußen auf die Terrasse. Zum Glück überraschte uns das Erdbeben noch vor zwanzig Uhr, sonst wären die Zellentür und die Tür zur Terrasse abgeschlossen gewesen, und wir wären alle elendig umgekommen.

Als erstes sah ich die Lichtkegel von Taschenlampen und hörte die Stimmen von Soldaten. Sie packten mich grob am Hals und zogen mich von den Gefängnismauern weg. Ich schrie: »Bitte, lassen Sie das! Mein Rücken ist ganz verbrannt. Bitte lassen Sie mich los, es tut so weh!« Trotzdem schleppten sie mich in einen Lichtkegel, der von den Taschenlampen vieler Soldaten gebildet wurde, die uns wie eine Mauer aus Leibern umringten und uns mit ihren Maschinengewehren bedrohten. Dort traf ich auch zum Glück alle meine Freundinnen wieder. Wir fielen uns erleichtert in die Arme, überglücklich, mit dem Leben davongekommen zu sein.

Dann packten mich die Soldaten wieder und zogen mir meinen Pulli vom Leib. Meine Freundinnen taten sofort Schnee auf meinen Rücken. Ich bemerkte, daß die ganze, über drei Meter hohe Gefängnismauer geborsten war. Durch die Spalten konnte ich das Blaulicht von unzähligen Polizeifahrzeugen und Krankenwagen erkennen. Das Geräusch der Sirenen gellte durch die Nacht. Überall schrien Menschen verzweifelt um Hilfe. Obwohl so viele Menschen dringend Hilfe gebraucht hätten, hatten die Polizisten nichts Besseres zu tun, als sich mit uns Gefangenen zu befassen. Sie forderten uns auf, augenblicklich die Hände hochzunehmen, sonst hätten wir nicht mehr lange Freude an dem uns gerade wiedergeschenkten Leben. Dann führten sie uns auf einen freien Platz außerhalb des Gefängnisses. Dort machten sie ein großes Feuer, das uns wegen der eisigen Kälte wärmen sollte.

Nachdem wir die ganze Nacht dort verbracht hatten, waren wir am Morgen trotzdem völlig durchgefroren. Für mich war die Kälte besonders schlimm, da ich nur noch die Fetzen meines Pullovers hatte, womit ich mir gerade nur die Brüste bedecken konnte, und ich wegen meiner Verbrennungen sowieso unter Schüttelfrost litt. Trotzdem kümmerte mich das wenig, und ich war schrecklich froh, daß meinen Kolleginnen nichts passiert war. Wenn sie verletzt gewesen wären, hätte sich wohl kaum ein Arzt um sie gekümmert.

Ich machte mir Sorgen, was mit den über zweihundert Gefangenen der Männerabteilung passiert war, und fragte die Polizisten und Soldaten, die sich auf dem Platz aufhielten, ob ihnen etwas darüber bekannt sei. Ein Polizist wies mich brüsk zurecht: »Bist du denn unser Kommandant, daß wir dich informieren müssen? Denk lieber an dich selbst und frag nicht soviel!« Selbst in einer solch außergewöhnlichen Notsituation hatte er nicht einmal soviel menschlichen Anstand, um mir meine Angst um meine Kollegen zu nehmen.

Gegen fünf Uhr früh kam ein großer Bus. Die Soldaten sagten, sie würden uns jetzt für kurze Zeit nach Erzurum bringen. Ich sah achtzehn Gefangene der Männerabteilung, die gefesselt in den Bus getrieben wurden. Dann sollten auch wir einsteigen. Zwei Kolleginnen wurden vor mir gefesselt und mußten in den Bus steigen. Ein Soldat befahl mir: »Los, du bist jetzt dran! Oder brauchst du eine Extraeinladung?« – »Ich werde meine Hände ganz bestimmt nicht fesseln lassen!«, erwiderte ich. »Wieso? Meinst du, daß du ein so vornehmes Fräulein bist, daß du eine Sonderbehandlung verdienst?« Sah er denn gar nicht, daß mein Rücken eine einzige Wunde war? Warum hatte er nicht einen Funken Mitgefühl für mich übrig? Ich spürte, wie kalte Wut in mir aufstieg. Ich schrie ihn wütend an: »Ich glaube, Sie sind blind! Sehen Sie sich doch einmal meinen Rücken an!« Er stieß mir seinen Gewehrkolben zweimal mit aller Kraft in meinen verlängerten Rücken und schnauzte mich an: »Verdammtes Weibsstück! Denkst du, ich habe alle Zeit der Welt, um hier mit dir rumzudiskutieren? Los jetzt!« Ich gab zurück: »Auf keinen Fall werde ich das tun. Ich will lieber hier sterben. Wie soll ich mit meinen gefesselten Händen und dem Stoffetzen hier meinen Busen bedekken? Soll ich mich denn vor allen Männern so entblößt zur Schau stellen? Schämen Sie sich!«

Dann näherte sich unser Gefängnisdirektor. Wahrscheinlich hatte er die ganze Nacht nicht geschlafen. Seine Augen waren rotgeädert, sein Gesicht aschfahl und sein Gang etwas unsicher. Der Soldat, der mich so bedrängt hatte, ging ihm entgegen. Ich beobachtete, daß sie etwas miteinander besprachen, konnte aber nicht verstehen, was. Da sie immer wieder bedeutungsvolle Blicke auf mich warfen, nahm ich an, daß ich der Gegenstand ihrer Unterhaltung war. Dann kam der Direktor zu mir: »Ach, Sie sind die Dame, die so verletzt ist, daß sie nicht gefesselt werden und in den Bus einsteigen will?« Ich antwortete: »So ist es. Sehen Sie doch meinen Rücken an, vielleicht verstehen Sie mich dann!« Er schien mich wegen seines etwas benommenen Zustandes erst jetzt zu erkennen. »Ach, Sie sind es, Frau Kaya!« Dann forderte er die Soldaten auf: »Wenn sie sich etwas in den Kopf gesetzt hat, ist es die reinste Zeitverschwendung, etwas anderes zu versuchen. Männer, laßt sie doch!

Setzt sie ans Fenster und öffnet es etwas, damit sie während der Fahrt frische Luft bekommt! Nun macht schon!« Ich hatte also meinen Willen durchgesetzt, und die Fahrt ging los. Ich saß vorne am Fenster, die anderen politischen Gefangenen waren hinten im Bus untergebracht, wo sich auch die Soldaten befanden.

Neben mir saß ein Gefangener aus der Abteilung für Kriminelle. Er sprach mich an: »Schwester, das hast du wirklich gut gemacht! Die haben richtig Angst vor dir, nicht wahr? Wenn die Frage nicht zu unverschämt ist, sag mir bitte, weshalb du im Gefängnis bist!« – »Ich bin angeklagt, Mitglied der PKK und eine Kurdin zu sein!« – »Ah, jetzt habe ich verstanden. Du bist also eine von den Terroristen, die in den Bergen kämpfen? Wo ist aber dann dein Gewehr?« Ich merkte, daß irgend etwas in seinem Oberstübchen nicht ganz stimmen konnte. »Ja, genau, ich bin eine Terroristin. Ich habe mein Gewehr beim Erdbeben im Gefängnis verloren. Ist doch schade drum, nicht?« zog ich ihn auf.

Ich wollte unbedingt aus dem Busfenster sehen, um zu beobachten, was nach dem schweren Erdbeben passiert war, aber der Verrückte neben mir lenkte mich immer wieder davon ab: »Was hast du eigentlich für ein Gewehr? Wieviel Kugeln passen dort rein?« Ich wurde wegen seines dummen Geredes langsam ärgerlich. »Nun sag schon, wo ist dein Gewehr wirklich? Ich will doch nur mal gucken.« Ich versuchte, mich seinem geistigen Niveau anzupassen. »Mein Gewehr haben diese bösen Onkel Polizisten weggenommen.« Er fragte: »Wenn du jetzt ein Gewehr hättest, würdest du sicher alle Onkel Polizisten hier erschießen, nicht wahr?« Ich knirschte fast vor Wut über seine dummen Fragen: »Ich glaub, ich hätte erst einmal dich umgebracht! Sieh doch mal aus dem Fenster. Wieviel Menschen dort weinen! Ganz Erzincan liegt in Trümmern! Laß doch endlich diese blöde Fragerei!«

Unser Bus mußte oft halten, da der Weg immer wieder versperrt war. Ein Polizeiwagen gab uns über Funk durch, welche Straßen noch am besten passierbar waren, trotzdem kamen wir nur sehr langsam voran. Überall sah ich die gleichen Schreckensbilder: völlig zerstörte Häuser, weinende und schreiende Menschen, Leichen und Verletzte, die unter den Trümmern hervorgezogen wurden. Hundestaffeln suchten nach Verschütteten. Überall waren provisorische Verbandsplätze eingerichtet, zu denen immer wieder neue Verletzte getragen wurden. Am Straßenrand stapelten sich die Leichen. Sie waren nur provisorisch mit Zeitungen abgedeckt.

Dann sah ich etwas, das mich völlig erschütterte: Menschen trugen weinend den kleinen schmächtigen Körper eines Kindes. Dort, wo einmal der Kopf gesessen hatte, befand sich nur noch etwas blutige, breiige Masse. Ich fing ganz laut an zu weinen. Ein Polizist fragte mich: »Was ist denn? Warum weinst du? Hast du Schmerzen?« Ich antwortete unter Schluchzen: »Und wie!« Meine Kolleginnen waren auch der Meinung, daß ich wegen meines Rückens weinte, da sie selbst wegen der im hinteren Teil des Busses zugezogenen Vorhänge nichts von dem Geschehen draußen mitbekamen. Sie riefen mir zu: »Kollegin Devrim, warum weinst du so? Hast du wirklich so schlimme Schmerzen, daß du es nicht mehr aushalten kannst? Du hast doch schon viel Schlimmeres erlebt. Beiß die Zähne zusammen! Laß sie dich nicht schwach sehen!« Ich schilderte ihnen in kurzen Worten auf Kurdisch, was ich beobachtet hatte. Die Soldaten verstanden kein Kurdisch. Sie vermuteten, daß ich vielleicht etwas Beleidigendes über sie gesagt hatte oder daß wir einen Fluchtplan abstimmen wollten. Mehrere Soldaten fielen wütend über mich her, schlugen mich mit ihren Gewehrkolben zusammen und fesselten mich. Dann warfen sie mich zu den anderen Kolleginnen hinten in den Bus.

10
Politische Gefangene

Frühstück, Frühsport und theoretische Ausbildung

Obwohl wir morgens früh um fünf Uhr losgefahren waren, erreichten wir Erzurum erst gegen ein Uhr nachts. Vor dem Gefängnis wartete schon ein Sonderkommando Soldaten und Polizisten auf uns. Dann wurde das große eiserne Gefängnistor geöffnet, so daß unser Bus in den Gefängnishof fahren konnte. Wir wurden auf den Gefängnisflur getrieben.

Dann warfen sie unsere gesamten privaten Sachen, die man offenbar aus den Trümmern des Gefängnisses in Erzincan geborgen hatte, auf einen großen Haufen kunterbunt durcheinander. Die Aufseherinnen durchsuchten und durchwühlten alles, als ob sie etwas Besonderes zu finden hofften.

Meine Kolleginnen und ich wurden einer strengen Leibesvisitation unterzogen. Eine Wärterin fand plötzlich mein Tagebuch, dem ich all meine Gedanken und Gefühle anvertraut hatte. Ich wollte nicht, daß es überhaupt ein Fremder las, schon gar nicht aber eine Angestellte des türkischen Staates. Sie aber blätterte ungeniert darin herum, so als wollte sie nach besonders »interessanten« Stellen suchen. Sicher würde sie gleich daraus vorlesen und mich vor allen lächerlich machen. Ich verlor die Nerven und rief ihr zu: »Lassen Sie mein Buch in Ruhe! Ich glaube, Sie sind verrückt! Wissen Sie nicht, daß wir direkt aus einem Gefängnis kommen? Was wollen Sie denn bei uns eigentlich finden? Im Gefängnis von Erzincan gibt es sicher doch noch intelligentere Wachen als Sie, oder meinen Sie nicht? Das ist mein Tagebuch. Wenn es Sie so interessiert, dann lesen Sie es doch, wenn Sie überhaupt des Lesens und Schreibens kundig sind!« Sie erwiderte: »Sie unverschämtes Weibsstück! Was nehmen Sie sich eigentlich heraus? Ich werde das Buch beschlagnahmen und es morgen dem Direktor geben!« Sie nahm das Buch an sich und lief weg. Die anderen Aufseherinnen wühlten weiter in unseren Sachen herum.

Sie brachten uns dann in den zweiten Stock des Gefängnisses in einen Zellenflur. Dort mußten wir auf Bänken Platz nehmen, damit die Aufseherinnen unsere persönlichen Daten aufschreiben konnten. Die Zellen waren zum Flur hin offen, und immer wieder guckten Gefangene um die Zellenecke, um uns Neuankömmlinge zu bestaunen. Ich fragte eine Wächterin: »Bitte, sagen Sie mir, gibt es hier politische Gefangene?« Sie antwortete: »Um Gotteswillen, nein! Ich arbeite hier schon vier Jahre und habe noch nie einen Politischen gesehen. Hier sind nur Kriminelle untergebracht.« Durch die Kälte, die schrecklichen Erlebnisse in Erzincan und den Hunger – wir hatten seit dem Erdbeben nichts mehr zu essen bekommen – waren wir sehr erschöpft und fielen todmüde auf unsere Pritschen.

Das Gefängnis war nicht voll belegt. Wir hatten uns aussuchen können, in welchen Zellen und zu wie vielen Leuten wir zusammen schlafen wollten. Ich hatte eine Zelle für mich allein gewählt. In Erzincan hatte ich meine Mitgefangenen immer nachts gestört, weil ich unter ständig wiederkehrenden Alpträumen litt. Nachts schreckte ich oft hoch und schrie so laut, daß alle aufgeweckt wurden. Durch meinen schlechten körperlichen Zustand schlief ich ohnehin unruhig und wälzte mich im Bett oft hin und her. Auch dadurch raubte ich meinen Kolleginnen den Schlaf. Ich war also froh, endlich alleine schlafen zu dürfen. Meine Kolleginnen wollten mich aber nachts nicht alleine lassen. Sie dachten, ich würde ihre Hilfe benötigen. Sie wollten daher mit mir zusammen in der Zelle schlafen und meinten, daß ich sie überhaupt nicht stören würde. Schließlich setzten sie ihren Willen durch.

Morgens um sieben Uhr schrak ich durch ein lautes Geräusch aus dem Schlaf auf. Ich wäre vor Schreck fast von der Pritsche gefallen. Eine Metalltür war mit lautem Quietschen geöffnet worden, dann war jemand wohl mit einem Schlüssel die dahinter liegende Gittertür entlanggefahren, was ein unerträglich lautes scheppperndes Geräusch verursacht hatte. Eine Aufseherin schrie mit keifender Stimme: »Kommt, Weiber, steht schon auf, schnell, schnell! Stellt euch zum Zählappell auf! Marsch, marsch! Dies ist ein Gefängnis! Hier ist kein Platz zum Ausruhen! Oder denkt ihr vielleicht, ihr seid in einem Sanatorium? Ihr habt drei Minuten Zeit, wenn ihr dann nicht draußen seid, gibt es kein Frühstück!«

Ich sagte zu meinen Freundinnen in meiner Zelle: »Kommt, laßt uns liegen bleiben! Mal sehen, was sie macht!« Als die Aufseherin merkte, daß wir nicht aufstanden, kam sie in unsere Zelle gestürzt und brüllte uns an: »Na, seid ihr etwa taub? Steht auf, schnell!« Ich winkte sie zu mir heran: »Kommen Sie mal schnell zu mir!« Sie trat an meine Pritsche. Obwohl ich sehr geschwächt war und mein Rücken mich schmerzte, hatte sich in mir eine solche Wut angestaut, daß ich meine Fäuste mit aller Wucht auf diese unverschämte Frau hinuntersausen ließ. Es war, als wäre ein Damm gebrochen.

Ich verabscheue rohe Gewalt, aber irgendwann war es eben genug. Ich konnte keine weiteren Demütigungen ertragen. Wie im Rausch schlug ich immer wieder und wieder auf ihr Gesicht ein. Ich erkannte mich selbst nicht wieder. Auch meine Freundinnen beteiligten sich, bis die Wärterin anfing zu jammern: »Hört auf! Bitte laßt mich los! Schlagt mich nicht tot! Sagt mir doch, was ihr eigentlich von mir wollt?« Ich schrie sie an: »Was war das für ein Unsinn mit diesem kreischenden Metallgeräusch? Machen Sie das nie wieder! Wenn Sie jetzt zum Direktor gehen, unterschreiben Sie ihr Todesurteil. Das schwör' ich Ihnen! Wir haben jeder nicht nur einen Toten auf dem Gewissen, sondern zusammen bestimmt über tausend. Da spielt eine Leiche mehr oder weniger wirklich keine Rolle mehr. Wenn Sie nochmal zum Zählen kommen, dann will ich von Ihnen nicht gestört werden. Machen Sie die Tür leise auf, kommen Sie auf Zehenspitzen in unsere Zelle und zählen Sie uns ohne ein lautes Wort! Nun machen Sie, daß Sie wegkommen! Ich warne Sie, wir sind von der PKK! Ein Mensch wie Sie ist für uns völlig ohne Wert. In unserem Kampf sterben täglich viel wertvollere Menschen als Sie. So, jetzt sind wir fertig miteinander! Sie können jetzt gehen.«

Fluchtartig verließ sie das Zimmer. Zehn Minuten später kam sie mit einem elegant angezogenen Mann zurück, den ich für den Direktor hielt. Sie zeigte mit dem Finger auf mich und schrie: »Die da, die ist es gewesen! Sie hat mich verprügelt.« Ich reichte dem Direktor die Hand: »Gott sei Dank, daß Sie gekommen sind! Ich bin Frau Devrim Kaya. Ich nehme an, Sie sind der Direktor? Wären Sie jetzt nicht zu mir gekommen, hätte ich Sie aufgesucht.« Er erwiderte: »Wieso? Was geht hier eigentlich vor?« Ich sagte: »Wir sind Gefangene, aber unschuldig. Wir werden das bald beweisen und aus Ihrem Gefängnis entlassen werden. Wir wollen wie Gefangene, aber nicht wie Sklaven behandelt werden!« – »Wieso, hat jemand etwas anderes behauptet?« – »Ja, Ihre dumme Aufseherin, die jetzt neben Ihnen steht«, antwortete ich. Ich drehte dem Direktor meinen Rücken hin: »Sehen Sie mal meinen Rücken an! Er blutet schon wieder. Meinen Sie wirklich, daß jemand in meinem Zustand in der Lage sein kann, diese Frau zu schlagen? Die Aufseherin hat verlangt, daß ich ganz schnell aufstehen soll. Als ich nicht schnell genug hochkam, hat sie mich so stark auf meinen Rücken geschlagen, daß er jetzt wieder blutet. Dann faßte sie mich mit beiden Händen um meine Kehle und wollte mich erwürgen. In meiner Todesangst schlug ich reflexartig um mich und habe dabei zufällig ihre Nase getroffen. Glauben Sie mir bitte!«

Er ließ meine Aussage so im Raum stehen und wandte sich an die anwesenden Strafgefangenen: »Könnt ihr mir dazu etwas sagen?« Eine ältere Frau trat vor und antwortete in gebrochenem Türkisch, so daß ich sofort wußte, daß sie Kurdin war: »Herr Direktor, ich bin jetzt seit zehn Jahren hier im Gefängnis. Sie kennen mich und ich Sie so gut. Ich weiß nicht, warum das arme Mädchen hier im Gefängnis ist und welche Strafe sie bekommen hat.« Ich fiel ihr ins Wort: »Ich bin wegen der PKK hier!« Sie schien sich darüber sehr zu freuen, denn ein Lächeln glitt über ihr altes runzeliges Gesicht, und sie sah mir für einen kurzen Moment tief in die Augen. Dann wandte sie sich wieder dem Direktor zu: »Ich habe aus dem anderen Zimmer eine Stimme gehört. Ich rannte dann, so schnell ich konnte, hier in diese Zelle hinüber und sah, daß Ihre Aufseherin das Mädchen brutal schlug.«

Sie sagte das alles dem Direktor, obwohl sie überhaupt nicht dabei gewesen war. Sie erzählte mir später, daß sie diese Aufseherin wegen ihrer ständigen Quälereien schon seit langem haßte. Außerdem half sie mir, weil sie mit der PKK sympathisierte. Durch die Bestätigung der alten Frau schien mir der Direktor nun meine Version des Geschehens zu glauben. Er entschuldigte sich bei uns und fragte mich dann noch, ob ich zum Arzt gehen wolle. Ich wollte natürlich. Hier hatte ich keine Angst, daß ich Probleme bekommen würde, wenn ich das Gefängnis verließ. Ich dachte, da es hier keine politischen Gefangenen gäbe, hätte ich nichts zu befürchten. Warum beherzigte ich nur nicht die Warnung der PKK? Warum wollte ich als Küken nur schlauer als die Henne sein? Meine Unvorsichtigkeit bereute ich bald bitter. Der Direktor sagte noch: »Dann also nach dem Frühstück!« Danach verließ er mit der Aufseherin zusammen die Zelle. Kurze Zeit darauf kam unser Frühstück. Es bestand aus einem kleinen Stück ganz trockenem Brot und etwas fast verdorbenem alten Käse, der entsetzlich stank. Dazu bot man uns eine kleine Kanne Tee an, für die wir aber zwanzig türkische Lira zu bezahlen hatten. Der Tee war so dünn wie Spülwasser und reichte nur für drei kleine Gläser. Mit diesem Geld hätten wir in einer Teestube bestimmt zehn Gläser von vorzüglicher Qualität erstehen können. Aber nun hatten wir einmal dafür bezahlt. Das konnten wir nicht mehr ändern. Aber für das nächste Mal waren wir gewarnt. Wir waren insgesamt fünfzehn politische Gefangene und teilten die eine Kanne Tee so auf, daß jede einen Schluck bekam. Der Käse war ungenießbar. Wir ließen ihn auf dem Teller. Das Brot besprengten wir mit Wasser, damit es etwas weicher wurde.

Etwa zehn Minuten später kam eine Wärterin zu uns und rief: »Devrim, mitkommen! Es geht zum Arzt!« Sie führte mich die Treppen zum ersten Stock hinunter zum Büro des Direktors. Der Direktor gab ihr irgendein Papier, dann wurde ich auf den Gefängnishof geführt, wo ein Militärfahrzeug und elf Soldaten warteten. Man fesselte mir die Hände. Wir fuhren in das Stadtzentrum von Erzurum in ein Krankenhaus. In der Krankenhausaufnahme mußten wir eine Weile warten. Schließlich kam ein Arzt mit weißem Kittel und rief meinen Namen auf. Die Soldaten brachten mich mit vorgehaltenen Waffen in den Behandlungsraum. Sie lösten meine Fesseln, und der Arzt untersuchte meinen Rükken, reinigte ihn von Ruß- und Schmutzrückständen und trug eine Brandsalbe auf.

Dann zog er mir das untere Augenlid herunter und prüfte so die Schleimhäute. »Frau Kaya, was essen Sie eigentlich? Sie haben fast keine roten Blutkörperchen mehr!« fragte er mich. Bevor ich antworten konnte, fiel mir ein Soldat ins Wort: »Die Gefangenen bekommen genau das Gleiche wie wir!« Der Arzt schmunzelte etwas und erwiderte: »Ich glaube nicht, daß sie genau das Gleiche zu essen bekommt wie Sie, sonst wäre zwischen der Haut und den Knochen dieser Frau noch etwas Muskulatur und Fett. Sie sehen doch selbst auch, daß sie bis zum Skelett abgemagert ist.« Dann lenkte der Arzt aber ein: »Na, ist schon gut. Wenn Sie ihr etwas von Ihrem Essen geben, wird es sicher keine Probleme geben. Aber ich will sie morgen unbedingt noch einmal sehen.« Die Soldaten legten mir wieder Handschellen an und führten mich zurück zum wartenden Fahrzeug. Obwohl sie die Handschellen bis zum letzten Loch anzogen, saßen sie immer noch sehr lose um meine Handgelenke. Es hatte also auch Vorteile, so dünn zu sein.

Unterwegs fing ein Soldat an, dumme Bemerkungen zu machen: »Ich bin ganz verrückt nach so dünnen Mädchen wie dir. Weißt du, ich steh' da voll drauf.« Ein anderer antwortete: »Du hast ja gar keine Ahnung. Mit so einem Knochengerüst kann man doch nicht schlafen. Das macht doch gar keinen Spaß. Da stößt man sich doch immer den Penis an!« Einer tastete mit seinen Händen über mein Gesicht. Ekelgefühl überkam mich. »Hau ab, du Schwein!« schrie ich ihn an. In diesem Moment fielen alle über mich her. Sie verprügelten mich mit ihren Schlagstöcken. Sie schlugen mich überall, besonders aber auf meinen kaputten Rücken. Ich krümmte mich vor Schmerzen und stürzte zu Boden. Ein unerträglicher Schmerz durchfuhr meinen ganzen Körper.

Einer der Soldaten riß mir den Pulli weg, den ich vor meinen Busen gepreßt hielt. Er nahm meine Brüste in seine Hände und drückte ganz fest. Dann sagte er zu den anderen: »Guckt mal, die hat doch gar keinen Busen. Wie kann so eine bloß kämpfen?« Er spuckte auf meine Brüste. Dann spornte er die anderen an: »So, jetzt haben wir oben alles gesehen. Aber vielleicht hat sie untenrum mehr zu bieten? Laßt uns mal ihre Schatzkammer untersuchen!« Drei oder mehr Soldaten versuchten, mir meine Hose runterzuziehen. Ich brüllte sie an: »Lassen Sie das! Ich bin noch Jungfrau! Das steht auch in meinen Papieren. Sie werden Ärger bekommen. Wenn mir etwas passiert, werde ich alles vor Gericht erzählen. Und ich kann euch alle identifizieren!« Ich hoffte, das würde sie vielleicht einschüchtern. Das war aber ein Trugschluß. Ein Soldat erwiderte: »Ja, da hast du recht, aber nur wenn du dann noch lebst!« Sie schlugen mich erneut zusammen. Zum Glück wurde ich dadurch ohnmächtig. Ich weiß daher nicht, ob sie mich tatsächlich vergewaltigt haben. Als ich wieder zu mir kam, lag ich in einer Zelle auf einer Wolldekke auf dem Boden und war nicht mehr gefesselt. In der Zelle befand sich eine primitive Toilette und ein Waschbecken. Ich wollte aufstehen. Als ich es versuchte, durchfuhr ein stechender Schmerz meinen Rükken. Die ganze Wolldecke war festgeklebt. Durch die Schmerzen und die erlittene Demütigung war ich psychisch völlig erledigt. Ich dachte an Selbstmord. Ich preßte die Wolldecke ganz fest an meinen Rücken, um die Schmerzen etwas erträglicher zu machen. So gelang es mir aufzustehen und die Zellenwand zu erreichen. Ich schlug meinen Kopf mehrmals mit voller Wucht an die Wand.

Ich war der Meinung, daß ich mich wieder in einem Verhörzentrum befand und sie sehr bald kommen würden, um mich zur Folter zu holen. Danach würden sie mich aller Wahrscheinlichkeit nach sowieso töten. Warum sollte ich daher nochmals diese ganze schreckliche Prozedur über mich ergehen lassen, nur um schließlich doch zu sterben? War es dann nicht wirklich besser, sich gleich hier und jetzt das Leben zu nehmen? Leider hatte ich mit meinem Selbstmordversuch keinen Erfolg. Ich wurde nicht einmal ohnmächtig. Das einzige, was ich erreichte, war, daß ich aus mehreren Kopfwunden zu bluten anfing.

Ich stand auf und schleppte mich zur Tür. Ich trommelte mit meinen Fäusten dagegen und schrie ganz laut. Ich wollte unbedingt wissen, wo ich eigentlich war. Nach einer mir unendlich lang erscheinenden Zeit hörte ich, daß sich jemand meiner Zelle näherte und mich ansprach: »Was haben Sie? Brauchen Sie irgend etwas?« Ich antwortete: »Ja!« Die Tür wurde geöffnet, und der Mann trat ein. Mein ganzer Körper verkrampfte sich in Erwartung der nun sicher folgenden Schläge. Er trug Polizeiuniform.

Nun war ich wirklich davon überzeugt, daß meine Vermutung, mich in einem Verhörzentrum zu befinden, doch richtig war. In einem normalen Gefängnis gibt es keine Polizisten, sondern nur Wachpersonal der Gefängnisverwaltung. Ich erwartete daher, daß mich der Polizist irgendwohin bringen würde, wo ich wieder gequält werden sollte. Dieses Mal rechnete ich nicht damit, mit dem Leben davonzukommen, sondern war mir sicher, daß sie mich zu Tode prügeln würden. Auf seine Frage, was ich wolle, antwortete ich ihm: »Machen Sie bitte die Wolldekke von meinem Rücken weg! Das tut unheimlich weh!« Er fragte: »Wie soll ich das denn schaffen? Wenn ich daran ziehe, haben Sie doch Schmerzen!« Ich erwiderte: »Wenn Sie so an mich denken, warum haben Sie mich dann mit dem Rücken auf die Wolldecke gelegt?« Er sagte: »Das müssen Sie den Direktor fragen!« Ich war erstaunt: »Was soll das heißen ›Direktor‹? Wo bin ich eigentlich? Wieso habt ihr mich hierher gebracht?« – »Ich glaube, Sie haben versucht, im Krankenhaus einen Fluchtversuch zu machen. Das hier ist eine Arrestzelle für Häftlinge, die gegen die Gefängnisordnung verstoßen haben!« – »Glauben Sie, daß ich so etwas Dummes versucht habe? Gegen elf schwer bewaffnete Soldaten hätte ich doch überhaupt keine Chance gehabt!« gab ich zurück. »Das weiß ich wirklich nicht. Wenn Sie unschuldig sind, erzählen Sie das bitte nicht mir, sondern dem Direktor.« – »Gut, dann will ich unbedingt mit dem Direktor sprechen!« Er stimmte zu: »Sicher, aber lassen Sie uns erst versuchen, die Wolldecke von Ihrem Rücken zu lösen!

Wie wäre es, wenn ich die Decke zunächst in Wasser einweichen würde? Vielleicht geht sie dann leichter ab. Meinen Sie, Sie werden das aushalten?« Ich sagte: »Ja, etwas anderes ist nicht möglich. Fangen Sie schon an!«

Ich war mir in diesem Moment sicher, daß der Mann zu den Folterern gehörte. Er würde mich so oder so unmenschlich quälen. Es spielte also keine große Rolle mehr, wann er damit begann. Er holte mit seinen Händen Wasser vom Waschbecken und benetzte damit die Wolldecke auf meinem Rücken. Er machte sie ganz naß. Dabei sprach er mit mir, um mich abzulenken. Dann riß er mit einem furchtbaren Ruck die Decke von meinem Rücken. Ich schrie bei dem plötzlichen unerträglichen Schmerz entsetzlich auf. Dann sank ich leise wimmernd auf den Boden zurück. Als ich mich etwas erholt hatte, fragte ich ihn: »Wann komme ich hier raus? Wo sind meine Freundinnen?« Er tröstete mich: »Sie brauchen wirklich keine Angst zu haben. Die Zelle Ihrer Freundinnen befindet sich fast genau über Ihnen. Aber wann Sie hier wieder raus dürfen, weiß ich nicht.« Ich flehte: »Meinen Sie, der Direktor wird kommen? Sagen Sie ihm bitte, daß ich unbedingt mit ihm sprechen will!« Ohne ein Wort zu erwidern, verließ der Polizist meine Zelle.

Nach ein paar Stunden kam der Direktor. Ich sprach ihn an: »Hören Sie mal, ich werde alles, was mir hier passiert ist, sofort dem Gericht erzählen, und zwar bei der ersten Gelegenheit.« Er antwortete: »Na ja, aber es ist doch so, daß Sie versucht haben, aus dem Krankenhaus zu fliehen!« Er konnte mir bei dieser Beschuldigung nicht direkt in die Augen sehen, und ich merkte daher sofort, daß er selbst nicht von dem überzeugt war, was er sagte. »Ja, das ist Ihre Version, aber das Gericht wird es ganz bestimmt nicht glauben.« – »Was meinst du damit? Wir sind die türkische Regierung! Denkst du vielleicht, ein Gericht würde das anders sehen? Was erwartet ihr Terroristen eigentlich? Glaubt ihr etwa, daß wir euch hier nur auf Staatskosten durchfüttern? Wir werden es euch hier so geben, daß ihr nie wieder auch nur ans Kämpfen denken könnt.« Ich verlangte: »Ich will zu meinen Kolleginnen gehen!« – »Aber du bist doch im Krankenhaus, und da du so schwer krank bist, kann es sein, daß du stirbst!« Er wollte also, daß ich Angst um mein Leben bekam, aber ich gab nicht nach: »Na gut, ich bin jetzt im Hungerstreik! Ich werde nicht wieder essen, bis Sie mich zu meinen Freundinnen bringen!« – »Na um so besser! Das ist doch schön, so spare ich auch noch etwas Geld für dein Essen.« – »Meinen Sie, meine Freundinnen sind so dumm wie Sie? Sie werden sich schon denken können, wo ich bin. Wenn herauskommt, was Sie mir hier antun, wird das für das Ansehen der Türkei im Ausland wieder ein schwerer Rückschlag sein. Wollen Sie das?« – »Ach ja, da sieht man es mal wieder! Hier habe ich also eine ausgebildete PKK-Idiotin vor mir!« Ich erwiderte: »Ich habe mit der PKK nichts zu tun. Aber euer schmutziges Treiben bekommt doch jedes Kind in der Türkei mit. Dafür braucht man wirklich nicht ausgebildet zu sein.« Als der Direktor merkte, daß er mich nicht einschüchtern konnte, drehte er sich abrupt um und verließ die Zelle.

Ich blieb vier Tage in dieser Zelle. Das Essen, das sie mir brachten, ließ ich unberührt. Am vierten Tag in der Früh kam eine Aufseherin zu mir herein und brachte mich zurück zu meinen Kolleginnen. Als wir uns wiedersahen, schlangen sich sofort viele Arme um mich. Jede drückte mich ganz fest an sich. Sie hatten angenommen, daß ich tot wäre, und waren überglücklich, mich wiederzusehen. Mir fiel sofort ihre fahle Gesichtshaut auf. Ich fragte Fatima: »Kollegin, wie seht ihr denn alle aus? Was ist denn mit euch los?« Sie wollten mich aufmuntern: »Weißt du Kollegin, wir haben gerade gegen die türkische Regierung Fußball gespielt. Als wir gewonnen hatten, war die türkische Regierung etwas sauer auf uns, und sie haben uns verprügelt.« Ich wollte unbedingt die Wahrheit wissen und bohrte nach, bis sie mir schließlich gestanden: »Ja, Kollegin, sie haben uns alle Bücher und alle unsere Notizen weggenommen und wollen sie auch nicht wieder rausrücken. Sie sagen, es sei subversives Material. Zu essen bekommen wir den vermengten Abfall, oft nur abgenagte Knochen, oder sie mischen Süßes mit Salzigem. Manchmal ist auch drauf gespuckt. Sie schneiden auch tote Kakerlaken klein und mengen sie uns unter das Essen. Es ist uns verboten, mit den Kriminellen von der anderen Abteilung auch nur zu sprechen. Überall sind Lautsprecher in den Zellen installiert. Sie spielen den ganzen Tag so laut türkisch-nationalistische Lieder, daß wir unser eigenes Wort nicht mehr verstehen. Man wird davon verrückt! Es ist nicht zum Aushalten! Wir sind zum Direktor gegangen und haben uns beschwert. Der Direktor warf uns vor, daß wir lügen und daß unsere Vorwürfe völlig frei erfunden seien, obwohl er doch sicher ganz genau weiß, was in seinem Gefängnis passiert. Wir haben auch nach dir gefragt. Wir konnten nicht glauben, daß du tatsächlich, so wie er sagte, im Krankenhaus seist. Deshalb sind wir jetzt alle im Hungerstreik. Vorgestern sind dann Soldaten in unsere Zellen gekommen und wollten uns einzeln zum Verhör abführen. Das konnten wir nicht zulassen. Wenn es ihnen gelungen wäre, uns voneinander zu trennen, hätten sie uns leicht wieder in ein Folterzentrum bringen können. Wir hakten uns also unter und klammerten uns aneinander fest. Sie haben uns mächtig verprügelt, sind dann aber unverrichteter Dinge wieder abgezogen. So, das ist bis jetzt alles. Nun erzähl aber du mal, was du erlebt hast!« Ich schilderte ihnen dann meine Erlebnisse.

Da sich unsere Haftbedingungen sonst nicht verbessert hätten, setzten wir unseren Hungerstreik fort. Mein Rücken war immer noch nur eine einzige Wunde. Nochmals um medizinische Versorgung zu bitten, wagte ich nicht. Meine Kolleginnen versuchten, mich zu behandeln, indem sie Zahncreme auftrugen. Die Heilung verlief sehr schleppend, da mein ausgezehrter Körper einfach keine neue Haut mehr bilden konnte. Am vierzehnten Tag ging es mir sehr schlecht. Ich hatte wohl zu Beginn des Hungerstreiks etwas zuviel geraucht, um das Hungergefühl zu unterdrücken. Auf jeden Fall bekam ich starke Magenschmerzen. Als meine Kolleginnen dies bemerkten, verboten sie mir zu rauchen. Das war anfangs hart. Nikotin milderte zumindest die sich langsam einstellenden Kreislaufprobleme etwas. Wir waren alle sehr geschwächt und konnten kaum noch das Bett verlassen.

Am dreiundzwanzigsten Tag kam der Direktor in unsere Zelle und fragte nach mir. Ich täuschte Munterkeit vor und grüßte freundlich, so als ob mir überhaupt nichts fehle: »Hallo, Herr Direktor, wie geht's Ihnen? Sie sind wohl hergekommen, um mich wieder zum Arzt zu bringen? Danke schön, wirklich nett von Ihnen, aber ich brauche keinen Arzt! Ich nehme aber an, daß Sie dringend einen Psychiater benötigen. Und nun hauen Sie ab, wir wollen von Ihnen kein Wort hören!«

Vor Zorn brachte er erst einmal kein Wort heraus. Auf seinen Wangen bildeten sich hektische rote Flecken. Dann brüllte er los: »Ihr wollt mich aus der Zelle werfen? Seid ihr nicht mehr ganz bei Verstand? Ich werde euch helfen! Ihr seid ja nur noch Haut und Knochen! Lange haltet ihr das nicht mehr aus, und erreichen werdet ihr damit auch nichts!« Dann rannte er wutentbrannt aus dem Raum.

Wir setzten uns zusammen und fixierten unsere Forderungen nochmals schriftlich. Als letztes versicherten wir in diesem Schreiben, daß wir den Hungerstreik weiter fortsetzen wollten. Außerdem baten wir darum, die Presse darüber zu informieren, daß wir uns im Hungerstreik befänden. Uns war natürlich klar, daß unserer Bitte wohl kaum entsprochen werden würde, da der türkische Staat unbedingt darauf bedacht sein mußte, daß Informationen über Hungerstreiks nicht nach draußen drangen. Aber wir mußten es wenigstens versuchen.

Zwei Stunden später erhielten wir das Schreiben zurück. Der Direktor hatte mit roter Tinte fast alle Passagen durchgestrichen und darunter geschrieben: »Es ist verboten, mit dem Direktor zu sprechen oder ihm zu schreiben. Falls ihr nicht begreift, was ein roter Strich zu bedeuten hat, so gebe ich es euch hiermit nochmals schriftlich, daß keiner eurer Forderungen entsprochen werden kann.« Zynisch hatte er noch als letztes hinzugesetzt: »Es tut mir wirklich sehr leid.«

Dann hörten wir bis zum zweiunddreißigsten Tag gar nichts mehr. Zu diesem Zeitpunkt konnten wir schon nicht mehr miteinander sprechen. Wir hatten nur noch Kopfschmerzen, und es drehte sich uns alles vor Augen. Schon nur auf die Toilette zu gehen, war fast zuviel für uns. Wenn wir vom Bett aufstanden, waren uns immer so viele Haare ausgefallen, daß sich der Umriß unseres Kopfes durch die losen Haare auf dem Kopfkissen abzeichnete.

Wir waren völlig verzweifelt. Bisher hatten wir überhaupt nichts erreicht. Mit jedem Tag wurden wir schwächer und schwächer. Was wir damals fühlten, ist schwer zu beschreiben. Wir wußten nicht, ob wir unseren Hungerstreik bis zum Tode fortsetzen mußten. Wir waren alle noch so jung! Warum sollten wir einen so elenden Tod erleiden? Wir hatten jetzt jeden Tag den Tod vor Augen, und es war ein Tod, den wir selbst gewählt hatten. Auch wir hingen an unserem Leben. Aber was sollte das für ein Leben sein, wenn man uns wie Tiere behandelte? Dann zogen wir den Tod vor.

Alles, was uns geblieben war, war unser Stolz darauf, daß wir trotz aller Gewalt und Roheit um uns herum immer noch menschlich geblieben waren. Das konnten wir uns jetzt nicht auch noch nehmen lassen. Dann hätten wir uns selbst aufgegeben. Sicher, wir hätten überlebt, aber zu welchem Preis? Unsere Solidarität wäre zerbrochen gewesen. Unsere Ideale hätten sich als nicht stark genug erwiesen. Wir hätten nur noch als menschliche Wracks dahinvegetiert.

Nach über vier Wochen Hungerstreik waren wir so schwach und elend, daß wir nur noch darauf warteten, wer von uns zuerst sterben würde. Vielleicht würde man dann unsere Leichen irgendwo mit nur einer Handbreit Erde über uns verscharren. Die Öffentlichkeit hätte allenfalls erfahren, daß wir uns selbst umgebracht hätten. Wahrscheinlich hätte man unseren Tod aber als Verkehrsunfall hingestellt. Wir hatten also nicht einmal die Hoffnung, daß wir in der Erinnerung unseres Volkes als Helden weiterleben würden. Die einzige Hoffnung, die uns noch blieb, war, daß der Direktor endlich in unsere Zelle kommen würde und uns von nun an wie Menschen leben lassen würde. Deshalb richteten wir auch alle unsere Augen immer wieder auf die schwere Eisentür unserer Zelle. Nur von dort konnte Rettung kommen.

Am zweiunddreißigsten Tag kam der Direktor wieder zu uns und gab unseren Forderungen nach. Er sagte: »Ich hätte das eigentlich schon viel früher getan, aber ich wollte, daß ihr noch ein bißchen länger Hungerstreik macht, damit ihr eure Gesundheit vollends ruiniert und, falls ihr wider Erwarten doch einmal entlassen werdet, niemals wieder werdet kämpfen können.« Was sollte man auf soviel Menschenverachtung noch antworten? Alles, was wir hätten erwidern können, hätte unsere Lage nur verschlimmert. Wir hatten gewonnen, und unsere Feinde kannten wir ja sowieso.

Wir waren gesundheitlich so angeschlagen und geschwächt, daß wir fast vier Wochen brauchten, um uns wieder zu erholen. Nachdem es uns etwas besser ging, fingen wir wieder an, unseren Tagesablauf wie in Erzincan zu gestalten. Wir hatten auch wieder Kontakt zu den gewöhnlichen Strafgefangenen. Auf unserem Flur wurde sogar noch eine Zelle mit Kriminellen belegt, da für sie anderswo im Gefängnis nicht genügend Platz war. Wir Politischen rückten also etwas enger zusammen.

Ich sah nicht auf die kriminellen Gefangenen herab, sondern interessierte mich für sie und wollte wissen, wie sie in diese Lage gekommen waren. Ich genoß es, in meiner Mittagspause mich mit ihnen zu unterhalten und an ihrem Leben teilzuhaben. Sie waren sehr lebenslustig, machten mit allen möglichen Gegenständen Musik und tanzten dazu. Oft gerieten sie auch im Streit aneinander. Nur eine Stunde zuvor hatten sie noch friedlich miteinander getanzt und gespielt, plötzlich fielen sie aus nichtigem Anlaß übereinander her. Sie kannten keinen Gemeinsinn. Jeder lebte egoistisch für sich alleine und versuchte, aus der gegebenen Situation für sich das meiste herauszuholen.

Im Gegensatz zu uns besaßen die anderen Gefangenen einen abschließbaren Spind, in den sie ihre persönlichen Dinge einschlossen. Unsere Schränke waren nie abgeschlossen, da wir einander völlig vertrauten und auch keine Geheimnisse voreinander hatten. Wir lebten ganz kollektiv. Wären die Strafgefangenen in unsere Zelle gekommen, hätte sicher hinterher etwas gefehlt. Darum ließen wir sie nie unsere Zelle betreten, sondern ich ging immer zu ihnen hinüber, wenn ich mit ihnen Kontakt haben wollte. Die meisten von ihnen waren etwas dumm. Sie begriffen nie, daß wir gegen die türkische Regierung kämpften, sondern sie verwechselten uns mit türkischen Politikern. Wir waren also so etwas wie ganz »hohe Tiere« für sie. Sie waren daher sehr erstaunt, daß ich mich wie selbstverständlich zu ihnen gesellte. Sie hatten großen Respekt vor mir und boten mir immer einen besonders guten Platz an.

Dann erzählten sie mir meistens, daß sie zu Unrecht verurteilt und völlig unschuldig seien. Sie hofften wohl, daß ich wegen meiner »hohen Position« irgend etwas für sie tun könnte. Ich sagte dann ganz offen meine Meinung. Ich erklärte ihnen, daß ich nichts mit der Regierung zu tun hätte und daher leider auch nichts für sie tun könne, außer für die vielen unter ihnen, die des Lesens und Schreibens unkundig waren, die Korrespondenz zu erledigen. Es gab unter den Strafgefangenen ein Mädchen, das dies für Geld tat. Ich konnte nicht mitansehen, wie sie die armen und unwissenden Leute ausnahm. Um ihnen beim Schreiben und Lesen ihrer Briefe zu helfen, ging ich fast jeden Tag in die Abteilung der kriminellen Gefangenen hinüber. Oft fragten sie mich bei diesen Gelegenheiten, weshalb ich inhaftiert sei. Ich versuchte, ihnen klar zu machen, daß ich eine Gefangene wie sie sei: »Der einzige Unterschied zwischen uns ist, daß ich wegen meines Volkes im Gefängnis bin und nicht wegen irgendwelcher kriminellen Delikte, die ich zu meinem eigenen Nutzen verübt habe.«

So bauten sich mit der Zeit zwischen mir und einigen der kriminellen Gefangenen ganz gute Beziehungen auf. Besonders in ihr Herz geschlossen hatte mich eine Frau namens Lacin. Sie brachte bestimmt hundert Kilo auf die Waage und war achtundvierzig Jahre alt. Sie war sehr einfach und völlig ungebildet. Jeden Tag wiederholte sie erneut, daß sie ihren Ehemann wirklich nicht ermordet habe und man sie völlig zu Unrecht hier festhalte. Sie bat mich immer wieder inständig, doch ein gutes Wort bei der Regierung für sie einzulegen. Sie wollte mir einfach nicht glauben, daß ich mit der Regierung selbst meine Probleme hatte und meine Fürsprache daher wohl eher das Gegenteil von dem bewirkt hätte, was sie beabsichtigte.

Wenn ich sie einen Tag nicht besuchte, kam sie zu uns an die Zellentür und rief: »Devrim, komm mal schnell! Wir haben da ein Problem!«

Ich ging mit ihr in ihre Abteilung und fragte: »Und nun? Was haben Sie für ein Problem?« Sie antwortete: »Ach Devrim, es muß doch nicht immer ein Problem geben. Komm setz dich zu uns! Du sprichst immer so schön. Das haben wir vermißt!« Aber sie ließ mich gar nicht zu Wort kommen. Immer wieder fing sie an, von ihrem Mann zu erzählen, und beteuerte ihre Unschuld. Was konnte ich anderes tun als zuhören? Wenn sie erzählte, flossen immer Tränen aus ihren Augen. Sie sprach so traurig, daß ich, obwohl ich sonst ein solcher Dickkopf bin, sofort aus Sympathie mit zu weinen anfing. Aber irgendwann kannte ich ihre Geschichte in- und auswendig. Hätte ich jedesmal geweint, wenn sie mir wieder ihr Schicksal erzählte, hätte ich bald keine Tränen mehr gehabt. Je öfter sie ihre Geschichte wiederholte, um so mehr fiel sie mir damit auf die Nerven.

Die anderen politischen Gefangenen sahen es nicht gerne, daß ich so viel Zeit mit den Kriminellen verbrachte. Sie schimpften: »Devrim, du verbringst deine ganze freie Zeit bei diesen Strafgefangenen. Du hast gar keine Zeit mehr privat für dich. Manchmal versäumst du sogar noch das Mittagessen. Und das bei deinem schlechten Gesundheitszustand! Du wirst dich noch völlig fertig machen. Denk doch auch mal an dich!« Im stillen gab ich ihnen völlig Recht, aber wenn jemand meine Hilfe brauchte, brachte ich es einfach nicht über mich, nein zu sagen.

Ich war gerade wieder einmal bei »meinen Kriminellen«, da ließen meine Kolleginnen von der politischen Abteilung mir ausrichten, ich solle sofort kommen. Ich stand gleich auf und rannte in unsere Zelle. Es waren zwei neue Gefangene gekommen. Man hatte sie so fürchterlich zugerichtet, daß sie nicht in der Lage waren aufzustehen. Wir fragten sie, wie sie hießen und weshalb sie inhaftiert seien. Sie kamen aus Mardin und waren auch von der PKK. So gut wir konnten, versuchten wir, ihre Wunden zu säubern und zu behandeln. Wir bekamen von der Gefängnisleitung zwei Kanister mit warmem Wasser, mit denen wir sie sorgfältig und ganz vorsichtig, um ihnen nicht unnötig Schmerzen zu bereiten, wuschen. Dann gaben wir ihnen Kleider von uns und warfen ihre zerrissenen und blutigen Fetzen weg. Wir boten ihnen Tee und etwas zu essen an und legten sie ins Bett.

Der Zustand unserer neuen Kolleginnen erschütterte uns zutiefst. Mein Haß gegen die türkische Regierung wuchs von Tag zu Tag. Aber ich fühlte mich in meinem Zorn nicht mehr ganz so ohnmächtig wie früher. Ich hatte gelernt, daß es auch im Gefängnis Möglichkeiten gab,

Widerstand zu leisten. Durch den Anblick dieser blutigen und zerschlagenen Körper wurden wir in diesem Willen weiter bestärkt. Das, was wir als einzelne tun konnten, mochte wenig sein, aber zusammen waren wir stark. Zwar hatte man uns ins Gefängnis geworfen, uns gefoltert und gedemütigt, aber unsere Feinde hatten niemals erreicht, daß wir uns wie Gefangene fühlten. Innerlich waren wir freier als je zuvor und fühlten uns dem Kampf unserer Kollegen außerhalb zutiefst verbunden.

Ich hoffte, daß meine beiden neuen Kameradinnen weiter ausgebildet waren als ich und daß sie mir beim theoretischen Unterricht zumindest würden helfen oder ihn auch ganz würden übernehmen können. Bisher hatte ich mich immer geschämt, wenn ich Kolleginnen, die älter waren als ich, hatte ausbilden sollen. Woher nahm ich das Recht anzunehmen, mehr als sie über die PKK zu wissen? Ich war doch selbst noch ganz unerfahren. Wenn ich einen Vortrag halten sollte, war mir am Anfang immer das Blut in den Kopf gestiegen und der kalte Schweiß ausgebrochen. Die PKK stellte für mich ein so hohes Ideal dar, daß ich immer große Angst hatte, ihrer nicht würdig zu sein und ihre Werte aus Unachtsamkeit oder Unwissenheit zu verraten. Bevor ich die PKK kennengelernt hatte, hatte ich solche Gedanken nie gehabt. Ich hatte mich niemals geschämt und jede neue Aufgabe relativ unbekümmert übernommen. Ich war immer der Meinung gewesen, daß man an seinen Aufgaben wachse und niemand von vornherein alle Dinge perfekt machen könne. Jetzt bekam ich auf einmal Skrupel. Ich war nicht mehr nur für mich allein verantwortlich, sondern auch für mein ganzes Volk.

In unserem Unterricht hatten wir die Geschichte von Kurdistan abgeschlossen und beschäftigten uns jetzt mit der Geschichte der PKK. Ich schlief in der Nacht kaum noch. Ich dachte nur noch darüber nach, wie ich meine Lektion am nächsten Tag wohl am perfektesten gestalten könnte. Hatte ich auch alles bedacht? War dies besser so oder doch ganz anders vorzutragen? Wie würden meine Kolleginnen es wohl am besten verstehen können? Durch diese ständigen Selbstzweifel und mein Perfektionsstreben wurde ich immer unzufriedener mit mir selbst. Es wurde mir alles zuviel. Dann aber wieder tadelte ich mich selbst, daß ich nicht einmal eine solch einfache Arbeit erledigen konnte. Viele meiner Kollegen gaben täglich ihr Blut für die Revolution, und ich sollte nicht einmal imstande sein, einen perfekten Unterricht abzuhalten? Wie konnte ich auch nur eine Sekunde daran denken, meine Aufgabe anderen zu überlassen?

Am nächsten Morgen mußten wir wieder um sieben Uhr aufstehen. Mein Wecker klingelte, und ich weckte meine Kolleginnen zum Frühsport. Obwohl ich körperlich immer noch nicht in der Lage war mitzumachen, wollte ich meine Kolleginnen nicht allein gehen lassen. Die gymnastischen Übungen hielten wir auf einem etwa vier mal sechs Meter großen Platz ab, der auf allen Seiten von einer über drei Meter hohen Mauer umgeben war. Ich weckte auch die beiden Neuankömmlinge. Sie hatten jetzt über achtzehn Stunden geschlafen. Während die anderen ihre sportlichen Übungen machten, unterhielt ich mich mit den beiden Mädchen in einer Ecke des Platzes. Bei der PKK war es üblich, ihre Leute nach dem Verhör zu befragen, wieviel und was sie zugegeben hätten. So wußte die Organisation immer, was dem türkischen Staat bekannt geworden war und was nicht. Dadurch konnten unter Umständen Menschenleben gerettet und Unterstützer rechtzeitig gewarnt werden. Außerdem war es dann möglich, vorab die Anwälte zu informieren, um eine wirkungsvolle Verteidigung aufzubauen. Es war daher meine Aufgabe, die beiden Kolleginnen zu befragen. Später sollten sie ihre Aussage dann schriftlich machen und unterschreiben. Sie erzählten mir, daß sie über die PKK so gut wie gar nichts wüßten, da sie schon verhaftet worden waren, bevor sie überhaupt eine Möglickeit gefunden hatten, sich der kämpfenden Truppe anzuschließen. Sie hätten daher auch nichts von Bedeutung verraten können. Zuerst glaubte ich ihnen nicht, da ich annahm, sie wollten mich nur auf die Probe stellen. Ich sagte zu ihnen: »Kolleginnen, warum wollt ihr mich auf den Arm nehmen? Ich will euch nicht zu nahe treten, ihr seid doch sicher weiter ausgebildet als ich, aber nach den Prinzipien der PKK müßt ihr jetzt eure Aussagen machen.« – »Aber Kollegin, was erzählst du da? Wir wissen wirklich nichts. Alles, was wir wissen, haben wir dir schon erzählt. Aber auch die türkischen Sicherheitskräfte haben uns nicht geglaubt, sonst wären wir nicht so stark verprügelt worden. Bitte, glaube du uns doch wenigstens!« flehten sie. Ich schämte mich sehr, daß ich sie trotz ihres Zustandes so bedrängt hatte.

Meine Enttäuschung war riesengroß. Ich hatte in ihnen ausgebildete Guerillas gesehen, und jetzt das! Sie wußten ja noch weniger als ich. Dieser Tag verging mit der Niederschrift der Protokolle der beiden Neuankömmlinge. Erst am nächsten Tag setzten wir unseren Unterricht wie gewohnt fort. Da die beiden Neuen noch gar nichts von der kurdischen Geschichte wußten, konnten sie dem normalen Unterricht nicht folgen. Ich hatte jetzt also noch eine zusätzliche Aufgabe. Ich wiederholte für die Neuen nachmittags kurdische Geschichte, vormittags unterrichtete ich die anderen weiter in der Geschichte der PKK.

Ich hatte keine Zeit mehr, zu den Strafgefangenen zu gehen. Über eine Woche war ich schon nicht mehr dort gewesen. Als wir uns gerade zum Frühsport auf dem kleinen ummauerten Platz aufhielten, hörten wir plötzlich Menschen laut schreien. Wir rannten schnell zurück, um zu sehen, was geschehen war. Und was sah ich da? Jeder der Strafgefangenen hielt einen Zettel in der Hand, auf dem geschrieben stand: »Devrim, ich bin auch von der PKK!« Sie schrien: »Wir sind bereit, alles für die PKK zu machen! Hoch lebe die PKK!« Mir standen vor Rührung die Tränen in den Augen. Nur weil ich sie eine Woche lang vernachlässigt hatte, kamen sie jetzt mit ihren Plakaten zu mir.

Ich war nie der Meinung gewesen, daß Menschen mir nur etwas bedeuten können, wenn sie der PKK angehören. Im Gegenteil hatte ich stets deutlich gemacht, daß die Zugehörigkeit zu einer bestimmten politischen Organisation reine Privatsache ist. Mir war es egal, woran jemand glaubte, wenn er sich nur menschlich verhielt und sich den ethischen Grundwerten verpflichtet fühlte. Dies hatte ich ihnen auch immer so gesagt. Ich hatte nur zum Ausdruck gebracht, daß ich meinem Volk helfen wollte. Daß dies eine solche Wirkung gehabt hatte, damit hatte ich nicht einmal im Traum gerechnet. Ich wollte sie beruhigen. Sie sollten endlich damit aufhören, solche Parolen zu schreien. Sie brachten damit nur sich und auch mich in Gefahr. Aber sie verstanden mich nicht, sondern dachten, daß ich nichts mehr von ihnen wissen wollte. Sie schrien daher nur um so lauter, bis schließlich die Wachen aufmerksam wurden.

Sie holten sofort den Direktor und auch noch zehn Männer vom Wachpersonal der Männerabteilung. Der Direktor sah die kleine Demonstration an, als hätte er gerade einen fürchterlichen Alptraum. Dann gab er den Wachen einen Wink. Die Männer griffen sich jede der Strafgefangenen einzeln und schleppten sie mit Gewalt weg. Ihre Papiere wurden ihnen abgenommen und dem Direktor ausgehändigt. Der Direktor winkte mich zu sich heran: »Das wirst du noch bereuen! Das kann ich dir versprechen!« – »Herr Direktor, das ist wirklich nicht meine Schuld«, versuchte ich zu erklären. »Wie hätte ich wissen sollen, daß sie so reagieren? Ich war doch nur etwas freundlich zu ihnen und habe ihnen ab und zu geholfen! Ich habe nicht politisch agitiert. Bitte, glauben Sie mir!« Er erwiderte wütend: »Du giftige Schlange! Du hast sie alle mit deinem Gift infiziert! Das wird dich teuer zu stehen kommen! Du kommst jetzt gleich in mein Büro!«

Ich wußte, was passieren würde, wenn ich jetzt mit ihm gehen würde, darum gab ich zurück: »Das werde ich ganz sicher nicht tun!« Er drehte sich auf dem Absatz um und drohte: »Na gut, du wirst schon sehen, was du davon hast! Das kommt alles in deine Gerichtsakten!« Ich kann nur vermuten, warum er zu diesem Zeitpunkt seinen Willen nicht mit Gewalt durchzusetzen versuchte und auch später seine Drohung nicht wahr machte. Selbst bei einem großen Aufgebot an Sicherheitskräften wäre es nicht ganz leicht gewesen, mich von meinen Kolleginnen zu trennen. Natürlich hätten wir gegen rohe Gewalt auf Dauer nichts ausrichten können, aber wenn mir etwas passiert wäre, hätten meine Kolleginnen einen Weg gefunden, die Öffentlichkeit zu informieren. Außerdem hatte der Direktor guten Grund anzunehmen, daß sein Leben in Gefahr gewesen wäre, wenn die PKK erfahren hätte, daß mir auf seine Veranlassung hin etwas zugestoßen wäre.

Erst einmal konnten wir wieder in unsere Zelle gehen. Aber von diesem Zeitpunkt an versuchte man, uns mit Sanktionen zu demoralisieren. Das Essen wurde immer schlechter. Das Fleisch war so verdorben, daß es schon stank, manchmal gab es auch nur Knochen. Unser Essen kam auch nicht mehr regelmäßig. Zum Frühstück erhielt jede von uns nur noch ein kleines Stück trockenes Brot und eine einzige Olive. Unsere Briefe wurden nicht mehr angenommen, und wir erhielten auch keine Post mehr. Sonst hatten wir jede Woche drei Stunden warmes Wasser zum Baden gehabt. Jetzt gab es gar kein warmes Wasser mehr. Einmal nach fünfzehn Tagen sagten sie uns, daß wir zum Duschen gehen könnten. Als wir unter der Dusche standen, kam aber nur für zwei Minuten warmes Wasser. Als wir uns gerade die Haare eingeseift hatten, stellten sie das Wasser wieder ab, so daß die ganze Seife in unseren Haaren blieb. Die von unseren Haaren abtropfende Seife führte dazu, daß wir uns alle auf dem Rücken eine schwere Pilzinfektion zuzogen. Vielleicht erwartete die Gefängnisleitung von uns, daß wir wieder in den Hungerstreik traten, um unsere Gesundheit völlig zu ruinieren.

Diesen Gefallen taten wir ihnen jedoch diesmal nicht. Statt dessen setzten wir ein Schreiben an den Direktor auf, in dem wir forderten, uns nach fast fünf Monaten Haft nun endlich vor Gericht zu stellen und uns den Zugang zu unseren Anwälten zu ermöglichen. Außerdem protestierten wir gegen die Verschlechterung unserer Haftbedingungen.

Erst nach etwa einer Woche erhielten wir Antwort. Der Direktor teilte uns mit, daß wir in ungefähr zwei Wochen nach Nevsehir geschickt würden, um vor dem DGM in Kayseri unser Verfahren zu bekommen.

11
Unter Ausschluß der Öffentlichkeit

Mein Prozeß vor dem Staatssicherheitsgericht

Am Ende des Fastenmonats Ramadan wurde traditionell Bayram gefeiert. An diesem Festtag wurde es uns erlaubt, Besuch zu empfangen, ohne daß wir durch eine Glasscheibe voneinander getrennt waren. Zu meiner großen Freude kamen mein Onkel, mein Milchbruder Veli und mein leiblicher Bruder Mazlum, um mich zu besuchen. Ich war vor Freude ganz außer mir. Als erstes fiel mir mein Onkel in die Arme: »Gott sei Dank, daß wir dich hier wiedersehen! Gleich nach dem Erdbeben bin ich nach Erzincan gefahren. Als ich das zerstörte Gefängnis sah, dachte ich, daß du nicht überlebt hättest! Die ganze Nacht über habe ich versucht, etwas zu erfahren. Aber nichts! Gegen Morgen hatte wohl jemand Mitleid mit mir. Auf jeden Fall sagte mir ein Soldat, daß sie euch nach Diyarbakir geschickt hätten. Ich fuhr sofort nach Diyarbakir. Dort wußten sie aber nichts von dir. Sie schickten mich weiter nach Nevsehir. Dort erhielt ich die Auskunft, daß du in Erzurum seist. Das war wirklich mein letzter Versuch. Hätte ich dich hier nicht gefunden, hätte ich meine Suche aufgegeben! Ich habe dir auch etwas Schönes mitgebracht. Mach mal das Paket auf!« Als ich das tat, sah ich so wunderschöne Sachen wie Käse, Honig, Butter und ganz frisches Brot. Aber alles war durchwühlt worden, so daß jetzt eine fast ungenießbare Masse daraus geworden war. Trotzdem aß ich alles bis auf den letzten Krümel auf.

Ich freute mich auch unbändig, Veli und Mazlum wiederzusehen. Ich war so froh, daß ich am liebsten die ganze Welt umarmt hätte. Ich hatte das Verlangen, mit ihnen in einen grünen Wald zu gehen, mich mit ihnen dort in den Schatten zu setzen und dem Wind zu lauschen. Leider näherte sich die Besuchszeit ihrem Ende, obwohl wir uns noch lange nicht alles erzählt hatten.

Ich haßte Abschiednehmen schon immer. Jetzt fürchtete ich mich vor diesem Moment. Wir fielen uns weinend in die Arme. Keiner wußte, ob oder wann er den anderen wiedersehen würde. Sie wichen Schritt für Schritt vor mir zurück. Immer wieder drehten sie sich nach mir um und sahen mich noch einmal an. Ihre Blicke schienen zu sagen: »Devrim, wie schön wäre es, wenn du jetzt mit uns in die Berge kommen könntest! Ich würde alles dafür geben, wenn ich dich aus diesen engen Betonwänden hier befreien könnte.« Dieser Moment des Abschieds zerriß mir fast das Herz. Warum nur hatte mich das Schicksal so hart gestraft? An der Tür drehten sie sich noch einmal um. Mein Onkel und mein Milchbruder konnten ihre Tränen nicht mehr zurückhalten. Mein Bruder Mazlum sah mich nur stumm an, als wolle er mit einem letzten langen Blick für immer Abschied von mir nehmen. Das tat mir fast noch mehr weh als die Tränen der beiden anderen. Dann schloß sich die dicke Metalltür mit einem scheußlichen Geräusch endgültig hinter ihnen. Ich starrte noch lange auf das graue, unbarmherzige Metall. Ich konnte mein Gesicht nicht abwenden, als hätte ich immer noch die irrwitzige Hoffnung, daß sich die Tür wieder öffnen könnte, und die von mir über alles geliebten Menschen wieder hereinkommen und mich mitnehmen würden. Ich wollte weinen, aber ich konnte nicht. Irgendwann war das Leid so groß in mir geworden, daß ich keine Tränen mehr hatte.

In meiner Zelle legte ich mich sofort auf meine Pritsche und starrte durch das kleine vergitterte Fenster auf das winzige Stückchen Himmel, das mir noch vergönnt war. Ich lag lange Zeit einfach bewegungslos da. Körperlich war ich zwar immer noch im Gefängnis, mein Geist konnte sich aber frei bewegen und schwelgte in schönen und angenehmen Erinnerungen. Was hatte ich schon von meinem Leben bisher gehabt? In meiner Kindheit hatte ich so grausam unter meinen Eltern gelitten. Auch während meiner Schulzeit hatte ich nur Schwierigkeiten gehabt, und jetzt die lange Zeit im Gefängnis! Ich war doch erst siebzehn Jahre alt und wollte leben wie andere Mädchen meines Alters auch.

Am nächsten Morgen um sieben Uhr wurden wir durch eine Lautsprecheransage geweckt, mit der wir aufgefordert wurden, unsere Sachen zusammenzupacken. Wir sollten nach Nevsehir verlegt werden. Zum einen freuten wir uns, daß wir in Nevsehir vielleicht endlich vor Gericht gestellt würden, zum anderen hatten wir aber auch Angst, daß alles nur ein Trick sein könnte, um uns in ein Transportfahrzeug zu lokken und dort, ohne daß die Öffentlichkeit jemals etwas davon erfahren hätte, zu ermorden. Solche Dinge passierten immer wieder und wurden von der türkischen Regierung meist als Unfall getarnt. Man fesselte uns die Hände und trieb uns in einen Gefangenentransporter, der nur oben mit ganz schmalen Sehschlitzen versehen war, so daß wir die ganze Fahrt über nichts von der Außenwelt zu sehen bekamen. Nach einigen Stunden erreichten wir ohne Zwischenfälle Nevsehir.

Das Gefängnis in Nevsehir war viel größer als das in Erzurum. Es hatte zwei Abteilungen, eine für politische Gefangene und eine für Strafgefangene. Es machte einen wesentlich besseren und saubereren Eindruck als das in Erzurum. Meinen Kolleginnen und mir wurde gemeinsam eine Zelle zugewiesen. Dort fanden wir schon ein vierzehnjähriges Mädchen vor, das auch eine Sympathisantin der PKK war. Obwohl es nach türkischem Recht streng verboten ist, Kinder zu inhaftieren, befand sie sich im Gefängnis. Uns wunderte das nicht mehr. Die türkische Regierung bestritt öffentlich ja auch immer wieder, daß in der Türkei gefoltert würde. Sie behauptete zynisch, daß so etwas auch völlig ausgeschlossen wäre, da nach türkischem Recht Folter nicht zulässig sei. Schamlose Lügen. Auch dieses vierzehnjährige Mädchen war in der Haft schwer gefoltert worden. Ihre gesamte Familie war ermordet worden.

Ich fragte sie, ob schon ein Kontakt zur Männerabteilung der politischen Gefangenen bestehe. Sie sagte, das sei gar kein Problem, und gab eine Nachricht an die Männerabteilung weiter. Fünf Minuten später sagte die Aufseherin, daß mich jemand von dieser Abteilung sprechen wolle. Ich hatte immer noch Angst, daß man mich nur von meinen Kolleginnen trennen wollte und nahm daher zur Sicherheit das junge Mädchen mit zu diesem Treffen.

Wir wurden in das Besuchszimmer für Rechtsanwälte geführt und mußten an einem Tisch Platz nehmen. Fünf Aufseherinnen setzten sich hinter uns. Dann wurde ein Mann hereingeführt, der auch von fünf Wächtern begleitet wurde, die auf der anderen Seite des Tisches Platz nahmen. Zu meinem Erstaunen war es der Kollege Murat, der schon in Erzincan Vorsitzender der Männerabteilung gewesen war und auch hier diese Funktion innehatte. »Was habt ihr denn die ganze Zeit über in Erzurum gemacht?« fragte er mich. Ich versuchte, es ihm ganz leise zuzuflüstern, damit die Wachen nichts davon verstehen konnten. Aber je mehr ich mich bemühte, leise zu sprechen, um so näher kamen sie uns mit ihren Ohren. Das störte mich gewaltig. »Haben Sie ein Problem? Kommen Sie doch näher! Dann können Sie alles verstehen und müssen sich nicht so anstrengen. Schämen Sie sich eigentlich nicht, unsere privaten Gespräche zu belauschen?« wandte ich mich an die Wärter. Sie waren nett und erwiderten: »Es tut uns leid, wir haben nun einmal unsere Befehle. Aber wir gehen jetzt etwas auf Abstand, damit ihr ungestört miteinander reden könnt.« Der Kollege Murat tadelte mich: »Devrim, bist du eigentlich immer so frech? Das hättest du nicht tun sollen! Sie handhaben das immer so. Sie hören nur die ersten fünf Minuten intensiv zu, dann geben sie uns Gelegenheit, privat zu sprechen.«

Ich berichtete Murat alle Einzelheiten unserer politischen Arbeit in Erzurum. Er wollte, daß jede von uns ihre Aktivitäten schriftlich zusammenfassen und ihm dann unterschrieben zukommen lassen sollte. Dann forderte er mich auf, einen Moment zu warten, er würde farbige Bettbezüge für uns besorgen. Ich war erstaunt: »Wieso gibt es hier etwa keine Bettbezüge?« – »Doch natürlich, aber nur weiße. Immer nur das Weiß der Zellenwände und dann auch noch weiße Bettbezüge! Das kann einen verrückt machen.« Kurze Zeit später kam er tatsächlich mit den bunten Bettbezügen und einer großen Thermoskanne wunderbar heißen Tees zurück. Ich sollte meine Kolleginnen von ihm herzlich grüßen und ihnen bestellen, daß er stolz auf uns sei, weil wir uns so tapfer gehalten hätten. Dann verabschiedete er sich von mir: »Wenn du irgend etwas brauchen solltest, ist das kein Problem. Schreib mir einfach einen Zettel, und wir können uns jederzeit wieder treffen! Die Rechtsanwälte werden uns wahrscheinlich morgen besuchen. Dann werde ich ihnen sagen, daß ihr hier seid. Das wird sie sicher sehr freuen, da sie wie verrückt nach euch gesucht haben.«

Am nächsten Tag richteten wir uns in unserer neuen Zelle ein. Gegen zehn Uhr informierte mich eine Aufseherin, daß mein Rechtsanwalt mit mir sprechen wollte. Ich wurde wieder in das Besuchszimmer geführt. Als ich eintrat, warteten dort sogar drei Rechtsanwälte auf mich. Sie sagten mir, daß sie mich vor Gericht vertreten wollten und ich ihnen eine Vollmacht unterschreiben solle. Ich weigerte mich zunächst: »Ich bin Ihnen wirklich sehr dankbar, aber darf ich, bevor ich Ihnen etwas unterschreibe, noch mit dem Vorsitzenden der Männerabteilung sprechen?« Einer von ihnen, Herr Yasar Ertas, antwortete mir im Scherz: »Was soll das nun schon wieder heißen? Monatelang haben wir wie verrückt nach dir gesucht und jetzt willst du uns nicht einmal haben? Du kannst uns wirklich vertrauen! Wir sind vom Menschenrechtsverein.« Aber wie sollte ich überhaupt jemandem vertrauen? Vielleicht waren sie nur von der türkischen Regierung geschickt, um mich auszuhorchen? Um das herauszufinden, mußte ich unbedingt mit Murat sprechen. Auch schrieb mir die PKK-Disziplin vor, zunächst Rücksprache mit anderen PKK-Kollegen zu halten, um zu verhindern, daß ich unbeabsichtigt den falschen Leuten irgendwelche vertraulichen Informationen zukommen ließ.

Ich schickte Murat also einen Zettel, mit dem ich ihn bat, sofort in das Besuchszimmer zu kommen. Wenig später trat er ein. »Stell dir vor, der einzige Grund, warum du kommen mußtest, ist, daß Devrim uns nicht vertraut. Ist das nicht dumm von ihr?« sagten die Anwälte zu ihm, worauf er erwiderte: »Ja, so wie sie muß ein PKK-Mitglied eben sein!« Da ich nun sah, daß Murat und die drei Rechtsanwälte sich offenbar gut kannten, unterschrieb ich die Vollmacht. Ich mußte dann meine Freundin Ayse auch noch holen. Wir waren zusammen verhaftet worden, darum sollten wir auch zusammen anwaltlich vertreten werden. Rechtsanwalt Ertas erzählte uns dann, daß wir aufgrund des § 168, Abs. 2 des türkischen Strafgesetzbuches, also wegen Mitgliedschaft in einer illegalen Organisation, angeklagt seien. Das Strafmaß bei einer Verurteilung würde zwölf bis fünfzehn Jahre betragen. Ich erschrak: »So viele Jahre? Wir haben doch im Verhörzentrum überhaupt nichts zugegeben!?« Er antwortete: »Eben, das ist ja das Schönste. Ihr habt beim Verhör wirklich nur Märchen erzählt. Sie haben daher nichts gegen euch in der Hand. Bei eurer ersten Verhandlung habt ihr eine sehr gute Chance, freigelassen zu werden.« – »Aber wenn sie doch keine Beweise gegen uns haben, wieso sind wir dann nicht sofort freigelassen worden?« – »Das ist allein die Schuld von Remzi. Er war ein Verräter und Spion. Wenn die Anklagevertretung bis zu eurer Gerichtsverhandlung keine weiteren Zeugen gegen euch auftreibt, kommt ihr bestimmt raus. Ihr werdet dann bis zur Hauptverhandlung aus der Untersuchungshaft entlassen. Das kann ich euch versprechen. Unser Termin vor Gericht ist schon in fünf Tagen. Ich glaube nicht, daß es ihnen in dieser kurzen Zeit gelingen wird, noch jemanden zu finden, der gegen euch aussagt. Eure Chancen stehen also sehr gut!«

Ayse und ich freuten uns sehr über diese guten Nachrichten. Sollten wir wirklich so bald alles überstanden haben? Fast konnten wir es nicht glauben, daß nun alles so einfach sein sollte. Wir verabschiedeten uns von unseren Anwälten und wollten zurück in unsere Zelle. Auf dem Weg dorthin sagte uns die Aufseherin, daß wir uns zusammen mit den anderen noch für unseren Gefängnisausweis photographieren lassen müßten. Sie führte uns dann in ein Zimmer, wo wir auf einem Schemel Platz nehmen mußten. Wir erhielten eine Tafel mit unseren persönlichen Daten, die wir uns beim Photographieren vor die Brust halten mußten. Sie klebten unser Paßfoto dann auf unseren Gefängnisausweis und sagten uns, wir müßten diesen Ausweis von nun an ständig bei uns tragen und gut darauf aufpassen. Seit über vier Monaten befanden wir uns nun im Gefängnis, und erst jetzt wurden wir amtlich registriert. Nun fühlten wir uns wesentlich sicherer. Wir waren jetzt offizielle Gefangene. Wir hatten Kontakt mit unseren Rechtsanwälten und einen Gefängnispaß. Das bedeutete zumindest, daß man uns nicht mehr so einfach verschwinden lassen konnte.

Wir setzten in den nächsten Tagen den Unterricht wie gewohnt fort. Nur mußte ich jetzt am Tag dreimal Unterricht geben, da ich mit der Vierzehnjährigen wieder von vorn zu beginnen hatte. Hier in Nevsehir hatten wir als besonderen Luxus auch Fernsehen. Aber natürlich hatte die Gefängnisverwaltung uns dies nicht aus reiner Menschenfreundlichkeit erlaubt. Selbst mit Fernsehen konnte man einen Menschen psychisch quälen. Das erfuhren wir eines Abends, als sie uns einen Videofilm vorführten. Er handelte vom Putsch am 12. September 1974. Eine Frau war verhaftet worden. Der Film beschrieb ihre Folterung, während der sie auch vergewaltigt wurde und eine Fehlgeburt erlitt. Sie verbrachte mehrere Jahre im Gefängnis. Danach war sie ein völlig gebrochener Mensch und bildete sich ein, daß ein Stein, den sie immer mit sich herumtrug, ihr Kind sei. Als ihr dieser Stein eines Tages herunterfiel und zerbrach, verübte sie Selbstmord. Schon die Folterszenen noch einmal mitzuerleben, war grauenhaft. In jedem von uns stieg die bange Frage auf: Würden wir auch so verrückt werden wie diese Frau? War es überhaupt möglich, auf Dauer Widerstand zu leisten?

Dann kam der Montag, der Tag unserer Gerichtsverhandlung. Auf Anraten unserer Anwälte machten wir uns weiblich elegant zurecht. Sonst trugen wir immer alte verwaschene Hosen und alte Turnschuhe, jetzt hatten wir uns Miniröcke und hochhackige Schuhe besorgt und schminkten uns, als ginge es auf einen Schönheitswettbewerb. Wir mußten unbedingt den Eindruck erwecken, als hätten wir nichts anderes im Kopf als »typisch« weibliche Dinge wie Seidenstrumpfhosen und

Rouge. Das machte uns politisch unverdächtig. Als wir uns so ausstaffiert hatten, sahen Ayse und ich uns von oben bis unten an. Das sollten wirklich wir sein? Wir brachen in schallendes Gelächter aus.

Die Aufseherinnen brachten uns dann in den Gefängnishof, wo wir noch andere Kollegen trafen, die ebenfalls an diesem Tag Gerichtstermin hatten. Zusammen waren wir etwa zwanzig. Außer meiner Freundin und mir handelte es sich nur um Männer. Die Soldaten fesselten immer zwei von uns aneinander und trieben uns dann in das Transportfahrzeug. Wir mußten auf Holzpritschen sitzen, und ich schämte mich furchtbar, da mein Minirock meine Beine nur ungenügend verdeckte und ich daher die Blicke der Soldaten auf mich zog. Mit meinen gefesselten Händen konnte ich den Rock auch nicht etwas mehr nach unten ziehen. Im Transporter befand sich nur ein ganz kleines Fenster. Da viele der Männer rauchten, war die Luft bald furchtbar stickig. Wir bekamen fast keinen Sauerstoff mehr. Fast alle von uns mußten sich übergeben. Es stank entsetzlich nach Erbrochenem.

Irgendwann fingen die Männer an, ein kurdisches Revolutionslied zu singen. Das ärgerte die Soldaten. Sie prügelten auf uns ein, und bald lagen wir alle in dem Erbrochenen auf dem Boden. Unsere sorgfältig gewaschenen und gekämmten Haare waren völlig zerzaust und klebten uns nur noch im Gesicht, die ganze schöne Aufmachung war völlig ruiniert! Wir sahen aus wie Kinder, die sich gerade im Matsch gewälzt und sich miteinander gerauft hatten.

Nach ungefähr drei Stunden Fahrt erreichten wir endlich das DGM-Gericht in Kayseri. Dort ließ man uns erst einmal einige Stunden warten. Schließlich wurden unsere Namen per Lautsprecher aufgerufen. Erst jetzt löste man unsere Fesseln. Hastig versuchten wir, wieder etwas Ordnung in unsere Haare zu bekommen und die schlimmsten Spuren an unserer Kleidung zu beseitigen. Trotzdem sahen wir sicher noch immer aus wie Gewitterhexen. Dann betraten meine Freundin und ich den Gerichtssaal. Mein Herz klopfte mir bis zum Halse. Es war ein riesiger Raum. Am Ende saßen auf einem erhöhten Podest drei Richter in schwarzen Roben mit blutroten Ärmelaufschlägen und starrten böse auf uns herab. Ihre Gesichter ähnelten denen giftiger Schlangen, die jeden Moment auf uns niederstoßen wollten. Außerdem waren noch vier Rechtsanwälte anwesend, die ebenfalls schwarze Roben trugen, aber mit grünen Ärmelaufschlägen. Im Zuschauerraum befand sich eine große Menge von Leuten mit Notizblöcken und sogar Fotoapparaten.

Das erste, was das Gericht tat, war zu verkünden, daß die Verhandlung unter Ausschluß der Öffentlichkeit stattfände und daher alle Zuschauer den Saal zu verlassen hätten. Dann begannen die Richter, unsere persönlichen Daten zu verlesen, deren Richtigkeit wir zu bestätigen hatten. Anschließend lasen sie das Protokoll unserer Aussagen vor, die wir angeblich im Verhörzentrum gemacht haben sollten. Im Protokoll stand, daß ich zwanzig Leute ermordet hätte. Es fanden sich aber keine näheren Details, wann und wo dies gewesen sein sollte. Außerdem war die Versicherung enthalten, daß ich gut behandelt worden wäre und ich meine Aussagen ohne Zwang abgelegt hätte. Mit meiner Unterschrift hätte ich zudem bestätigt, im vollen Besitz meiner geistigen und körperlichen Kräfte gewesen zu sein.

Als der Richter diesen Unsinn von sich gab, wollte ich am liebsten laut aufschreien und ihm ins Gesicht spucken. Ich hob die Hand, um mich zu Wort zu melden: »Ich weiß nur, daß man mich so geschlagen und mißhandelt hat, daß ich kaum noch bei Bewußtsein war, aber so etwas habe ich sicher nie gesagt! Darf ich das Papier einmal haben, damit ich sehen kann, ob sich wirklich meine Unterschrift darunter befindet?« Mein Rechtsanwalt führte weiter aus: »Das Vorbringen meiner Mandantin, daß sie gefoltert worden sei, ist richtig. Ich habe hier eine Stellungnahme des türkischen Menschenrechtsvereins. Danach liegen gesicherte Beweise dafür vor, daß Frau Kaya tatsächlich gefoltert und über mehrere Monate in unbestätigter Haft gehalten worden ist.«

Dann ergriff mein anderer Rechtsanwalt, Herr Yalcin, das Wort: »Hohes Gericht, es ist doch bekannt, daß zwischen dem Verlassen ihres Heimatdorfes und der Verhaftung von Frau Kaya nicht mehr als sechs Wochen liegen. Es ist doch völlig ausgeschlossen, daß sie in dieser kurzen Zeit so viele Morde begangen haben soll. Ich glaube kaum, daß sich in der ganzen Türkei in einer Zeit von sechs Wochen überhaupt so viele Morde ereignet haben. Darüber hinaus stellt sich mir die Frage, warum Frau Kaya nur nach Paragraph 168/2 angeklagt ist? Wenn sie diese Morde begangen haben soll, müßte sie auch deshalb vor Gericht gebracht werden. Warum verhandeln wir dann eigentlich hier nur über eine Anklage wegen Mitgliedschaft in einer illegalen Organisation und nicht wegen Mordes?«

Der Richter nahm dazu Stellung: »Ja, das ist mir auch etwas unklar, vor allem weil in der Aussage von Frau Kaya nichts über die näheren Umstände der Morde ausgeführt ist. Es wäre schließlich die Aufgabe der Ermittlungsbehörden gewesen, diese Details zu klären. Das Gericht wird daher Ihrer Mandantin jetzt die Gelegenheit geben, zu den Vorwürfen Stellung zu nehmen.« Frau Serpil, meine dritte Anwältin, stellte den Antrag, meine Unterschrift unter dem Vernehmungsprotokoll auf Echtheit überprüfen zu lassen. Sie fände die gegen mich erhobenen Vorwürfe völlig aus der Luft gegriffen und lächerlich. Es wäre an der Zeit, diese Posse schnellstmöglich zu beenden.

Der Richter lenkte ein: »Es kann sich tatsächlich nur um einen Fehler der Beamten im Verhörzentrum handeln. Ich vermute, daß man die Protokolle verwechselt hat. Ich unterbreche die Verhandlung für fünf Minuten.« Meine Freundin und ich mußten den Saal verlassen. Nach fünf Minuten wurden wir wieder hineingeführt. Zu unserer großen Enttäuschung vertagte das Gericht die Verhandlung um vier Wochen mit der Begründung, daß noch weitere Rückfragen erforderlich seien.

Sofort nach dem Verlassen des Gerichtssaals fesselte man uns wieder und brachte uns zurück nach Nevsehir ins Gefängnis. Dort warteten schon unsere Rechtsanwälte auf uns. Sie hatten die Strecke im Auto natürlich schneller zurückgelegt als wir. »Na, du kleine Verbrecherin, hast du wirklich zwanzig Menschen getötet?« neckten sie mich. Ich war immer noch ganz durcheinander: »Was soll das heißen? Warum habt ihr mich nicht vor der Verhandlung über die Vorwürfe gegen mich informiert?« Herr Ertas erwiderte: »Ach, was hätte das nutzen sollen? So was versuchen sie doch sowieso bei fast jedem unserer Mandanten. Das ist doch gar nichts besonderes. Kennst du denn den türkischen Staat immer noch nicht? Durch diese fingierten Anklagen schaffen sie es manchmal, unschuldige Leute für Jahre hinter Gitter zu bringen. Aber diesmal werden sie damit kein Glück haben, sondern sich nur lächerlich machen.« – »Aber Sie haben doch versprochen, daß wir nach der Gerichtsverhandlung gleich entlassen werden!« protestierte ich. »Die Richter nehmen wohl an, daß deine Freundin und du in irgendeinem Kontakt zur PKK gestanden haben. Das denken sie sowieso von jedem Kurden. Nun wollen sie aus einem armen Wicht eine falsche, euch belastende Aussage herauspressen, die sie dann gegen euch verwenden können. Dazu brauchen sie etwas Zeit. Ich hoffe sehr, daß sie damit keinen Erfolg haben werden.«

Beim nächsten Gerichtstermin in Kayseri wurde dem Antrag unserer Anwälte auf unsere vorläufige Haftentlassung wieder nicht entsprochen mit der Begründung, noch weiter prüfen zu müssen. Diese Prozedur wiederholte sich nochmals vier Wochen später. Jedesmal wurde nur höchstens fünf Minuten über unsere Fälle debattiert. Was für ein unsinniger Aufwand! Über drei Stunden Fahrt vom Gefängnis in Nevsehir nach Kayseri und zurück für eine fünfminütige Gerichtsverhandlung.

Abermals vier Wochen später, also bei unserem vierten Gerichtstermin, wurde endlich unsere vorläufige Freilassung verfügt. Dieses Mal war die Öffentlichkeit nicht ausgeschlossen. Zu meiner riesigen Freude bemerkte ich den Sohn meines Onkels, Hasan, und den Sohn meiner Tante, Orhan, unter den Zuschauern im Gerichtssaal. Meine Freundin und ich erhielten die Auflage, dem Gericht eine Adresse mitzuteilen, unter der wir ständig erreichbar sein mußten. Bis jetzt stünde noch nicht fest, ob wir endgültig entlassen oder doch noch zu einer Gefängnisstrafe verurteilt würden.

Man brachte uns nach der Verhandlung zunächst in das Gefängnis von Nevsehir zurück. Wir wurden zum Direktor befohlen und mußten dort unsere Entlassungsunterlagen unterschreiben. Im Austausch gegen unseren Gefängnisausweis sollten wir unsere Personalausweise zurückerhalten. Ich gab vor, meinen Gefängnisausweis verloren zu haben, da ich ihn als Erinnerung an meine Gefängniszeit gerne behalten wollte. Nach einer langen Diskussion glaubte der Direktor mir schließlich und händigte mir meinen Personalausweis aus. Außerdem erhielten wir noch unsere Entlassungsscheine. Dann konnten wir gehen.

Wir durften noch einmal in unsere Zelle zurück, um unsere persönlichen Sachen zu packen. Jetzt kam die schwere Stunde des Abschieds von unseren Kolleginnen, die im Gefängnis zurückbleiben mußten. Was hatten wir nicht alles gemeinsam durchlitten! Und nun sollten wir einfach so auseinandergehen? Obwohl ich mich natürlich unbändig freute, endlich entlassen zu werden, war ich auch sehr traurig, meine Freundinnen hier zurückzulassen. Bevor wir uns endgültig Lebewohl sagten, versprachen wir uns gegenseitig, unsere Ideale niemals aufzugeben und immer der Sache der PKK zu dienen. Meine Freundin und ich trafen im Besuchszimmer noch Murat, den Vorsitzenden der Männerabteilung. »Paßt bloß auf euch auf!«, warnte er uns. »Ihr seid jetzt gut ausgebildet und sehr wertvoll für die Organisation. Das weiß der Feind aber leider auch. Ihr müßt daher doppelt vorsichtig sein!« Wir versprachen ihm, seinen Rat zu beherzigen und uns so bald wie möglich den kämpfenden PKK-Truppen anzuschließen.

Die Aufseherinnen führten uns dann bis zu der riesigen Metalltür des Gefängnisses. Oh, wie hatten wir das Quietschen dieser Tür manchmal verflucht, wenn sie sich wieder einmal hinter uns schloß! Jetzt war endlich der lang ersehnte Augenblick gekommen. Das große Tor öffnete sich für uns. Wir legten die letzten paar Schritte in die Freiheit zurück. Ich war schrecklich froh und auch stolz, daß ich diese Schritte mit erhobenem Kopf und ungebrochener Seele tun konnte. Direkt vor dem Tor warteten Hasan und Orhan. Wir fielen einander schluchzend in die Arme und weinten vor Freude.

12
Bittere Freiheit

Rückkehr in ein leeres Dorf

Was für ein wunderbares Gefühl! Ich konnte meine Blicke wieder in die Ferne schweifen lassen, ich konnte den ganzen herrlichen blauen Himmel sehen. Es gab keine Mauern mehr, die mir den Weg versperrten. Wenn ich wollte, konnte ich überall hingehen. Als ich verhaftet worden war, lag auf den Bergen noch Schnee, jetzt färbte sich schon wieder das Laub an den Bäumen. Wo war das Frühjahr mit seinen Blumen geblieben, wo der Sommer mit seinen grünen Wiesen und der heißen Sonne auf der Haut? Ich fühlte mich irgendwie betrogen. Man hatte mir einen Teil meines Lebens gestohlen. Noch immer konnte ich gar nicht richtig glauben, daß man mich wirklich freigelassen hatte. Ich schaute mich bei jedem Schritt um, ob mir nicht doch vielleicht jemand folgte.

Als ich Hasan das letzte Mal gesehen hatte, war er noch ein kleiner Junge gewesen. Jetzt war er ganz hoch aufgeschossen, und die ersten Bartstoppeln fingen an zu sprießen. Es kam mir so vor, als wollte er mir irgend etwas ganz Wichtiges sagen, wüßte aber nicht, wie er beginnen sollte. Er fing zaghaft an zu sprechen: »Devrim, jetzt werden sich aber Papa und Mama ganz furchtbar freuen, daß du wieder da bist. Sie wußten nicht, daß du heute eine Chance hattest, entlassen zu werden, sonst wären sie sicher alle gekommen, um dich abzuholen!« Ich mußte ihm jetzt eigentlich sagen, daß wir ihn nicht nach Dersim und in unser Dorf begleiten würden, da wir von der PKK den Befehl erhalten hatten, uns sofort bei der kämpfenden Truppe zu melden. Aber mir fiel es unsagbar schwer, ihm dies mitzuteilen. Als ich es schließlich dennoch tat, schluchzte er laut auf und umklammerte meine Beine. Als wäre ein Damm gebrochen, sprudelte es aus ihm heraus: »Devrim, ich kann nicht mehr! Fast jeden Tag kommen die Soldaten zu uns nach Hause. Sie schlagen und drangsalieren uns. Immer wieder holen sie unseren

Papa zur Karakolstation, wo er barbarisch verprügelt wird. Sie durchwühlen unser ganzes Haus. Manchmal vermischen sie unsere Lebensmittel mit Putzmitteln, so daß wir nichts zu essen haben. Mit dieser ständigen Angst kann keiner auf Dauer leben. Ich will endlich weg. Bitte, Devrim, nimm mich mit dir!«

Bis jetzt hatten meine Verwandten mir dies nie gesagt, wahrscheinlich, damit ich nicht traurig werden sollte. Als ich es jetzt von Hasan hörte, wurde ich furchtbar wütend. Warum ließen sie uns nicht endlich einmal in Ruhe? Selbst Kinder konnten in Kurdistan nicht mehr ohne Angst und Haß aufwachsen. Was sollte ich Hasan nun antworten? Ich versuchte, ihn auf später zu vertrösten: »Hasan, ich verspreche dir, ich komme in zwei Jahren zurück, dann werde ich dich mitnehmen!«

Wir gingen dann zusammen in die Stadt. So viele Menschen hatte ich schon lange nicht mehr zusammen gesehen. Unsicher blickte ich um mich, meine Augen suchten meine Feinde. Wer von ihnen hatte mich gefoltert? War es der da mit der roten Mütze gewesen, der so einen stechenden Blick hatte? Oder der, der dort in der Teestube seinen Tee schlürfte und so laut mit seinen Freunden sprach? Als wir an einem Praxisschild eines Arztes für Allgemeinmedizin vorüberkamen, wurde mir plötzlich ganz schwarz vor Augen. War es dieser Arzt gewesen, der mich während der Folter untersucht und dann angeordnet hatte, mich weiter zu quälen? Ich begann zu zittern und wollte am liebsten sofort in die Praxis stürmen und den Arzt am Hals packen und erwürgen.

Plötzlich bemerkte ich, daß mich Hasan am Ärmel festhielt: »Devrim, was hast du denn? Merkst du denn gar nicht, daß ich mit dir spreche?« Mein ganzer Kiefer hatte sich verkrampft. Ich fühlte mich völlig erschöpft, so als sei ich gerade eben erst gefoltert worden. Meine Beine waren auf einmal wie Gummi. Ich sagte zu Hasan: »Weißt du was? Ich habe guten Tee so vermißt. Laß uns uns in eine Teestube setzen und dort ein Weilchen ausruhen!« Das machten wir. Ein Mann kam zu uns an den Tisch, um uns zu bedienen, und lächelte ganz freundlich. Dieses Lachen kannte ich doch! Ganz bestimmt hatte er mich gefoltert! »Was lachen Sie so? Gibt es hier etwa was lachen?« fuhr ich ihn an und wollte ihn schon am Hals packen. Hasan hielt mich fest und schüttelte mich etwas: »Devrim, komm zu dir! Bist du noch zu retten? Was soll das?« Nun setzte sich der Mann auch noch neben mich: »Was haben Sie denn? Kann ich ihnen irgendwie helfen?« Das war endgültig zuviel für mich. Auch meine Folterer hatten immer zunächst so freundlich zu mir gesprochen. Ich geriet vollends in Panik. »Ich habe jetzt gar keine Lust mehr auf Tee. Bitte laß uns schnell gehen!« sagte ich zu den anderen. Hasan war durch mein Verhalten völlig verwirrt.

Wir verbrachten unsere ersten fünf Stunden in Freiheit mit meinen Cousins. Dann gingen wir zur Bushaltestelle. Ayse und ich kauften Fahrkarten nach Igdir, meine Cousins mußten zurück nach Dersim fahren. Wir nahmen tränenreich voneinander Abschied, dann trug ich ihnen noch auf, meinen Onkel, meine Tante, meine Brüder und Schwestern und meine Mutter von mir zu grüßen. Ihr Bus fuhr eine halbe Stunde vor unserem los. Ich ging dann zur Telefonzelle, um mit meiner PKK-Kontaktadresse in Igdir zu sprechen und anzukündigen, daß wir in einigen Stunden ankommen würden. Als ich zur Bushaltestelle zurückkam, fielen mir zwei untersetzte Männer auf, die uns immer mit ihren Blicken verfolgten. Ich hatte sofort den Verdacht, daß sie vom Sicherheitsdienst waren und uns beschatteten. Aber vielleicht wurde ich wirklich langsam verrückt? »Hast du die Männer dahinten bemerkt?« fragte ich Ayse, »ich glaube, die haben es auf uns abgesehen. Laß uns besser hier unter die Menschen gehen! Da sind wir am sichersten.« Bis wir in den Bus stiegen, folgten sie uns auf Schritt und Tritt. Wir setzten uns gleich nach vorn direkt hinter den Busfahrer. Unsere Verfolger saßen zwei Reihen weiter hinten. Nun war ich mir sicher, daß es bei den beiden um Konterguerillas handelte: vom türkischen Staat angeworbene, ausgebildete und bezahlte Zivilisten, die im Auftrag der Regierung gegen die PKK-Guerilla arbeiten.

Nach ungefähr zwei Stunden hielt unser Bus an. Der Busfahrer sagte uns, daß die Straße wegen eines Unfalls gesperrt sei. Er rechne damit, daß wir unsere Fahrt in ungefähr zwei Stunden würden fortsetzen können. Alle Fahrgäste stiegen aus, und es wäre aufgefallen, wenn wir als einzige sitzengeblieben wären. Außerdem mußte ich unbedingt noch in Igdir telefonisch Bescheid sagen, daß wir später kommen würden. Wenn ich alleine zur Telefonzelle gegangen wäre, hätten die beiden Männer mich ohne Schwierigkeiten erschießen können. Es wäre nicht das erste Mal gewesen, daß die türkischen Sicherheitskräfte jemanden auf offener Straße erschossen und später behauptet hätten, er wäre ein Opfer krimineller Elemente oder der PKK geworden. Das wollte ich nicht riskieren. Ich besprach mich mit Ayse: »Hast du vielleicht eine gute Idee, wie wir sie loswerden können?« Sie war ratlos. »Na gut, ich glaube, ich habe da eine Idee, aber du mußt genau das machen, was ich dir sage! Leg dich jetzt einfach auf den Boden und stöhne und schreie ganz laut, so als ob du Probleme mit deinem Blinddarm hättest!« Sie tat, was ich vorgeschlagen hatte. Ich schrie ebenfalls um Hilfe: »Bitte tun Sie doch etwas! Ich glaube, meiner Freundin hier geht es ganz schlecht!« Alle Leute kamen herbeigeströmt, um zu sehen, was passiert war. Einer unserer Beschatter gab sich plötzlich als Arzt aus und bot sich an, meiner Freundin zu helfen.

Damit hatte ich nicht gerechnet. Ich schrie ganz laut zu unserem Busfahrer, der mit den Fahrern der anderen Busse am Straßenrand plauderte, hinüber: »Wir brauchen von diesem Mann keine Hilfe! Wir wollen sowieso nach Igdir zu meinem Onkel. Er ist Arzt. Er wird meiner Freundin bestimmt helfen. Aber diese zwei Männer hier belästigen uns ständig. Stellen Sie sich vor, die haben doch zu uns gesagt, daß sie in uns verliebt wären! So eine Unverschämtheit! Wir sind doch anständige muslimische Mädchen! Wenn mein Verlobter erfährt, daß ich mit einem anderen Mann gesprochen habe, wird er mich bestimmt umbringen. Bitte, helfen Sie uns!«

Das reichte, um unseren Busfahrer und seine Kollegen in fürchterliche Wut zu bringen. Er wandte sich an die beiden Männer: »Habt ihr vergessen, daß ihr in einem muslimischen Land seid? Wir werden euch gleich daran erinnern!« Unsere Verfolger starrten uns ganz böse an. Ich spuckte beiden mitten ins Gesicht und spielte meine Rolle weiter: »Ich bin ein verlobtes muslimisches Mädchen! Habt ihr gar keinen Funken Ehrgefühl? Entschuldigt euch jetzt wenigstens vor allen Leuten hier!« Sie wollten mir ihre Hände zur Entschuldigung reichen. Ich schimpfte weiter: »Ich habe mich gerade für das Gebet gewaschen. Ich kann jetzt keinem Mann die Hand geben. Das müßten Sie doch eigentlich wissen, wenn Sie auch nur ein Funken Respekt vor unserer Religion hätten!«

Meine Freundin Ayse hatte diese Unterhaltung mit Spannung verfolgt und konnte ihr Lachen jetzt kaum noch zurückhalten. Sie hatte ganz vergessen, weiter die Kranke zu spielen. Obwohl ich die Stirn runzelte und versuchte, ihr Zeichen zu geben, saß sie ganz normal aufrecht auf dem Boden und wollte gerade dem anderen Konterguerilla ihre Hand reichen. Sie dachte überhaupt nicht mehr daran, daß sie ebenfalls eine muslimische Frau zu spielen hatte. Schnell ergriff ich ihre Hand und schrie die beiden Männer an: »Lassen Sie Ihre schmutzigen Pfoten von meiner kranken Schwester weg!« Ich wandte mich an den Busfahrer: »Ich möchte meinen Onkel anrufen und ihm unsere Verspätung mitteilen, damit er sich keine Sorgen macht. Können Sie mich freundlicherweise zur Telefonzelle begleiten? Ich traue diesen beiden Männer immer noch nicht.« Mehrere Busfahrer antworteten ganz enthusiastisch: »Aber liebe Schwester, so lange wir noch auf der Welt sind, werden wir dich immer beschützen. Wie viele von uns sollen mitkommen?« – »Ach, so viele sind gar nicht nötig! Passen Sie bitte nur auf diese beiden Männer hier auf, damit sie uns nicht nachkommen können!« Ich konnte nun meinen Kontaktmann in Igdir in Ruhe anrufen und ihn vor den beiden Konterguerillas warnen, die uns folgten. Er sollte, wenn er uns erkannt hatte, nur kurz Blickkontakt aufnehmen, aber sonst mit keiner Geste andeuten, daß wir etwas miteinander zu tun hatten. Wir würden dann versuchen, unsere Verfolger abzuschütteln und ihm unauffällig folgen.

Nach unserer Zwangspause stiegen wir alle wieder in den Bus. Der Fahrer befahl den beiden Männern, ganz hinten Platz zu nehmen, damit sie uns nicht stören konnten. Die ganze Fahrt über dachte ich nach. Was hatten die beiden Konterguerillas vor? Wollten sie uns tatsächlich töten, oder sollten wir nur als Lockvögel benutzt werden, um unsere Kollegen in die Falle zu locken? Was war das für eine Freiheit, wenn wir uns jeden Tag in Lebensgefahr befanden und bei allem, was wir taten, uns genau unsere nächsten Schritte überlegen mußten? Kalte Wut stieg in mir hoch. Ich wünschte mir in diesem Moment nur eins: Endlich eine Kalaschnikow in der Hand halten und diese ganze Mistbande umlegen!

Gegen Abend kamen wir in Igdir an. Wir stiegen ganz schnell aus dem Bus und hofften, daß die beiden Konterguerilla uns nicht so schnell folgen konnten. Zwei PKK-Kollegen holten uns von der Haltestelle ab. Sie hielten sich genau an die Anweisungen und liefen einige Meter vor uns her. Kein Außenstehender konnte bemerken, daß wir etwas miteinander zu tun hatten. Sie führten uns durch viele kleine Gassen und wechselten dauernd die Richtung. Schließlich waren wir ziemlich sicher, daß uns die Konterguerillas nicht hatten folgen können. Sie führten uns dann zu sich nach Hause, wo sie uns erst einmal bewirteten. In der Nacht wechselten wir aus Sicherheitsgründen nochmals unser Quartier. Dort versorgten wir uns mit Proviant und Wolldecken und machten uns mit einem Führer von der PKK-Miliz in Richtung Ararat auf, wo wir ein Treffen mit den Guerilla verabredet hatten, die uns mitnehmen wollten. PKK-Milizen sind Unterstützer der PKK, die einem normalen Beruf nachgehen, aber der PKK durch Botengänge,

Mitgliederwerbung, Beschaffung von Informationen und Ausrüstung behilflich sind.

Am vereinbarten Treffpunkt warteten meine Freundin und ich drei Tage. Die Nächte waren entsetzlich kalt, und unsere Wolldecken boten kaum genügend Schutz vor den eisigen Winden. Als auch nach drei Tagen noch keiner gekommen war, hatten wir kaum noch Hoffnung, daß unser sehnlichster Wunsch, uns endlich den kämpfenden Truppen anzuschließen, doch noch in Erfüllung gehen würde.

Am dritten Tag frühmorgens kam unser Führer zurück. Er war erstaunt, daß wir noch am Leben waren und immer noch warteten. Er erzählte uns, daß die Guerillas nicht kommen könnten. Sie waren überraschend in Kämpfe verwickelt worden, und jetzt wurde das Gebiet vom türkischen Militär durchkämmt. Ständig überflogen Kampfhubschrauber die Region. Die Kollegen waren daher gezwungen gewesen, sich zu verstecken. Ihnen war es unter diesen Umständen auch unmöglich gewesen, uns vorher zu benachrichtigen, daß sie nicht würden kommen können. Er schlug vor, bei einer zweiten Kontaktadresse in Dersim unser Glück zu versuchen.

Wir gingen erst einmal zu ihm nach Hause, um uns aufzuwärmen und etwas zu essen. Dann wollten wir uns auf den Weg nach Dersim machen. Unser Führer bestand darauf, uns zu begleiten. Wir lehnten seine Hilfe zunächst ab, da er sich selbst nur unnötig gefährdete. Er ließ sich aber nicht davon abbringen. Wir fuhren also zusammen mit ihm im Bus nach Dersim und machten uns von dort aus zu Fuß auf den Weg in unser Dorf. Schon auf der Strecke fiel mir auf, daß alles so seltsam ruhig war. Schnell legten wir den letzten Teil des Weges zurück und kamen endlich am Haus meines Onkels an. Wir klopften, aber es öffnete keiner. Was konnte passiert sein? Wir liefen dann schnell zu meinem Elternhaus, um zu sehen, ob sich dort noch jemand aufhielt.

Auf der großen Terrasse vor unserem Haus saßen mein Onkel und meine Tante. Mir fiel ein Stein vom Herzen. Sie lebten! Wir fielen einander schluchzend in die Arme. Wie lange hatten wir alle diesen Moment herbeigesehnt! Alle redeten wirr durcheinander, nachdem wir vor Rührung zunächst fast kein Wort herausgebracht hatten. Ich begrüßte auch Hasan und Gül, die neue Schwiegertochter meines Onkels. Sein Sohn Mustafa hatte inzwischen geheiratet. Aber es war nur ein kurzer Moment des Glücks. Irgend etwas fehlte. Wo waren Veli und die anderen Söhne meines Onkels? Wo meine Geschwister und meine Mutter?

Dieses Haus gehörte doch eigentlich meinen Eltern. Warum hielt sich dann die Familie meines Onkels hier auf? Ich wollte soviel fragen, aber ich brachte kein Wort heraus. Das merkten auch die anderen. Meine Tante wandte sich mir liebevoll zu: »Devrim, ich muß dir etwas sagen. Aber sei bitte nicht traurig!« Mein ganzes Blut wich mir aus dem Gesicht. Ich rechnete fest damit, daß sie jetzt gleich sagen würde, daß alle tot seien.

Wie durch einen Schleier hörte ich sie dann fortfahren: »Seit du im Gefängnis warst, sind die Soldaten von der Karakolstation fast jeden Tag bei uns und bei deiner Mutter gewesen. Sie wußten natürlich, daß du wegen deiner Sympathie zur PKK inhaftiert warst. Darum wurde unsere ganze Familie als politisch verdächtig angesehen. Als Bürgermeister unserer Gemeinde ist dein Onkel für sie sowieso eine besondere Zielscheibe, da er sich immer geweigert hat, mit den türkischen Sicherheitskräften zusammenzuarbeiten. Sie wollten daher unbedingt etwas finden, was uns belasten würde.« Ich unterbrach sie, da ich es nicht mehr aushalten konnte: »Mama, nun sag schon, was mit meiner Mutter und meinen Geschwistern passiert ist. Sind sie etwa alle tot?!« Sie beruhigte mich: »Aber liebes Kind, nein! Keiner von ihnen ist tot. Sie sind jetzt fast alle in Istanbul oder in Deutschland.« Mein Onkel erzählte mir dann unter Tränen: »Wir wollten es dir im Gefängnis nicht erzählen, um dir nicht das Herz schwer zu machen. Die Soldaten haben deine Mutter ständig wieder gequält, um von ihr zu erfahren, wo dein Vater und deine Schwestern sind. Sie konnte es schließlich nicht mehr aushalten und ist zu deinem Vater nach Deutschland gegangen. So, mein Kind, soweit zu dem, was mit deinem Nest passiert ist!«

Dann erzählte er mir, was seine Familie in der Zwischenzeit erleiden mußte: »Erinnerst du dich, dein Cousin Murat hatte doch schon, bevor du verhaftet wurdest, Probleme. Nachdem er auf der Karakolstation schwer gefoltert worden ist, hat er das Land verlassen und ist ins Ausland gegangen. Seine Aufgaben bei der PKK hat danach mein Sohn Mustafa übernommen. Irgend jemand muß ihn verraten haben und den Leuten von der Karakolstation gesagt haben, daß er für die PKK arbeitet. Er mußte fliehen und ist jetzt bei deiner Schwester in Istanbul, obwohl seine Frau im dritten Monat schwanger ist. Von nun an mußte ich jeden Tag auf die Karakolstation zum Verhör. Sie wollten von mir wissen, wo meine beiden Söhne sich aufhielten. Du kennst ja ihre Methoden! Wenn ich einen Tag nicht zur Karakolstation ging, weil ich mich kaum noch bewegen konnte, kamen sie mich holen. Dann war es noch schlimmer für mich. Auch dein Milchbruder Veli hatte die gleichen Probleme mit den Soldaten der Karakolstation wie ich selbst. Damit ihm nicht noch etwas Schlimmeres passiert, habe ich ihn auch nach Istanbul zu deiner Schwester geschickt. Da nun das Haus deiner Eltern leer steht und unser Haus sowieso alt und baufällig ist, sind wir hierhin umgezogen.«

In neun Monaten war also sehr, sehr viel passiert. Als ich nun alles so auf einmal hörte, war das fast zu viel für mich. Das ganze Dorf kam mir auf einmal ganz leer und verlassen vor. Die Mutter meiner Freundin Ayse wohnte ebenfalls nicht mehr hier. Sie war inzwischen alt und konnte nicht mehr alleine leben. Sie war daher zu ihrem Bruder in ein anderes Dorf gezogen. Auch viele andere hatten aus Angst vor den ständigen Übergriffen das Dorf verlassen. Von unserem einst so großen und schönen Dorf waren insgesamt nur noch zwei Familien übriggeblieben, wovon eine die Familie meines Onkels war.

Sollte unser Leid denn nie ein Ende haben? In mir war nur noch Haß. Ich wollte kämpfen, nichts als kämpfen! Man mußte es diesen Bestien doch endlich einmal zeigen. Ich versuchte nun, mit Hilfe unseres Führers aus Igdir die Kontaktadresse in Dersim, die uns von der PKK gegeben worden war, zu erreichen. Sie existierte aber schon lange nicht mehr. Der türkische Sicherheitsdienst war leider schneller als wir gewesen. Was konnten wir nun noch anderes tun, als in unserem Dorf zu warten, bis die Kämpfer der PKK wieder einmal unser Dorf besuchen würden? Ayse ging zu ihrer älteren Schwester, die in einem anderen Dorf verheiratet war. Sie wollte dort warten und mich sofort benachrichtigen, wenn sie jemanden von der PKK zu sehen bekam. Ich versprach ihr, dasselbe zu tun, wenn bei uns Kämpfer der PKK auftauchten.

In den nächsten Tagen war ich mit Hasan unterwegs. Oh, wie genoß ich die herrliche Umgebung unseres Dorfes nach der langen Gefängniszeit! Hasan kletterte mit mir in den Bergen herum, unter uns lag der tiefblaue See, über uns nichts als der azurblaue Himmel. Wir strichen durch die bunt gefärbten Wälder und lauschten dem Plätschern der Bergquellen. Trotz aller Schrecken gab es Momente, in denen ich mich völlig frei und unbeschwert fühlte. Aber leider dauerte das nicht lange.

Als wir von einem unserer Ausflüge nach Hause zurückkehrten, warnte mich mein Onkel. Er habe gesehen, daß Soldaten auf dem Weg in unser Dorf seien. Ich wollte mit ihnen nichts zu tun haben und versteckte mich im Bett. Aber das half nichts. Sie drangen ins Haus ein und durchsuchten alles von oben bis unten. Sie fanden mich im Bett liegend vor und richteten sofort ihre Waffen auf mich: »He, wen haben wir denn hier? Was macht die denn hier? Die ist bestimmt von der Guerilla!« Meine Tante fiel ihnen sofort ins Wort: »Lassen Sie sie bloß in Ruhe! Sie ist gerade vor vier Tagen aus dem Gefängnis entlassen worden. Sie ist krank. Sie kann nicht aufstehen.« – »Na gut, dann gib uns mal ihren Entlassungsschein und ihren Ausweis!« Ich sagte meiner Tante, wo sie diese Dokumente finden könne, und sie gab sie den Soldaten. Der Soldat schnauzte mich an: »Hier steht doch, daß du dich regelmäßig bei uns zu melden hast. Warum bist du nicht sofort zu uns gekommen und hast gesagt, daß du entlassen bist?« Ich konnte kaum noch an mich halten.

Am liebsten hätte ich ihm meinen Haß ins Gesicht geschrien. Aber das hätte alles nur noch schlimmer gemacht. Ich antwortete also mit mühsamer Beherrschung ganz höflich: »Ich kann nicht aufstehen. Außerdem habe ich gehört, daß ihr sowieso fast jeden Tag hierher kommt, warum soll ich dann extra zu euch kommen? Ich bin krank.« Der Soldat erwiderte höhnisch: »Na, das Gefängnis hat dir wohl sehr gut getan, wenn du noch eine solche spitze Zunge führen kannst! Na gut, wir wollen mal besonders nett sein, und dich hier ein paar Tage Urlaub machen lassen. Aber dann mußt du dich jeden Tag in Peri auf der Karakolstation melden!«

Ich antwortete nicht. Was hätte ich auch sagen sollen? Sie gingen dann weiter zu Gül, der Ehefrau meines Cousins Mustafa, und fragten sie: »Na, Gül, vielleicht ist dein Mann ja heute nacht gekommen. Kannst du uns immer noch nichts sagen? Wir haben heute auf der Karakolstation in Peri extra für dich einen Frauenarzt organisiert. Er wird sicher herausfinden, wie du und dein Mann es heute nacht zusammen getrieben habt.« Sie brach in Tränen aus: »Bitte, haben Sie doch Mitleid! Ich verspreche Ihnen, daß ich Ihnen sofort, wenn ich etwas von meinem Mann höre, Meldung mache. Ich komme dann bestimmt zu Ihnen. Sie müssen sich gar nicht die Mühe machen, jeden Tag hierher zu kommen!« – »Na gut, dieses Mal werde ich dir noch glauben. Aber wir kommen bald wieder. Dann werden wir den Frauenarzt mitbringen. Ich hoffe für dich, daß dir bis dahin etwas Neues einfällt!« Danach verließen die Soldaten wieder das Haus.

Mein Onkel warnte mich: »So wie ich die Sache sehe, wirst du mit dieser Bande bald schwere Probleme bekommen. Es wird das beste sein, du versteckst dich!« Ich erwiderte: »Ach, laß uns erst mal abwarten! Ich will sowieso bald mit der PKK gehen. Vielleicht habe ich bis dahin Glück!« Hasan nahm mich etwas zur Seite und zeigte mir seine neuen Stiefel und seine neue grüne Hose: »Guck mal, Devrim, das habe ich mir gekauft! Dann habe ich etwas anzuziehen, wenn ich zur PKK gehe.« Ich weinte. Er war gerade vierzehn Jahre alt. Wie konnte er in seinem Alter schon an so etwas denken! »Du bist doch noch viel zu klein. Aber ich habe dir doch versprochen, daß ich dich ganz sicher in zwei Jahren holen werde, wenn ich jetzt zu den Guerillas gehe.« Auf der anderen Seite konnte ich ihn nur zu gut verstehen. Hier zu bleiben und jeden Tag in Angst vor den türkischen Sicherheitskräften zu leben? Tag für Tag mitanzusehen, wie seine Eltern und nächsten Angehörigen geschlagen und gedemütigt wurden?

Aber ich wollte für ihn kein Vorbild sein. Jedes Türklopfen konnte mein Ende bedeuten. Gut, man hatte mich freigelassen, aber was für eine Freiheit war das schon? Wenn ich jeden Tag nach Peri gehen mußte, um meiner Meldepflicht nachzukommen, wäre ich den ganzen Tag unterwegs. Ich hätte also keine Zeit mehr gehabt, noch irgendetwas anderes zu tun, geschweige denn meinen Lebensunterhalt zu verdienen. Auf der Karakolstation müßte ich immer damit rechnen, geschlagen, gedemütigt oder sogar erschossen zu werden. Nein, ich wollte nicht wie ein Opferlamm darauf warten, bis sie mich schließlich töteten.

13
Zerbrochene Ideale

Die Ermordung meines Onkels durch die PKK

Der 12. Oktober 1992 war ein Tag in meinem Leben, den ich nie vergessen werde. Irgendwie quälten mich den ganzen Tag über böse Vorahnungen. Wir standen wie immer früh auf. Mein Onkel schlachtete ein Schaf als Dankesopfer dafür, daß ich das Gefängnis überlebt hatte. Früher, als unsere beiden Familien noch vereint gewesen waren, hatten wir bei solchen Gelegenheiten immer zusammengesessen und gelacht und gescherzt. Jetzt konnten wir das nicht mehr. Zu viele liebe Menschen konnten nicht mehr bei uns sein. Besonders mein Onkel litt darunter sehr. Er wurde während des Essens immer trauriger. Nur Kader, die kleine zweijährige Tochter meines Onkels, die er über alles liebte, ließ sich von unserer Traurigkeit nicht anstecken. Sie hatte ganz blondes Haar und war ein sehr übermütiges Kind. Sie tollte auch jetzt um uns herum. Mein Onkel streichelte ihr gedankenverloren über das Haar. Drei Söhne und eine ältere Tochter waren nicht mehr bei ihm, ihm waren nur noch sein jüngster Sohn Hasan und seine kleine Tochter Kader geblieben.

Wir verbrachten den ganzen Nachmittag in dieser melancholischen Stimmung. Abends gegen halb acht, als wir gerade beim Abendbrot saßen, schlugen auf einmal die Hunde an. Ich wollte gerade aufstehen, um nachzusehen, da erhob sich mein Onkel schon: »Bleib sitzen, das können nur Konterguerillas sein! Soldaten kommen um diese Zeit nicht mehr, da sie sich aus Angst vor der PKK niemals abends in die Berge wagen. Wären es PKK-Guerillas, würden die Hunde niemals so laut bellen. Unsere Hunde sind intelligent genug, um zwischen unseren Freunden und unseren Feinden zu unterscheiden.« Ich wußte sofort, daß, falls es sich wirklich um Konterguerillas handelte, sie nur hinter mir her sein konnten. Wenn schon jemand erschossen werden sollte, wollte ich es lieber selbst sein. Darum stand ich sofort auf, um noch vor meinem Onkel an der Tür zu sein.

Zu meiner Freude waren es fünf PKK-Guerillas, die zu uns den Berg hinaufstiegen. Einen davon kannte ich sehr gut, da ich ihn selbst für die PKK geworben hatte. Das war nun also das erste Mal, daß ich wirklich bewaffnete Kämpfer der PKK sah. Wie lange hatte ich auf diesen Augenblick gewartet! So schnell ich konnte, rannte ich ihnen entgegen. Ich schüttelte dem Kämpfer, der mir persönlich bekannt war, überschwenglich die Hand und begrüßte auch die anderen, danach machten wir uns gemeinsam auf den Weg zum Haus. Unterwegs erzählte ich ihnen, daß ich gerade aus dem Gefängnis entlassen worden sei und daß meine Freundin und ich uns ihnen sofort anschließen wollten. Ich hatte erwartet, daß sie sich zumindest etwas freuen würden, aber sie antworteten nur ganz kalt: »Nein, so geht das nicht. Wir können euch nicht so einfach mitnehmen. Ihr müßt zumindest noch drei Tage warten. Dann kommen wir wieder und können euch holen!«

Trotz meiner freundlichen Einladung setzten sie sich in unserem Haus gar nicht erst hin, sondern baten Hasan, zwei von ihnen sofort zu unserem Nachbarn zu führen. Hasan hatte nur offene Schuhe und ein kurzärmeliges Hemd an. Trotz der Kälte ließen sie ihm nicht einmal Zeit, sich etwas Wärmeres anzuziehen, sondern gingen sofort mit ihm hinaus. Die drei anderen Guerillas blieben bei uns zurück. Sie sagten zu uns, daß sie mit meinem Onkel etwas zu besprechen hätten und daß wir im Haus warten sollten. Dann gingen sie mit meinem Onkel hinaus.

Wir warteten ungefähr fünf Minuten. Dann kam mir das Ganze etwas merkwürdig vor. Was konnten sie wohl so lange mit meinem Onkel zu bereden haben? Ich nahm die kleine Tochter meines Onkels auf den Arm und ging mit ihr hinaus. Ich hörte ihre Stimmen. Sie befanden sich offenbar hinter der Lehmwand, die als Windschutz für unsere Terrasse diente. Plötzlich gellten die Salven von Kalaschnikows durch die Nacht. Kader umklammerte mit ihren Ärmchen ganz fest meinen Hals und schrie und schrie.

Ich begriff überhaupt nichts. Kurz darauf hörten sie auf zu schießen, aber das Echo ihrer Waffen wurde von den Bergwänden noch eine Weile hin- und zurückgeworfen. In meiner Panik schüttelte ich das kleine Kind auf meinem Arm. Ich dachte, Kader sei erschossen worden. Ich tastete mit meiner Hand nach Blut. Schließlich begriff ich, daß sie nur ohnmächtig war.

Meine Tante und die Schwiegertochter meines Onkels hatten das Schießen auch gehört und kamen nun herbeigestürzt. Irgend jemand hatte die Außenbeleuchtung angeschaltet. Als sie das Kind regungslos auf dem Boden liegen sahen, stürzten sie zu ihm, ich lief sofort auf die andere Seite der Wand. Dort war es dunkel. Es war kein Mensch mehr da. Ich hörte nur, wie etwas in den Kies sickerte, mit dem unsere Terrasse befestigt war. Zu sehen war in der Dunkelheit nichts. Ich tastete mit meinen Händen herum, und fühlte plötzlich einen warmen menschlichen Körper und eine warme, klebrige Flüssigkeit an meinen Fingern. Mein Onkel hatte durch einen Unfall schon als Junge seine rechte Hand verloren. Als ich jetzt den Stumpf fühlte, wußte ich, wer da vor mir lag. Mit einem Aufschrei brach ich über seinem leblosen Körper zusammen. Die anderen beiden Frauen hatten meinen Schrei gehört und kamen herübergerannt. Sie halfen mir, meinen Onkel ins Licht zu ziehen. Irgendwie hatten wir noch die unsinnige Hoffnung, daß er vielleicht nur schwer verletzt wäre. Aber er war tot.

Ich konnte zunächst gar nicht richtig begreifen, was eigentlich passiert war. Mehr instinktiv fragte ich meine Tante: »Hast du Hasan gesehen? Wo ist er? Ist er zurückgekommen?« Wir liefen zusammen schnell zu unserem Nachbarn und fragten dort nach Hasan und den Guerillas. Die Nachbarin öffnete uns die Tür und war ganz erstaunt: »Hasan? Der war gar nicht hier! Wir haben ihn nicht gesehen.« Ich brüllte, so laut ich konnte, Hasans Namen in die kalte und windige Nacht hinaus. Aber keine Antwort. Die Guerillas hatten Hasan offenbar mitgenommen.

Voller Verzweiflung ging ich mit meiner Tante wieder zur Leiche meines Onkels zurück. Sein ganzer Körper war von Kugeln förmlich zerfetzt worden. Wenn ich nicht mit meinen eigenen Augen gesehen hätte, daß die PKK meinen Onkel erschossen hatte, hätte ich es niemals geglaubt. Aber so konnte ich der Wahrheit nicht ausweichen. Wir knieten bei meinem Onkel. Überall war nur noch Blut. Kader zupfte ihren Vater vorsichtig am Arm: »Papa komm! Laß uns nach Hause gehen! Hier ist es kalt!« Obwohl sie in ihrem Alter noch nicht richtig begriff, was Tod wirklich bedeutete, war sie ganz durcheinander. Sie redete ununterbrochen auf ihren Vater ein. Die Worte des kleinen Mädchens schnitten mir wie Messerstiche ins Herz. Mein Onkel blutete und blutete. Das Blut hörte einfach nicht auf zu fließen. Warum war nicht ich gestorben? Warum mußte jetzt dieses kleine unschuldige Mädchen ohne Vater aufwachsen? Was hatte sie denn verbrochen? Noch vor einer halben Stunde hatte ich mit meinem Onkel am Tisch zusammengesessen. Er war gesund und munter gewesen. Jetzt lag er hier tot auf dem Boden. Mit seinem vierzehnjährigen Sohn Hasan war ich aufgewachsen. Hasan wollte doch freiwillig zur PKK gehen. Er hatte sich doch schon die Kleidung dafür gekauft. Warum schleppten sie ihn nun mit Gewalt fort? Warum durfte er nicht einmal seine neuen Sachen anziehen? Warum hatten sie nicht mit mir darüber gesprochen? Warum hatten sie meinen Onkel umgebracht? Diese Fragen kreisten immer wieder und wieder in meinem Kopf.

Die PKK war für mich alles gewesen. Sie hatte mich gelehrt, die Welt bewußt zu sehen. Sie hatte mir die Augen für das politische Unrecht in meinem Land geöffnet. Sie hatte mir die Kraft gegeben, Folter und Gefängnis zu überleben. Ich kannte die Gesetze der PKK gut. Es war nicht ihre Art, Menschen wie meinen Onkel einfach zu ermorden. Selbst wenn mein Onkel ein Verräter an der Sache des kurdischen Volkes gewesen wäre, hätte er nach den Gesetzen der PKK erst dreimal vorher verwarnt werden müssen. Sie hätten auch zunächst mit seinen nächsten Verwandten über das Problem sprechen müssen. Hätte er auch dann noch seinen Verrat fortgesetzt, so hätten sie ihn wahrscheinlich töten müssen, um die anderen Kollegen nicht in Gefahr zu bringen. Normalerweise ließen sie dann aber einen Zettel zurück, auf dem der Grund für seine Ermordung angegeben gewesen wäre.

Gehörten seine Mörder vielleicht doch der Konterguerilla an? Die konnte es aber auch nicht gewesen sein, da ich einen der Mörder persönlich kannte und ihn selbst zur PKK gebracht hatte. Ich traute ihm einfach nicht zu, daß er, aus welchen Gründen auch immer, die Seite gewechselt hatte.

Ich mußte sofort die Söhne meines Onkels in Istanbul telefonisch benachrichtigen. Aber was sollte ich ihnen bloß sagen? Ich mußte auch meinen Vater in Deutschland informieren. Er war Vorsitzender einer PKK-Gruppe in einem kleinen Dorf in Deutschland. Auch Murat, der älteste Sohn meines Onkels, mußte davon erfahren. Er hatte ähnliche Aufgaben in einem anderen Dorf übernommen. Sie hatten beide Kurdistan verlassen müssen, weil sie die PKK unterstützten. Für sie mußte also, genauso wie für mich, eine Welt zusammenbrechen, wenn sie von der Hinrichtung meines Onkels durch die PKK erfuhren. Noch wichtiger war, was ich den Nachbarn in unserem und den umliegenden Dörfern sagen sollte. Sie hatten durch unsere Familie die PKK erst kennengelernt. Was würden sie denken, wenn sie erführen, wer meinen Onkel ermordet hatte? Würden sie sich nicht fragen, was die PKK erst ihnen antäte, wenn sie jetzt schon damit begann, ihre eigenen Leute zu ermorden?

Ich rief dann als nächstes die Redaktion der Zeitung *Özgür ülke* an und bat sie, sofort zu kommen, es wäre etwas Schreckliches passiert. Dann telefonierte ich mit den Söhnen meines Onkels Mustafa und Veli in Istanbul. Sie konnten die Nachricht überhaupt nicht begreifen. Warum sollte die PKK einen Mann ermorden, der sie immer unterstützt hatte? Mustafa konnte nicht zur Beerdigung kommen, da er von den Sicherheitskräften per Haftbefehl gesucht wurde. Für Veli war es auch sehr gefährlich, obwohl er nicht offiziell zur Fahndung ausgeschrieben war, aber er wollte dieses Risiko trotzdem eingehen. Danach rief ich auch in Deutschland an. Mein Vater und mein Cousin Murat waren völlig fassungslos. Sie wollten immer mehr Einzelheiten von mir erfahren – aber was hätte ich ihnen sagen sollen? Wie konnte ich ihre Fragen beantworten, wenn ich selbst keine Erklärung für das Geschehene hatte?

Bald darauf kamen die Reporter von der *Özgür ülke*. Ich erzählte ihnen in allen Einzelheiten, was vorgefallen war. Auch sie konnten nicht glauben, daß die PKK so etwas tun würde, und rieten mir, erst einmal abzuwarten. Sie wollten mit der PKK Kontakt aufnehmen, um herauszufinden, welche Hintergründe dieser Mord hatte. Vielleicht gehörte diese Gruppe ja doch zu den Konterguerillas, und der eine, den ich persönlich kannte, war ein Überläufer gewesen. Man konnte einem Menschen schließlich nicht hinter die Stirn gucken. Sie wollten daher in ihrem Artikel zunächst schreiben, daß mein Onkel vermutlich von der Konterguerilla ermordet worden wäre. Nur sie hatte schließlich wirklich ein Motiv. Noch in der Nacht des Mordes hatte immer wieder das Telefon geklingelt. Ich nahm an, daß es Soldaten von der Karakolstation in Peri waren, die die Schüsse gehört hatten. Trotzdem ging ich nicht ans Telefon.

Um vier Uhr morgens kamen dann über zweihundert Soldaten in unser Dorf. Sie durchkämmten auch die ganzen Berghänge. Sie verhörten uns einzeln. Sie wollten wissen, wer meinen Onkel ermordet hatte. Ich antwortete: »Das können nur Sie gewesen sein! Wer außer Ihnen hat denn meinen Onkel immer so gequält und bedroht?« In diesem Moment glaubte ich selbst daran, daß es wirklich so gewesen war. Es konnten einfach nur die Konterguerillas für dieses Verbrechen verantwortlich sein. Mein Bekannter mußte ein Überläufer sein. Aber kurz darauf kamen mir an dieser Theorie schon wieder Zweifel.

Am nächsten Tag beerdigten wir meinen Onkel. Wir wußten nicht, ob wir über seinem Grab die Fahne der PKK wehen lassen sollten. Er hatte sein ganzes Leben für diese Organisation gekämpft. Trotz Folter und ständiger Übergriffe auf seine Familie war er immer standhaft geblieben. Aber war es jetzt vielleicht auch die Fahne seiner Mörder? Wir zogen schwarze Kleidung an, und die Frauen trugen schwarze Kopftücher. Über hundert Leute waren gekommen. Mein Onkel war in der Umgebung bei allen Menschen sehr beliebt gewesen. Die Beerdigungszeremonie war noch nicht ganz zu Ende, da fuhren mehrere Mannschaftswagen mit Soldaten vor. Am offenen Grab meines Onkels brüllten sie laute Befehle, beschimpften und beleidigten die Trauergäste in rüdem Ton. Sie trieben uns zusammen und kontrollierten unsere Ausweise. Warum hatten sie nicht einmal mehr Respekt vor dem Tod und unserer Trauer? Ich hielt es für gefährlich, den sowieso gereizten Soldaten meinen Ausweis zu zeigen. Sie hätten mich wahrscheinlich gleich auf die Karakolstation mitgenommen. Zum Glück half mir ein Nachbar, indem er mich als seine Tochter ausgab. Er meinte zu den Soldaten: »Sie hat ihre Papiere zu Hause vergessen. Es tut mir leid, aber ich kann sie sofort holen. Sie ist ganz bestimmt meine Tochter. Bitte, glauben Sie mir!« Ich hatte mir das Kopftuch so vor mein Gesicht gezogen, daß man mich nicht so leicht erkennen konnte.

Dann kam die Reihe auch an meinen Milchbruder Veli. Kaum hielten die Soldaten seinen Ausweis in der Hand, da brüllten sie ihn an und schlugen ihn vor den versammelten Trauergästen brutal zusammen. Dann zerrten sie ihn in ihren Wagen und fuhren mit ihm davon. Ich konnte ihm nicht helfen. Hätte ich mich eingemischt, wäre ich auch verhaftet worden. War es denn nie genug? Wie gern hätte ich mich mit Veli nach der Beerdigung in Ruhe unterhalten. Warum ließ man uns nicht wenigstens zusammen weinen?

Ich überlegte, was ich jetzt tun sollte. Ich wollte unbedingt wissen, was mit Hasan geschehen war, und ich wollte herausfinden, ob die PKK wirklich die Ermordung meines Onkels befohlen hatte. Ich wußte, daß es gefährlich war, aber hatten die Guerillas nicht gesagt, daß sie in drei Tagen wiederkommen würden, um uns abzuholen? Ich wollte unbedingt mit ihnen sprechen. Dazu mußte ich also noch zwei Tage warten.

Einfach zu Hause zu bleiben, war zu gefährlich. Ich nahm etwas zu essen und zu trinken mit und versteckte mich in den Bergen. Zu meiner Tante sagte ich, daß sie mich unbedingt informieren müßte, falls die Guerillas zurückkämen. Als nach der zweiten Nacht immer noch niemand von den Guerillas gekommen war, kehrte ich nach Hause zurück. Weder meine Tante noch Gül hatten etwas von Veli, Hasan oder der PKK gehört. Meine Tante flehte mich an: »Devrim, laß doch den Unsinn! Sie kommen ganz bestimmt nicht so schnell zurück. Für dich ist es hier viel zu gefährlich. Nimm Gül mit und geh zusammen mit ihr zu deiner Schwester nach Istanbul! Tu es für mich! Ich bitte dich!« Ich sah auch ein, daß dies das Beste war, was ich im Moment tun konnte.

Ich konnte nicht mit meinem eigenen Ausweis reisen, da ich mich nicht außerhalb meines Dorfes aufhalten durfte. Ich lieh mir den Ausweis einer minderjährigen Tochter eines unserer Nachbarn und verschleierte mich. In der Türkei sind die Ausweise von Minderjährigen nicht mit Bild versehen, daher war nicht zu befürchten, daß der Schwindel schnell auffliegen würde. Wir erreichten auch ohne Schwierigkeiten mit dem Bus Istanbul.

Meine Schwester und Mustafa, der Sohn meines Onkels und Güls Ehemann, holten uns von der Bushaltestelle ab. Wieder wurden die Ereignisse der letzten Tage von vorn durchgekaut. Ich konnte nicht mehr! Es war mir einfach unmöglich, mich auf irgend etwas zu konzentrieren. Alles schien für mich irgendwie irreal. Ich hatte, gleich nachdem wir in Istanbul angekommen waren, mit meiner Tante telefoniert und sie gefragt, ob sie von Hasan oder Veli etwas gehört habe. Aber das war nicht der Fall gewesen. Dann hatte ich die Redaktion der *Özgür ülke* in Dersim angerufen und mich erkundigt, ob sie neue Informationen über Hasan hätten. Ich berichtete ihnen auch von der Festnahme Velis und bat sie, wenn möglich seinen jetzigen Aufenthaltsort zu ermitteln und Menschenrechtsorganisationen über seinen Fall zu informieren.

In der Wohnung meiner Schwester schloß ich mich sofort in mein Zimmer ein. Ich wollte mit niemandem mehr sprechen. Ich wollte keinen mehr sehen. Auch die liebevollen Annäherungsversuche meiner Schwester wies ich schroff zurück. Ich war der Meinung, ihrer Liebe nicht mehr würdig zu sein. Irgendwann sagte meine Schwester zu mir: »Devrim, du kannst jetzt wieder lachen. Stell dir vor, Veli ist entlassen worden! Ist das nicht toll? Er kommt jetzt auch hierher nach Istanbul!« Zuerst dachte ich, sie wolle mir nur eine Freude machen, um mich aus meiner Lethargie zu reißen. Ich konnte zunächst nicht an die frohe Botschaft glauben.

Am nächsten Tag klopfte jemand an meiner Tür. Ich nahm an, daß nur wieder meine Schwester oder mein Schwager mit mir reden wollten. Aber es gab doch nichts mehr zu sagen. Ich öffnete daher nicht. Da hörte ich auf einmal die Stimme Velis. Ich riß die Tür auf und fiel ihm in die Arme. Bestimmt über eine Stunde brachten wir kein Wort heraus, sondern weinten und schluchzten nur ganz laut vor uns hin. Er war ganz abgemagert. Der lange zerzauste Bart ließ seine Wangenknochen noch deutlicher hervortreten. Auf meine Fragen hin zeigte er mir die rotblauen, blutigen Striemen, die die Schlagstöcke überall an seinem Körper zurückgelassen hatten. Ich konnte diesen Anblick kaum ertragen.

Nur zu gut wußte ich, was sie ihm angetan haben mußten. Ich fragte ihn nach meiner Tante: »Wo ist Mama, warum hast du sie nicht mitgebracht?« – »Mama will nicht kommen. Sie will auf Hasan warten. Sie hofft immer noch, daß er wieder nach Hause kommt oder daß die PKK doch noch zu ihr kommt, um sich für den Tod meines Vaters zu entschuldigen.« Er unterbrach sich: »Devrim, es bringt nichts, wenn du dich hier einfach in dieses Zimmer einsperrst. Worauf wartest du eigentlich? Daß irgendein Wunder geschieht? Wir müssen selbst etwas tun! Laß uns zunächst falsche Papiere besorgen! Sonst sind wir auch hier nicht in Sicherheit!«

Wir besprachen, wie wir das am besten bewerkstelligen konnten. Schließlich kamen wir auf den Gedanken, einfach zur Stadtteilverwaltung zu gehen. Ich wollte mich dort als meine Cousine ausgeben und behaupten, daß ich meinen Ausweis verloren hätte. Ich besprach unseren Plan telefonisch mit meiner Cousine und erhielt von ihr auch alle erforderlichen Daten. Am nächsten Tag machte ich mich auf den Weg. Glücklicherweise gab es keine Probleme. Der Beamte glaubte meine Geschichte. Hätte es Schwierigkeiten gegeben, hätte ich versuchen müssen, ihm Geld anzubieten. Das war aber gar nicht nötig. Veli gelang es, auf ähnliche Weise einen Ausweis zu erhalten. Er benutzte den Namen eines Freundes. Natürlich war es ein Risiko zu versuchen, auf diese Art an einen Paß zu kommen, aber ohne gültigen Ausweis in Istanbul zu leben, wäre noch gefährlicher gewesen: Jede der regelmäßigen Ausweiskontrollen auf den Straßen der Stadt hätte uns zum Verhängnis werden können.

In der gleichen Nacht noch verließ ich ohne jemanden zu informieren das Haus. Ich ließ nur einen Zettel zurück, auf dem stand: »Ich komme wieder. Gruß Devrim«, und fuhr zum Büro der *Özgür ülke* in Dersim. Die Reporter hatten Neuigkeiten für mich: Bei der PKK bestehe seit 1992 die allgemeine Wehrpflicht. Das bedeute, daß alle Söhne einer Familie im PKK-Militär kämpfen müßten, also auch Hasan. Die PKK habe tatsächlich meinen Onkel ermordet. Sie sähen ein, daß das ein Fehler gewesen sei, und entschuldigten sich dafür, aber sehr viele Bürgermeister würden mit den türkischen Sicherheitskräften zusammenarbeiten und Spitzeldienste versehen. Darum habe es einen Befehl gegeben, sie zu eliminieren. Etwas später habe man eingesehen, daß ein solches Vorgehen von der eigenen Bevölkerung nicht akzeptiert würde und habe daher diesen Befehl wieder zurückgenommen.

Für mich brach eine Welt zusammen. Früher war ich bereit gewesen, alles für die PKK zu tun. Ich hätte jederzeit mein Leben für diese Organisation riskiert. Natürlich war mir klar, daß es keine Revolution ohne Blut geben konnte und daß in jeder Revolution Fehler gemacht wurden. Gut, sie hatten ihren Fehler offen zugegeben und sich dafür entschuldigt. Aber das machte meinen Onkel nicht wieder lebendig. Ich wußte, daß ich nicht wieder das Gleiche für die PKK würde empfinden können wie früher. Es schien mir, als fiele ich in einen endlos tiefen Schacht, aus dem es kein Entrinnen mehr gab. Was sollte für mich in meinem Leben überhaupt noch einen Sinn haben? Noch am gleichen Tag fuhr ich nach Istanbul zurück.

14
Illegal in Istanbul

Meine Flucht nach Deutschland

Wir lebten in Istanbul mit insgesamt neun Personen in einer ganz kleinen Wohnung. Arbeiten konnten wir nicht, weil wir nicht gemeldet waren. Auch unsere Pässe halfen da nicht viel: Bei einer eingehenden Kontrolle, etwa der Überprüfung unserer Fingerabdrücke oder unserer Unterschriften, wäre der ganze Schwindel aufgeflogen. Nur mein Schwager arbeitete und hatte ein bescheidenes Einkommen, das gerade für die Miete reichte. Wir hatten kaum etwas zu essen.

So konnte es nicht auf Dauer weitergehen. Mustafa und ich wurden als »Terroristen« gesucht, und es war nur eine Frage der Zeit, bis unsere Tarnung bei irgendeiner der vielen Polizeikontrollen auffliegen würde. Meinen Plan zu kämpfen, hatte ich nach der Ermordung meines Onkels aufgegeben. Die einzige Möglichkeit für uns war also, aus der Türkei zu fliehen. Für Veli war die Situation nicht ganz so gefährlich, da gegen ihn vermutlich noch kein Haftbefehl vorlag. Er wollte daher zunächst in Istanbul bleiben.

Für eine Flucht ins Ausland benötigten wir als erstes Geld. Mein Vater hatte sich von kurdischen Freunden in Deutschland Geld geliehen und schickte mir 5.000 Mark. Mustafa erhielt von seinem Bruder Murat ebenfalls Geld, so daß uns zusammen 10.000 Mark zur Verfügung standen. Jetzt mußten wir versuchen, einen Schlepper zu finden, der unsere Flucht organisierte. Wir hörten uns um und begannen, Kontakte zu knüpfen. Schließlich fanden wir jemanden, der bereit war, uns aus der Türkei herauszubringen. Aber er wollte uns erst nach Zahlung der gesamten Summe weiterhelfen.

Wir hatten mit solchen Leuten keinerlei Erfahrung, und wir waren es auch müde weiterzusuchen, darum gaben wir ihm die geforderten 10.000 Mark im voraus. Wir riefen ihn fast täglich an, aber er fand ständig eine neue Ausrede und hielt uns hin. Nach zwei Monaten hatten wir endlich begriffen, daß er uns nicht helfen wollte. Was sollten wir nun tun? Das Geld war weg, aber wir waren nicht einen Schritt weiter. Eine solche Gemeinheit konnte ich mir nicht so einfach gefallen lassen.

Eines Morgens stand ich schon ganz früh auf und ging allein zum Büro des Schleppers. Ich wartete in seinem Büro bis nachmittags um vier Uhr. Als er endlich kam, schrie ich ihn an: »Sie geben mir jetzt auf der Stelle das Geld zurück, oder ich werde Sie umbringen. Ich habe nichts mehr zu verlieren!« In diesem Moment war ich so verzweifelt, daß ich es wirklich ernst meinte. Zunächst weigerte er sich, doch nachdem ich zur Bekräftigung meiner Drohung seine Gardine angezündet hatte, gab er mir unser Geld zurück. Leider fehlten etwa 1.000 Mark.

Der nächste Schlepper, den wir fanden, ließ sogar vier Monate nutzlos verstreichen, obwohl er selbst Kurde war und wir daher von ihm mehr Verständnis für unsere Notlage erwartet hätten.

Gül, Mustafas Frau, war schwanger, und der Geburtstermin ihres Kindes rückte immer näher. Zur Entbindung konnte sie in kein Krankenhaus gehen, da man dort ihre Identität entdeckt hätte und sie auch die Kosten nicht bezahlen konnte. Eine Flucht mit einer hochschwangeren Frau war aber auch nicht so einfach. Wir mußten also jetzt so schnell wie möglich nach Deutschland. Jeder Tag zählte. Wir hatten inzwischen die Hoffnung aufgegeben, daß der kurdische Schlepper uns helfen konnte, und wollten daher unser Geld wieder zurück. Er hatte aber nicht mehr die ganze Summe und gab uns 4.000 Mark und 5.000 Dollar. Leider handelte es sich bei den Dollar um Falschgeld. Was sollten wir denn mit Falschgeld? Welche armen Leute sollten wir denn betrügen, indem wir ihnen dieses wertlose Geld unterschoben? In meinem ganzen Leben war ich immer ein ehrlicher Mensch gewesen. Jetzt sollte ich auf einmal zum Betrüger werden? Zunächst versteckten wir das falsche Geld zu Hause.

Mit den uns noch verbliebenen 4.000 Mark gingen wir zu einem dritten Schlepper. Er sah irgendwie netter aus. Wir gaben ihm das Geld, da auch er darauf bestand, alles im voraus bezahlt zu bekommen. Wir erzählten ihm von unseren Erfahrungen mit den beiden anderen Schleppern und warnten ihn, daß wir nichts mehr zu verlieren hätten und zu allem fähig seien. Er war mit unseren Bedingungen einverstanden, aber nur, wenn wir ihm noch 200 Mark mehr gäben. Wie sollten wir das machen? Wir hatten wirklich keine weitere Mark mehr. Die einzige Möglichkeit, die noch blieb, war, etwas von dem Falschgeld einzuwechseln. Natürlich wollte ich niemanden betrügen. Aber wenn ich es nicht tat, würden Mustafa, seine schwangere Frau und ich vermutlich sterben. Irgendwann mußte unser Versteck ja von den Sicherheitskräften entdeckt werden. Sollten wir wirklich lieber sterben, als daß irgend jemand etwas weniger Geld verdiente?

Ich nahm also einige der falschen Dollars und machte mich auf den Weg. Den anderen sagte ich nicht, was ich vorhatte. Sie wären vermutlich nicht einverstanden gewesen, außerdem wollte ich sie nicht auch noch in Gefahr bringen. Ich ging zunächst zu einem Stoffhändler. Als ich das Geschäft betrat, begrüßten mich die beiden Verkäufer sehr freundlich. Das Blut stieg mir ins Gesicht, und meine Hände zitterten. Ich sagte nur, daß ich mich kurz umschauen wollte, und ging dann wieder aus dem Laden. Sie hatten sich so gefreut, daß sie jetzt etwas verdienen würden, als ich ihren Laden betrat. Wie sollte ich sie so enttäuschen? Als ich auf der Straße war, schimpfte ich mit mir selbst: Wollte ich wirklich, daß Mustafa und Gül mit ihrem ungeborenen Baby den türkischen Sicherheitskräften zum Opfer fielen, nur weil ich unfähig war, etwas Falschgeld in Umlauf zu bringen? Ich mußte endlich hart werden! Beim nächsten Versuch würde es sicher funktionieren.

Ich dachte, daß es besser sei, mir einen reichen Geschäftsmann auszusuchen. Ihm konnte ein Verlust von 200 Mark ja nicht so weh tun. Ich betrat also ein Juweliergeschäft. Der Inhaber begrüßte mich ebenfalls sehr nett und freundlich. Ich warnte mich selber: »Devrim, denk an alle, die du liebhast! Tu es für sie!« Ich tat so, als ob ich mich für einen ganz billigen Ring interessierte. Dann gingen wir zur Kasse. Jetzt mußte ich bezahlen. Mein Gesicht wurde wieder ganz rot, ich schämte mich so! Ohne es zu wollen, fragte ich den Verkäufer, als ich ihm den Geldschein gab: »Sieht das vielleicht wie ein falscher Dollarschein aus? Sehen Sie doch bitte selbst! Vielleicht können Sie es besser prüfen als ich.« – »Was erzählen Sie denn da?« fragte er mich. Dann prüfte er gegen das Licht, ob sich in dem Schein der Metallstreifen befand. Er war nicht vorhanden. »Es ist tatsächlich Falschgeld! Aber wenn Sie es nicht gesagt hätten, hätte ich es einfach in die Kasse gelegt. Einen Menschen wie Sie gibt es doch in der heutigen Zeit eigentlich gar nicht mehr. Jetzt müssen wir aber einen Tee zusammen trinken!« Ich wurde mißtrauisch. Was wollte er von mir? Wollte er mich nur hier festhalten, um die Polizei zu informieren?

Er ging zum Telefon und nahm den Hörer in die Hand. Ich starb fast vor Angst. Wenn er jetzt die Polizei rief! Ich wäre dann nicht nur wegen Terrorismus, sondern auch wegen des Besitzes von Falschgeld angeklagt worden. In meiner Panik schrie ich ihn an: »Lassen Sie sofort den Hörer fallen!« Er hob augenblicklich die Hände hoch und drehte sich zu mir um. Ich mußte lachen: »Wer hat Ihnen denn befohlen, die Hände hochzunehmen? Ich will Sie nicht überfallen. Hören Sie, rufen Sie bitte nicht die Polizei! Ich bin kein Verbrecher. Ich brauche nur 200 Mark. Ich muß damit ein Menschenleben retten.« – »Jetzt müssen Sie aber wirklich meinen Tee trinken! Warum haben Sie gedacht, daß ich die Polizei rufen wollte? Ich wollte doch nur Tee bestellen. Aber Sie können auch selbst telefonieren, wenn Ihnen das lieber ist.« Ich bestellte also selbst zwei Tassen Tee.

Meine Kehle war wie zugeschnürt, und mein Herz schlug mir bis zum Halse. Ich bekam den Tee kaum hinuntergewürgt. Der Juwelier wollte von mir wissen, für wen ich das Geld brauchte und warum man mit 200 Mark ein Leben retten konnte. Das konnte ich ihm natürlich nicht einfach so erzählen, er war doch ein völlig Fremder für mich. Schließlich wollte ich gehen. Zu meinem Erstaunen gab er mir 200 Mark und behielt dafür die falschen Dollar. Ich war überglücklich und bedankte mich bestimmt tausendmal bei ihm. Sollte es wirklich noch auf der Welt Menschen geben, denen es nicht gleichgültig war, ob andere starben oder nicht?

Danach suchte ich den Schlepper auf und warf ihm das Geld ins Gesicht: »Für diese 200 Mark habe ich mein Leben riskiert. Hoffentlich bleibt Ihnen das Geld im Halse stecken!« Dann ging ich nach Hause. Als ich kam, sagte Veli zu mir: »Ich werde mit dir nie wieder sprechen, wenn du noch einmal solche Dummheiten machst! Wo warst du?« Ich erzählte ihm alles. Er warnte mich: »Man kann im Leben nicht immer solches Glück haben. Das nächste Mal wirst du nicht so glimpflich davonkommen. Ich rate dir gut, sei vorsichtiger!«

Der Schlepper hatte mir gesagt, ich solle nach einer Woche nochmals bei ihm vorbeikommen und nachfragen. Damit wir überhaupt die Kraft hatten, den Schlepper aufzusuchen, hatten meine Schwester und ich frühmorgens etwas mit Zucker versetztes Wasser getrunken. Das machte unser ständiges Hungergefühl wenigstens etwas erträglicher. Da es Monatsende war, hatten wir schon längst kein Geld mehr für Brot. Dann machten wir uns auf den Weg. Bis nachmittags gegen 16

Uhr mußten wir auf ihn warten. Dann sagte er uns: »In einer Woche habe ich alles zusammen. Danach wird es schon klappen.« Wir zogen also unverrichteter Dinge wieder ab. Man hatte uns wieder nur vertröstet.

Unsere Mägen knurrten. Mehr als trockenes Brot hatten wir schon lange nicht mehr gegessen, und selbst dafür langte das Geld nicht jeden Tag. Wir mußten unbedingt essen. Da hatte ich eine Idee. Wenn ich auf die Straße ging, zog ich mich immer ganz hübsch an und schminkte mich, um den Eindruck zu erwecken, ein Mädchen aus vornehmem Hause zu sein. Das verminderte das Risiko, von der Polizei kontrolliert zu werden. In der Schule hatte ich gutes Hochtürkisch sprechen gelernt und beherrschte nun nach sieben Monaten in Istanbul auch den dortigen Dialekt. Das wollte ich mir nun zunutze machen. Ich sagte zu meiner Schwester: »Komm, laß uns mal in das vornehme Restaurant dort gehen! Bestell dir einfach, was du gerade essen willst!« Sie erwiderte: »Devrim, du bist wirklich verrückt! Mit welchem Geld sollen wir denn bezahlen?« – »Frag nicht! Komm einfach mit! Ich weiß schon, was ich mache«, gab ich zurück. Wir traten ein.

Der Kellner begrüßte uns schon an der Tür mit ausgesuchter Höflichkeit. In bestem Hochtürkisch wandte ich mich an ihn: »Ich möchte Sie bitten, uns einen ruhigen Tisch zu geben. Wir wünschen, nicht gestört zu werden!« Etwas eingeschüchtert von meinem Auftreten sagte er: »Aber ja! Selbstverständlich die Damen!« und führte uns an einen Tisch in einer Ecke des Restaurants. Er brachte uns beflissen die Speisekarte. Ich würdigte sie keines Blickes. »Was können Sie uns denn heute empfehlen? Hat ihr Chefkoch etwas Besonderes anzubieten?« Er redete und redete. Ich hatte die Namen der meisten Gerichte noch nie in meinem Leben gehört. Schließlich bestellte ich: »Bringen Sie uns bitte das Lammfleisch, eine große Portion, aber bitte ohne Fett, da ich im Augenblick Diät halte, und viel Salat!« Ich wußte, daß ich nach sieben Monaten des Hungerns kein Fett vertragen würde. Dann wandte ich mich an meine Schwester: »Frau Kaya, wollen Sie dieses Gericht auch einmal versuchen? Oder darf ich Ihnen etwas anderes bestellen?« Meine Schwester bekam vor Staunen über meine Dreistigkeit kaum mehr ihren Mund zu. Sie schaffte es gerade noch zu nicken. Der Kellner fragte uns dann: »Darf ich den Damen noch etwas zu trinken bringen? Ich kann Ihnen einige sehr gute Weine unseres Hauses empfehlen.« Ich winkte ab: »Nein, das geht leider nicht. Wir sind mit dem Wagen da, bringen Sie uns bitte etwas Alkoholfreies!« Ich sagte dies, obwohl wir uns kaum die Busfahrkarte nach Hause leisten konnten. Er brachte uns dann Saft, etwas später stand ein köstliches Mahl auf dem Tisch, und er wünschte uns guten Appetit. Den hatten wir. Von so einem guten Essen hatten wir seit langem nur noch geträumt. Wir ließen es uns schmecken. Ich sagte zu meiner Schwester: »Na, wie habe ich das gemacht? Schmeckt es dir?« – »Ganz prima, Devrim, aber wie soll es jetzt weitergehen?« – »Du wirst schon sehen, aber iß deinen Teller bitte nur zur Hälfte leer!«

Als unsere Teller halb leer waren, riß ich mir ein Haar aus und mengte es unter mein Essen. Dann rief ich den Kellner: »Kommen Sie bitte einmal her! Ich möchte Ihren Chef sprechen!« Ohne weitere Nachfrage rief er seinen Chef. Kurz darauf kam ein vornehm angezogener, untersetzter Herr zu unserem Tisch. »Mein Name ist Kaya«, sprach ich ihn an, »meinem Vater gehört die große Mehlfabrik in Dersim.« Er antwortete in etwas gebrochenem Türkisch, wobei sein Dialekt verriet, daß er aus der Gegend von Mardin stammen mußte: »Ach, Sie sind die Tochter von Herrn Kaya? Sehr angenehm!« Ich erwiderte: »Ich esse fast nur auswärts, und zwar immer in den vornehmsten Restaurants. Aber so etwas wie bei Ihnen ist mir noch nie passiert. Das Essen ist ja sehr gut, aber sagen Sie mir bitte, sind immer Haare darin? Ist das die Spezialität Ihres Hauses?« Es war, als hätte er eine kalte Dusche erhalten. Er starrte auf meinen Teller. Tatsächlich, es waren Haare im Essen! Er wandte sich vor Abscheu ab. Dann hörte er gar nicht mehr auf, sich zu entschuldigen. Er schrie nach dem Kellner. Der Kellner kam herbeigerannt und stand betreten vor seinem Chef. »Sehen Sie doch bitte einmal hier auf den Teller der Dame! Was meinen Sie wohl, was das ist? Wie konnte so etwas passieren?« schrie er ihn an. »Bringen Sie den Teller augenblicklich weg und holen Sie eine neue Portion!« Da fiel ich ihm ins Wort: »Nein, nein, Sie brauchen sich keine Mühe zu machen! Mir ist sowieso der Appetit vergangen. Ich möchte sofort bezahlen, wenn es Ihnen recht ist.« – »Was, bezahlen? Nein, das ganz bestimmt nicht! Wir würden uns glücklich schätzen, wenn Sie unser Haus nochmals beehren würden.« Zum Schein protestierte ich: »Nein, das kann ich nicht annehmen. Lassen Sie mich bitte die Rechnung begleichen!« Er nahm ganz freundlich meinen Arm: »Aber das geht doch nicht! Schließlich haben Sie doch gar nichts gegessen!« Ich wollte ihn ganz sicher nicht beleidigen. Was hätte ich also anderes tun sollen, als sein freundliches Angebot anzunehmen? Wir hatten mehr als genug gegessen. Unsere Mägen waren durch das lange Hungern sowieso geschrumpft. Mehr wäre für uns also gar nicht gut gewesen. Wie vornehme Damen stolzierten meine Schwester und ich aus dem Lokal.

Draußen auf der Straße sagte meine Schwester zu mir: »Wie kannst du so etwas nur machen?« Hätten wir lieber vor Hunger sterben sollen, nur weil uns aus Umständen, die wir nicht selbst verschuldet hatten, nicht einmal genug Geld zur Verfügung stand, um uns täglich etwas trockenes Brot zum Essen zu kaufen? Hätten wir lieber jemanden überfallen oder ausrauben sollen? Nun hatten wir endlich einmal unserem Magen etwas Warmes gegönnt.

Natürlich brauchten wir, wie alle anderen Menschen auch, Vitamin C. Ein paar Tage nach dem Restaurantbesuch mit meiner Schwester schlenderten Veli und ich über den Markt: »Welches Obst willst du essen?« fragte ich ihn. »Bist du noch zu retten? Von welchem Geld denn? Ach ich weiß, du planst schon wieder solch einen Unsinn wie vor ein paar Tagen mit deiner Schwester!« gab er zurück. »Ja, richtig. Nur noch dieses eine Mal, dann nie wieder!« antwortete ich. Dann trat ich an einen Stand heran: »Guten Tag, mir gehört das Restaurant Dostlar hier in Istanbul. Wir benötigen für unsere Gäste ständig Bananen erster Qualität. Für gute Qualität bin ich auch bereit, einen angemessenen Preis zu bezahlen. Mit meinem bisherigen Lieferanten bin ich nicht mehr ganz zufrieden. Darf ich eine Ihrer Bananen probieren?« Der Obstverkäufer erwiderte: »Aber selbstverständlich! Es ist mir eine Ehre!« Ich nahm die Banane und aß sie zur Hälfte. Den Rest gab ich Veli und sagte: »Die Banane schmeckt mir eigentlich sehr gut. Was hältst du davon?« Er machte eine etwas zweifelnde Miene und antwortete: »Ach, laß uns noch einmal da unten gucken! Du weißt doch, wie wählerisch unsere Gäste sind.« Wir ließen den etwas verdutzten Verkäufer stehen und gingen weiter zum nächsten Händler, dem wir dieselbe Geschichte erzählten. Er bot mir auch eine Banane zum Probieren an. Als ich die untere Hälfte wieder Veli reichen wollte, sagte er: »Aber ich gebe Ihnen natürlich gerne noch eine Banane, wenn der Herr auch einmal probieren will!« Dann sagte er: »Wir haben hier noch anderes gutes Obst. Darf ich Ihnen davon noch etwas anbieten?« Ich starrte auf die vielen schönen Früchte in seiner Auslage. Manches davon hatte ich noch nie in meinem Leben gegessen. Was sollte ich nur wählen? Ich entschied mich für eine Kokosnuß. Er schnitt sie für mich auf und bot mir ein Stück davon an.

Ich aß und sagte: »Gar nicht so schlecht!« – »Na, dann nehmen Sie doch noch etwas!« Das ließ ich mir nicht zweimal sagen. Zum Schein verhandelte ich mit ihm: »Können Sie uns das nicht vielleicht etwas billiger anbieten, wenn wir größere Mengen abnehmen?« Er ging mit dem Preis etwas herunter. »Ach, das ist aber immer noch etwas teuer.« Ich wandte mich an Veli: »Ich glaube, der Händler dort unten hat uns ein billigeres Angebot gemacht. Laß uns doch noch einmal dort gucken!« Wir gingen weiter zum nächsten Anbieter. Ich glaube, daß wir auf diese Weise an diesem Nachmittag bestimmt jeder sechs bis sieben Bananen ergattert haben. Schließlich konnten wir beide nicht mehr. Unser Bedarf an Vitamin C war für diesen Tag voll gedeckt.

Eigentlich widerstrebt es meinem Charakter zutiefst, solche Diebereien zu begehen. Ich hatte einen Kopf und zwei gesunde Hände, ich konnte also für meinen Lebensunterhalt arbeiten. Warum durfte ich das nicht? Warum zwang mich mein Schicksal zu stehlen? Damals hatte ich noch die Hoffnung, daß es mir im Ausland besser gehen würde. Ich wünschte mir nichts sehnlicher, als mir ein eigenes Leben aufzubauen. Endlich einmal nicht mehr weglaufen! Endlich einmal ohne Angst.

Wenige Tage später riefen wir den Schlepper an. Zu unserem großen Erstaunen sagte er uns, daß alles vorbereitet sei, und daß er schon für den nächsten Tag einen Flug gebucht habe. Ich wollte zunächst Veli schicken. »Du hast doch auch alle Papiere vorbereitet. Wenn dir hier etwas passiert, nur weil ich dich hier zurückgelassen habe, könnte ich das nicht ertragen!« Er widersprach: »Devrim, das ist wirklich ganz lieb von dir. Aber gegen dich liegt ein Haftbefehl vor. Wenn sie dich hier finden, mußt du mindestens für zwölf bis fünfzehn Jahre ins Gefängnis. Es könnte auch sein, daß sie dich gleich töten. Es ist schon besser, wenn du zuerst gehst!« Am nächsten Tag machten Mustafa, seine Frau Gül und ich uns zum Schlepper auf. Ich sagte dem Schlepper: »Bitte, nehmen Sie Veli doch auch mit! Seine Papiere sind doch in Ordnung. Wenn Sie ihn nicht mitnehmen, werden sie ihn bestimmt bald erschießen. Ich flehe Sie an, helfen Sie ihm!« Der Schlepper antwortete: »Na gut, wenn das so ist, geben Sie mir 500 Mark, und er darf mit!« Dieses Geld hatten wir aber nicht. Ich hatte nur noch 50 Mark, die bot ich ihm an. Damit war er aber nicht zufrieden: »Mädchen, ich würde dir ja wirklich gern helfen, aber das Ticket für den Flug muß ich nun mal bezahlen.« Er telefonierte dann mit seinen Leuten und erkundigte sich, ob alles klar ginge und wir fliegen könnten. Sie sagten ihm, daß sie nur die Papiere für mich hätten fertigmachen können und das auch nur bis Prag. Ich solle mich als Sekretärin ausgeben. Der Schlepper sagte mir, daß er ein Hotel in Prag besitze. Er gab mir die Adresse und sagte, ich solle sofort nach der Landung in Prag dorthin gehen und drei Tage bleiben. Dort könne mein Vater mich abholen und nach Deutschland bringen. Ich protestierte: »Ich kann doch die anderen nicht hier allein zurücklassen! Wie stellen Sie sich das denn vor?« Veli und Mustafa redeten auf mich ein: »Devrim, sei doch nicht so dumm! Flieg doch erst einmal allein! Wir kommen ganz bestimmt bald nach!« Nach längerer Diskussion willigte ich schließlich ein.

Wir machten uns auf den Weg zum Flughafen. Mustafa, Gül und Veli begleiteten mich noch in das Flughafengebäude. Als ich Veli in meine Arme schloß, hatte ich auf einmal das Gefühl, ich würde ihn nie wiedersehen. Oh, wie ich dieses Abschiednehmen haßte! Immer wieder mußte ich die, die ich von Herzen lieb hatte, zurücklassen. Ich ging dann durch die Paßkontrolle. Der Beamte warf einen Blick auf meinen Reisepaß, dann sah er mich an. Ich fing an zu schwitzen. Was würde jetzt passieren? Würde er mich anhand meines Fahndungsphotos erkennen? Nach einer schier endlosen Zeit reichte er mir meinen Paß zurück und sagte: »Danke, Fräulein, bitte gehen Sie weiter!« Langsam ging ich weiter.

Bei jedem Schritt hatte ich das Gefühl, daß mich meine weichen Knie nicht lange würden tragen können. Völlig erschöpft nahm ich in der Wartehalle Platz. Mißtrauisch sah ich mich um, ob mir nicht doch noch jemand folgte. Vielleicht hatte man den ganzen Schwindel erst jetzt gemerkt? Neben mir saßen noch andere Leute, und es schien mir, als würden sie mich ständig anstarren. Endlich wurde mein Flug aufgerufen. Die anderen begaben sich zur Gangway. Ich schloß mich ihnen so unauffällig wie möglich an. In der Maschine wollte eine Stewardess mein Ticket kontrollieren. Ungeschickt wühlte ich in meinen Papieren, bis ich schließlich fand, was sie haben wollte. Sie führte mich dann auf meinen Platz und wünschte mir einen guten Flug. Einen guten Flug? Ich war im Begriff, meine Heimat für immer zu verlassen. Alles, was ich in meinem Leben bisher geliebt hatte, ließ ich zurück. Was mir die Zukunft bringen würde, war höchst ungewiß. Wie sollte ein solcher Flug »gut« zu nennen sein?

Nach einer Weile fiel mir auf, daß mein Sitznachbar mich ständig anstarrte. Obwohl ich versuchte, mich abzuwenden, wollte er mir in aufdringlicher Weise ins Gesicht sehen. Er sah aus wie ein Türke. Dann sprach er mich an: »Entschuldigen Sie! Ich glaube, ich kenne Sie!« Ich erwiderte in meinem schönsten istanbulischen Dialekt: »Ja, manchmal ist es wirklich erstaunlich, wie sich Menschen ähnlich sehen können.« Die Gedanken in meinem Kopf überschlugen sich. Wo konnte er mich gesehen haben? War er von der türkischen Geheimpolizei? Wußte er vielleicht schon alles über mich und spielte jetzt nur noch zu seinem Vergnügen mit mir wie die Katze mit der Maus? »Vielleicht haben Sie mich in Istanbul gesehen. Ich lebe dort seit meiner Geburt und habe die Stadt so gut wie nie verlassen.« – »Nein, nein, das kann nicht sein! Ich weiß ganz bestimmt, daß ich Sie in Erzincan gesehen habe. Einen Monat später war dann Ihr Bild in der Zeitung. Sie sind doch damals verhaftet worden?« Mir brach der kalte Schweiß aus. Ich nahm alle Kraft zusammen, um meine Beherrschung nicht zu verlieren. Äußerlich völlig ruhig erwiderte ich: »Ach, da sind Sie nicht der erste. Ich kann mich noch gut an den Artikel in der Zeitung erinnern. Mein Chef kam nämlich damals damit zu mir ins Büro und zeigte mir das Bild. Ich sah dem Mädchen auf dem Photo wirklich zum Verwechseln ähnlich. Das war damals wirklich komisch. Meine Kollegen haben mich noch lange damit aufgezogen.« Der Mann neben mir schien diese Erklärung zunächst zu akzeptieren.

In Sofia hatten wir eine Zwischenlandung. Wir durften die Maschine verlassen, um uns die Beine zu vertreten. Ich ging sofort auf die Toilette, schloß mich ein und weinte. Alles hatte ich aufgegeben. Nun war ich auf dem Weg in ein fremdes, mir völlig unbekanntes Land. Aber was sollte mich dort schon Gutes erwarten? Ohne Heimat war man doch wie ein abgeschnittener Ast eines Baumes, der nur noch verdorren konnte. Was es wirklich bedeutete, ins Exil zu gehen, wurde mir, glaube ich, zum ersten Mal in dieser Stunde auf der Toilette bewußt. Schließlich mußten wir wieder im Flugzeug Platz nehmen. Der Flug ging weiter in Richtung Prag.

Mein aufdringlicher Nachbar sprach mich schon wieder an: »Sie sehen schlecht aus. Fehlt Ihnen irgend etwas?« – »Ja, ich bin im dritten Monat schwanger. Da fühlen sich Frauen manchmal nicht so gut.« – »Ach, Sie sind verheiratet?« – »Ja, schon über ein Jahr!« – »Wo stammt denn Ihr Mann her, auch aus Istanbul?« – »Ja, auch aus Istanbul. Er ist Polizist.« – »Ach, das ist ja schön. Ich wohne ebenfalls in Istanbul. Vielleicht können wir uns ja einmal sehen? Geben Sie mir doch bitte einmal seine Adresse!« Spontan antwortete ich, wobei ich eine traurige Miene aufsetzte: »Es tut mir sehr leid, aber mein Mann ist vor zwei Monaten bei einem Autounfall ums Leben gekommen.« – »Oh, bitte verzeihen Sie, daß ich so dumm gefragt habe, ich wollte nicht alte Wunden wieder aufreißen.« Das war also geschafft. Seinen Redeschwall hatte ich jetzt erst einmal gestoppt.

Schließlich landeten wir in Prag. Wir verließen die Maschine und reihten uns in die Warteschlange vor dem Schalter für die Paßkontrolle ein. Vor mir standen zwei junge Männer. Sie sprachen nur türkisch. Offenbar wollten die Polizisten am Schalter irgend etwas von ihnen. Sie verstanden sie aber nicht. Dann wurden die beiden Männer aus der Schlange gewinkt. Ich wollte ihnen helfen. Mit meinem wenigen Deutsch, das ich in der Schule gelernt hatte, versuchte ich den Polizisten zu erklären, daß ich Sekretärin sei und daß mich die beiden Männer begleiten würden. Wir hätten einen dringenden Geschäftstermin wahrzunehmen. Zum Glück verstanden die Beamten etwas Deutsch und konnten meinen mit Händen und Füßen vorgetragenen Erklärungen nach einiger Zeit folgen. Ich zeigte ihnen meine Papiere, aus denen hervorging, daß ich Sekretärin auf Geschäftsreise wäre. Das überzeugte sie schließlich. Wir durften alle drei passieren.

Die jungen Männer bedankten sich überschwenglich bei mir. Wir stellten uns gegenseitig vor. Ich sagte ihnen, daß ich Kurdin sei. Hier im Ausland hatte ich keine Angst mehr, offen zuzugeben, daß ich Kurdin war. In der Türkei hätte das Fremden gegenüber sehr gefährlich sein können. Allein aufgrund des Bekenntnisses zum Kurdentum konnte man wegen Separatismus angeklagt, zu mehrjährigen Gefängnisstrafen verurteilt oder ermordet werden. Die beiden Männer waren auch Kurden und erzählten mir, daß sie vorhatten, nach Deutschland zu gehen. »Ich will auch nach Deutschland. Wie wollen Sie denn dorthin kommen? Wissen Sie einen guten Weg?« fragte ich. »Nein, leider haben wir auch keine Ahnung, wie es weitergehen soll. Wir müssen uns erkundigen.« – »Na, dann kommen Sie doch mit mir! Mein Vater will aus Deutschland kommen und mich abholen. Vielleicht können Sie ja mitfahren.« Sie willigten begeistert ein.

Gemeinsam machten wir uns auf die Suche nach einem Taxi. Ich gab dem Taxifahrer die Adresse an, die ich von dem Schlepper erhalten hatte. Wir fuhren los. Er fuhr und fuhr. Ich wunderte mich sehr, daß es so weit weg sein sollte. Als wir etwa zwei Stunden gefahren waren, hielt das Taxi plötzlich an. Der Fahrer gab uns zu verstehen, daß wir angekommen seien. Er wollte uns noch etwas mitteilen. Leider verstanden wir aber kein Wort tschechisch. Ich sprach ihn daher in gebrochenem Deutsch an: »Du deutsch?« Er verstand mich wohl nicht richtig, sondern gab zurück: »Nein, Deutschland, nein, hier Prag!« Ich versuchte, ihm mit Zeichensprache verständlich zu machen, daß ich das nicht gemeint hatte, sondern mich mit ihm auf deutsch unterhalten wollte. Schließlich begriff er und teilte uns mit, daß die von uns angegebene Adresse in Prag gar nicht existiere und daß er nun bezahlt werden wolle. Was sollten wir nun tun? Wir konnten doch nicht hier einfach auf der Straße übernachten. Ich bat den Fahrer daher: »Wir Hotel, Hotel billig!« Er verstand offenbar und setzte sein Taxi wieder in Bewegung.

Nach einer halben Stunde Fahrt hielt er wieder an: »Hotel! Hotel billig!« Nun verlangte er seinen Lohn, aber wir verstanden nicht, wieviel er verlangte. Mit Zeichensprache machte ich ihm klar, daß er die Summe in Zahlen aufschreiben sollte, was er schließlich auch tat. Er wollte 250. Aber 250 was, DM, Dollar, oder Landeswährung? Versuchsweise schrieb ich auf seinen Zettel: »DM?« Er nickte. Was sollte ich nun machen? Ich hatte nicht mehr als 50 Mark bei mir. Ich besprach mich mit meinen beiden Begleitern und bat sie, das Geld für mich auszulegen. Mein Vater würde es ihnen dann später zurückgeben. Sie waren einverstanden. Was für ein Glück, daß ich sie gefunden hatte!

Das Hotel kostete 35 Mark pro Person und Tag. Wieder mußte ich meine beiden Begleiter bitten, mir das Geld vorzustrecken, was sie auch bereitwillig taten. Wir zahlten für drei Tage im voraus. Dann rief ich meinen Vater in Deutschland an und teilte ihm die Adresse des Hotels mit. Er sagte mir, daß er nicht persönlich kommen könne, da mit seinem Paß momentan etwas nicht in Ordnung sei. Er würde daher meine Schwester Demet mit der Bahn schicken, um mich abzuholen. Ich solle nur noch etwas Geduld haben.

Am Abend des dritten Tages klopfte es laut an die Tür meines Hotelzimmers. Ich schrak zusammen. War das die Polizei? Zaghaft rief ich die Namen meiner Begleiter: »Güral, Mehmet seid ihr es?« – »Nein, ich bin's, deine Schwester Demet!« Ich erkannte sie sofort an der Stimme und riß die Tür auf. Wir fielen uns weinend in die Arme. Wie lange hatten wir uns nicht gesehen! Sie erzählte mir, daß sie so spät gekommen sei, weil sie zunächst kein Geld habe auftreiben können. Jetzt hatte sie genug für uns beide. Ich weckte Güral und Mehmet und gab ihnen das

Geld zurück, daß sie für mich ausgelegt hatten. Ich bot ihnen an, uns zu begleiten. Sie lehnten aber ab, da sie selbst jemanden angerufen hatten, der ihnen weiterhelfen wollte.

Meine Schwester und ich nahmen uns dann ein Taxi zum Bahnhof und fuhren noch in der Nacht mit dem Zug bis zur letzten Station vor der deutschen Grenze. Mein Vater hatte in Deutschland einen tschechoslowakischen Asylbewerber kennengelernt. Dieser Mann stammte aus dem Grenzgebiet und kannte sich daher gut aus. Er erwartete uns an der Bahnstation. Wir setzten unsere Flucht zu Fuß fort. Es war stockfinstere Nacht. Oft zerkratzten uns die Bäume und Büsche das Gesicht. Es war schrecklich kalt, und ich war viel zu dünn angezogen. Aber die Angst, von der Grenzpolizei entdeckt und verhaftet zu werden, trieb uns vorwärts. Manchmal blieben wir stehen und lauschten, ob vielleicht in der Nähe die Schritte einer Streife zu hören waren. Dann huschten wir wieder weiter. Bald war ich zu erschöpft, um noch richtig laufen zu können. Ich stolperte immer öfter. Das Dickicht, durch das wir krochen, schien gar kein Ende mehr zu nehmen. Mir war schleierhaft, wie sich unser Führer orientierte. Ich hatte schon längst jedes Richtungsgefühl verloren.

Früher hatte ich immer geglaubt, daß ein politischer Flüchtling nur deutschen Boden betreten müsse, um einen Asylantrag stellen zu können, wenn für ihn in der Heimat wirklich Lebensgefahr bestand. Schon unser Schlepper in der Türkei hatte mich davor gewarnt, so leichtgläubig zu sein. Würde ich dem deutschen Bundesgrenzschutz in die Hände fallen, hätte ich nicht die geringste Chance, daß man die Gründe für meine Flucht überhaupt anhören würde. Sie würden mich sofort zurückschicken. Er warnte mich auch vor dem Versuch, dann in der Tschechoslowakei einen Asylantrag zu stellen. Dort stünde das Recht eines Flüchtlings auf Asyl nur auf dem Papier. Erst wenn es mir gelänge, etwa 200 Kilometer nach Deutschland hineinzukommen, wäre ich vorerst in Sicherheit und könnte mich an die deutschen Behörden wenden. Ich hatte ihm das zunächst nicht glauben wollen. Wie konnte die Entscheidung der deutschen Behörden, ob ich in Deutschland bleiben durfte oder nicht, davon abhängig sein, an welchem Ort ich in diesem Land meinen Asylantrag stellte? Erst heute weiß ich, wie recht der Schlepper damals mit seinen Warnungen hatte.

Schließlich lichtete sich der Wald, und wir erreichten eine Straße. Dort wartete mein Vater mit einem Auto auf uns. Er umarmte mich, ich ihn auch. Wir machten uns dann gemeinsam auf den Weg nach Augsburg, wo mein Vater mit meiner Mutter, meinen beiden Schwestern und meinen beiden Brüdern lebte. Ich freute mich riesig, meine anderen Geschwister wiederzusehen, und wir saßen noch bis in die späte Nacht zusammen und erzählten uns gegenseitig die Ereignisse der letzten Zeit.

Als wir schließlich ins Bett gingen, hätte ich eigentlich todmüde sein müssen, aber ich war von den ganzen Erlebnissen der Flucht noch so aufgewühlt, daß ich keinen richtigen Schlaf fand. Ich stand schon frühmorgens auf und betrachtete die entspannten Gesichter meiner schlafenden Geschwister. Ich fühlte einen Hauch von Glück. Wie schön war es doch, wieder mit ihnen zusammensein zu dürfen! Und wie groß und erwachsen sie alle geworden waren! Ich konnte mich noch gut daran erinnern, wie wir in Kurdistan zusammen herumgetollt waren! Ich war noch ganz in Gedanken verloren, da hörte ich ein wüstes Geschrei aus dem Nebenraum, wo meine Eltern schliefen. Ich wollte nachsehen, doch meine Geschwister, die von dem Lärm aufgewacht waren, beruhigten mich: »Laß nur, Devrim, du weißt doch, daß unsere Eltern immer streiten.« Ich ärgerte mich furchtbar darüber. Ich hatte wirklich genug hinter mir.

15
»Sind das alle Ihre Asylgründe?«

Im zentralen Aufnahmelager für Flüchtlinge

Ich blieb eine Woche im Haus meiner Eltern. Fast jeden Tag gab es Streit zwischen meinem Vater und meiner Mutter. Ich war sowieso noch sehr mitgenommen von meiner Flucht, so daß mich diese Situation besonders belastete. Nach einigen Tagen versuchte ich, in Augsburg meinen Asylantrag zu stellen. Man wies mich mit der Begründung ab, daß sie momentan mit Anträgen überlastet seien. Ich solle mich in München bei der ZAB, der Zentralen Aufnahmebehörde, melden.

Nach einer Woche fuhr mich mein Vater dorthin. Die Behörde war in einem riesigen, kasernenartigen Gebäudekomplex untergebracht. Hohe Mauern und abgeschlossene Türen schirmten den Innenbereich von der Außenwelt hermetisch ab. Nachdem ich die Eingangstür passiert hatte, mußte ich meine Ausweispapiere abgeben. Dann sollte ich einen Fragebogen ausfüllen, in dem es vor allem um Fragen nach Heimatadresse, Personenstand und Reiseweg ging. Man führte mich in einen großen Warteraum, dessen Fenster vergittert waren. Außer mir warteten hier bestimmt noch zwanzig Leute. Überall hörte ich mir völlig unbekannte Sprachen. Ich blickte mich hilfesuchend um. Aber die anderen schienen nicht mehr zu wissen als ich. Unterhalten konnte ich mich mit niemandem. So saß ich nur still da und dachte darüber nach, wie es wohl weitergehen würde.

Am Eingang hatte jeder von uns eine Nummer erhalten. Nun wurde eine nach der anderen aufgerufen. Die Personen, deren Nummer an der Reihe war, verließen den Saal durch eine Tür, die sofort hinter ihnen wieder abgeschlossen wurde. Sie kehrten nicht zurück. Nach etwa einer halben Stunde ging es mit dem nächsten weiter. So leerte sich der Raum allmählich. Ich hatte das Gefühl, kaum mehr atmen zu können. Das alles erinnerte mich zu sehr an meine Erlebnisse im Verhörzentrum und im Gefängnis.

Schließlich war ich an der Reihe. Gespannt trat ich durch die Tür, wo ich von einem Dolmetscher erwartet wurde, der mit mir nochmals meine Personalangaben durchging. Dann fertigte man ein Paßfoto von mir an und nahm meine Fingerabdrücke. Warum behandelte man mich wie eine Kriminelle und nahm von mir Fingerabdrücke? Warum fragte man mich überhaupt nicht, warum ich gekommen war? Es schien, als wäre ich nur eine Nummer in einer großen Maschinerie, die völlig automatisch ablief. Schließlich wies man mich an, in einem anderen Raum zu warten. Nach mehreren Stunden erhielt ich eine Art Ausweis. Man sagte, ich solle ihn immer bei mir tragen. Später erfuhr ich, daß es sich dabei um eine »Aufenthaltsgestattung zur Durchführung des Asylverfahrens« handelte.

Dann brachte man mich schließlich in einen anderen Teil des Gebäudes. Dort wurde mir zusammen mit zwei anderen Frauen ein zellenartiger, nicht mehr als 20 Quadratmeter großer Raum zugewiesen. Es war gerade Platz für drei Betten. Die anderen beiden Frauen kamen aus anderen Ländern. Um uns die nötigsten Dinge mitzuteilen, waren wir auf Zeichensprache angewiesen. Unsere Lebensgewohnheiten waren völlig unterschiedlich. Bei aller Toleranz gab es zwischen uns ständig Reibereien, da keine von uns eine Privatsphäre als Rückzugsmöglichkeit hatte. Morgens mußten wir um acht Uhr aufstehen und uns in lange Warteschlangen von sicher über dreihundert Personen einreihen, um unser Frühstück in Empfang zu nehmen: zwei trockene Brötchen, etwas Butter und Marmelade. Mittags gab es Fertiggerichte, die eigentlich hätten warm gemacht werden müssen. Leider hatten wir dazu keine Möglichkeit. So mußten wir die für uns unbekannten Speisen kalt essen. Wenn wir diese Konserven ausgehändigt bekamen, hatten wir den Empfang immer zu quittieren, wodurch sich die Essensausgabe entsprechend lange hinzog. Nahm man hier tatsächlich an, daß ich mich zweimal anstellen würde? Warum hielten uns alle hier für Betrüger?

Die sanitären Einrichtungen waren ein besonderes Problem: Es gab nur eine Dusche und eine kaputte Toilette für hundert Leute. Aber was für eine Dusche: In der Duschkabine befand sich nur ein Wasserhahn. Auf dem Boden hatte sich bestimmt eine drei bis vier Zentimeter hohe Dreckschicht angesammelt, auf der man leicht ausgleiten konnte. Der einzige Vorteil war, daß es hier warmes Wasser gab. Wie sollte man sich aber duschen, wenn man keinen Eimer hatte, den man mit Wasser füllen und sich über den Kopf gießen konnte? Ich benutzte zu diesem Zweck schließlich eine leere aufgeschnittene Milchtüte, die ich gefunden hatte. Die Tür der Toilette war kaputt und ließ sich nicht schließen. Die Klobrille war zerbrochen, vom Gestank dort ganz zu schweigen. Um halbwegs in Ruhe mein Geschäft zu verrichten, hatte ich meine eigene Methode entwickelt: Ich schnitt ein altes T-Shirt in Streifen und band einen davon an den Türknauf. So ließ sich die Toilettentür gut zuhalten.

Es war uns erlaubt, das Gebäude zu verlassen. Dazu mußten wir unseren Ausweis abgeben und erhielten eine Nummer ausgehändigt. Wenn wir zurückkamen, gab man uns im Austausch gegen diese Nummer unsere Papiere zurück. Wir durften uns nicht mehr als dreißig Kilometer von der ZAB entfernen. Das bedeutete, daß es mir verboten war, meine Eltern und meine Geschwister zu besuchen. Auch wenn wir Besuch erhielten, mußte dieser seinen Ausweis am Eingang abgeben. Der Besucher bekam seine Papiere erst wieder ausgehändigt, wenn er das Gebäude verließ. Die gefängnisartige Atmosphäre wurde auch dadurch verstärkt, daß jede Woche mindestens einmal eine polizeiliche Durchsuchung unserer gesamten persönlichen Habseligkeiten stattfand. Man wurde ständig überwacht. Alles war reglementiert.

Alles hier erinnerte mich immer und immer wieder an das, was ich in türkischen Gefängnissen durchgemacht hatte. Ich hatte wieder das entsetzliche Gefühl der totalen Hilflosigkeit und des Ausgeliefertseins. Aber damals wußte ich wenigstens, warum man mich inhaftiert hatte. Was aber hatte ich in Deutschland getan, daß man mich wie eine Verbrecherin behandelte? Natürlich verstand ich, daß es in Deutschland zu viele Flüchtlinge gab. Sicher kamen auch nicht alle tatsächlich aus nackter Angst um ihr Leben. Aber rechtfertigte das wirklich, daß wir nichts anderes mehr als Nummern waren?

Die Angestellten in dieser Einrichtung schienen uns entweder für unmündige Kinder oder für Halbkriminelle zu halten. Das fing schon damit an, daß sie uns generell duzten oder sich über unsere mangelhaften Deutschkenntnisse lustig machten. Jeden Tag ließen sie uns fühlen, wie unbedeutend unser Schicksal für sie war. Selbst die Putzfrauen gaben uns zu verstehen, daß wir in ihren Augen nur menschlicher Abfall waren. Ich verstand ja, daß man durch den ständigen Kontakt mit dem Elend der Welt allmählich abstumpfte, aber bei manchen spürte ich eine abgrundtiefe Verachtung für uns Flüchtlinge, die ich einfach nicht begreifen konnte. Wir waren doch auch menschliche Wesen so wie sie! Es war eine Gleichgültigkeit, die mich innerlich erfrieren ließ.

Nachdem fünfzehn Tage ereignislos verstrichen waren und ich immer deprimierter wurde, teilte man mir mit, daß ich am nächsten Tag eine Anhörung in meinem Asylverfahren hätte. Sie fragten mich, ob ich einen Dolmetscher in kurdischer oder in türkischer Sprache wünsche. Obwohl ich seit meiner Schulzeit besser türkisch als kurdisch spreche, wählte ich einen Dolmetscher für Kurdisch. Ich fürchtete, daß ein Türke bewußt falsch übersetzen würde, um mir zu schaden, da ich damit rechnen mußte, daß er Kurden haßte. Ich freute mich sehr, daß ich jetzt endlich Gelegenheit haben würde, meine Asylgründe vorzutragen. Nun würden mich die deutschen Behörden sicher verstehen und mir helfen.

Man führte mich in einen anderen Teil des Gebäudekomplexes und wies mich an, einen Raum zu betreten. Meine Dolmetscherin begrüßte mich und stellte mir die Frau vor, die meine Anhörung durchführen sollte. Sie saß hinter einem großen Schreibtisch und würdigte mich keines Blickes. Sie erwiderte auch meinen Gruß nicht.

Die Anhörung begann. Zuerst wurde ich nach meinen Personalien gefragt, und diese wurden mit den vorher von mir gemachten Angaben verglichen. Dabei trug ich vor, daß ich mit einem falschen Paß eingereist sei. Dann wurde ich gefragt: »Liegt eine anwaltschaftliche Vertretung vor?« Was sollte dies bedeuten? War etwa ein Anwalt erforderlich? Warum hatte mir mein Vater nichts darüber gesagt? Hätte ich das mit dem Paß nicht zugeben sollen? Hatte ich etwa schon einen entscheidenden Fehler gemacht, als ich mich darauf verließ, daß es genügen würde, einfach die Wahrheit zu sagen? Ich war völlig verunsichert. Dann belehrte die Beamtin mich weiter: »Sie sind verpflichtet, bei der Aufklärung des Sachverhalts mitzuwirken und alle hierzu erforderlichen Auskünfte zu erteilen. Außerdem haben Sie alle schriftlichen Beweismittel und Dokumente vorzulegen, die sich in Ihrem Besitz befinden und auf die Sie sich berufen wollen. Ich mache Sie darauf aufmerksam, daß nach Beendigung der Anhörung vorgebrachte Asylgründe unberücksichtigt bleiben können, wenn dadurch die Entscheidung des Bundesamtes verzögert werden würde.«

Was meinte sie wohl mit Dokumenten? Ich hatte nur ein Foto, das mich im Gefängnis von Erzincan zeigte, und Fotos von meinem toten Onkel. Würde das als Beweis genügen? Aber wie hätte ich mehr mitbringen können? Wußten sie hier in Deutschland denn nicht, wie gefährlich es ist, Dokumente auf der Flucht bei sich zu tragen, die bewiesen, daß man in der Türkei politisch verfolgt wurde? Wenn man damit den türkischen Sicherheitskräften in die Hände fiel, war es um einen geschehen! Dann forderte sie mich auf, jetzt alles vollständig vorzutragen. Wenn ich etwas vergessen würde, könnte dies später nicht mehr berücksichtigt werden. Wie sollte ich aber meine ganzen Erlebnisse und schrecklichen Erfahrungen in der Türkei hier so einfach vortragen? Das würde doch Stunden dauern! Ich mußte also eine Auswahl treffen. Aber ich wußte ja gar nicht, was davon wichtig für das Asylverfahren und was völlig unwichtig war. Wo sollte ich nur anfangen? Auf einmal schossen mir alle möglichen Gedanken durch den Kopf. Aber ich mußte mich doch kurz fassen!

Ich begann damit, daß ich wegen Mitgliedschaft in der PKK neun Monate in der Türkei im Gefängnis war. Die Beamtin saß völlig ungerührt in ihrem Bürosessel und starrte mich an: »Ach, Sie sind also auch so eine Terroristin von der PKK! Die machen bei uns nur Probleme. Aber passen Sie auf, die PKK wird auch in Deutschland bald verboten werden!« Ich war wie vom Donner gerührt. Sie sprach ja genauso wie die türkischen Sicherheitskräfte! Warum war ich bloß nach Deutschland gekommen? Sicher hatte ich auch schlechte Erfahrungen mit der PKK gemacht, aber das konnte doch nicht bedeuten, daß man die Folter in türkischen Gefängnissen guthieß. Ich protestierte und wollte ihr etwas über die Ziele der PKK erklären und warum wir Kurden gar keine andere Wahl hätten, als zur Waffe zu greifen. Das hätte ich besser nicht tun sollen. Es hätte nicht viel gefehlt, und sie hätte mich aufgefressen. Ich kam gar nicht mehr dazu, ihr etwas über meine Zweifel an der PKK zu erzählen. Dann fragte sie mich plötzlich: »Sind Sie gefoltert worden?« Alles verschwamm mir vor den Augen. Plötzlich war ich wieder in den Folterkellern von Erzurum und Dersim. Ich merkte nur noch, wie ich in Tränen ausbrach und kein Wort mehr herausbrachte.

Das machte auf die Anhörerin allerdings keinerlei Eindruck. »War das alles oder haben Sie sonst noch etwas vorzubringen, was für unsere Entscheidung wichtig sein könnte? Sind das alle Ihre Asylgründe?« Dabei sah sie mich an, als hätte ich gerade mein Todesurteil unterschrieben. Ich war mir inzwischen völlig im klaren darüber, daß alles, was ich ihr noch sagen wollte, sowieso keinerlei Eindruck auf sie machen würde. Von dieser Frau hatte ich weder Gerechtigkeit noch Gnade zu erwarten. Trotzdem machte ich noch einen letzten Versuch und bat sie: »Bitte, schicken Sie mich nicht in die Türkei zurück! Mein Leben ist dort wirklich in Gefahr. Wenn ich noch einen letzten Wunsch frei habe, wäre es nett, wenn Sie mich zu meinen Eltern gehen ließen.« Die Beamtin ließ mich im Ungewissen darüber, ob ich in Deutschland bleiben dürfte. Sie sagte nur, daß ich einen schriftlichen Bescheid erhalten würde. Aber der Ton, in dem sie dies tat, ließ mich nichts Gutes erwarten.

Die Anhörung hatte über zwei Stunden gedauert, das Tonbandprotokoll, das dabei angefertigt wurde, erschien mir dagegen seltsam kurz. Bei der Rückübersetzung vom Deutschen ins Kurdische fand ich, daß einiges ausgelassen worden war. Vielleicht hatte die Beamtin dies für nicht so wichtig gehalten? Ich war aber nach dieser ständigen Fragerei viel zu müde, um noch dagegen zu protestieren. Was hätte es auch nützen sollen? Diese Frau wollte mich einfach nicht verstehen.

Man führte mich schließlich wieder zurück in mein Zimmer. Ich wollte am liebsten sofort laut weinen, so hatte mich die Befragung innerlich aufgewühlt. Aber was hätten meine Zimmergenossinnen dazu gesagt? Vielleicht waren sie aus ganz anderen Gründen nach Deutschland gekommen? Wie sollten sie mich dann verstehen? Hier gab es einfach keinen, mit dem ich reden konnte oder dem ich mich hätte anvertrauen können.

Einen Monat blieb ich in diesem Asylantenwohnheim. Mein seelischer Zustand verschlimmerte sich von Tag zu Tag mehr. Schließlich erhielt ich die Erlaubnis, zu meinem Vater nach Augsburg zu ziehen. Dies war aber nur dadurch möglich geworden, weil mein Vater sich verpflichtet hatte, für meinen Lebensunterhalt zu sorgen und mir Wohnraum zur Verfügung zu stellen. Das war auf der einen Seite gut, da ich dem deutschen Staat nicht zur Last fallen wollte, auf der anderen Seite bedeutete es aber, daß ich jeden Tag von meinem Vater zu hören bekam, daß er allein es wäre, dem ich hier in Deutschland alles zu verdanken hätte. Er war immer noch derselbe Despot wie früher in Kurdistan, und ich war zumindest wirtschaftlich völlig von ihm abhängig. Mein Vater hatte jetzt für sechs Kinder zu sorgen. Das Geld, das er verdiente, reichte nicht hinten und nicht vorne. Ich war für ihn nur ein unnützer Esser mehr. Das ließ er mich spüren.

Ich fühlte mich in Deutschland völlig nutzlos und überflüssig. Keiner wollte mich hier. Was hatte ich eigentlich hier verloren? Manchmal dachte ich, es wäre besser gewesen, wenn ich damals im Gefängnis gestorben wäre. Dann hätte mich das kurdische Volk vielleicht wenigstens in guter Erinnerung behalten.

Eines Tages kam mein Cousin Murat zu Besuch, der kurz nach meiner Verhaftung nach Deutschland geflohen war. Er wollte von mir natürlich in allen Einzelheiten geschildert haben, wie mein Onkel gestorben war. Für ihn war es sehr schwer zu glauben, daß sein Vater tatsächlich von der PKK ermordet worden war. Wir diskutierten lange darüber. Er machte den Vorschlag, einfach an den Führer der PKK, Abdullah Öcalan, genannt APO – kurdisch »Onkel« –, zu schreiben und ihn um eine Stellungnahme zu bitten. Nach einigen Wochen erhielten wir tatsächlich eine Antwort. APO schrieb uns wirklich persönlich! Er entschuldigte sich für den Tod meines Onkels. Es sei ein Fehler gewesen, meinen Onkel zu töten, aber in jeder Revolution würden nun einmal Fehler gemacht. Schließlich würde eine Revolution von Menschen durchgeführt, und diese könnten sich eben irren. Inzwischen gäbe es auch keine zwangsweise Rekrutierung zu den PKK-Truppen mehr, da man eingesehen habe, daß es besser sei, Menschen zu überzeugen als sie gegen ihren Willen zu etwas zu zwingen. Am Ende des Schreibens gab er noch seine Erlaubnis, den Namen meines Onkels auf die Liste der Märtyrer, die für die PKK gestorben waren, zu setzen. Auch sein Bild durfte in entsprechender Weise verehrt werden.

Ich dachte lange über diesen persönlichen Brief von APO nach. Obwohl ich der PKK die Ermordung meines Onkels nicht vergeben konnte, imponierte mir diese persönliche Entschuldigung. Das war doch eine großartige Sache, daß sich der höchste Führer der PKK persönlich bei meiner Familie für seinen Fehler entschuldigte. Zu einer solchen Organisation konnte man doch Vertrauen haben. Wenn man seine Fehler selbst einsah und sich dafür entschuldigte, bestand doch die berechtigte Hoffnung, daß sie nicht wiederholt wurden. Ich setzte mich hin und schrieb an den Vorsitzenden der PKK für die Region Süddeutschland. Ich schilderte in diesem Brief, was ich bisher für die PKK getan hatte und bot meine künftige Mitarbeit an. Ich sei bereit, überall, wo man mich hinstellte, mein Bestes für die gemeinsame Sache zu geben. Am liebsten würde ich aber wieder in die Türkei zurückgehen, da mein Platz sowieso nicht in Deutschland sei. Ich wolle gemeinsam mit unseren Brüdern und Schwestern in Kurdistan kämpfen und sterben.

Kurz nachdem ich diesen Brief geschrieben hatte, rief die PKK zu einer Demonstration kurdischer Frauen in Köln auf. Es sollte gegen die systematische Zerstörung kurdischer Dörfer und die Vertreibungspolitik der türkischen Regierung protestiert werden. Die PKK bat darum, daß von jeder Familie eine Frau teilnehmen solle. Von unserer Familie gingen sogar drei, meine Mutter, meine jüngste Schwester Revsan und ich. Auf dem Domvorplatz war ein Zelt aufgestellt, in dem sich über hundert Frauen aufhielten, die sich aus Protest alle im Hungerstreik befanden. Wir schlossen uns ihnen an. Den ganzen Tag über verteilten wir Flugblätter, mit denen wir die deutsche Bevölkerung auf unsere Probleme aufmerksam machen wollten und um Verständnis für unsere Lage warben.

Unsere Aktion stieß auf großes Interesse. Viele Passanten blieben stehen und diskutierten mit uns, zwar oft auch kontrovers, aber meistens spürte man doch eine gewisse Sympathie für unsere Sache. Nur ganz wenige machten böse Bemerkungen wie: »Was habt ihr hier eigentlich zu suchen? Was gehen uns eigentlich eure Probleme an?« Aber sehr, sehr viele erklärten ihr Verständnis für die Probleme der Kurden in der Türkei und ihre Solidarität mit den Opfern des türkischen Terrorregimes. Das machte mir irgendwie Mut. Vielleicht war das kurdische Volk doch nicht von aller Welt vergessen und völlig auf sich allein gestellt. Es gab auch immer wieder Redebeiträge von PKK-Führern und Sympathisanten, in denen die deutsche Regierung aufgefordert wurde, mehr Druck auf die Türkei auszuüben und ihren Einfluß zu nutzen, um den schweren Menschenrechtsverletzungen endlich ein Ende zu setzen.

Auch nachts blieben wir auf dem Domvorplatz. Wir teilten Wachen ein, die während der Nacht aufpassen sollten, daß es nicht zu Übergriffen kam. Auch in Deutschland war der türkische Geheimdienst schließlich nicht ganz ohne Einfluß. Ich meldete mich jeden Abend freiwillig. Der wenige Schlaf und der Hungerstreik machten mir nichts aus – ich hatte endlich wieder eine Aufgabe. Während der Nacht regnete es oft. Das Wasser tropfte von der Zeltplane ab und lief unter unsere Betten. Wenn ich mich nach meiner Wache hinlegte, wollte ich die anderen Kollegen nicht stören und legte mich immer ganz an den Rand des Zeltes, wo das Regenwasser auf mich heruntertropfte. Oft war ich morgens völlig durchnäßt.

Nach vierzehn Tagen Hungerstreik, schlaflosen Nächten und Nässe machten meine Nieren, die schon durch die Folter in der Türkei stark angegriffen waren, nicht mehr mit. Ich hatte starke Schmerzen beiderseits der Wirbelsäule und konnte kaum noch aufstehen. Meinen Kollegen erschien mein Zustand so ernst, daß sie mich trotz meines Protestes mit einem Krankenwagen ins Krankenhaus bringen ließen. Dort untersuchte mich ein Arzt gründlich. Er warnte mich eindringlich davor, den Hungerstreik fortzusetzen, da meine Nieren schon jetzt nur noch eingeschränkt arbeiteten. Er verschrieb mir Antibiotika und gab mir den Rat, möglichst viel zu trinken. Meine Kollegen wollten mich nun nach Hause schicken. Sie erklärten mir, daß sie nicht wünschten, daß jemand bei dieser Protestaktion sein Leben verliere. Es gehe nur darum, die Aufmerksamkeit der deutschen Öffentlichkeit auf das Problem Kurdistan zu lenken. Dazu sei es nicht erforderlich, daß jemand Selbstmord begehe. Mein Leben sei für die PKK zu wichtig. Ich weigerte mich zunächst zu gehen und erzählte ihnen, daß ich in einem Brief darum gebeten hatte, wieder für die PKK zu arbeiten. Sie sollten mir, wenn sie mich schon wegschickten, doch zumindest eine andere Aufgabe übertragen. Sie vertrösteten mich. Ich sollte zunächst nach Hause gehen und wieder gesund werden. Dann würde man schon weitersehen. Ich fuhr also wieder zu meinem Vater. Meine Mutter und meine Schwester blieben in Köln und setzten den Hungerstreik fort.

Als ich nach Hause kam, informierte mich mein Vater, daß mein Milchbruder Veli aus der Türkei angerufen habe. Er habe erzählt, daß er zur kämpfenden PKK-Truppe gegangen sei. Für eine Flucht nach Deutschland hätte er zumindest 500 Mark benötigt – die hatten wir nicht. Was mein Vater verdiente, reichte gerade, um uns hier in Deutschland durchzubringen. Wenn ihn die türkischen Sicherheitskräfte bei meiner Schwester gefunden hätten, wäre nicht nur er verhaftet worden, sondern auch alle anderen Familienmitglieder. Dann war es immer noch besser, bei der PKK mit der Waffe in der Hand für Kurdistan zu fallen, als in irgendeinem Folterkeller der Geheimpolizei in Istanbul zu verschwinden. Auch wenn ich seine Beweggründe sehr gut verstehen konnte, war ich doch über seinen Entschluß sehr traurig. Wie viele Opfer sollte unsere Familie denn noch für die kurdische Sache bringen? Erst ich, dann mein Onkel und mein Cousin Hasan, und jetzt noch mein Milchbruder Veli!

Drei Tage später kamen auch meine Mutter und meine Schwester Revsan aus Köln zurück. Die Organisationsleitung hatte sie ebenfalls nach Hause geschickt, um ihre Gesundheit nicht zu gefährden. Andere nahmen nun ihren Platz ein. Am nächsten Tag war Revsan noch sehr geschwächt. Sie wollte daher, wie sie uns sagte, lieber allein zu Hause bleiben, als wir anderen eine befreundete kurdische Familie besuchten. Als wir zurückkehrten, war meine Schwester nicht mehr da. Wir fanden nur einen Zettel, auf dem stand: »Ich gehe zur PKK. Ich bin mit Kollegen weggefahren. Gruß Revsan.« Ich war wie vor den Kopf gestoßen. Meine Schwester war doch noch viel zu jung zum Kämpfen. Warum hatte die PKK nicht zumindest zuvor mit uns gesprochen? Außerdem hatte ich doch angeboten, alles für die PKK zu tun. Ich war doch bestimmt viel besser ausgebildet als meine kleine Schwester. Schließlich hatten wir im Gefängnis sehr viel über kurdische Geschichte und die PKK gelernt. Warum hatten sie nicht mein Angebot angenommen und meine Schwester zu Hause gelassen? Unsere Familie hatte doch schon so viele Opfer gebracht. Ich war einfach müde.

Nachdem ich den Schock etwas überwunden hatte, begann ich, darüber nachzudenken, wie ich meine Zukunft selbst in die Hand nehmen konnte. Kämpfen wollte ich nicht mehr. Bei meinen Eltern zu Hause hielt ich es aber auch nicht länger aus. Dieses ständige Nachgrübeln half mir auch nicht weiter. Ich beschloß, mir Arbeit zu suchen. Ich besprach mich mit meiner Schwester Demet und meinem Bruder Mazlum, die schon länger in Deutschland waren als ich und daher auch besser Deutsch sprachen.

Wir zogen also zu dritt mit dem Fahrrad los und fragten in allen möglichen Fabriken und Geschäften nach Arbeit. Leider hatten wir zunächst keinen Erfolg. Alle schickten uns wieder weg. Ich weiß nicht, ob es daran lag, daß wir durch unser gebrochenes Deutsch und unser Aussehen sofort als Ausländer zu erkennen waren, oder ob der allgemeine Arbeitsplatzmangel der Grund war, auf jeden Fall hatten wir auch nach zwei Wochen trotz unserer täglichen Bemühungen noch keine Arbeit gefunden.

Dann hörten wir, daß bei McDonald's weibliche Arbeitskräfte gesucht würden. Meine Schwester und ich stellten uns sofort vor. Nach dem Vorstellungsgespräch sagte man uns, daß sie in etwa zwei Wochen wieder etwas von sich hören lassen würden. Wir waren uns nicht sicher, ob sie uns nehmen wollten, und suchten auch in den kommenden zwei Wochen weiter. Mit jedem Tag, an dem wir wieder einmal nur abgewiesen worden waren, verloren wir unsere Hoffnung immer mehr. Schließlich klammerten wir uns wie an einen Strohhalm an das Versprechen von McDonald's, sich wieder bei uns zu melden.

Eines Nachmittags rief dann tatsächlich ein türkisch sprechendes Mädchen von McDonald's an. Sie teilte uns mit, daß McDonald's bereit wäre, mich für zwei Stunden am Tag als Putzfrau zu beschäftigen. Für meine Schwester hätten sie leider keine Verwendung. Das war nicht ganz das, was wir uns vorgestellt hatten. Ich war aber trotzdem überglücklich. Sofort fuhr ich mit meiner Schwester als Dolmetscher zu McDonald's. Der Manager erklärte mir meine Arbeit: Ich sollte in der Zeit von 12 bis 14 Uhr in der Lobby putzen. Wenn die Gäste etwas verschütteten oder Abfall zurückließen, mußte ich dies beseitigen. Müll war nach Plastik, Papier und Glas getrennt zu sortieren. Wenn ein Tisch frei wurde, hatte ich ihn abzuputzen, damit er für die nächsten Gäste wieder in ordentlichem Zustand war. Zu meinen Aufgaben gehörte es auch, die Toiletten zu reinigen. Mein Stundenlohn sollte brutto 11,50 DM betragen. Ich durfte sofort anfangen. Ich erhielt eine McDonald's-Uniform und begann mit der Arbeit.

16
Zwischen zwei Kulturen

Endlich Arbeit – und kein Ende der Familienprobleme

In der Türkei hatte ich bis zur zwölften Klasse die Schule besucht. Wäre ich nicht politisch aktiv gewesen, hätten alle Berufswege für mich offengestanden. Hier in Deutschland war ich nun eine Putzfrau. Ich fing also ganz unten an. Nicht, daß ich mich dessen geschämt hätte, ich war sehr froh, überhaupt arbeiten zu dürfen. Aber warum sahen alle auf mich herab? Verdiente ich mein Geld denn nicht auf anständige Weise? Aber keiner meiner Kollegen wollte etwas mit mir zu tun haben.

Wenn ich versuchte, ein wenig von meinem Schuldeutsch anzubringen, lachten sie mich aus. Selbst der Chef machte sich nicht die Mühe, mit mir persönlich zu sprechen. Wenn er etwas von mir wollte, sagte er dies einer Vietnamesin, die es mir dann ganz langsam mit sehr einfachen Vokabeln erklärte. Ohne die deutsche Sprache zu beherrschen, war man einfach ein Nichts und wurde wie ein kleines Kind behandelt. Aber ich war doch erst vier Monate in Deutschland, und ich hatte kaum Gelegenheit gehabt, die Sprache zu üben, da in unserer Familie nicht Deutsch gesprochen wurde und wir auch keine deutschen Bekannten hatten. Bei McDonald's lernte ich aber auch eine Frau kennen, die ganz anders war als alle meine übrigen Kollegen. Ihr Name war Anna. Sie war klein und stämmig. Ihre tiefblauen Augen strahlten mich freundlich an. Immer wieder versuchte sie, mit mir Kontakt aufzunehmen. Ich hätte sie so gern gefragt, warum sich die über fünfzig Mitarbeiter mir gegenüber so abweisend verhielten, aber leider konnte ich ihr all diese Fragen nicht stellen, da dazu meine Deutschkenntnisse bei weitem nicht ausreichten. Ich ärgerte mich furchtbar darüber, daß ich mich einfach mit niemandem unterhalten konnte. Ich wollte doch soviel lernen und wissen! Ich mußte also unbedingt Deutsch lernen. Die anderen sollten nicht länger über mich lachen können.

Ich nahm mir vor, mir bei der Arbeit jedes deutsche Wort zu merken, das ich verstanden hatte. Wenn ich dies regelmäßig und systematisch tat, mußte doch etwas dabei herauskommen. Es konnte doch nicht so schwer sein, Deutsch zu lernen! Mein Plan funktionierte tatsächlich. Nach einigen Wochen hatte ich schon soviel gelernt, daß ich mich mit Anna verständigen konnte. Natürlich konnten wir keine philosophischen Gespräche führen, aber für die Dinge des täglichen Gebrauchs reichte mein Vokabular langsam aus.

Eines Tages fragte sie mich: »Kennt ihr bei euch eigentlich auch Baklava?« Natürlich kennen wir das. Es handelt sich dabei um eine aus mehreren dünnen, mit Honig getränkten Teigschichten bestehende Süßigkeit, die mit Nüssen oder Mandeln gefüllt ist. Ich antwortete also: »Ja, sicher!« – »Ach, das ist schön! Ich mag das sehr gern«, erwiderte sie. Ich dachte, daß sie mit dieser Antwort vielleicht andeuten wollte, daß ich sie einladen sollte. Aber konnte ich sie tatsächlich bitten, zu uns nach Hause zu kommen? Würde sie mich nicht nur auslachen? Trotz meiner Zweifel versuchte ich es: »Anna, du kommen in unser Haus? Du essen Baklava! Mutter kochen, du essen!« Sie strahlte mich an: »Ja, gern!« Ich war erleichtert, daß sie mich nicht einfach brüsk abwies, und fragte weiter: »Du haben Mann? Du haben Kinder? Sie auch mitkommen!« Wir verabredeten uns für den nächsten Sonntag.

Bis zuletzt hatte ich Zweifel, ob sie wirklich kommen würde. Aber wir bereiteten trotzdem das Baklava vor. Dann klingelte es an der Haustür. Als ich öffnete, stand dort tatsächlich Anna mit ihrem Mann und einem Blumenstrauß in der Hand. Sie hatte auch ihre beiden Kinder, ein dreizehnjähriges Mädchen und einen neunjährigen Jungen mitgebracht. Ich freute mich riesig. Nach fünf Monaten in Deutschland waren sie die ersten deutschen Besucher in unserer Wohnung. An der Wand hatten wir die Bilder von meinem Onkel, von meinem Cousin Hasan, meinem Milchbruder Veli und meiner Schwester Revsan aufgehängt. Anna fragte nach der ersten Begrüßung gleich, welche Bedeutung diese Bilder hätten. Mein Vater, der ja wesentlich besser Deutsch sprach als ich, erzählte ihr die ganze Geschichte unserer Familie. Danach sagte Anna: »Jetzt verstehe ich erst, warum Devrim für ihr Alter immer so ruhig und nach innen gekehrt ist.«

Ich stellte dann Anna mit Hilfe meines Vaters die Fragen über das Verhältnis der Deutschen zu Ausländern, die ich schon immer so gern beantwortet haben wollte. Sie erwiderte: »Ach, weißt du Devrim, diese

Probleme kenne ich gut. Mein Mann ist auch Ausländer. Er ist Serbe. Meinst du, es war für mich einfach, als ich ihn geheiratet habe? Viele meiner Nachbarn haben nicht mehr mit mir gesprochen. Selbst gute Freunde konnten mich damals nicht verstehen. Aber es sind nicht alle Deutschen so. Viele sind auch sehr aufgeschlossen und interessieren sich für die Probleme der Flüchtlinge. Von den Leuten bei McDonald's darfst du nicht zuviel erwarten. Die meisten von ihnen sind sehr einfach in ihrem Denken. Sie wissen es eben nicht besser.« Zum ersten Mal seit meiner Ankunft in Deutschland hatte ich das Gefühl, daß mich eine Deutsche wirklich verstand. Sie war die erste, die mir richtig zugehört hatte. Sie aß auch unser Baklava mit Begeisterung. Als sie sich wieder verabschiedete, lud sie mich zu einem Gegenbesuch bei sich zu Hause zum Kaffeetrinken ein.

Diese Einladung nahm ich gerne an. Als ich in ihr Haus kam, sah ich mich zunächst neugierig um. Ich war ganz begierig zu erfahren, wie sich ein deutscher Haushalt von einem kurdischen unterschied. Jede Kleinigkeit interessierte mich, aber auf den ersten Blick konnte ich nicht viele Unterschiede erkennen. Mir fiel nur auf, daß man sich vor Betreten der Wohnung die Schuhe nicht ausziehen mußte. Der Kaffee, den sie mir anbot, war ganz starker Filterkaffee. Ich mochte überhaupt keinen Kaffee, nicht einmal unseren türkischen Mokka zu Hause, aber das konnte ich ihr aus Höflichkeit nicht sagen. Ich würgte also eine Tasse Kaffee hinunter.

Die Wohnung war wunderschön. Alles war neu eingerichtet. Anna war sehr gastfreundlich, aber ich fühlte mich trotzdem in der fremden Umgebung nicht ganz wohl und wagte kaum, ein Wort herauszubringen. Ich wollte unbedingt alles korrekt sagen, darum dachte ich so lange über einen Satz nach, bis schließlich die Gelegenheit, bei der ich ihn hätte anbringen können, verstrichen war.

Kurze Zeit später wurde Anna bei McDonald's Vorarbeiterin. Sie schlug vor, daß ich als Vollzeitkraft in der Küche arbeiten sollte, und ich wurde als Küchenhilfe fest angestellt. Anna erklärte mir ganz genau, wie man Hamburger, Cheeseburger und Big Mac machte und alle Arbeiten, die sonst so in der Küche anfielen. Jetzt, nachdem ich etwas mehr Deutsch verstand, war es für mich nicht schwer, dies alles zu lernen. Jeden Tag machte mir die Arbeit mehr Spaß.

Ich muß meine Sache wohl recht gut gemacht haben, da ich nach zwei Monaten an der Kasse arbeiten durfte. Mein Deutsch war inzwischen so gut, daß ich durchaus imstande war, einfache Gespräche mit den Kunden zu führen. Die Arbeit an der Kasse war mir noch lieber als die Tätigkeit in der Küche. Ich genoß es, endlich mit Leuten reden zu können, auch wenn es sich meist um völlig belanglose Dinge handelte. Jeden Tag freute ich mich darauf, wieder arbeiten zu dürfen.

Nur wenn Frau Hinze die Schicht führte, war mir der Tag verdorben. Ständig nörgelte sie an mir herum, nichts konnte ich ihr recht machen. Kaum hatte sie die Leitung übernommen, schickte sie mich von der Kasse in die Küche und setzte eine Deutsche an meinen Platz. Erst hatte ich angenommen, daß sie mich persönlich, aus welchen Gründen auch immer, nicht ausstehen konnte. Aber sie behandelte die anderen ausländischen Angestellten nicht besser als mich, das konnte ich täglich beobachten. Dienstpläne stellte sie generell so auf, daß die ausländischen Mitarbeiter benachteiligt waren. Das ärgerte mich fast noch mehr als ihr Verhalten mir gegenüber. Ich überlegte, ob ich mich beim Manager, der wegen seiner ständigen Weibergeschichten jedoch den denkbar schlechtesten Ruf hatte, oder gar beim Inhaber selbst beschweren sollte. Stand es mir wirklich zu, zum Chef zu gehen? Würde er das nicht als unverschämt ansehen? Ich entschied mich daher dafür, erst einmal abzuwarten und meinen Ärger hinunterzuschlucken.

Zu Hause verbesserte sich die Situation auch nicht. Meine Schwester Demet hatte immer noch keine Arbeit gefunden. Mein Vater wollte nun unbedingt, daß sie mit ihren 22 Jahren endlich heiratete. Traditionell entscheidet in einer kurdischen Familie der Vater darüber, wen die Tochter zu heiraten hat. Mein Vater hatte per Zufall hier in Deutschland eine Familie aus unserem Nachbardorf in Kurdistan kennengelernt, deren Sohn sich im heiratsfähigen Alter befand. Die Familie lebte in Köln. Die Entfernung war natürlich kein Hindernis. Schlimmer war schon, daß die Familie muslimisch war. Muslimische Männer heiraten in Kurdistan gerne alewitische Frauen, da sie sich dadurch, daß sie sie zum muslimischen Glauben bekehren, selbst einen Platz im Paradies sichern. Zur Zeit der Alewitenverfolgung in der Türkei sagte man sogar, daß ein Sohn einer muslimischen Familie entweder einen alewitischen Mann töten oder eine alewitische Frau heiraten sollte, um ins Paradies zu gelangen. Aus verständlichen Gründen verheiraten wir Alewiten uns daher nur ungern mit Moslems. Das wußte natürlich auch mein Vater. Er meinte aber wohl, daß diese Unterschiede zwischen den Religionen hier in Deutschland keine so große Rolle mehr spielten. Der Mann gefiel ihm, und er war davon überzeugt, daß er ihn, wenn er erst einmal bei uns wohnte, schon auf den richtigen Weg bringen könnte. Mein Vater verzichtete sogar auf den Brautpreis, der traditionell vom Bräutigam verlangt wurde. Meine Schwester fragte man sowieso nicht nach ihrer Meinung. Sie hatte keine zu haben. Ihr wäre es auch nie in den Sinn gekommen, sich gegen die Meinung meines Vaters zu stellen.

Auf mich machte mein künftiger Schwager auch einen ganz netten Eindruck. Trotzdem war ich gegen diese Heirat. Auch wenn sich viele muslimische Männer recht weltoffen gaben, wußte man nie, wie sie sich nach der Heirat ihren Frauen gegenüber verhielten. Aber mein Vater war sich in seinem Leben immer sicher gewesen, daß nur seine eigene Meinung die einzig richtige sein konnte.

Es wurde also Hochzeit gefeiert. In Kurdistan wäre die Braut von der Familie des Bräutigams in einem Festzug von zu Hause abgeholt worden. Den ganzen Weg über hätte eine Schwester des künftigen Ehemanns, rückwärts vor der Braut her gehend, ihr einen Spiegel entgegenhalten müssen. Die Familie der Braut hätte sie nicht begleiten dürfen. Bevor die Braut das Haus hätte betreten dürfen, wäre es Aufgabe des Bräutigams gewesen, drei Äpfel auf den Kopf seiner künftigen Frau vom Dach des Hauses fallen zu lassen. Wenn zumindest einer davon traf, bedeutete das Glück für die Ehe. Einen solchen Apfel auf den Kopf zu bekommen, war für die Frau natürlich sehr schmerzhaft und hinterließ nicht gerade kleine Beulen. Gott sei Dank verzichteten aus diesem Grund die meisten Ehemänner darauf zu treffen. Beim ersten Schritt über die Schwelle des Hauses mußte die Zukünftige auf einen Silberlöffel treten. Nur wenn dieser danach verbogen war, taugte die Frau nach der Meinung der Leute etwas. Man liebte in Kurdistan also Frauen, die etwas auf die Waage brachten. Wahrscheinlich dachte man, daß sie einfach besser arbeiten können und widerstandsfähiger sind als dünne Vertreterinnen des weiblichen Geschlechts.

Hier in Deutschland konnten wir leider die Hochzeit nicht den alten Traditionen entsprechend ausrichten. Der Bräutigam hatte einen Saal gemietet, in dem die Feier stattfand. Über hundert Gäste waren für den späten Nachmittag eingeladen. Meine Schwester, die ein wunderschönes weißes Hochzeitskleid mit Schleppe trug, und ihr Bräutigam wurden dann von einem befreundeten Ehepaar, dessen Aufgabe es war, sie in die Geheimnisse des Ehelebens einzuweihen, in den Saal geführt. Vor ihnen gingen Freunde oder Verwandte, die je ein Kerzengebinde auf ihren Köpfen trugen. Es war ein zauberhafter Anblick, wie meine Schwester in ihrem schneeweißen Kleid an der Seite ihres zukünftigen Mannes im Lichtermeer der Kerzen den Saal betrat. Mein Schwager durfte nun den Gesichtsschleier meiner Schwester nach hinten schlagen. Bei traditionellen Hochzeiten in Kurdistan war das der Moment, in dem der Bräutigam seiner Braut das erste Mal ins Gesicht blicken durfte. Dann spielte die Kapelle zum Tanz auf. Die Gäste faßten sich an den Händen und wiegten sich im Rhythmus der überlieferten Volkstänze auf dem Tanzparkett. Braut und Bräutigam tanzten allerdings nur ganz kurz. Insbesondere die Braut durfte während der ganzen Hochzeitsfeier nicht fröhlich wirken. Ein Mädchen hatte traurig darüber zu sein, daß es das Elternhaus für immer verließ. In den Tanzpausen wurden alte kurdische Lieder vorgetragen. Sie hatten irgendwie etwas Wehmütiges an sich, und wohl jeder von uns dachte in diesem Moment an die verlorene Heimat zurück. Leider war es so, daß es auch bei den schönsten Anlässen keine überschäumende Fröhlichkeit mehr geben konnte. Dazu hatten wir einfach zuviel verloren.

Gegen neun Uhr abends gab es dann das Festmahl. In Kurdistan hätte man zu solchen Gelegenheiten immer ein Rind geschlachtet, und die Frauen wären schon drei Tage vorher mit Kochen beschäftigt gewesen. Eine solche Hochzeit würde in Kurdistan auch immer drei Tage dauern. Unter den Bedingungen hier in Deutschland war das natürlich nicht möglich. Wir servierten einfach Hähnchen mit Reis und Salat. Nach dem Essen wurde noch etwas getanzt. Jetzt war es Zeit für die Hochzeitsgeschenke. Es wurden einige Haushaltsgegenstände geschenkt, meist übergaben die Gäste jedoch Geld. Bei besonders hohen Geldbeträgen sagte man sogar per Lautsprecher an, wer wieviel gegeben hatte. Auch die engsten Familienangehörigen mußten das Brautpaar beschenken. Von uns wurden sogar besonders wertvolle Geschenke erwartet. Das war ein großes Problem für mich.

Ich verfügte über kein eigenes Geld, da ich alles, was ich verdiente, an meinen Vater abgeben mußte. Was sollte ich nun tun? Einfach nichts schenken? Dann wäre ich vor allen Gästen auf ewig blamiert gewesen. Keiner hätte danach auch nur noch ein Wort mit mir gesprochen. Ich hatte dieses Problem schon vorher mit meiner Schwester diskutiert. Sie sagte: »Aber Devrim, das ist doch ganz einfach. Du leihst dir für die Hochzeit die schöne Goldkette und das Armband von Tante Delal. Die schenkst du mir bei der Hochzeit vor allen Gästen, und ich gebe sie dir einfach am nächsten Tag wieder heimlich zurück.« Ich tat, was wir vereinbart hatten. Mein Geschenk imponierte den Hochzeitsgästen sehr. Sie tuschelten und wunderten sich, wo ich nur das viele Geld für ein so teures Geschenk herhaben könnte. Wenn sie nur gewußt hätten!

Bei uns in Kurdistan gibt es ein Sprichwort: »Was man sich zu Hause ausrechnet, wird sich im Basar immer als falsch erweisen!« So erging es auch meinem Vater. Zwei Tage nach der Hochzeit wollte mein Schwager mit meiner Schwester nach Köln ziehen, da er dort Arbeit gefunden hatte. Damit hatte mein Vater nicht gerechnet. Sein Plan war es gewesen, daß mein Schwager bei uns in Augsburg blieb, wo er mehr Einfluß auf ihn hätte nehmen können. Das wollte aber mein Schwager nicht. Warum hätte er auch seine gute Arbeit in Köln aufgeben sollen? Schließlich hatte er als Ehemann das Recht, den Wohnort der Familie zu bestimmen. Meine Schwester wollte ebenfalls gerne mit ihrem Ehemann von uns wegziehen, um endlich der Kontrolle meines Vaters zu entfliehen. Mein Schwager sagte nur: »Arif, ich werde jetzt mit meiner Frau das Haus verlassen und nach Köln ziehen!« – »Nein, das darfst du nicht. Ich verbiete es dir!« erwiderte mein Vater. Darauf antwortete mein Schwager ganz gelassen: »Ich wollte dir nur meine Absicht mitteilen. Deine Erlaubnis brauche ich nicht.« Dann nahm er meine Schwester an die Hand und verließ mit ihr das Haus. Mein Vater drehte völlig durch. Er prügelte auf alle ein, die im Haus zurückgeblieben waren, fluchte und warf uns die schlimmsten Schimpfworte an den Kopf.

Mitten in dieser Auseinandersetzung klingelte das Telefon. Es war mein Cousin Murat. Er war ganz aufgeregt: »Habt ihr heute schon die *Özgür gündem* gelesen? Darin steht, daß meine Brüder Veli und Hasan tot sind. Sie sind nun Märtyrer der Revolution!« Das konnte er mir gerade noch sagen, dann hörte ich nur noch Schluchzen am Telefon. Ich war zunächst wie versteinert. Hasan tot? Er war doch gerade erst fünfzehn geworden! Mein über alles geliebter Milchbruder Veli, mit dem ich meine gesamte Kindheit geteilt hatte, war mit neunzehn Jahren ebenfalls gefallen? In meine Trauer mischten sich auch Verbitterung und Wut. Wozu immer diese tödliche Gewalt? Gab es denn keinen anderen Weg? Jeden Tag verbluteten junge Menschen im Kugelhagel. Alle diese Menschen hatten Mütter, Väter, Schwestern und Brüder, die um sie weinten.

Natürlich war für diese Greueltaten in erster Linie die türkische Regierung verantwortlich, aber hätte dieser Krieg nicht schon längst beendet sein können, wenn die Türkei nicht immer wieder vom Ausland unterstützt würde? Waren es nicht auch deutsche Panzer, die in Kurdistan zum Einsatz kamen? Wie oft hatten Menschenrechtsorganisationen dies angeprangert! Viele Kurden, die seit langem in Deutschland lebten, waren darüber sehr traurig und wütend. Viele von ihnen waren vor zwanzig und mehr Jahren als Gastarbeiter gekommen und besaßen mittlerweile sogar die deutsche Staatsbürgerschaft. Warum verstanden ihre deutschen Freunde und Nachbarn sie denn nicht? Früher waren die von der PKK organisierten Demonstrationen in Deutschland immer erlaubt gewesen und friedlich verlaufen. Damals richtete sich unser Protest aber auch vor allem gegen die türkische Regierung. Als die Kurden jetzt die deutsche Regierung der Mittäterschaft anklagten, wurden auf einmal die Symbole der PKK verboten. Vielleicht gab es ja auch andere Gründe für dieses plötzliche Verbot, aber auf unsere Leute wirkte dieser zeitliche Zusammenhang wie eine Provokation. Es kam zu ungenehmigten Protestveranstaltungen und schließlich auch, als die Polizei Busse mit Demonstranten auf der Autobahn stoppte, zu Autobahnblockaden. Deutsche, die damals im Stau standen, haben sich sicher darüber geärgert. Ich kann ihren Unmut über die Verzögerung ihrer Reise verstehen. Doch warum dachte niemand über die Gründe dafür nach? In der gleichen Zeit verbluteten in Kurdistan Kinder auf der Straße, ohne daß jemand dagegen einschritt.

Alle diese Gedanken gingen mir durch den Kopf, nachdem ich diese schreckliche Todesnachricht erhalten hatte. Ich fühlte mich so alleine. Nachdem meine beiden Schwestern von zu Hause weggegangen waren, hatte ich niemanden mehr, mit dem ich reden konnte. Sollte ich zur Arbeit gehen? Dort konnte ich auch mit niemandem über meinen Kummer sprechen. Aber das war immer noch besser, als zu Hause herumzusitzen und ständig vor mich hin zu grübeln. Ich nahm mich also zusammen und trat meine nächste Schicht bei McDonald's an.

Zu meinem Unglück hatte gerade Frau Hinze Dienst. Ich hätte an diesem Tag so gerne an der Kasse gearbeitet, um mich durch die Gespräche mit den Kunden wenigstens etwas abzulenken. Aber Frau Hinze schickte mich natürlich wie immer sofort in die Küche. Ich arbeitete sechs Stunden ohne Unterbrechung. Nach den Vorschriften von McDonald's stand uns alle vier Stunden eine Pause zu. Diese bekamen bei Frau Hinze aber nur die deutschen Angestellten. An diesem Tag fiel es mir besonders schwer, so lange durchzuhalten. Als ich schließlich nach sechs Stunden für einen Moment abgelöst wurde, weinte ich nur noch. Als ich mich etwas beruhigt hatte, rief ich meine Schwester in Köln an und teilte ihr die schreckliche Nachricht mit. Sie weinte auch nur noch am Telefon. Ich hätte gerne weiter meinen Schmerz mit ihr geteilt, aber die Pause war zu Ende.

Ich wollte mich unbedingt zusammenreißen und weiter arbeiten. Aber es ging einfach nicht. Ich bat Frau Hinze, nach Hause gehen zu dürfen, da es mir gar nicht gut ginge. Sie sagte: »Was, nach Hause? Du kannst doch deine Schicht nicht einfach verlassen!« – »Frau Hinze, Sie kennen mich doch! Bin ich nicht immer sofort gekommen, wenn Sie angerufen haben und mich baten, einen kranken Kollegen zu vertreten? Wenn ich kann, helfe ich immer gerne, aber bitte glauben Sie mir, im Moment geht es mir miserabel!« Sie wollte mir trotzdem nicht erlauben zu gehen. Ich war aber so erschöpft, daß ich mich gar nicht mehr um sie kümmerte, sondern einfach nach Hause fuhr.

Es regnete stark. Als ich mit dem Fahrrad zu Hause ankam, war ich völlig durchnäßt. Ich konnte nicht mehr. In diesem Moment wünschte ich mir wohl nichts sehnlicher, als daß jemand mich tröstend in den Arm nahm. Wie gern hätte ich mich einmal so richtig ausgeweint! An der Haustür erwartete mich schon mein Vater: »Hatte ich dir nicht verboten, mit deiner Schwester zu telefonieren? Niemand aus unserer Familie soll mit dieser Verräterin noch Kontakt haben. Jetzt hat sie hier angerufen und gesagt, daß du mit ihr telefoniert hast! Hält sich denn keiner mehr in diesem Haus an meine Verbote?« Mir langte es einfach. Böse erwiderte ich: »Ich bin zwanzig Jahre alt. Wenn du mit meiner Schwester Streit hast, ist das allein dein Problem. Schließlich ist sie doch meine Schwester! Mit wem soll ich denn über meinen Kummer sprechen, wenn nicht mit ihr?« Mein Vater war völlig außer sich vor Zorn. Er prügelte unkontrolliert auf mich ein. Ich ging zu Boden. Trotzdem schlug er mit aller Kraft weiter. Schließlich ließ er aber doch von mir ab und ging aus dem Zimmer.

Diesen Augenblick nutzte ich. So schnell ich konnte, verließ ich das Haus und fuhr mit meinem Fahrrad wieder zu McDonald's. Ich wollte dort meinen Lohn abholen. Mich trieb in meiner Verzweiflung nur noch ein Gedanke: So schnell wie möglich in die Türkei zurück! Alle, die ich geliebt hatte, lagen in dieser Erde begraben. Ich wollte dort in der Heimat sterben. Das war doch immer noch besser als dieses Leben hier in Deutschland. Wenn mein Leben nur noch aus Leid und Elend bestand, war es doch besser, dem ein Ende zu setzen. Sollten sie doch in der Türkei mit mir machen, was sie wollten. Schlimmeres als sie mir schon angetan hatten, konnte sowieso nicht mehr geschehen.

Aber um den Flug zu bezahlen, brauchte ich Geld. Ich redete also mit dem Manager. Er meinte: »Das kann doch nicht Ihr Ernst sein? Anna hat mir erzählt, daß Sie in der Türkei gesucht werden. Und da wollen Sie zurück? Wie sehen Sie überhaupt aus? Sie sind ja ganz voller Blutergüsse und Hautabschürfungen!« Er meinte es wohl gut mit mir, aber in diesem Moment war ich nur zornig darüber, daß er sich meinem Plan in den Weg stellte. Ich schrie ihn daher an: »Ich habe einen Unfall gehabt! Mit welchem Recht verweigern Sie mir mein Geld? Habe ich es etwa nicht hart genug bei Ihnen verdient? Ihnen kann es doch ganz egal sein, was ich damit machen will!« Er sprach beruhigend auf mich ein: »Nun setzen Sie sich doch erst einmal hier hin und warten Sie einen Moment! Ich muß gerade im Büro Geld holen.«

Nach zehn Minuten war er immer noch nicht zurück. Ich wurde immer wütender. Hatte er kein Geld gefunden? Oder wollte er mich etwa nicht bezahlen? Warum konnten nicht einmal solche Kleinigkeiten in meinem Leben glatt laufen? Fünf Minuten später sah ich Anna den Raum betreten. Das hatte mir gerade noch gefehlt! Sie nahm mich sofort liebevoll in den Arm: »Mädchen, was ist denn mit dir los? Was hat man denn mit dir gemacht? Du bist ja überall grün und blau. Beruhige dich doch erst einmal wieder! Mach doch keinen Blödsinn! Nur über meine Leiche lasse ich dich in die Türkei gehen. Komm, wir fahren jetzt zusammen zu mir nach Hause!« Dann fuhren wir mit ihrem Auto zu ihrer Wohnung.

Auf ihre Fragen erzählte ich ihr schließlich, was passiert war. Ich teilte ihr auch meinen Plan mit, daß ich gleich am nächsten Morgen zum Landratsamt gehen wolle, um meinen Asylantrag zurückzuziehen. Ich würde die Beamten bitten, mich in die Türkei zurückzuschicken. »Aber das darfst du nicht! Tu es bitte nicht!« rief sie. »Anna, du weißt, daß ich ein Dickkopf bin. Wenn ich mir einmal etwas in den Kopf gesetzt habe, werde ich es auch ganz bestimmt tun. Du kannst dich darauf verlassen.« Dann wollte ich gehen. Sie protestierte: »Wenn du schon so eine Dummheit machen willst, dann werde ich dich morgen selbst zum Landratsamt fahren!« Sie hielt ihr Versprechen.

Am nächsten Morgen gingen wir zusammen dorthin. Anna verlangte, den Chef zu sprechen. Sie erklärte ihm: »Devrim hat im Moment große familiäre Probleme. Ihre beiden Cousins sind in der Türkei ermordet worden. Außerdem schlägt sie ihr Vater ständig. Nur deshalb will sie jetzt in die Türkei zurück! Ich habe mich sehr oft mit ihr unterhalten, darum weiß ich, daß sie in der Türkei wirklich keine Chance hat. In der Türkei ist ihr Leben in Gefahr! Das kann ich Ihnen versichern. Das Mädchen ist doch völlig verstört. Lassen Sie sie auf keinen Fall in diesem Zustand irgend etwas unterschreiben! Haben Sie doch Mitleid!« Der Beamte fragte mich: »Ist das alles wahr? Stimmt es, was diese Frau hier sagt?« – »Ja, aber ich will ganz bestimmt in die Türkei zurück!« Er guckte mich mitleidig an: »Mädchen, was machst du nur? Ich kann das, was du von mir verlangst, wirklich nicht tun. Du kannst mir glauben, daß ich es bei den meisten anderen sofort und gerne täte, aber bei dir habe ich wirklich den Eindruck, daß du große Probleme in deiner Heimat hast. Ich möchte nicht dafür verantwortlich sein, wenn du in der Türkei in Schwierigkeiten gerätst.« Ich war ganz niedergeschlagen. Warum funktionierte einfach nichts so, wie ich es mir vorstellte? Andere wurden doch auch abgeschoben, auch wenn sie es gar nicht wollten. Warum nicht ich, obwohl ich ausdrücklich darum gebeten hatte? So mußte ich unverrichteter Dinge das Landratsamt wieder verlassen.

Anna bot mir an, bei ihr zu wohnen. Das wollte ich aber nicht, da ich ihre Familie, die so nett zu mir gewesen war, nicht stören wollte. Nach langem Hin und Her besorgte mir Anna dann ein Zimmer in einer kleinen Pension. Der Wirtin schärfte sie ein, daß sie mir auf keinen Fall Geld geben dürfte. Zwar sei ich ein sehr nettes Mädchen, nur eben im Moment nicht ganz richtig im Kopf. Man müsse mich vor mir selbst beschützen. Anna setzte sich bei McDonald's dafür ein, daß mein Dienstplan geändert wurde. Sie hoffte, daß ich auf diese Weise halbwegs vor meinem Vater sicher wäre.

Leider täuschte sie sich. Schon am nächsten Tag stand mein Vater plötzlich während meiner Dienstzeit im Restaurant. Obwohl überall Kunden warteten oder ihre Mahlzeit einnahmen, das Lokal fast bis auf den letzten Platz voll war, brüllte mein Vater auf türkisch durch den ganzen Saal: »Ich bin Arif! Arif, hörst du! Ich bin dein Vater! Ich bin Arif, und ich werde dich jetzt umbringen!« Obwohl die meisten Gäste sicher kein Türkisch verstanden, war doch schon allein durch das Gebrüll klar, um was es hier ging. Ich schämte mich furchtbar. Am liebsten wäre ich in diesem Moment sieben Meter tief in den Boden versunken. Alle Arbeitskollegen und Gäste starrten mich entsetzt an und fingen an, miteinander zu tuscheln. Der Geschäftsinhaber, Herr Kaiser, wurde durch dieses ohrenbetäubende Geschrei meines Vaters alarmiert. Er bahnte sich eine Gasse durch die gaffende Menge und redete beruhigend auf meinen Vater ein. Schließlich gelang es ihm, meinen Vater dazu zu überreden, sich mit ihm an einen Tisch in einer Ecke des Lokals zu setzen und die Sache in Ruhe bei einem Kaffee zu besprechen.

Nach einer Stunde kam Herr Kaiser dann zu mir: »Devrim, du Arme, wie hältst du es mit diesem Mann als Vater nur aus? Er scheint mir nicht ganz richtig im Kopf zu sein. Stell dir vor, jetzt beschuldigt er uns hier bei McDonald's, dich gegen ihn aufzuhetzen! So einen kompletten Unfug habe ich ja noch nie gehört. Er droht damit, dich zu erschießen. Ich mache mir wirklich Sorgen. Dieser Mann ist fähig, seine Drohung wahrzumachen. Wenn er hier anfängt herumzuschießen, gibt es ein Blutbad. Ich möchte dir daher vorschlagen, daß ich dich in eines unserer anderen Restaurants schicke. Dort wird er dich bestimmt nicht suchen. Da bist du in Sicherheit!« – »Herr Kaiser, das ist sehr nett von Ihnen, aber ich habe überhaupt keine Angst vor dem Sterben. Wenn mein Vater mich wirklich erschießen will, werde ich bestimmt nicht weglaufen und dadurch andere Menschen gefährden. Wenn Sie aber Angst um ihr Lokal haben, kann ich gerne kündigen!« – »So habe ich das nicht gemeint. Sie dürfen ganz bestimmt nicht kündigen«, erwiderte er.

Mein Vater lauerte mir nun ständig vor McDonald's auf. Nach der Auseinandersetzung mit meinem Chef wagte er es aber nicht mehr hineinzugehen. Anna half mir immer, das Geschäft durch ein Hinterfenster unbemerkt zu betreten und wieder zu verlassen. Abends brachte sie mich mit dem Auto in meine Pension. Dann fuhr sie nach Hause, und ich blieb allein in meinem Zimmer zurück. Dieses Alleinsein war sehr bedrückend für mich. Ich hatte so viele ungelöste Probleme, daß ich gar nicht mehr wußte, über welches ich zuerst nachdenken sollte.

Nachts fühlte ich mich wieder in meine Zelle im Folterzentrum von Erzurum und Dersim zurückversetzt. Meine Hände tasteten wieder in die Dunkelheit und es war mir, als könnte ich das kalte Metall der Zellentür fühlen. Ich hatte große Angst davor, allein zu schlafen. Selbst mein Vater war über mich in brutaler Weise hergefallen. Wie sollte ich da anderen Menschen vertrauen? Selbst Anna könnte mich verraten! Meine Angst steigerte sich in der Nacht ins Unermeßliche. Bei jedem kleinen Geräusch schreckte ich auf. Hatten meine Folterer mich wieder gefunden? Waren sie hier? Würden sie gleich auf mich einprügeln oder kaltes Wasser über mich schütten? Mir war, als könnte ich ihren Atem direkt neben mir hören. Warum schlugen sie nicht zu? Mein ganzer Körper verkrampfte sich in Erwartung der Schläge. Ich war in Schweiß gebadet. Mein Puls raste, und ich zitterte. Natürlich konnte ich Licht anmachen und mich davon überzeugen, daß niemand hier war, aber was half das schon? Sobald ich wieder einzuschlafen versuchte, quälten mich erneut die gleichen bösen Phantasien. Es gab Alpträume, die nie ein Ende nahmen.

Ich brauchte unbedingt Hilfe. Ich fühlte mich so verlassen und allein wie ein Schiffbrüchiger in der Mitte des Ozeans. Ich schwamm und schwamm, aber erreichte nie das Ufer. Manchmal war mein Kopf schon unter Wasser, und ich glaubte zu ertrinken, aber irgend etwas hielt mich davon ab, mich diesem herrlichen Gefühl eines tiefen, traumlosen Schlafes einfach hinzugeben. Immer wieder wehrte ich mich und schnappte erneut nach Luft. Hatte ich denn überhaupt keinen Platz mehr auf der Welt? In der Türkei verfolgte mich der türkische Staat und hier in Deutschland mein Vater.

Gott sei Dank hatte ich Anna. Jeden Morgen holte sie mich ab und brachte mich nach der Arbeit in die Pension zurück. So war ich vor meinem Vater wenigstens halbwegs sicher. Was ich getan hatte, war in unserer Kultur ein völlig unmögliches Verhalten. Keine anständige Tochter durfte so einfach von ihren Eltern weglaufen. Sie schuldete ihren Eltern in jedem Fall Respekt, ganz gleich, was sie ihr antaten. Bei Konflikten innerhalb einer Familie war es die Aufgabe der Nachbarn, vermittelnd einzugreifen. Dies taten sie auch jetzt. Fast jeden Tag kam ein anderer Nachbar meiner Eltern zu McDonald's und wollte mit mir sprechen. Obwohl sie fast alle schon Zeuge gewesen waren, wie mein Vater mich geschlagen hatte, ergriff nun jeder zunächst die Partei meines Vaters und forderte mich auf, nach Hause zurückzukehren. Ich erklärte allen ausführlich die Gründe für meinen Auszug, und sie mußten mir schließlich recht geben. Mein Vater wußte sich zuletzt nicht mehr anders zu helfen, als meinen Cousin Murat zu mir zu schicken.

Eines Tages kam Murat in Begleitung meines Bruders Mazlum zu meinem Arbeitsplatz. Er sagte zu mir: »Devrim, bitte komm doch wieder nach Hause! Es ist doch die einzige Familie, die dir noch geblieben ist. Nachdem du weggegangen bist, ist dein Bruder Mazlum auch nicht mehr nach Hause gekommen. Er hat nur noch im Auto übernachtet. Stell dir vor, selbst deine Mutter hat deinen Vater verlassen und ist zu einer Nachbarin gezogen! Willst du wirklich deine ganze Familie zerstören? Ich habe mit deinem Bruder und deiner Mutter gesprochen. Sie sind bereit, wieder nach Hause zu gehen. Jetzt fehlst nur noch du.« Ich erzählte ihm, was mein Vater getan hatte. »Devrim, da brauchst du mir nichts zu erzählen! Ich kenne deine Eltern! Aber wenn du schon nicht nach Hause willst, dann komm doch zu mir und lebe bei meiner Familie!« Damit war ich einverstanden. »Na gut, dann werde ich jetzt zu meinem Vater gehen und ihm sagen, daß ich zu euch ziehe.« Wir fuhren zusammen.

Mein Vater saß auf dem Sofa wie ein Agha. Er erwartete, daß ich vor ihm niederknien, seine Hände küssen und mich entschuldigen sollte. Aber warum sollte ich mich für etwas entschuldigen, das er mir angetan hatte? Er ließ mich gar nicht erst zu Wort kommen. Er redete und redete. Ich bekam davon Kopfschmerzen. Schließlich schaffte es Murat, seinen Redefluß kurz zu unterbrechen: »Arif, wenn du Devrim nicht haben willst, kann sie gerne zu uns ziehen. Sie ist doch wie meine leibliche Schwester!« Er wurde böse: »Murat, hast du jemals gehört, daß ein Vater seine Tochter einfach weggibt? Ich bin doch ihr Vater. Ich habe sie nur einmal geschlagen, und das ist doch als Vater wohl mein gutes Recht!« Was sollte ich jetzt tun? Einfach wieder gehen? Ich glaube nicht, daß ich eine Chance gehabt hätte, die Wohnung wieder lebend zu verlassen. Mein Vater hatte mehrmals damit gedroht, mich umzubringen. Da er sich jetzt in Wut geredet hatte, hätte er es in dieser Situation bestimmt getan, zumal Murat anwesend war, vor dem er doch beweisen mußte, daß er als mein Vater durchaus imstande war, die Familienehre zu verteidigen. Er hatte sogar, wie mir Murat erzählt hatte, meinen Bruder Mazlum dazu aufgefordert, mich zu ermorden. So habe er zu Mazlum gesagt: »Deine Schwester hat uns beide verlassen. Sie ist doch noch unverheiratet. Was sie jetzt wohl so allein treibt? Sie hat sicher Kontakt mit vielen Männern bei McDonald's. Ist das nicht eine Schande für unsere ganze Familie?« Diese Andeutungen konnte mein Bruder nicht mehr ertragen. Darum war er von zu Hause weggegangen. Er war so verzweifelt gewesen, daß er sogar an Selbstmord gedacht hatte.

Sicher hätte ich jetzt einfach gehen können. Mir hätte es nicht viel ausgemacht, wenn mich mein Vater ermordet hätte. Aber ich mußte auch an meinen Bruder, meine Mutter und an Murat denken, der auch in Schwierigkeiten geraten wäre, wenn er jetzt die Wohnung mit mir zusammen verlassen hätte. Ich blieb also. Meine Mutter und mein Bruder zogen auch wieder ein. Nach außen hin waren wir wieder eine Familie. Aber da mein Vater sein Verhalten nicht änderte, konnte von einem harmonischen Familienleben nicht die Rede sein. Mein Vater machte uns das Leben nach wie vor zur Hölle.

17
Antrag abgelehnt

Leben zwischen Angst und Hoffnung

Anna hielt meinen Entschluß, wieder bei meiner Familie zu wohnen, für ausgesprochen falsch. Wie hätte sie mich auch verstehen können? Hier in Deutschland geht das Recht des Individuums über alles. Die Familie ist meistens nur noch eine Zweckgemeinschaft, die man nach Belieben verläßt, wenn man sich in der eigenen Entfaltung behindert glaubt. Nicht von ungefähr gibt es hier so viele Ehescheidungen, Kinder, die schon mit sechzehn kaum noch zu Hause sind, und Alte, die in Altenheime abgeschoben werden.

Ich war etwa wieder eine Woche zu Hause, da fand ich einen kleinen Zettel im Briefkasten. Ich wurde darin aufgefordert, einen amtlichen Brief persönlich von der Post abzuholen. Das tat ich sofort am nächsten Tag. Ich mußte dort unterschreiben, daß mir der Brief tatsächlich ausgehändigt worden war. Neugierig besah ich mir das Schreiben. Bei so viel bürokratischem Aufwand mußte es etwas Wichtiges sein. Es kam vom Bundesamt für die Anerkennung ausländischer Flüchtlinge in Zirndorf. Das mußte der Bescheid über meinen Asylantrag sein! Ich war ganz aufgeregt und riß sofort den Umschlag auf. Schnell überflog ich die ersten Zeilen. Leider konnte ich Deutsch nicht so gut lesen wie sprechen und das Amtsdeutsch war sowieso kompliziert, aber was ich entziffern konnte, reichte schon: »Antrag abgelehnt, Voraussetzungen liegen nicht vor, die Antragstellerin hat Deutschland innerhalb eines Monats zu verlassen.« Das konnte doch nicht wahr sein! Ich war wie vom Donner gerührt. Hatte ich nicht richtig gelesen?

Ich lief sofort zu Anna. Sie las mir vor: »Der Antrag auf Anerkennung als Asylberechtigte wird abgelehnt. Die Voraussetzungen des § 51, Abs. 1 des Ausländergesetzes liegen nicht vor. Abschiebungshindernisse nach § 53 des Ausländergesetzes liegen nicht vor. Die Antragstellerin wird aufgefordert, die Bundesrepublik Deutschland innerhalb eines Monats nach Bekanntgabe dieser Entscheidung zu verlassen.« Anna konnte das, was sie gerade gelesen hatte, selbst nicht fassen. Sie starrte mich ungläubig an. »Devrim, das kann doch gar nicht wahr sein! Da muß doch bestimmt ein Irrtum vorliegen. Laß uns doch erst einmal die Begründung lesen!« Sie las mir dann vor: »Gemäß Art. 16, Abs. 2, Satz 2 Grundgesetz genießen politisch Verfolgte Asylrecht. Politisch Verfolgter ist nach den von der Rechtsprechung – in Anlehnung an den Flüchtlingsbegriff der Genfer Konvention – entwickelten Grundsätzen, wem in seinem Heimatland bei verständiger Würdigung der Gesamtumstände Verfolgung wegen seiner Rasse, Religion, Nationalität, Zugehörigkeit zu einer bestimmten sozialen Gruppe oder wegen seiner politischen Überzeugung mit beachtlicher Wahrscheinlichkeit droht, so daß ihm ein Verbleib bzw. die Rückkehr in sein Heimatland nicht zuzumuten ist.« Anna wußte selbst nicht mehr weiter. »Aber Devrim, was hier steht, bedeutet doch, daß sie dich auf keinen Fall zurückschicken dürfen. Du bist Kurdin und hast nur alleine deshalb in deiner Heimat Probleme. Das bedeutet doch, daß du rassisch verfolgt bist. Außerdem warst du politisch aktiv und wirst deshalb vom türkischen Sicherheitsdienst gesucht. Wenn das keine politische Verfolgung ist, weiß ich es auch nicht mehr! Aber vielleicht haben sie dir deine Geschichte einfach nicht geglaubt?«

Dann las sie weiter vor: »Die Asylantragstellerin hat glaubhaft gemacht, daß sie aktives Mitglied der PKK ist, und die Unterzeichnerin war vom Wahrheitsgehalt auch ihres weiteren Vorbringens überzeugt. Dennoch kann ihr Vorbringen den Asylantrag nicht stützen. Obwohl der Antragstellerin wegen ihrer militanten Aktivitäten für die PKK eine lange Gefängnisstrafe droht, kann diese nicht als politische Verfolgung gewertet werden. Eine Strafverfolgung kann nur dann als politische Verfolgung gewertet werden, wenn ein Staat seine Bürger in ihrer politischen oder religiösen Überzeugung zu treffen, sie aus ethnischen Gründen oder Gründen der Nationalität oder wegen ihrer Zugehörigkeit zu einer bestimmten sozialen Gruppe zu disziplinieren, sie deswegen niederzuhalten oder zu vernichten sucht. Will er indessen lediglich, wenn auch möglicherweise mit autoritären Mitteln seine Herrschaftsstruktur aufrechterhalten und läßt dabei die Überzeugung seiner Staatsbürger unbehelligt, so fehlt es an einer politischen Verfolgung in asylrechtlichem Sinne.

Bei Strafverfolgungsmaßnahmen in der Türkei kann der türkischen Justiz jedoch nicht grundsätzlich unterstellt werden, daß sie Taten auch wegen der inneren Einstellung des Täters bestraft.«

Ich brachte zunächst kein Wort hervor. Nur langsam begriff ich, was Anna da sagte. Sie hatten mir also geglaubt, wollten mich aber trotzdem an meine Feinde ausliefern! Hatten sie beim Bundesamt wirklich keine Ahnung von den Verhältnissen in der Türkei? Die Deutschen waren doch sonst immer über alles so gut informiert. Konnte sich keiner mehr daran erinnern, was es bedeutet, nur wegen seiner Zugehörigkeit zu einer bestimmten Volksgruppe diskriminiert und verfolgt zu werden? Viele Deutsche waren doch damals selbst Flüchtlinge gewesen. Waren sie das etwa freiwillig? Auch wir Kurden verließen nicht unsere Heimat und kamen hierher, weil uns Deutschland so gut gefiel. Wenn wir als Kurden nicht von der türkischen Regierung unterdrückt würden, was hätten wir dann im Ausland zu suchen? Welcher normale Mensch würde freiwillig sein Land und sein Volk verlassen und ins Ausland gehen, um dort unter fremder Kultur und Sprache zu leben? Warum wollte oder konnte man meine Probleme nicht verstehen?

Als Anna mir damals diesen Bescheid des Bundesamtes vorlas, hatte ich immer noch die leise Hoffnung, daß dies nicht die Ansicht der gesamten deutschen Justiz sei, sondern daß es sich nur bei meiner Anhörerin um eine Frau gehandelt habe, die, aus welchen Gründen auch immer, Ausländer haßte. Von unseren kurdischen Bekannten hatte ich sowieso gehört, daß es in Bayern besonders schwierig wäre, als asylberechtigt anerkannt zu werden. Vielleicht hatte ich nur wieder einmal Pech gehabt? Aber durften solche Pannen in einem Rechtstaat überhaupt passieren? Anna machte mich dann noch darauf aufmerksam, daß gegen diesen Bescheid innerhalb von zwei Wochen Klage vor dem zuständigen Verwaltungsgericht erhoben werden könne. Erst wenn darüber entschieden sei, könne ich ausgewiesen werden. Ich sollte mir daher zunächst erst einmal keine so großen Sorgen machen. Sie riet mir, möglichst bald einen Anwalt aufzusuchen.

Mein Vater hatte für sein eigenes Asylverfahren schon einen Anwalt. Er rief dort an und vereinbarte gleich für den nächsten Tag einen Besprechungstermin. Der Anwalt war zwar recht freundlich, aber es war ihm deutlich anzumerken, daß er wegen seiner vielen anderen Klienten keine Zeit für mich hatte. Inzwischen hatte mir meine Schwester Serpil aus Istanbul den Gefängnisausweis geschickt, den ich damals entgegen der Anordnung des Gefängnisdirektors bei mir behalten hatte. Ich hatte etwas Hoffnung, daß dies ein wichtiger Beweis vor Gericht wäre. Außerdem war mein Vater gerade in einer Gerichtsverhandlung als asylberechtigt anerkannt worden. Dabei hatte das Gericht sich unter anderem auch darauf bezogen, daß seine Tochter, also ich, in der Türkei inhaftiert gewesen sei. Dies legten wir dem Anwalt vor. Er nickte nur und nahm alles zu den Akten. Er meinte, dann sei ja sowieso klar, daß unsere ganze Familie in der Türkei Probleme habe. Ich wollte ihm alles ganz genau schildern, aber er winkte ab: »Frau Kaya, das brauchen Sie mir nicht alles erzählen. Ich sehe es doch in Ihren Akten. Ich werde vor Gericht sowieso auf Gruppenverfolgung plädieren, da brauche ich in Ihrem Einzelfall nicht so viel zu beweisen. Machen Sie sich mal keine Sorgen! Das wird schon gutgehen.«

Eine Woche später zogen wir um. Mein Vater hatte in einem Nachbardorf eine schönere und größere Wohnung für uns gefunden. Dort waren unsere Nachbarn Deutsche. Als wir einzogen, sahen sie neugierig aus dem Fenster. Wir grüßten freundlich. Sie erwiderten unseren Gruß nicht, sondern starrten uns nur an. Dann wandten sie sich sofort ab. Hatten sie etwa noch niemals Ausländer gesehen? Waren sie vielleicht erstaunt, daß wir auch Augen, Nasen und Ohren hatten wie sie? Obwohl wir über ein Jahr dort lebten, haben wir nie den Namen unseres Nachbarn, der rechts neben uns wohnte, erfahren.

In der Wohnung links neben uns wohnte eine alte Frau. Wenn sie uns kommen sah, schob sie nur kurz etwas die Gardine zurück. Sobald sie merkte, daß ich ihren Blick erwiderte, ließ sie die Gardine sofort wieder fallen. Das machte mich traurig. Ich hatte meine Oma sehr geliebt. Seit sie tot war, empfand ich immer große Sympathie für ältere Frauen, da sie mich immer ein bißchen an meine eigene Oma erinnerten. Eines Tages traf ich unsere Nachbarin vor unserer Haustür. Ich reichte ihr meine Hand zur Begrüßung und stellte mich vor. Sie nahm ganz scheu meine Hand, ließ sie aber sofort wieder los, so als ob sie Angst hätte, ich könnte sie abbeißen. Ich wollte mich noch nach ihrem Befinden erkundigen, da wandte sie sich schon wieder von mir ab, wobei sie so etwas murmelte wie: »Ich habe wirklich im Moment gar keine Zeit!«

Am nächsten Tag traf ich sie wieder vor dem Haus. Ich fragte sie: »Wie geht es Ihnen? Ist das heute nicht ein wunderbares Wetter? Bitte entschuldigen Sie, daß ich so etwas gebrochen deutsch spreche, aber ich komme aus Kurdistan.« – »Ach, aus Kurdistan?« An ihrem Tonfall merkte ich, daß sie keine Ahnung hatte, wo Kurdistan eigentlich liegt. »Frau Harloff, wenn Sie Zeit haben, kommen Sie doch einfach mal auf einen Kaffee zu uns herauf. Wir würden uns wirklich sehr freuen!« lud ich sie ein. Ich hatte sie irgendwie verwirrt. Sie konnte meine freundliche Einladung nicht einfach abschlagen, obwohl sie es sicher gern getan hätte. »Ja gut, ich komme aber nur ganz kurz. Bestimmt nur ganz kurz, ja?«

Sie war schon alt und gebrechlich. Unsere Wohnung lag im zweiten Stock. Ich bot mich an: »Darf ich Ihnen helfen, Frau Harloff?« – »Aber nein, das ist doch gar nicht nötig. Sehe ich etwa so alt aus, als ob ich die paar Stufen nicht mehr alleine schaffen würde?« Trotz ihres Protestes hakte ich sie lieber unter. So kamen wir in unserer Wohnung an. Ich stellte meine Mutter und meine zwei Brüder vor und fragte: »Darf ich Ihnen etwas zu trinken anbieten? Vielleicht einen Tee oder einen Kaffee?« – »Nein, nein auf keinen Fall!« antwortete sie in einem Tonfall, als fürchtete sie, vergiftet zu werden. Dann erzählte ich ihr, wo Kurdistan liegt und warum ich alte Leute so gerne mochte. Ich entschuldigte mich für mein etwas aufdringliches Benehmen und zeigte ihr ein Bild von meiner Oma. Sie sah sich nun schon nicht mehr ganz so ängstlich um, aber ganz wohl fühlte sie sich in ihrer Haut immer noch nicht, das war deutlich zu spüren. Nachdem wir uns eine Zeitlang unterhalten hatten, wollte sie wieder gehen.

Ich brachte sie zu ihrer Wohnung. Als wir davorstanden, flüsterte sie mir ganz leise zu: »Kommen Sie bitte einmal rein! Ich will Ihnen etwas geben.« Ich tat, wozu sie mich aufgefordert hatte. Sie ließ mich in der Diele stehen und kam nach kurzer Zeit mit einem alten Kleid von ihr und etwas Schokolade zurück. Beides schenkte sie mir. Ich wollte sie nicht beleidigen, aber was sollte ich mit dem alten Kleid machen? Es schien wohl noch aus ihrer Jugend zu stammen. Auf jeden Fall hatte ich hier noch niemanden gesehen, der so etwas anzog. Außerdem trug ich sowieso niemals Kleider, sondern bevorzugte Jeans und T-Shirts. Aber dem Gebot der Höflichkeit mußte Genüge getan werden. »Oh, vielen herzlichen Dank, das ist aber sehr hübsch! Ich freue mich sehr«, sagte ich. »Wirklich? Meine Kinder sagen immer, daß so etwas heute keiner mehr trägt. Aber es ist so ein guter Stoff! Es wäre doch sehr schade, es einfach wegzuwerfen. Es freut mich sehr, daß es Ihnen gefällt. Wollen Sie etwas trinken? Vielleicht etwas Saft? Setzen Sie sich doch!« Obwohl ich eigentlich gar keinen Durst hatte, setzte ich mich sofort und trank brav meine Limonade. Ich wollte ihr zeigen, daß ich mich vor ihr auch nicht fürchtete.

Nachdem ich ausgetrunken hatte, wollte ich gehen. Zum Abschied bot ich ihr an: »Wenn ich irgend etwas für Sie tun kann, brauchen Sie nur einmal an unserer Tür zu klopfen. Ich helfe Ihnen immer gern. Ich kann für Sie einkaufen oder putzen.« Davon war sie aber gar nicht begeistert: »Was, putzen? Ich kann mir doch gar keine Putzfrau leisten. Außerdem kann ich meine Angelegenheiten noch sehr gut selbst erledigen. Dazu brauche ich Ihre Hilfe nicht!« – »Nein, Sie haben mich völlig falsch verstanden, Frau Harloff. Ich habe doch bei McDonald's Arbeit. Ich brauche kein Geld. Ich will Ihnen nur aus Freundschaft helfen«, erwiderte ich. Sie war völlig überrascht, daß ich bereit war, einfach ohne Geld etwas für sie zu tun. Das war der Anfang einer guten Freundschaft. Fast jeden Sonntag war ich bei ihr. Wir unterhielten uns gern miteinander. Sehr oft begleitete ich sie auch zum Grab ihrer Mutter auf den Friedhof des Dorfes. Sie begann, in mir so etwas wie ihr eigenes Enkelkind und ich in ihr meine Oma zu sehen.

Nach unserem Umzug ging es unserer Familie etwas besser. Mein Bruder hatte Arbeit gefunden, und ich war weiterhin jeden Tag bei McDonald's. Auch mein Vater hatte sich wieder beruhigt. Wir liebten einander nicht, aber jeder wußte, was er vom anderen zu erwarten hatte, und so gingen wir uns gegenseitig aus dem Weg. Mein Bruder und ich machten sogar unseren Führerschein. Wir waren alle recht zufrieden. Von meinem Asylverfahren hatte ich schon lange nichts mehr gehört. Ich war jetzt jeden Tag mit so vielen anderen Dingen beschäftigt, daß ich auch kaum noch daran dachte.

Da rief eines Abends mein Cousin Murat an. Er sagte: »Wißt ihr was? Ich habe da eine tolle Gelegenheit für euch! Stellt euch vor, ich habe in der Nähe von Stuttgart eine Gaststätte entdeckt, die zum Verkauf steht. Sie wird ganz billig angeboten. Da könntet ihr doch etwas draus machen. Schließlich arbeitet Devrim jetzt schon so lange bei McDonald's. Sie versteht doch sicher etwas davon.« Gleich am nächsten Tag fuhren mein Vater und mein Bruder dorthin. Ihnen gefiel es. Der Inhaber, ein Kurde, versicherte ihnen, daß er ganz gute Umsätze mit dem Lokal mache. Er könne nun leider aus gesundheitlichen Gründen das Geschäft nicht mehr weiter führen, darum müsse er so schnell wie möglich verkaufen. Er brauche das Geld schnell, darum sei er auch bereit, das Restaurant so billig zu veräußern. Sie einigten sich auf einen Kaufpreis von 250.000 Mark. 50.000 wollte er sofort als Anzahlung haben, den Rest könnten wir später in monatlichen Raten abzahlen.

Als mein Bruder und mein Vater wieder nach Hause kamen, schwärmten sie mir vor: »Devrim, denk doch! Nur 50.000 Mark Anzahlung. Dann haben wir unser eigenes Restaurant. Wir müssen zwar einen Kredit aufnehmen, aber wenn wir fleißig sind, verdienen wir mit dem Restaurant soviel, daß wir das Geld in drei Monaten mühelos zurückzahlen können.« Das hörte sich auch für mich sehr verlockend an. Ich wußte, daß mein Bruder fleißig war, und auch mein Vater konnte zupacken, wenn er nur wollte. Warum sollte ich zeit meines Lebens bei McDonald's schuften? Da war es doch viel besser, Eigentum zu erwerben und dafür zu arbeiten. Ich stimmte also zu, als mein Vater vorschlug, daß mein Bruder und ich je 20.000 Mark Kredit aufnehmen sollten. Mein Vater selbst konnte sich kein Geld mehr leihen, da er meine Flucht und die meiner Geschwister hatte bezahlen müssen und dafür schon einen Kredit aufgenommen hatte, der immer noch nicht ganz abbezahlt war.

Wir gingen gemeinsam zur Bank, die uns auch ohne Probleme das Geld gab. Mein Vater machte den Kauf perfekt, und meine ganze Familie zog nach Stuttgart um. Ich wollte auch, aber das ging nicht so einfach: Über meinen Asylantrag war noch nicht endgültig entschieden. Ich durfte daher meinen »Aufenthaltsgestattungsbereich«, das heißt den Landkreis Augsburg, nicht verlassen und einfach nach Stuttgart ziehen. Ich fragte beim Landratsamt nach, was ich denn jetzt tun sollte. Man sagte mir, ich müsse einen Umverteilungsantrag stellen. Das tat ich. Nun mußte ich auf die Erlaubnis zum Umzug warten. Ich hatte sowieso gerade Urlaub und beantragte eine »Befristete Erlaubnis zum vorübergehenden Verlassen des Aufenthaltsgestattungsbereiches« und fuhr zu meiner Familie nach Stuttgart, um das Restaurant, das auch mit meinem Geld gekauft worden war, selbst in Augenschein zu nehmen.

Es gab furchtbar viel zu tun. Ich arbeitete mindestens sechzehn Stunden am Tag. Nachts schliefen wir zusammen im Keller unter dem Restaurant, da wir keine andere Bleibe hatten. Die Arbeit hätte mir nichts ausgemacht, aber alles, was ich tat, paßte meinen Eltern nicht. Immer nörgelten sie nur an mir herum. Wenn ich gute Vorschläge machte, wie wir den Umsatz ankurbeln könnten, war mein Vater beleidigt, daß ich mir anmaßte, irgend etwas besser zu wissen als er. Das hielt ich nicht lange aus. Die Spannung zwischen uns wuchs von Tag zu Tag.

Ein falsches Wort hätte das Ganze zur Explosion bringen können. Ich zog es daher vor, obwohl ich noch eine Woche Urlaub hatte, wieder nach Augsburg zurückzufahren.

Ich ging in Augsburg sofort zum Landratsamt und zog den Umverteilungsantrag zurück. Ich hatte jetzt das Problem, daß ich nicht wußte, wo ich wohnen sollte. Den Mietvertrag für unsere bisherige Wohnung hatte mein Vater gekündigt. Sie wäre für mich allein sowieso zu teuer gewesen. Bis zum Monatsende konnte ich noch dort wohnen, dann mußte ich mir etwas anderes suchen.

Bei McDonald's hatte ich Tanja kennengelernt. Sie bot mir an, bei ihr zu wohnen, wenn ich die halbe Miete übernehmen würde. Obwohl mir nicht ganz wohl dabei war, da ich sie für den Typ von Frau hielt, der öfter Männerbekanntschaften hatte, zog ich bei ihr ein.

Die Wohnung bestand aus der Küche, einem Wohnzimmer, in dem ich schlief, und einem Schlafzimmer, das von Tanja und ihrem alten Dackel bewohnt wurde, sowie einem großen Balkon. Für mich war es etwas Neues, mit einem Hund in einer Wohnung zusammen zu wohnen. In Kurdistan kennen wir nur Hofhunde. Sie sind sehr scharf und außerdem voller Parasiten, so daß dort niemand auf die Idee kommen würde, sie mit ins Haus zu nehmen. Ich hatte schon gehört, daß dies hier in Deutschland anders war.

Eigentlich bin ich sehr tierlieb, aber was Tanja mit ihrem Wastl machte, hatte meiner Meinung nach nichts mit Tierliebe zu tun. Tanja ging nie mit ihm spazieren. Wastl hat wohl in seinem Leben nie etwas anderes gesehen als die vier Wände dieser Wohnung. Wenn wir Menschen uns schon nicht gern lebenslang einsperren ließen, wieviel mehr mußte ein Tier darunter leiden, daß es sich niemals in freier Natur bewegen durfte? Da war es kein Wunder, daß dieser Hund mit der Zeit etwas wunderlich geworden war. Wastl sollte sein Geschäft eigentlich auf dem Balkon verrichten. Das tat er aber nur selten. Eigentlich machte er überall hin, wo er sich gerade befand. Auch das Wohnzimmer, das ich bewohnte, wurde von ihm nicht verschont. Die ganze Wohnung stank penetrant nach Urin. Es war kaum auszuhalten.

Obwohl mir Tanja versprochen hatte, keine Männer mit in die Wohnung zu bringen, nahm sie fast jeden Abend andere Männer mit zu uns hoch. Was sollte ich davon halten? Ich war mir völlig im klaren darüber, daß die deutsche Kultur in vielen Dingen viel freier ist als die unsere. Tanja war sicher keine Schönheit, aber warum sie sich mit diesen alten und besoffenen Subjekten abgab, habe ich nie begriffen. Ich stellte Tanja zur Rede. Sie wurde ganz böse: »Was geht dich eigentlich mein Privatleben an? Ich kann doch in meiner Wohnung machen, was ich will!« Aber ich zahlte doch auch die Hälfte der Miete. Wie konnte sie da so reden? Als sie dann noch anfing, auch morgens Besuch zu empfangen, reichte es mir endgültig. Ich zog in eine Pension. Für ein 20 Quadratmeter großes Zimmer bezahlte ich hier monatlich 500 Mark. Das war zwar ein Wucherpreis, aber ich hatte wenigstens meine Ruhe.

Mein Leben verlief nun in halbwegs geordneten Bahnen. Ich hatte mein eigenes Zimmer und meine Arbeit. Mit meinen Arbeitskollegen verstand ich mich auch immer besser. Oft gingen wir abends noch ein Bier trinken oder ein Eis essen. Ich hatte mir einen Platz im Leben erobert. An das, was ich Schlimmes in der Türkei erlebt hatte, dachte ich nur noch selten.

Eines Tages erhielt ich einen Brief von meinem Anwalt Herrn Dauer. Mein Gerichtstermin war auf den 6. April 1995 festgesetzt worden. Ich sollte unbedingt erscheinen. Ich hatte so gehofft, daß man mich endlich einmal in Ruhe lassen würde! Aber es half nichts, ich mußte diesen Termin persönlich wahrnehmen. Vor dem Gerichtssaal erwartete mich mein Anwalt. Er wechselte nur ein paar Worte mit mir. Ich konnte ihm gerade noch sagen, daß mein Vater einen Artikel in der *Özgür gündem* vom 29. August 1993 gefunden hatte. Dort wurde darüber berichtet, daß einer meiner drei Anwälte in der Türkei, Herr Yalcin, am 19. August in Erzurum festgenommen worden war, als er gerade einen Klienten besuchen wollte. Ich bat Herrn Dauer, das dem Gericht vorzulegen. Er nickte nur zustimmend, dann wurden wir auch schon aufgerufen.

Die ganze Atmosphäre erinnerte mich sehr an das DGM-Gericht in Kayseri. Auch hier saßen die Richter in ihren Roben erhöht auf einem Podest. Waren Richter eigentlich in jedem Land der Welt so? Warum hatte man immer den Eindruck, daß sie auf ihrem Richterstuhl allem Menschlichen meilenweit entrückt waren? Den Vorsitz führte eine Frau. Sie verlas zunächst, was ich beim Bundesamt für die Anerkennung ausländischer Flüchtlinge gesagt hatte. Mein Anwalt hatte sich in seiner schriftlichen Klagebegründung fast ausschließlich auf die Ermordung meines Onkels bezogen und gefordert, daß ich wegen der Verfolgung meiner gesamten Familie Asyl erhalten sollte. Ich verstand nicht ganz, warum er nichts über meine Erlebnisse in türkischen Verhörzentren und Gefängnissen erzählte. Aber schließlich war er ja Anwalt, nicht ich.

Dann ging die Fragerei los. Die Fragen prasselten nur so auf mich ein. Ich wußte gar nicht, welche ich zuerst beantworten sollte. »Wann sind Sie verhaftet worden? Wann haben Sie die Schule in Mersin verlassen? Wann ist Ihr Onkel gestorben? Wann haben Sie sich der PKK angeschlossen? Wie lange waren Sie im Gefängnis von Erzurum?« Wie sollte ich das alles nach so langer Zeit noch korrekt beantworten? Das Ganze war jetzt fast drei Jahre her. Wie sollte ich mich da noch an die genauen Daten erinnern? Ich war in so vielen Gefängnissen gewesen. Wie sollte ich da noch wissen, wie lange genau in welchem? Wozu diese ganze Fragen? Ich hatte doch schon alles beim Bundesamt gesagt. Warum glaubte mir nur keiner? Ich hatte den Eindruck, sie legten es darauf an, mich mit Absicht zu verwirren. Und das gelang ihnen. Ich glaube, am Ende der Verhandlung hätte ich nicht einmal mehr das Datum meines eigenen Geburtstags gewußt.

Ich hätte ihnen so gern meine ganze Geschichte chronologisch erzählt. Aber sie ließen mich gar nicht erst zu Wort kommen, sondern ermahnten mich, daß ich hier nur ihre Fragen zu beantworten hätte. Wenn ich vorher gewußt hätte, daß sie jedes Datum exakt von mir wissen wollten, hätte ich mich besser vorbereitet. Wissen Sie etwa, wann Sie Ihren Schulabschluß gemacht haben? War es ein Montag oder ein Freitag? Aber es war im April? Sind Sie sich auch völlig sicher? Doch wohl nicht. Aber so etwas mußte doch auch jedes Gericht wissen! Warum quälten sie mich dann nur so mit ihren Fragen nach genauen Daten? Meine Nerven fingen an zu vibrieren.

Dann fragte einer der Richter noch: »Sind Sie gefoltert worden?« Ich brach in Tränen aus. Er fragte weiter: »Erzählen Sie bitte in allen Einzelheiten, was sie mit Ihnen gemacht haben!« Ich schaffte es einfach nicht, diesen auf mich herabstarrenden Hyänen etwas über meine Foltererlebnisse zu berichten. Ich stieß nur unter Schluchzen hervor: »Was ein Mensch sich nur an Gemeinheiten ausdenken kann, haben sie mir angetan!« Das genügte offenbar nicht. Vielleicht lag es auch am Übersetzer. Auf jeden Fall wurde meine Antwort gar nicht erst ins Protokoll aufgenommen. Schließlich fragten die Richter mich noch, ob ich sonst noch etwas Neues vorzubringen hätte oder ob neue Beweismittel vorlägen? Mein Anwalt legte den Zeitungsartikel und meinen Gefängnisausweis aus Nevsehir vor, den ich ihm bei unserer ersten Unterredung gegeben hatte. Daraufhin vertagte sich das Gericht. Es war beschlossen worden, daß die neuen Beweismittel dem Auswärtigen Amt zur Überprüfung übergeben werden sollten. Sie sollten in der Türkei nachfragen, ob es sich um echte Dokumente handelte. Ich hatte wieder etwas Hoffnung. Ich wußte ja sicher, daß es keine Fälschungen waren. Jetzt mußte sich endlich die Wahrheit erweisen! Aber zunächst hieß es wieder warten.

Bei McDonald's lernte ich immer mehr dazu. Ich hatte jetzt die Position eines Crewtrainers. Wenn jemand neu angelernt werden sollte, war es meine Aufgabe, ihn einzuweisen. Die meisten Kollegen waren furchtbar eifersüchtig auf mich. In knapp zwei Jahren hatte ich es geschafft, mich von einer Putzfrau in diese Position hochzuarbeiten. Nun sollte ich auch noch an einer McDonald's »Olympiade« teilnehmen. An diesem Wettbewerb konnten sich weltweit alle Mitarbeiter von McDonald's beteiligen, aber von jedem McDonald's nur die drei besten. Unser Chef suchte mich und noch zwei Deutsche aus. Für die Deutschen war es kein Problem, bei mir als einer Asylbewerberin lagen die Dinge jedoch anders. Ich mußte erst eine eintägige Arbeitserlaubnis für den McDonald's in Ingolstadt beantragen, wo der Wettbewerb stattfinden sollte, und damit zum Landratsamt gehen und einen Antrag auf Erteilung einer Erlaubnis zum vorübergehenden Verlassen des Aufenthaltsgestattungsbereiches stellen. Zum Glück wurde dank der Unterstützung meines Chefs beiden Anträgen stattgegeben, und ich durfte fahren.

Meine beiden Kollegen und ich waren mächtig stolz, als wir nach Ingolstadt geschickt wurden, um dort unser Wissen über QSS (Qualität, Service, Sauberkeit) theoretisch und praktisch unter Beweis zu stellen, und zwar in der Küche, in der Lobby und an der Kasse. Wir hatten bestimmt über dreißig Mitbewerber, und nur fünf konnten das Halbfinale erreichen. Zunächst wurde ich für die Küche eingeteilt und mußte einige theoretische Fragen beantworten: »Wie hoch ist die Serviertemperatur eines Kaffees bei McDonald´s?« – »80 °C!« – »Und die Trinktemperatur nach einer Minute?« – »69 °C!« – »Wieviel Grad beträgt die Grilltemperatur eines Clamschell-Elektrogrills, 1. Oben ohne Folie? 2. Oben mit Folie? 3. Unten?« – »118 °C, 215 °C und 177 °C.« Es gab noch viele solcher Fragen: »Wer und wann hat den ersten McDonald's eröffnet? Wieviel Grad °C haben Paddies, nachdem sie auf dem Brötchen sind? Wieviel Zentimeter beträgt der Durchmesser des Unterteils bzw. des Oberteils eines Hamburgers?« Ich konnte alles beantworten.

Dann sollte ich Hamburger und Big Mac garnieren. Alles mußte schnell und sauber gemacht werden. Außerdem wurde auch der Umgang mit den Kollegen benotet. Wenn ich eine Bestellung in der Küche erhielt, mußte ich ganz freundlich wiederholen, was der Kollege geordert hatte und mich dafür sogar noch bedanken. So arbeitete ich etwa drei Stunden. Dann kamen die anderen Kollegen an die Reihe. Als auch sie fertig waren, erhielten wir das Ergebnis. Ich freute mich riesig, denn ich war die Beste in der Küche gewesen! Leider waren meine beiden Kollegen durchgefallen. Da ich im Viertelfinale erfolgreich gewesen war, bekam ich eine Bronzemedaille. Ich war furchtbar stolz und glücklich. Meine Kollegen machten auf der Rückfahrt immer wieder hämische Bemerkungen: »Die war doch bei uns nur Putzfrau. Die haben sich bestimmt geirrt. Vielleicht hat sie ja auch etwas mit dem Chef!« Ich ärgerte mich mächtig darüber, daß sie so schlechte Verlierer waren.

Nach etwa einer Woche ging es dann zum Halbfinale nach Jetingen. Diesmal wurde ich zur Kasse eingeteilt. Auch hier erledigte ich meine Aufgabe zur vollsten Zufriedenheit meiner Prüfer und bekam eine Silbermedaille. Ich hatte es wirklich geschafft! Ich konnte es selbst kaum glauben, aber es war so. Jetzt ging es zum Finale nach München! Dem Sieger winkte eine Goldmedaille und ein Flug für eine Woche nach Atlanta in die USA. Ich hatte erwartet, daß ich diesmal in der Lobby meine Fähigkeiten würde beweisen müssen. Aber sie schickten mich in die Küche. Darüber freute ich mich, schließlich hatte ich beim Wettbewerb um die Bronzemedaille dort sehr gut abgeschnitten. Warum sollte jetzt etwas schiefgehen? Leider hatte ich diesmal kein Glück. Ich machte zwar keine Fehler, verlor aber trotzdem. Fünf Deutsche bekamen die Goldmedaille und flogen nach Atlanta. Ich war darüber sehr niedergeschlagen. Wenn ich wenigstens gewußt hätte, weshalb ich verloren hatte! So blieb in mir das bittere Gefühl, daß die deutschen Kolleginnen vielleicht nur bevorzugt worden waren, weil ich als Ausländerin einfach nicht gewinnen durfte. Aber vielleicht war ich auch nur zu empfindlich. Wie dem auch sei, ich freute mich riesig, daß ich überhaupt so weit gekommen war.

Nach dieser Bestätigung meines Könnens machte mir die Arbeit bei McDonald's noch mehr Spaß als vorher. Ich hatte jetzt gute Chancen, irgendwann Schichtführerin werden zu können, und strengte mich besonders an. Nur mit meinem Verdienst war es ein Problem! So viele Überstunden ich auch machte, durch die hohe Miete und die monatliche Kreditabzahlung langte es vorne und hinten nicht. Nach Abzug aller Kosten blieben mir nicht einmal 50 Mark monatlich zum Leben. Zum Essen hätte das vielleicht gerade noch gereicht, aber ich brauchte doch auch etwas zum Anziehen, und ich konnte mich auch nicht immer von meinen Freundinnen zum Eis einladen lassen, ich mußte mich doch auch mal revanchieren. Manchmal konnte ich mir in den letzten Tagen eines Monats nicht einmal mehr trockenes Brot leisten. Aber an Hungern war ich ja noch aus dem Gefängnis gewöhnt. Außerdem wußte ich, daß ich schon bald den Kredit würde abbezahlt haben. Meine Chefin hatte mir inzwischen eine richtige Wohnung besorgt, und so brauchte ich nicht mehr in meinem kleinen Zimmer in der Pension zu hausen. Ich sah also recht optimistisch in die Zukunft.

Mehr als zwei Jahre lebte ich nun schon in Deutschland. Vieles hier gefiel mir besser als in Kurdistan, aber es gab auch Schattenseiten. Wir Kurden lieben es zum Beispiel, uns gegenseitig zu besuchen und nehmen uns viel Zeit für lange Gespräche miteinander. Die deutsche Kultur ist da ganz anders. Der ganze Tag ist bis zur letzten Minute verplant. Spontane Besuche sind äußerst unerwünscht, da sie diesen Plan durcheinanderbringen. Keiner hat für den anderen Zeit. Manchmal kommt es sogar vor, daß Familien vierzig Jahre nebeneinander wohnen, ohne je mehr voneinander zu wissen als den Namen. Es ist diese Gleichgültigkeit und Kälte dem anderen gegenüber, die mich in Deutschland immer wieder frieren läßt. Natürlich sind nicht alle Deutschen so. Ich habe inzwischen mehr deutsche Freunde als kurdische, und viele Deutsche haben mir sehr geholfen. Dafür werde ich ihnen bis zu meinem Lebensende dankbar sein. Ich würde sogar, wenn es sein müßte, mein Leben geben, um ihnen zu helfen. Aber gerade deshalb muß ich auch sagen, was mir nicht gefällt. Keine Kultur hat nur gute Seiten. Davon nehme ich die kurdische Lebensart ganz bestimmt nicht aus.

Obwohl ich um die Schattenseiten der deutschen Kultur wußte, passierte etwas, mit dem ich überhaupt nicht gerechnet hatte: Ich verliebte mich! Ich hatte nie daran gedacht, daß ich mich einmal für einen deutschen Jungen interessieren würde. Aber die Liebe ist nun einmal eine Naturgewalt, die nicht unbedingt nach Nationalität fragt. Ich wußte genau, welch große Unterschiede zwischen der deutschen und der kurdischen Kultur bestehen. Aber das war mir egal. Ich war bereit, für meinen Geliebten alle diese Hindernisse zu überwinden und ihm entgegenzukommen, so weit es irgend möglich war.

Mein Auserwählter hieß Andreas und arbeitete mit mir bei McDonald's. Wir sahen uns fast jeden Tag. Ich merkte, daß er auch an mir Interesse zeigte, wußte allerdings nicht, wie ich weiter vorgehen sollte. Ihm meine Liebe offen zu gestehen, dazu schämte ich mich viel zu sehr. Ich schaute ihn nur immer wieder verstohlen an. Wie knüpfte man in Deutschland nur Kontakte zu einem Mann? Bei uns in Kurdistan gibt es so etwas nicht. Bei uns werden die Ehen von den Eltern vermittelt und geschlossen. Ich hatte also ein schwieriges Problem zu lösen.

Gott sei Dank tat Andreas dann den ersten Schritt. Er gestand mir, daß auch er in mich verliebt sei. Was für ein wunderbares Gefühl! Ich wußte jetzt, was es bedeutet, wenn die Leute sagen, daß Verliebte im siebten Himmel schweben! Ich wollte nur noch mit ihm zusammensein. Alles andere hatte überhaupt keine Bedeutung mehr für mich. Ich verschwendete nicht einen Gedanken daran, daß mein Vater mich umbringen würde, wenn er davon erführe. Ich liebte Andreas, alles andere war egal. Ich schenkte ihm meine ganze Liebe. All das, was ich für meinen Onkel und meine Oma empfunden hatte, bedeutete er mir jetzt. Wenn ich mit ihm zusammensein konnte, war ich überglücklich. Alle meine Probleme waren in diesem Moment vergessen.

Wir waren nun fast schon drei Monate zusammen. Es war mir sehr ernst, darum wollte ich seine Eltern kennenlernen. Er stimmte zwar zu, aber ich merkte, daß er irgendwie von meiner Idee nicht besonders begeistert war. Wir verabredeten uns zum Kaffeetrinken und fuhren zu seinen Eltern. Auf meinen Wunsch begleitete uns Anna. Ich wollte wissen, wie ihr die Familie meines Freundes gefiel. Sie als Deutsche konnte eine deutsche Familie sicher besser beurteilen als ich.

Andreas Vater war ganz nett. Wir begrüßten uns mit Handschlag. Aber die Mutter war irgendwie komisch. Sie wollte mir bei der Begrüßung fast nicht die Hand geben. Fürchtete sie, daß ich ansteckende Krankheiten übertragen könnte? Vielleicht vermutete sie auch, daß ich Andreas nur benutzen wollte, um mir durch eine Heirat mit ihm einen Aufenthaltsstatus in Deutschland zu sichern. Auf jeden Fall hatte ich den Eindruck, daß sie mich nicht mochte und entsetzt darüber war, daß Andreas eine kurdische Freundin hatte.

Wir setzten uns dann an den gedeckten Kaffeetisch. Eine der ersten Fragen, die Andreas Mutter an mich richtete, war, ob mein Vater über unsere Beziehung Bescheid wisse und ob er sie billige. Ich verneinte und meinte, daß er mich mit Sicherheit verprügeln würde, wenn er davon erführe. »Sehen Sie, ich denke eigentlich auch so wie Ihr Vater! Solche Beziehungen zwischen verschiedenen Völkern führen nie zu etwas Gutem. Aber Sie werfen sich ja meinem Sohn direkt an den Hals!« Das war genug. So ließ ich mich nicht beleidigen. Ich stand wortlos auf und verließ das Haus. Anna folgte mir, Andreas leider nicht. Ich war todunglücklich. Warum stand er nicht zu mir? Hatte er nicht gemerkt, wie sehr seine Mutter mich verletzt hatte?

Am nächsten Tag sahen wir uns bei McDonald's wieder. Ich merkte gleich an seinem Verhalten, daß es für uns beide keine Chance mehr gab. Er war sehr verlegen und wollte zunächst gar nicht mehr mit mir sprechen. Auf meine direkte Frage antwortete er schließlich: »Devrim, es tut mir so leid. Aber meine Mutter will nicht, daß wir zusammen sind. Bitte, versteh mich doch! Ich kann mich nicht gegen meine Mutter stellen.« Für mich brach eine Welt zusammen. Wie hatte er mich nur so verraten können? Erst war ich sehr wütend und zornig auf ihn, aber je länger ich darüber nachdachte, um so mehr begriff ich. Wir paßten einfach nicht zueinander.

Andreas war mit seinen 19 Jahren noch völlig von seiner Mutter abhängig. Er war immer wohlbehütet aufgewachsen und hatte das Leben noch gar nicht richtig kennengelernt. Er war einfach noch ein kleiner Junge, der noch nicht gelernt hatte, eigenverantwortlich für sein Leben Entscheidungen zu treffen. Ich konnte ihm das nicht übelnehmen. Unter den Bedingungen in Deutschland war das eben so. Ich fühlte mich, obwohl ich nur ein Jahr älter war als er, viel erwachsener. Ich hatte die Härte des Lebens schon sehr früh erfahren. Niemand hatte mir meine Entscheidungen abgenommen. Ich nahm mir vor, daß ich mir, wenn ich mich jemals wieder verliebte, einen Partner aussuchen würde, der mir in dieser Beziehung ähnlich war. Aber ich bedauerte auch nicht meine kurze gemeinsame Zeit mit Andreas. Die Monate mit ihm zählen zu den glücklichsten meines Lebens.

Trotzdem fiel mir die Trennung von Andreas furchtbar schwer. Ich hatte nie damit gerechnet, daß unsere Liebe einmal so enden würde. Hatte ich vorher im siebten Himmel geschwebt, so fiel ich jetzt um so tiefer. Ich war völlig verzweifelt. Wie gern hätte ich versucht, doch noch einmal mit ihm über alles zu reden. Vielleicht wäre er dann doch gegen den Willen seiner Mutter zu mir zurückgekehrt. Aber er hatte mich so tief verletzt, daß ich es einfach nicht über mich brachte. Trotzdem: Er war meine erste Liebe. Ich werde ihn niemals vergessen. Aber ich bin heute auch davon überzeugt, daß es für uns keine gemeinsame Zukunft gegeben hätte. In einer Partnerschaft zwischen Mann und Frau muß jeder fest zu dem anderen stehen. Andreas hatte mich einmal verraten. Wie hätte ich je sicher sein können, daß er es nicht wieder getan hätte?

18
Keine Chance, nirgendwo

Auf der Flucht vor den deutschen Behörden

Das Damoklesschwert meines Asylverfahrens schwebte immer noch über mir. Für den 11. Januar 1996 war die nächste Gerichtsverhandlung anberaumt worden. Per Zufall hatte mein Vater einen türkischen Rechtsanwalt, Herrn Mustafa Demir, kennengelernt, der jetzt ebenfalls in Deutschland Asyl beantragt hatte. Er hatte damals meine Freundin vor dem DGM in Kayseri vertreten und wußte von seinen Kollegen, weswegen ich angeklagt gewesen war, und auch, daß meine Anwälte Beschwerde wegen erlittener Folterung eingelegt hatten. Ich war also davon überzeugt, daß ich mit Hilfe dieses Zeugen endlich alles würde beweisen können, und bat ihn daher inständig, doch zu meiner Gerichtsverhandlung nach Stuttgart zu kommen. Obwohl er weit entfernt wohnte, war er dazu sofort bereit.

Er mußte zunächst vor dem Gerichtssaal warten. Mein Anwalt und ich wurden in den Gerichtssaal gebeten. Dieselbe Richterin, die auch schon bei meinem letzten Gerichtstermin den Vorsitz geführt hatte, verlas zunächst die Stellungnahme des Auswärtigen Amtes auf die Anfrage des Gerichts. Ich konnte gar nicht fassen, was dort geschrieben stand: »Der uns zur Begutachtung vorgelegte Gefängnisausweis ist zumindest verfälscht. Der ursprüngliche Gefängnisort ist mit weißer Farbe überstrichen und durch die Angaben ›NEV‹ (wohl für Nevsehir) ersetzt worden. Den ursprünglichen Geburtsort hat man mit dem Wort ›Alamanya‹ überschrieben. Die Eintragungen am unteren Rand des Ausweises sind im Vordruck nicht vorgesehen und scheinen von anderer Hand zu stammen als die übrigen Vermerke.« Das konnte doch nicht wahr sein! Sie hielten meinen Gefängnisausweis tatsächlich für eine Fälschung. Aber ich hatte ihn doch wirklich im Gefängnis von Nevsehir erhalten! Sie wollten jetzt von mir eine Erklärung dafür bekommen, wie es zu diesen Überschreibungen und handschriftlichen Eintragungen gekommen sei. Wie sollte ich das wissen? Ich hatte den Ausweis so, wie er war, ausgehändigt bekommen. Ich war in dieser Hinsicht genauso wie die Richter nur auf Vermutungen angewiesen.

Die Richterin las weiter im Antwortschreiben des Auswärtigen Amtes: »Zu dem in dem Zeitungsartikel genannten Rechtsanwalt Yalcin hat keine Verbindung hergestellt werden können. Dessen Name ist zwar laut Auskunft der Anwaltskammer Adana bei dieser registriert, doch ist weder Anschrift noch Telefonnummer bekannt. Die Glaubwürdigkeit des Zeitungsartikels muß daher in Frage gestellt werden.« Was sollte das nun wieder bedeuten? In dem Artikel war doch gerade berichtet worden, daß man Herrn Yalcin verhaftet hatte. Wieso wunderte sich das Auswärtige Amt jetzt, daß er keine Anschrift und Telefonnummer mehr besaß? Wie sollte er im Gefängnis über so etwas verfügen? Wie konnten sie mit einem solchen Argument einfach einen Zeitungsartikel anzweifeln, der in einer großen Tageszeitung erschienen war? Wer würde mir nach dieser vernichtenden Stellungnahme jetzt noch glauben? Ich war wie vor den Kopf gestoßen.

Jetzt konnte mir höchstens noch mein Zeuge helfen. Er wußte doch alles! Warum holten sie ihn nicht endlich herein? Aber sie fragten nur: »Haben Sie keinen Haftentlassungsschein erhalten, als man Sie damals freiließ?« Natürlich hatte ich das. Aber hätte ich ihn bei meiner Flucht mitnehmen sollen? Hätte man ihn bei mir gefunden, wäre ich mit tödlicher Sicherheit sofort verhaftet worden, da ich meiner mir vom DGM in Kayseri auferlegten Meldepflicht nicht nachgekommen war. Dieses Risiko war ich nicht eingegangen, zumal ich davon überzeugt gewesen war, daß man mir in Deutschland glauben würde, da ich wirklich die Wahrheit erzählte. Jetzt war ich nicht mehr so naiv. Aber jetzt war es zu spät! Zwar erzählte ich den Richtern, weshalb sich der Haftentlassungsschein nicht mehr in meinem Besitz befand, aber ich merkte deutlich, daß sie meiner Aussage keinen Glauben schenkten. Mein Rechtsanwalt stellte jetzt den Antrag, meinen Zeugen, Herrn Rechtsanwalt Mustafa Demir, zu vernehmen. Das Gericht weigerte sich. Das konnte ich nicht begreifen. Warum nur? Der Mann hatte sich extra die Mühe gemacht, von so weit her anzureisen. War die Zeit des Gerichts wirklich so knapp bemessen, daß nicht einmal noch zehn Minuten mehr übrig waren, um seine Aussage anzuhören? Es ging hier um mein Leben! Begriff das denn überhaupt keiner? Wie konnten sich die deutschen Richter nur so sicher sein, daß für mich in der Türkei keine Gefahr bestand? Gab es für sie überhaupt keinen Zweifel mehr oder hatten sie einfach kein Gewissen, so daß es für sie ein Leichtes war, mich einfach in die Hände meiner Folterer zu geben?

Wir durften dann den Gerichtssaal verlassen. Ich hätte am liebsten laut geweint. Auch Herr Demir konnte nicht begreifen, warum man auf seine Aussage verzichtet hatte. Er war doch in der Türkei selbst Rechtsanwalt gewesen. Warum galt sein Wort jetzt hier in Deutschland überhaupt nichts mehr? Das Gericht hatte zwar noch kein Urteil gesprochen, aber weder mein Anwalt noch ich machten uns jetzt noch große Hoffnungen auf einen positiven Ausgang. Herr Dauer, mein deutscher Rechtsanwalt, sprach schon von der Möglichkeit eines Revisionsantrags wegen Verfahrensfehlers, da man meinen Zeugen nicht gehört hatte.

Herrn Demirs Kommentar war lapidar: »Frau Kaya, Sie werden niemals einem Gericht etwas beweisen können, wenn es sich nichts beweisen lassen will! Das ist in der Türkei so, und das wird auch in Deutschland nicht anders sein!« Das Urteil würde mir in sechs bis acht Wochen schriftlich zugehen. Ich hatte also in diesem Katz- und Mausspiel wieder eine kurze Galgenfrist gewonnen. Ich versuchte, jeden Gedanken an meine ungewisse Zukunft zu verdrängen und mein Leben, so gut wie es unter diesen Umständen möglich war, zu genießen. Wenn man immer in Angst lebt, lernt man, Probleme zu verdrängen. Sonst könnte man gar nicht überleben, sondern würde verrückt.

Wie erwartet, wurde mein Asylantrag abgelehnt. Mein Rechtsanwalt erhob dagegen Klage vor dem Bayrischen Verwaltungsgerichtshof. Aber seine Klage wurde ohne Begründung abgewiesen. Bisher hatte mein Ausweis eine Gültigkeit von sechs Monaten gehabt, jetzt wurde er immer nur noch für die nächsten vier Wochen verlängert.

Dennoch machte ich weiter Pläne für meine Zukunft. Ich hatte sogar meine Führerscheinprüfung abgelegt und plante, mir nun endlich meinen Traum von einem eigenen Auto zu erfüllen. Um meine Schulden zu bezahlen, nahm ich noch einen Nebenjob als Geschirrspülerin im Krankenhaus an.

Das Landratsamt bot mir an, mir noch einmal eine dreimonatige Duldung zu erteilen, wenn ich bei ihnen 800 Mark für meine eventuelle Rückführung in die Türkei hinterlegte. Ich glaubte ihrem Versprechen und gab ihnen das Geld. Mein Anwalt stellte außerdem einen Folgeantrag beim Bundesamt. Er begründete ihn damit, daß sich die Lage in der Türkei grundlegend geändert habe und inzwischen jedem Kurden dort Gruppenverfolgung drohe. Ich durchschaute damals nicht, daß dies nur ein taktisches Manöver war, um meine Abschiebung hinauszuzögern, da mein Antrag von vornherein keinerlei Aussicht hatte, vom Bundesamt überhaupt erst zur Bearbeitung angenommen zu werden. Ich wollte einfach unbedingt glauben, daß endlich einmal alles in meinem Leben gut gehen würde. Meine Pechsträhne mußte doch einfach einmal ein Ende haben!

Aber mein Folgeantrag wurde, wie von meinem Anwalt schon erwartet, Anfang September abgelehnt. Trotzdem dachte ich nicht im Traum daran, daß es für mich jetzt langsam gefährlich zu werden begann. Ich kaufte sogar noch von einem kurdischen Bekannten für 300 Mark ein Auto. Leider nahm er nur mein Geld. Von dem versprochenen Auto bekam ich nie etwas zu sehen. Die verlorenen 300 Mark taten mir wirklich weh. Ich wollte doch unbedingt endlich ein Auto besitzen! Ich bewarb mich daher um einen zweiten Nebenjob für täglich vier Stunden in einem Hotel. Das hätte bedeutet, daß ich jeden Tag mindestens sechzehn Stunden hätte arbeiten müssen, aber das hätte mir nichts ausgemacht. Ich war jung und wollte hart arbeiten, um meine Schulden endlich zu bezahlen. Ich machte also alles mit dem Chef des Hotels fest. Er bestand allerdings darauf, daß ich mindestens eine Arbeitserlaubnis für drei Monate haben müsse, um von ihm eingestellt zu werden.

Das konnte ja kein Problem sein, schließlich hatte ich ja die 800 Mark an das Landratsamt bezahlt. Wenn man dort meine Aufenthaltserlaubnis für drei Monate verlängerte, würde ich auch eine neue Arbeitserlaubnis erhalten. Ich ging also zum Landratsamt und trug mein Problem vor. Das ging aber keineswegs so einfach, wie ich annahm. Man war nur bereit, meinen Aufenthalt für vier Wochen zu verlängern. Ich protestierte: »Aber Sie haben doch versprochen, mir eine Duldung für drei Monate auszustellen, wenn ich 800 Mark beim Landratsamt hinterlege!« – »Ja, stimmt schon, aber inzwischen ist Ihr Folgeantrag vom Bundesamt abgelehnt worden. Sie müssen also Deutschland bald verlassen!« Ich wurde ganz blaß. »Aber das können Sie doch nicht tun! In der Türkei habe ich doch überhaupt keine Chance!« – »Sie weigern sich also, in die Türkei auszureisen?« – »Ja, sicher! Ich will nicht sterben!« – »Gut, dann geben Sie mir dies bitte schriftlich!« Dazu war ich natürlich bereit. Er setzte ein Protokoll auf, das ich arglos unterschrieb, ohne zu wissen, in welche Falle ich gerade getappt war.

Ich war völlig am Boden zerstört. Wie sollte es jetzt weitergehen? Was würde passieren, wenn ich wirklich in die Türkei ginge? Mein falscher Paß war abgelaufen. Wenn mir Deutschland einen Paßersatz ausstellte oder bei der türkischen Botschaft einen Paß für mich beantragte, hätte man in der Türkei sofort gewußt, daß ich hier in Deutschland einen Asylantrag gestellt hatte. Das würde bedeuten, daß ich sofort bei der Einreise von den Sicherheitskräften verhört werden würde. Es bedurfte nur einer kurzen Überprüfung meiner Personalien, und sie wußten mit Sicherheit, daß ich noch immer gesucht wurde, da mein Verfahren vor dem DGM in Kayseri noch nicht beendet war. Wenn man in der Türkei einmal auch nur in den Verdacht des Terrorismus geraten war, würden sie niemals glauben, daß man sich inzwischen nicht mehr politisch betätigte. Sie würden mich also wieder foltern, um von mir irgend etwas über die politische Arbeit der PKK in Deutschland zu erfahren. Obwohl ich gar nichts über die Organisationsstruktur der PKK in Deutschland wußte, nähmen sie mir dies niemals ab. Gut, ich war bereit zu sterben. Aber ich hatte panische Angst davor, erneut gefoltert zu werden!

Ich wußte nicht mehr weiter. Wohin sollte ich gehen? In der Nähe des Landratsamtes wohnte meine deutsche Oma Frau Harloff. Ich ging zu ihr und erzählte ihr, welche Probleme ich hatte, und von meiner Angst, in die Türkei zurückgeschickt zu werden. Sie nahm mich in den Arm und weinte: »Mein Kind, wie können die denn nur so etwas mit dir tun? Laß mich nachdenken! Vielleicht gibt es ja doch noch eine Möglichkeit.« Nach einer Weile hatte sie plötzlich eine Idee: »Devrim, wie wär's, wenn ich dich einfach adoptiere? Dann darfst du doch ganz bestimmt in Deutschland bleiben! Warte mal, ich kenne den Chef des Finanzamtes sehr gut. Er weiß sicher über so etwas Bescheid. Ich gehe jetzt sofort zu ihm. Du wartest hier, bis ich zurückkomme!«

Nach einer Stunde kam sie zurück. Der Finanzbeamte hatte gesagt, daß eine Adoption leider nicht möglich sei, da ich selbst noch leibliche Eltern habe, und daß dies auch kein Bleiberecht in Deutschland für mich bedeutet hätte, da ich bereits volljährig sei. Ich war ganz traurig. Meine Oma hatte sich doch so bemüht! Wir diskutierten noch eine Zeit lang hin und her, was zu tun sei. Meine Oma riet mir, vorsichtshalber nicht länger in meiner Wohnung zu bleiben und sofort einen Besprechungstermin mit meinem Anwalt zu vereinbaren. Er war sofort bereit, mit mir zu sprechen.

Ich nahm mir ein Taxi und fuhr in seine Kanzlei. Ich erzählte ihm, was im Landratsamt passiert war. Er war ganz entsetzt: »Sind Sie denn wahnsinnig? Sie hätten niemals unterschreiben dürfen, daß Sie sich weigern, freiwillig auszureisen. Das ist doch der beste Grund, um Sie in Abschiebehaft zu nehmen! Sie haben großes Glück gehabt, daß man Sie nicht gleich auf dem Landratsamt festgenommen hat.« Ich fiel aus allen Wolken. Warum sollte man mich verhaften? Ich hatte doch gar nichts verbrochen. Herr Dauer erklärte mir, daß es sich auch um keine Strafhaft handele, sondern nur um eine vorbeugende Inhaftierung, damit ich nicht untertauche. Ich hatte niemals gedacht, daß man auch in Deutschland ins Gefängnis kommen konnte, ohne eines kriminellen Deliktes beschuldigt zu werden. Aber es war so.

Der Anwalt warnte mich eindringlich davor, mich noch länger in meiner Wohnung aufzuhalten. Ich müsse jetzt jederzeit damit rechnen, verhaftet zu werden. Er wolle aber noch einmal mit dem Landratsamt sprechen. Vielleicht könne er sie ja davon abhalten, mich in Abschiebehaft zu nehmen. Außerdem würde er prüfen, ob er noch einen zweiten Folgeantrag für mich stellen könne. Eigentlich brauche er aber dazu neue Beweismittel. Die hatte ich leider nicht.

Ich fuhr anschließend gleich zu meiner Chefin bei McDonald's und berichtete ihr von meinen Schwierigkeiten. Auch sie dachte darüber nach, wie sie mir helfen könnte. »Ich will einmal mit dem Arbeitsamt reden. Vielleicht gibt es ja eine Möglichkeit, Sie als Gastarbeiterin hier zu behalten.« Am nächsten Tag ging sie bereits zum Arbeitsamt und berichtete ganz vergnügt: »Devrim, das ist gar kein so großes Problem. Man hat mir auf dem Arbeitsamt versprochen, daß sie bereit sind, einen solchen Antrag wohlwollend zu prüfen. Es gibt nur einen Haken: Der Antrag muß in der Türkei bei der deutschen Botschaft gestellt werden. Aber das macht nichts. Wir fliegen einfach zusammen hin und regeln das. Du wirst schon sehen.« Sie meinte es sicher gut, aber sie hatte offenbar überhaupt nichts verstanden! Ich erklärte ihr, daß es mir nicht darum ginge, unbedingt in Deutschland zu bleiben. Aber ich könne wirklich nicht in die Türkei zurück, da ich dort sofort verhaftet würde. Ganz langsam begriff sie. Sie mußte zugeben, daß auch sie nicht mehr weiter wußte. Es blieb ihr nichts anderes übrig, als meine Kündigung zu akzeptieren.

Ich mußte mich jetzt verstecken. Aber wo? Hier in Augsburg? Für die Polizei wäre es ein Leichtes gewesen, die Adressen meiner wenigen guten Freunde zu ermitteln, die vielleicht bereit gewesen wären, mir Unterschlupf zu gewähren. Ich entschloß mich daher, vorläufig zu meinen Eltern nach Saarbrücken zu gehen. Sie waren dorthin umgezogen, nachdem das Restaurant in Stuttgart nicht so gut gelaufen war, wie sie es sich vorgestellt hatten, und sie es daher wieder verkauft hatten. Vielleicht würde man mich dort nicht so leicht finden. Ich wollte also so schnell wie möglich zu ihnen fahren.

Aber meine Wohnung konnte ich hier nicht einfach so hinterlassen. Schließlich hatte sich meine Chefin so sehr bemüht, sie mir damals zu besorgen. Wie hätte meine Chefin vor meinen Vermietern dagestanden, wenn ich die Wohnung unaufgeräumt verließ? Das konnte ich ihr einfach nicht antun. Ich verschenkte oder verkaufte also ganz billig meine Möbel. Jetzt mußte ich nur noch saubermachen. Ich rief von meiner Wohnung aus meinen Anwalt an und erkundigte mich, ob er in der Zwischenzeit schon mit dem Landratsamt gesprochen hatte. Die Vorzimmerdame vertröstete mich. Er würde mich in etwa einer Stunde zurückrufen.

Ich war gerade dabei, meine Wohnung gründlich zu reinigen, da klingelte es an der Haustür. Zwei Beamte in Zivil standen vor der Tür. Sie faßten mich sofort am Handgelenk, dann wiesen sie sich als Kriminalpolizei aus. »Frau Kaya, das Landratsamt schickt uns. Sie müssen uns begleiten!« Mein Herz schien stillzustehen. Was sollte ich bloß jetzt tun? Am liebsten hätte ich ganz laut geschrien und die ganze Welt um Hilfe angefleht. In dem Moment fiel mir etwas ein. Ich sagte in meinem besten Deutsch: »Bitte, lassen Sie mich los. Ich bin nicht Frau Kaya. Ich bin nur eine Freundin von ihr. Devrim ist zur Post gefahren. Ich glaube, sie wollte ihr Telefon abmelden!« Ich weiß auch nicht, wie ich äußerlich so ruhig bleiben konnte, obwohl mein Herz mir bis zum Halse schlug. Aber irgendwie gelang es mir, die beiden Polizeibeamten zu überzeugen. Sie fragten: »Wie ist denn Ihr Name?« Ich antwortete wie aus der Pistole geschossen: »Ayse Kilic«. Gott sei Dank fragten sie mich nicht nach meinem Ausweis und danach, wo ich wohnte. Einer der beiden Polizisten sagte dann zu seinem Kollegen: »Ist gut, dann werde ich Frau Kaya von der Post abholen.« Ich wandte ein: »Aber das brauchen Sie doch gar nicht. Ich kann doch selbst gehen, um sie zu holen.« – »Das ist nett von Ihnen, aber das ist nicht nötig«, erwiderte er. Wohl um meiner Erregung besser Herr zu werden, redete ich plötzlich wie ein Wasserfall auf die beiden Beamten ein: »Wissen Sie, ich komme aus Günsburg. Ich habe Frau Kaya in der Disco kennengelernt. Sie hat mich gebeten, ihr beim Saubermachen zu helfen. Sie will hier ausziehen. Ich glaube eigentlich nicht, daß sie etwas angestellt hat. Wenn sie mit der Polizei Probleme hat, möchte ich gerne wissen, warum. Bitte, sagen Sie es mir! Mit so etwas will ich nämlich nichts zu tun haben!« – »Es ist nichts Schlimmes. Ich darf es Ihnen nicht sagen, aber wenn Ihre Freundin jetzt gleich kommt, werden Sie es schon von ihr selbst erfahren.« Ein Beamter verließ dann die Wohnung, der andere leider nicht. Er wollte auf »Frau Kaya« warten, falls sie in der Zwischenzeit zurückkehrte.

Ich hatte immer noch große Angst, daß sie bald hinter meinen Schwindel kommen würden und sann fieberhaft über eine Fluchtmöglichkeit nach. Ich nahm ein Staubtuch in die Hand und begab mich so unauffällig wie möglich auf den Balkon. Während ich darüber nachdachte, ob ich aus dem zweiten Stock vom Balkon springen sollte, wischte ich eifrig Staub. Das sah doch ganz schön hoch aus! Wenn ich jetzt spränge, würde ich mir nur die Beine brechen. Dann wäre es für die Polizisten ein Leichtes, mich unten auf der Straße wieder einzusammeln.

Ich war noch immer mit diesen Überlegungen beschäftigt, als ich merkte, daß der Polizist neben mich trat. Dieser Traum war also sowieso ausgeträumt. Ich schüttelte ganz unschuldig mein Staubtuch aus und tat so, als wäre ich furchtbar beschäftigt. Er schöpfte offenbar keinen Verdacht. Ich ging mit ihm zusammen ins Wohnzimmer zurück. Es mußte doch irgendeine Möglichkeit geben, aus dieser Mausefalle zu entkommen! »Entschuldigen Sie, Sie sind jetzt schon seit einer Stunde hier. Es ist gleich 12.30 Uhr, um 13 Uhr muß ich den Schlüssel abgeben, sonst bekomme ich die Mietkaution von 700 Mark nicht zurück. Das wäre für mich sehr ärgerlich. Ich habe das Geld damals Devrim geliehen, als sie die Wohnung mietete.« Der Polizist antwortete: »Wieso, wo ist denn da das Problem? Sie können doch hier putzen!« – »Aber ich brauche dazu den Staubsauger vom Nachbarn. Darf ich schnell mal rübergehen und ihn mir ausleihen?« bat ich. Er stimmte tatsächlich zu: »Aber dann gehen Sie doch schon!« Das ließ ich mir nicht zweimal sagen.

So schnell es mir ohne Verdacht zu erregen möglich war, verließ ich die Wohnung. Nach vorne hinaus auf die Straße konnte ich nicht, dort bestand die Gefahr, daß ich dem anderen Polizisten direkt in die Arme laufen würde. Ich mußte also den Weg nach hinten durch die Gärten wählen. Ich rannte um mein Leben. Ich sprang über Gartenzäune und demolierte dabei ungewollt die Blumenbeete in den Nachbargärten. Die Leute schrien und schimpften hinter mir her. Die Hunde kläfften. Einer hätte mich sogar fast ins Bein gebissen. Ich stolperte, raffte mich wieder auf und fiel erneut hin. Meine Kleidung war ganz zerrissen. Ich blutete im Gesicht und an den Armen, und meine Knie waren ganz aufgeschunden, doch ich fühlte keine Schmerzen. Mein Atem ging nur noch stoßweise und pfeifend, aber ich rannte weiter. Nur weg hier! Endlich erreichte ich eine Straße. Ich hätte jetzt eigentlich aufhören können zu laufen, weil ich mich dadurch nur verdächtig machte. Aber ich war noch immer so von Panik erfaßt, daß mir das gar nicht zu Bewußtsein kam. Ich lief und lief.

Erst allmählich begann ich nachzudenken. Wer würde mir in meiner Situation helfen? Meine deutschen Freunde? Würden sie begreifen, um was es ging, wenn ich in diesem Zustand bei ihnen auftauchte und behauptete, daß ich von der deutschen Polizei gejagt wurde? Ich war mir da nicht sicher. Sie hätten wahrscheinlich angenommen, daß ich irgendein Verbrechen begangen hatte und deshalb von der Polizei gesucht wurde. Vielleicht tat ich ihnen Unrecht, aber ich hatte einfach Angst, dieses Risiko einzugehen. Ich rannte also zu einer kurdischen Familie, die ich seit langem sehr gut kannte. Sie hatten damals meinem Vater Geld gegeben und so meine Flucht aus der Türkei mitfinanziert. Ich sprang über den Gartenzaun und lief zur Haustür. Frau Elif öffnete. Ich warf mich der Länge nach in den Hausflur. Dort blieb ich liegen und rang nur noch nach Luft. Frau Elif sah mich entgeistert an: »Was ist denn mit dir los? Du bist ja völlig fertig! Was ist denn bloß passiert?« Ich erzählte es ihr. Sie konnte es gar nicht fassen: »Aber Devrim, wie können sie denn so etwas nur tun?« Erst jetzt merkte ich, daß mein ganzer Körper schmerzte. Überall hatte ich blaue Flecken und Schürfwunden.

Zum Glück hatte ich meinen Wohnungsschlüssel in der Tasche. Ich bat Frau Elif, abends zu meiner Wohnung zu gehen und meine Papiere und mein Geld zu holen, das ich dort hatte zurücklassen müssen. »Devrim, natürlich. Das ist gar kein Problem!« versicherte sie mir. Abends fuhr sie mit ihrem Mann in die Wohnung. Sie erzählte mir nach ihrer Rückkehr: »Devrim, deine ganzen Papiere sind durchwühlt worden. Alles lag auf dem Boden verstreut. Ich glaube, die waren ganz schön wütend auf dich. Aber ich habe alles wieder eingesammelt. Ich hoffe, es fehlt nichts.« Es war noch alles da. Ich rief meinen Vater an und bat ihn, mich abzuholen. Aber so schnell konnte er nicht hier sein. Diese Nacht mußte ich noch hier verbringen. Die ganze Nacht über lauschte ich, ob ich Schritte hörte oder ein Auto hielt. Hatten sie mich gefunden? Nein, das Auto fuhr vorbei. Niemand betrat die Wohnung. Morgens war ich schweißgebadet und mit meinen Nerven völlig am Ende.

Am nächsten Morgen holte mich mein Vater ab. Die ganze Fahrt über hatte ich Angst. Was würde passieren, wenn mein Vater in einen Autounfall verwickelt würde oder in eine allgemeine Führerscheinkontrolle geriet? Hätte ich dann noch Zeit gehabt wegzulaufen? Endlich erreichten wir Saarbrücken. Ich blieb zunächst bei meinen Eltern. Aber dieses Versteck war keineswegs sicher. Wo würde mich die deutsche Polizei zuerst suchen, wenn sie mich in Augsburg nicht fand? Doch wohl bestimmt bei meinen nächsten Verwandten. Aber was sollte ich anderes machen? Ich kannte ja sonst niemanden, der bereit gewesen wäre, mich bei sich aufzunehmen. Ich wußte überhaupt nicht, wie es weitergehen sollte. Zwei Tage und zwei Nächte blieb ich bei meinen Eltern. Nachts wagte ich es nicht einmal, mich auszuziehen. Wenn jemand klingelte, sprang ich sofort auf und öffnete das Fenster. Die Wohnung lag Parterre. Ich konnte also, falls die Polizei zur Tür hereinkommen sollte, sofort aus dem Fenster springen.

Gegen abend klingelte es lange an der Haustür. Meine Mutter rief mir zu: »Das kann nur die Polizei sein! Schnell, klettere durch das Fenster in den Garten!« Ich wartete dort frierend über eine halbe Stunde. Was wollte die Polizei bloß so lange bei meinen Eltern? Schließlich hielt ich die Kälte nicht mehr aus. Ich klingelte an der Haustür. Meine Mutter öffnete. Sie fragte ganz erstaunt: »Was willst du denn hier? Schläfst du denn nicht in deinem Zimmer? Wir haben gerade Besuch von unseren Freunden.« Sie hatten mich draußen in der Kälte einfach vergessen.

Mein Vater hatte inzwischen nochmals Kontakt mit Herrn Demir aufgenommen, der damals vom Gericht in Stuttgart nicht angehört worden war. Er fragte ihn, ob er vielleicht wisse, was wir noch tun könnten. Zu meiner großen Freude sagte er, daß er ein wichtiges Dokument für mich hätte. Inzwischen sei auch Herr Yasar Ertas, einer der Anwälte, die mich damals vor dem DGM in Kayseri vertreten hatten, nach Deutschland gekommen, da er in der Türkei verfolgt wurde. Herr Ertas hatte noch die von mir unterschriebene Vollmacht mitbringen können, mit der ich ihn damals mit meiner Vertretung vor Gericht beauftragt hatte. Hatte nicht mein Anwalt gesagt, daß er nur mit einem neuen Beweismittel für mich einen Folgeantrag würde stellen können? Ich ließ das Dokument so schnell wie möglich übersetzen und schickte es meinem Anwalt in Augsburg. Auf Dauer konnte ich bei meinen Eltern nicht bleiben. Das Risiko war einfach zu groß. Mein Vater brachte mich daher zu einer kurdischen Familie, die er in Saarbrücken kennengelernt hatte.

Ich lerne offenbar selten normale Menschen kennen, sondern immer nur die verrückten. In der Familie, die mich aufnahm, spielten die Kinder mit Schuhen auf den Betten. Sie aßen auch dort. Die Wohnung war sehr schmutzig, überall lagen Essensreste. Die Betten stanken fürchterlich. Bis spät in die Nacht mußte ich mich mit dem Hausherrn, Herrn Bakarci, über völlig sinnlose Dinge unterhalten. Er wollte von mir unbedingt Deutsch lernen und stellte mir so intelligente Fragen wie: »Devrim, warum heißt Baum Baum? Warum nicht Strauch?« Ich glaube, ich war damals im Begriff, das bißchen Verstand, das mir noch geblieben war, auch noch zu verlieren. Obwohl er wußte, daß ich von der Polizei gesucht wurde, nahm er mich ständig zu allen möglichen Terminen mit. Fast jeden Tag wollte er wieder etwas vom Sozialamt, so daß ich fast täglich als Dolmetscher fungieren mußte.

Ich war nun schon etwa eine Woche bei Familie Bakarci. Da kam mein Vater mit einem mir unbekannten Kurden zu Besuch. Dieser Mann kannte eine deutsche Frau, die sich öfter um Flüchtlinge kümmerte. »Vielleicht kann sie dir helfen, Devrim! Sie heißt Frau Richter und hat Kontakt zu einer anderen deutschen Frau, die sicher noch viel mehr für dich tun könnte, da sie, wie ich gehört habe, persönlich mit dem Innenminister bekannt ist.« Von dieser offenbar recht einflußreichen Frau kannte der Kurde leider weder Adresse noch Telefonnummer. Ich rief also noch am selben Abend bei Frau Richter an.

Am nächsten Tag, gegen zehn Uhr vormittags, kam sie zu uns. Sie war eine ältere, sehr hagere Frau und machte auf mich einen netten Eindruck. Bevor sie mich überhaupt etwas fragen konnte, hatte Herr Bakarci, obwohl er im Augenblick überhaupt keine Probleme mit seinem Asylverfahren hatte, schon seine eigenen Asylakten hervorgekramt und Frau Richter in ein Gespräch darüber verwickelt. Sie las und las. Immer wieder hatte sie Fragen an Herrn Bakarci. Ich mußte ständig übersetzen.

Frau Richter hatte noch kein privates Wort mit mir gewechselt, da stand sie auf und sagte: »Ich muß jetzt in die Kirche. Frau Kaya, wollen Sie mich begleiten? Das ist doch sicher eine schöne Abwechslung für Sie.« Da ich nicht gläubig bin, hatte ich dazu gar keine Lust, aber was sollte ich machen? Diese Frau war meine einzige Hoffnung. Ich wollte sie auf keinen Fall verärgern, also fuhr ich mit. Unterwegs erzählte sie mir, daß sie mit einer Frau Dr. Mathia Dubberke bekannt sei, die sich mit Asylsachen gut auskenne. Frau Dubberke sei Mitglied verschiedener Menschenrechtsorganisationen. Vielleicht könne sie mir helfen. Ich hoffte, daß dies vielleicht die Frau wäre, von der der Kurde so hochachtungsvoll gesprochen hatte. Aber erst einmal fuhren wir in die Kirche.

Es wurde viel gesungen und gesprochen. Ich verstand nur wenig davon, da ich mit meinen Gedanken ganz woanders war. Endlich war der Gottesdienst zu Ende, und Frau Richter fuhr mit mir zu Frau Dubberke. Ich hoffte inständig, daß sie mir glauben würde. Wir klingelten, aber keiner öffnete. »Familie Dubberke ist sicher noch im Urlaub«, bedauerte Frau Richter. Ich war sehr enttäuscht. Wir fuhren wieder zurück zu Familie Bakarci.

Die Situation bei der Familie Bakarci wurde auch immer unerträglicher. Ich war ihnen zwar für ihre Hilfe dankbar, aber jeden Tag mit den gleichen unsinnigen Fragen zum Sozialamt zu laufen, das wollte ich auch nicht. Ich ging also wieder zu meinen Eltern zurück. Auch hier tauchte Frau Richter fast jeden Tag auf, um mich mit zu irgendwelchen kirchlichen Veranstaltungen zu schleppen. Ich hatte bald schon den Eindruck, daß sie mich zum christlichen Glauben bekehren wollte. Wie hätte ich ihr erklären sollen, daß ich, seitdem mir Gott nicht gegen meine Folterer geholfen hatte, nicht mehr an ihn glaubte? Zum Glück rief nach ungefähr einer Woche Frau Dubberke bei meinen Eltern an. Sie war am Telefon sehr freundlich zu mir. Sie fragte kurz, was ich für Probleme hätte, und ich erzählte es ihr. Dann stellte sie noch einige Fragen, und wir verabredeten uns für den nächsten Tag.

19
Fast ein Zuhause

Hilfe von einer Frau, die nicht aufgibt

In ihrer untersetzten Statur erinnerte Frau Dubberke mich sehr an Anna. Ihre blauen Augen strahlten mich freundlich an, und ich fühlte mich schon nicht mehr ganz so allein auf der Welt. Sie brachte ihr kleines, etwa zweijähriges Kind mit. Ich zeigte ihr meine ganzen Asylakten. Sie las sie langsam und genau durch. Erst sagte sie gar nichts dazu. Sie stellte nur ab und zu eine Frage, wenn ihr Widersprüche auffielen. Ich versuchte, ihre Fragen, so gut es ging, zu beantworten. Schließlich schlug sie vor, daß wir uns am nächsten Tag bei ihr treffen sollten, um zu besprechen, was wir noch tun könnten.

Ich ging mit meinem Vater zum verabredeten Termin. Frau Dubberke empfing uns schon an der Tür und bat uns ins Wohnzimmer. Dort war ein riesiger Hund in einem kleinen Metallkäfig eingesperrt. Ich erschrak furchtbar. Dieser Wolf saß direkt vor mir. Er würde mich bestimmt zerfleischen, wenn sie ihn hinausließ oder der Käfig zufällig aufging! Frau Dubberke bot uns Kaffee auf einem schönen, großen Glastisch an. Aber was war das? Überall zwischen den Tassen lagen Katzenhaare herum. Ich ekelte mich. Am liebsten hätte ich mich geweigert, auch nur einen Schluck Kaffee zu trinken. Aber das durfte ich nicht. Sie wäre bestimmt böse mit mir gewesen. Ich würgte also eine Tasse hinunter. Fast hätte ich mich übergeben. Als ich gerade damit fertig war, bot sie mir freundlich noch eine Tasse an. Schon allein bei dem Gedanken rebellierte mein Magen. Ich lehnte also höflich ab.

Dann fragte sie mich: »Frau Kaya, wann waren Sie denn nun eigentlich im Gefängnis? Bei der Gerichtsverhandlung und vor dem Bundesamt haben Sie unterschiedliche Angaben gemacht, was stimmt denn jetzt eigentlich?« Ich konnte mich wirklich nicht mehr entsinnen. Nach allem, was ich erlebt hatte, konnte ich mich an kein Datum mehr richtig erinnern. Ich wußte schon jetzt nicht mehr genau, wann ich nach Saarbrücken gekommen war, obwohl dies doch nicht einmal drei Wochen zurücklag. Ich wandte mich hilfesuchend an meinen Vater. Vielleicht wußte er ja noch die genauen Daten. »Wenn du jetzt nichts sagst, wird dir diese Frau ganz bestimmt nicht helfen. Wie kann man nur so dumm sein wie du?« fuhr er mich an. Ich war völlig verunsichert und wußte nicht mehr weiter. Mir wurde warm. Ich zog meine Jacke aus und hängte sie über die Sessellehne. Ich hatte wohl nicht richtig aufgepaßt, auf jeden Fall fiel sie auf den Boden. Als ich sie wieder aufhob, war sie über und über mit Hunde- und Katzenhaaren bedeckt. Meine schöne schwarze Jacke! Wie sollte ich die Haare je wieder abbekommen? Wie konnten diese Leute überhaupt hier so leben?

In diesem Moment wurde eine Nebentür des Wohnzimmers geöffnet, und eine ältere Frau trat ein. Sie wurde von einem etwas kleineren Hund und mehreren Katzen begleitet. Frau Dubberke stellte sie als ihre Mutter vor. Ich starb fast vor Angst. Dieser zweite Hund lief ganz frei! Ich erwartete, daß er sich jetzt jeden Moment auf mich stürzen würde. Frau Dubberke kümmerte sich gar nicht um den Hund, sondern fragte mich immer weiter. Ich konnte mich überhaupt nicht mehr richtig auf ihre Fragen konzentrieren. Bestimmt hielt sie mich jetzt für eine komplette Idiotin.

Schließlich fragte sie mich: »Frau Kaya, wo halten Sie sich denn eigentlich im Moment auf?« Ich sagte es ihr. »Bei Ihren Eltern ist es aber sehr gefährlich. Dort wird die Polizei als erstes suchen!« – »Na gut, dann gehe ich eben wieder zur Familie Bakarci zurück«, erwiderte ich. »Da ist es aber auch nicht sicher. Das Haus liegt direkt neben einem Asylbewerberwohnheim. Dort gibt es sehr oft polizeiliche Kontrollen. Außerdem ist es Eigentum der Gemeinde. Die Polizei kann es jederzeit ohne Hausdurchsuchungsbefehl durchsuchen«, erklärte sie mir. »Vielleicht können Sie ja bei uns bleiben. Aber ich muß zuerst meine Mutter fragen, denn das ist ihr Haus.« – »Mutti, komm doch mal! Frau Kaya hat schlimme Probleme, kann sie vielleicht erst einmal hier bleiben?« fragte sie ihre Mutter. »Kind, das geht doch nicht. Du weißt doch, daß wir gerade die Handwerker im Haus haben. Wie sollen wir denn da jemanden verstecken? Sie würden doch sofort Verdacht schöpfen.« Frau Dubberke versprach mir, am nächsten Tag meinen Anwalt in Augsburg anzurufen, um mit ihm das weitere Vorgehen zu besprechen. Wir sollten uns am nächsten Abend wieder bei ihr treffen.

Mein Vater und ich gingen zusammen nach Hause. Ich war sehr niedergeschlagen. Unterwegs sagte mein Vater zu mir: »Na, siehst du! Du bist so dumm. Jetzt glaubt dir keiner, und es will dich auch keiner haben.« Ich fing laut an zu weinen. Wie weit war es mit mir nur gekommen? In Kurdistan hatten wir selbst ein wunderschönes Haus mit einem großen Grundstück gehabt. Jetzt waren wir in Deutschland, keiner glaubte mir meine Geschichte, und keiner wollte mich bei sich aufnehmen. Ich blieb über Nacht wieder bei meinen Eltern. Ich hatte jetzt so große Angst, daß ich es nicht einmal mehr wagte, nachts auch bloß meine Schuhe auszuziehen. Irgendwann mußten sie ja kommen, um mich zu holen.

Am nächsten Abend gingen mein Vater und ich wieder zu Frau Dubberke. Diesmal durfte ich bleiben. Aber ich wußte nicht, ob ich in einem Zoo oder in einem normalen Haushalt war – so viele Tiere im Haus war ich einfach nicht gewohnt. Doch ich mußte die Zähne zusammenbeißen. Es war immer noch besser, als in der Türkei gefoltert zu werden.

Frau Dubberke hatte in der Zwischenzeit mit meinem Anwalt telefoniert. Das Bundesamt hatte leider abgelehnt, meinen Asylfolgeantrag auch nur zur Bearbeitung anzunehmen. Ich hätte die Vollmacht an meinen türkischen Rechtsanwalt schon bei der Gerichtsverhandlung in Stuttgart vorlegen können. Man unterstellte mir, daß ich sie bewußt zurückgehalten hätte, um das Verfahren zu verzögern und einen zweiten Asylfolgeantrag stellen zu können. Ich wußte nicht, wie sie zu dieser Annahme kamen. Ich hatte doch das neue Dokument erst vor zwei Wochen vom türkischen Anwalt meiner Freundin erhalten. Herr Ertas war doch erst seit ganz kurzer Zeit in Deutschland! Wie hätte ich da das Schriftstück schon früher vorlegen können? Das Bundesamt führte in seiner Ablehnung weiter aus, daß das Dokument keine Angaben über Haftdauer, Haftgrund oder ein gegen mich in der Türkei ergangenes Gerichtsurteil enthalte und daher unbeachtlich sei.

Warum unbeachtlich? In der Gerichtsverhandlung in Stuttgart hatten sie mir nicht einmal geglaubt, daß ich überhaupt in der Türkei inhaftiert gewesen war. Jetzt hatte ich dafür einen Beweis, und dieser sollte unbeachtlich sein? Ich konnte es nicht fassen. Ging es hier wirklich noch um Wahrheitsfindung oder nur noch darum, mich irgendwie loszuwerden, auch wenn das für mich Folter und Tod bedeutete? Was hatte es dann noch für einen Sinn, nach neuen Beweismitteln zu suchen? Gab es für mich überhaupt noch eine Hoffnung?

Abends saß ich noch lange mit der Familie Dubberke zusammen, und wir unterhielten uns. Ich erzählte ihnen von Kurdistan und all meinen Problemen. Sie schienen schon sehr viel darüber zu wissen. Die Mutter war Lehrerin, Frau Dubberke selbst Tierärztin. Wir diskutierten noch bis in die tiefe Nacht hinein über Politik. Spät abends ließ Frau Dubberke dann zu meinem Entsetzen den riesigen Hund aus dem Käfig! Sie versicherte mir, daß er ganz harmlos sei, aber das konnte ich nicht glauben. Das große Tier sprang dann tatsächlich, ohne daß jemand dagegen protestiert hätte, auf die Couch direkt neben mir. Frau Dubberke schob dem Raubtier ihre Hände direkt ins Maul. Wie konnte sie so etwas tun? Sie mußte doch verrückt sein! Gleich würden ihre Hände nur noch eine zerbissene, blutige Masse sein. Aber der Hund tat nichts dergleichen. Das hatte ich nicht erwartet. Das Tier war ja wirklich ganz lieb. Frau Dubberkes Mutter fragte mich: »Frau Kaya, haben Sie schon gegessen? Ich mache ihnen gern noch etwas!« Mein Magen knurrte vor Hunger, da ich seit dem Morgen nichts mehr zu mir genommen hatte, aber wie sollte ich hier bei den vielen Haaren etwas essen? Ich lehnte daher ganz höflich ab: »Nein, danke, das ist sehr nett von Ihnen! Aber ich habe gerade schon zu Hause bei meinen Eltern gegessen.«

Schließlich zeigten sie mir mein Bett. Ich war todmüde. Schon seit Wochen hatte ich aus Angst keine Nacht mehr geschlafen. Das Bett war ganz sauber und hübsch. Ich legte mich hinein. Ich wollte nur noch schlafen. Aber da kamen schon wieder die quälenden Gedanken: Vielleicht arbeitete Frau Dubberke mit der Polizei zusammen? Bekam sie für jeden Flüchtling Geld, den sie auslieferte? Wie konnte ich nur so vertrauensselig sein? Es wäre ihr ein Leichtes gewesen, mich jetzt verhaften zu lassen. Sollte ich lieber schnell das Haus verlassen? Aber ich konnte einfach nicht mehr. Sollten sie doch machen, was sie wollten. Mir war inzwischen alles egal. Ich mußte jetzt einfach einmal schlafen. Unvermittelt fiel ich in einen tiefen, traumlosen Schlaf.

Erst am nächsten Mittag um zwölf Uhr wachte ich wieder auf. Niemand hatte mich verhaftet. Ich schämte mich, so lange geschlafen zu haben. Was sollte ich jetzt zur Begrüßung sagen? Etwa »Guten Morgen«? Das paßte zu dieser Zeit nicht mehr ganz. Was würden sie jetzt von mir denken? Ein Mensch, der verfolgt wurde, würde doch niemals so fest und lange schlafen. Etwas unsicher begrüßte ich Frau Dubberkes Mutter dann doch mit »Guten Morgen!« Sie erwiderte meinen

Gruß und fragte: »Möchten Sie lieber zwei oder drei Brötchen?« Was sollte ich antworten? Frau Dubberke hatte mich doch gestern noch gewarnt, daß ihre Mutter ganz böse würde, wenn ich nicht alles äße, was sie mir anböte. Aber drei Brötchen hätte ich niemals hinunterbekommen. Dann wäre sie sicher ärgerlich gewesen, wenn ich eins übrig gelassen hätte. Ich sagte daher ganz zaghaft: »Bitte zwei Brötchen!« Ich wußte zwar auch nicht, wie ich diese schaffen sollte, da mein Magen von der ganzen Aufregung wie zugeschnürt war, aber ich mußte es wenigstens versuchen.

Der Frühstückstisch war ganz sauber und ordentlich gedeckt. Keine Spur mehr von Tierhaaren! Sehr appetitlich standen dort die Brötchen mit etwas Aufschnitt. Der Kaffee dampfte in der Tasse. Ich mochte noch immer keinen Kaffee, aber es war ein Gebot der Höflichkeit, ihn zu trinken. Ich kaute auf den Brötchen herum. Sie wurden immer mehr in meinem Mund, doch ich durfte mir nichts anmerken lassen. »Wo ist denn Ihre Tochter?« fragte ich. »Meine Tochter? Die ist doch schon längst heute früh in die Praxis gefahren.«

Nach einer Stunde kam Frau Dubberke nach Hause. Nun gab es Mittagessen. Wie sollte ich das jetzt noch essen? Ich hatte doch gerade erst gefrühstückt! Aber ich zwang mich, noch etwas hinunterzuwürgen. Dann wollte die Familie sich zum Mittagsschlaf hinlegen. Ich war überhaupt nicht müde, schließlich war ich gerade erst aufgestanden. Frau Dubberke erlaubte mir zum Glück fernzusehen, falls ich nicht ebenfalls schlafen wollte. Ich setzte mich an den Glastisch vom letzten Abend. Ich weiß nicht, wie sie das geschafft hatten, aber heute war der Tisch ganz sauber. Auch auf dem Boden lagen kaum noch Haare. Ich sah fern, aber nur meine Augen folgten den Bildern, meine Gedanken beschäftigten sich mit ganz anderen Problemen.

Irgendwie fühlte ich mich trotz der liebevollen Fürsorge von Frau Dubberke und ihrer Mutter unbehaglich. Ich schien nicht hierher zu passen. Jeder hatte hier seine Aufgabe und wußte genau, was er wann zu tun hatte. Nur ich stand dumm herum. Frau Dubberke war gerade wieder in ihrer Praxis, da fragte ich ihre Mutter: »Kann ich irgendeine Arbeit für Sie erledigen?« – »Gerne, wenn Sie Lust haben, aber sie müssen mir nicht helfen. Wirklich nur, wenn sie es selber wollen«, antwortete sie. Dann zeigte sie mir ein Blumenbeet, aus dem ich das Unkraut auszupfen sollte. Ich machte mich an die Arbeit. Leider muß ich wohl etwas falsch verstanden haben. Als sie zurückkam, war sie gar nicht begeistert. Ich hatte das Unkraut stehen lassen und die Zierpflanzen ausgerissen. Warum konnte ich nur nichts richtig machen? Ich war nicht einmal imstande, eine solch einfache Arbeit zu erledigen. Ich schämte mich furchtbar.

Abends saßen wir wieder zusammen. Der große schwarze Hund lag neben meinem Sessel auf der Couch und schlief. Plötzlich spitzte er die Ohren. Er hatte wohl irgend etwas gehört. Ehe ich überhaupt reagieren konnte, schoß er schon los. Mit einem riesigen Satz war er über mir. Jetzt war es um mich geschehen! Er würde mich mit Sicherheit zerfleischen. Das hatte ich ja immer befürchtet! Warum hatte ich nur den Versicherungen der Familie Dubberke geglaubt? Aber das spielte jetzt auch keine Rolle mehr. In wenigen Sekunden würde ich tot sein. Aber er biß nicht zu. Er sprang einfach wieder von meinem Sessel herunter und lief zur Tür. Ich zitterte vor Schreck am ganzen Körper.

Wie sollte es nun mit meinem Asylverfahren weitergehen? Frau Dubberke schien mir inzwischen meine Geschichte zu glauben. Leider war sie nicht, wie mir der Kurde damals erzählt hatte, mit dem Innenminister befreundet. Was konnte sie also für mich tun? Mein Rechtsanwalt schlug vor, gegen die Entscheidung des Bundesamtes, trotz neuer Beweismittel kein neues Asylverfahren durchzuführen, Klage vor dem Verwaltungsgericht in Stuttgart zu erheben. Frau Dubberke erklärte mir, daß eine solche Klage leider keine »aufschiebende Wirkung« hätte. Das bedeutete, daß die deutschen Behörden mich jederzeit in die Türkei abschieben könnten, noch bevor das Gericht in meiner Sache entschieden hätte. Deshalb hätte mein Anwalt auch gleichzeitig einen Antrag beim Verwaltungsgericht in Stuttgart gestellt, in dem er beantragte, dem Landratsamt in Augsburg zu untersagen, mich noch vor der Entscheidung des Gerichts in die Türkei auszuweisen. Allerdings machte er mir wenig Hoffnung. Ich war völlig verzweifelt.

Aber Frau Dubberke schien nicht so leicht den Mut zu verlieren. Sie sagte zu mir, inzwischen duzten wir uns schon: »Devrim, dann müssen wir eben neues Beweismaterial finden! Du hast mir doch erzählt, daß sich dein Anwalt, Herr Ertas, der dich vor dem Gericht in Kayseri vertreten hat, auch inzwischen in Deutschland aufhält. Er weiß doch sicher noch, weswegen du in der Türkei angeklagt warst und wie das Gerichtsverfahren damals weitergegangen ist. Versuch doch einmal, mit ihm Kontakt aufzunehmen!« Warum hatte ich daran nicht schon vorher gedacht? Wahrscheinlich war ich durch mein Leben in der Illegalität zu verwirrt gewesen, um an das Nächstliegende zu denken. Ich ließ mir sofort von Herrn Demir, dem Anwalt meiner Freundin, die Telefonnummer geben. Zum Glück war Herr Ertas zu Hause. Er war sofort bereit, meine Angaben schriftlich zu bestätigen.

Noch am gleichen Abend faxte er uns eine von ihm verfaßte und unterschriebene Erklärung zu. Frau Dubberke war darüber ganz begeistert: »Damit können wir etwas anfangen, Devrim. Gleich morgen faxe ich das an deinen Anwalt in Augsburg. Er muß es sofort an das Gericht weiterleiten! Außerdem möchte ich amnesty international in deinen Fall einschalten. Ich kenne die Frau Neppert von der Türkei-Cogruppe ganz gut. Heute abend habe ich Zeit. Laß uns mal gemeinsam ganz genau aufschreiben, was in der Türkei passiert ist! Das schicken wir dann zur Überprüfung zu Frau Neppert. Vielleicht kann sie ja deine Angaben bestätigen. Mit einer Stellungnahme von amnesty international kann man schon etwas vor Gericht erreichen!« Dazu hatte ich überhaupt keine Lust. Schon wieder meine ganze Geschichte erzählen? Mir hatte doch sowieso niemand geglaubt, was sollte das also schon bringen? Aber Frau Dubberke bestand darauf.

Oh, wie konnte diese Frau fragen! Jede Kleinigkeit interessierte sie. Sie machte mich fast verrückt. Sie kannte in dieser Hinsicht kein Erbarmen. Und vielleicht war das auch gut so. Obwohl sie jedes Detail wissen wollte, hatte ich immer das Gefühl, daß sie mich verstand und daß sie mir gern glauben würde. Gemeinsam bemühten wir uns, Widersprüche auszuräumen. Das war etwas ganz Neues für mich. So hatte ich mich noch mit niemandem über meine Foltererlebnisse unterhalten. Ich hatte einfach das Gefühl, daß man mit ihr über alles reden konnte. Spät in der Nacht waren wir fertig. Ich weiß nicht, warum sie das für mich tat, sie mußte doch am nächsten Tag wieder früh aufstehen, um in ihrer Praxis zu arbeiten. Aber das schien ihr nichts auszumachen. Sie bestand einfach darauf, daß das, was wir taten, für mein Verfahren äußerst wichtig sei.

Einige Tage später traf ein Schreiben der Türkei-Cogruppe von amnesty international ein. Frau Dubberke ärgerte sich furchtbar darüber. Wir hatten doch alles so schön und folgerichtig aufgeschrieben! Warum stellten sie einfach alles in Frage, und das noch in einem Ton, der keinen Zweifel daran ließ, daß sie mir nicht ein Wort geglaubt hatten? Ich hatte unter anderem auch angegeben, daß man mich zwischen den Folterverhören gynäkologisch auf Jungfräulichkeit untersucht hatte. Das nahm mir der Sachbearbeiter von amnesty international einfach nicht ab. Er behauptete, daß solche Untersuchungen nur dazu dienten, den Frauen von PKK-Kämpfern nachzuweisen, daß ihr Mann erst kürzlich mit ihnen geschlafen hatte. So sollte auf ihre Ehemänner Druck ausgeübt werden, sich zu stellen. Das mochte ja alles so sein. Aber das schloß doch keinesfalls aus, daß diese Untersuchungen auch noch zu anderen Zwecken dienten. War er oder ich in türkischen Folterzentren gewesen? Ich war schrecklich enttäuscht. Selbst eine so große und bedeutende Menschenrechtsorganisation wie amnesty international schenkte mir keinen Glauben. Das beste war wohl, ich beging einfach Selbstmord.

Aber Frau Dubberke dachte keineswegs so wie ich: »Devrim, so schnell geben wir nicht auf! Das ist doch wohl eine Unverschämtheit! Komm, denen werden wir es zeigen! Heute nacht werden wir uns hinsetzen und jede ihrer Fragen beantworten. Sie werden dir schon noch glauben.« Warum mußte sie mich nur so quälen? Ich war einfach müde. Warum gab sie nicht auch auf? Aber ich konnte sie jetzt nicht enttäuschen, also arbeiteten wir die ganze Nacht an einem Antwortschreiben an amnesty international.

Ich war inzwischen seit einer Woche bei der Familie Dubberke. Ich fühlte mich langsam etwas schmutzig und hatte das dringende Bedürfnis zu baden oder zu duschen. Ich fragte Frau Dubberkes Mutter: »Darf ich vielleicht bei Ihnen baden? Ich glaube, ich habe es mal wieder nötig.« – »Aber natürlich, da brauchen Sie gar nicht zu fragen. Dort ist das Badezimmer«, erwiderte sie. Ich zog mich aus und wollte gerade in die Badewanne steigen, da sah ich etwas in der Wanne liegen. Es mußte wohl so etwas wie ein Stückchen rohes Fleisch sein. Es sah ganz ekelhaft aus. Was hatte das hier verloren? Aber durfte ich einfach fragen? Vielleicht wuschen sie hier ihr Fleisch? Aber sie hatten doch eine große Küche. Warum sollten sie die Badewanne dazu benutzen? Vielleicht war jemand von ihren Hunden zerfleischt worden, und das war das einzige, was von ihm übriggeblieben war? So sehr ich mich auch ekelte, ich mußte baden. Ich nahm mir also so viel Klopapier wie irgend möglich und beförderte das Stück mit spitzen Fingern in die Toilette. Dann spritzte ich die Badewanne mit ganz heißem Wasser aus. Trotzdem wagte ich es nicht, mich beim Baden hinzusetzen, sondern duschte nur im Stehen.

Aber es kam noch schlimmer. Nach dem Mittagessen sprangen die Katzen auf den Tisch und leckten die Teller ab. Sogar die Hunde beteiligten sich an dieser Art des Abwasches. Frau Dubberke und ihre Mutter sahen überhaupt nicht hin und unternahmen auch nichts, es zu verhindern. Sie schienen es für völlig normal zu halten. Bei uns in Kurdistan mußte man einen Teller, an dem ein Hund auch nur einmal geleckt hatte, entweder wegwerfen oder vierzig Mal waschen und noch mehrere Gebete sprechen. Zwar war das eigentlich eine Sitte der Moslems, denen dies der Koran vorschrieb, aber durch die lange Zeit des Zusammenlebens mit ihnen hatten wir diesen Ekel vor Hunden und Katzen als unsaubere und Krankheiten übertragende Tiere in unsere Tradition übernommen. Aber hier in Deutschland war es etwas anderes. Hier wurden die Tiere viel sauberer gehalten. Außerdem waren die Hunde und Katzen von Frau Dubberke sicher nicht krank, da sie sie dann bestimmt behandelt hätte. Sie war ja selber Tierärztin. Ich machte mir klar, daß mein Ekel also überhaupt nicht rational begründet war. Langsam gewöhnte ich mich an den Umgang mit Hunden und Katzen in diesem Haus.

Jeden Abend saßen wir gemütlich zusammen. Ich brauchte unbedingt jemanden, mit dem ich über meine ganzen Probleme reden konnte. Sie schienen zu verstehen, daß ich mich in einer Ausnahmesituation befand. Trotzdem hatte ich Angst, mich ihnen anzuvertrauen. Sie waren schließlich in Europa aufgewachsen. Ich glaubte immer noch, daß sie mich auslachen würden, wenn ich ihnen alles erzählte. Aber ganz automatisch kam ich ins Plaudern. Jedes Mal erfuhren sie ein bißchen mehr. Ich weiß auch nicht, wie es eigentlich kam, aber ohne daß ich es selbst wollte, hatten sie schließlich doch meine ganze Geschichte gehört. Und sie hatten überhaupt nicht gelacht! Ich war so froh, daß mich endlich jemand verstand.

Eines Abends kam eine Katze von Frau Dubberke mit einer Maus in der Schnauze vorbei. Die Mutter von Frau Dubberke sagte: »Ach sieh nur, sie hat etwas gefangen! Jetzt bringt sie die Maus bestimmt wieder in die Badewanne, um sie dort aufzufressen. Da kann sie ihr nämlich nicht weglaufen!« Nun wußte ich, was für eine Art Fleisch ich damals gefunden hatte. Warum hatte ich nicht bloß schon viel früher gefragt? Manchmal kommen Mißverständnisse auch durch zuviel Höflichkeit zustande.

Ich hatte bald etwas Neues entdeckt. Frau Dubberkes kleines Töchterchen, Nadine, besaß sehr viel Spielzeug. Ich war 22, aber hatte immer noch große Sehnsucht nach Spielzeug, weil ich als Kind ja so etwas nie besessen hatte. Jetzt spielte ich begeistert mit Nadine. Ich setzte mich zu ihr auf den Boden und baute große Türme aus Holzbausteinen. Stundenlang hockte ich so und war auf meine Bausteine konzentriert. Familie Dubberke mußte mich bestimmt für etwas verrückt halten.

Vier Wochen lebte ich nun schon bei Frau Dubberke. Jeden Tag erwartete ich voller Ungeduld die Post. Es mußte doch endlich einmal ein Brief von meinem Anwalt aus Augsburg kommen! Das Gericht konnte doch seine Entscheidung nicht ewig hinauszögern. Eines Tages war es dann soweit. Ich hielt den lang ersehnten Brief in den Händen, von dem meine ganze Zukunft abhing. Voller Ungeduld riß ich den Umschlag auf. Als ich las, was dort geschrieben stand, brach ich in Tränen aus. Das Gericht hatte meinen Antrag auf einstweiligen Abschiebeschutz abgelehnt! Mehr drang zunächst nicht in mein Bewußtsein. Das war das Ende.

Wie durch einen Nebel nahm ich wahr, daß Frau Dubberke auf mich einredete. Erst ganz allmählich begriff ich den Sinn ihrer Worte. Sie erklärte mir, aus welchen Gründen der Richter mir nicht geglaubt hatte: Zunächst sei mein Aufenthaltsort nicht bekannt, daher könnte mich im Moment sowieso niemand abschieben. Ich bedürfe daher des vorläufigen Rechtsschutzes überhaupt nicht. Aber ich war doch nur untergetaucht, weil die Polizei mich hatte verhaften wollen! Wenn ich damals nicht so schnell reagiert hätte, wäre ich doch schon längst zurück in der Türkei! Der Richter hatte weiter ausgeführt, daß mein Onkel meinen Angaben zufolge 15 Tage nach meiner Entlassung aus der Haft am 12. Oktober 1992 ermordet worden sei. Mein türkischer Rechtsanwalt Herr Ertas hätte dagegen angegeben, daß ich bereits Ende September aus der Haft entlassen worden sei. Das sei ein deutlicher Widerspruch und mache die Stellungnahme von Herrn Ertas völlig unglaubwürdig. Wie das? Welches Datum ergibt sich denn, wenn man vom 12. Oktober 15 Tage zurückzählt? Etwa nicht Ende September? Warum durfte ein Richter mit den Daten Fehler machen, ich jedoch niemals? Was sollte ich jetzt noch machen? Gegen die Entscheidung des Richters war keine Berufungsklage mehr möglich, auch wenn sie nachweislich auf falschen Voraussetzungen beruhte.

Ich hatte keine Hoffnung mehr. Sicher, die Klage gegen das Bundesamt auf Durchführung eines weiteren Asylverfahrens lief noch, aber sie wurde vom gleichen Gericht in Stuttgart entschieden, das jetzt so negativ in meiner Sache geurteilt hatte. Bis zu einem Urteil konnte noch eine

Ewigkeit vergehen. Warum sollten sie sich auch beeilen? Es war doch viel einfacher für sie, nur zu warten, bis ich ihnen irgendwann ins Netz ging.

Als ich zu Familie Dubberke kam, hatten sie mir gesagt, daß ich nicht für längere Zeit bleiben könne, da sich dann die Hausangestellten und Freunde, die gelegentlich zu Besuch kamen, wundern würden, wer ich sei und warum ich so lange dort bliebe. Obwohl die Familie sehr nett zu mir war und mit keiner Silbe andeutete, daß es nun an der Zeit wäre, sie wieder zu verlassen, wollte ich selbst nicht länger bleiben. Frau Dubberke mußte für ihr Geld hart arbeiten, sie fuhr vormittags und nachmittags in ihre Praxis im Nachbardorf und betreute über mittag auch noch ein Tierheim. Auch ihre Mutter war niemals untätig, da sie den Haushalt versorgen mußte. Wie konnte ich dann hier den ganzen Tag einfach herumsitzen und ihre Freundlichkeit noch länger ausnutzen? Selbst die Zigaretten kauften sie für mich. Kurz entschlossen rief ich meine Schwester an und bat sie, mich abzuholen. Dann packte ich meine Sachen.

Ich sagte Frau Dubberkes Mutter, daß ich nun gehen wolle. »Das kannst du doch nicht einfach so tun! Warte wenigstens, bis meine Tochter von der Praxis zurückkommt!« bat sie und war plötzlich ganz böse auf mich. Warum nur? Dachte sie vielleicht, ich hätte etwas in meinen Koffer gepackt, das nicht mir gehörte? »Bitte sehen Sie doch selber nach, wenn Sie glauben, ich wollte etwas stehlen!« sagte ich. Da wurde sie ganz wütend! Was hatte ich nun wieder falsch gemacht? Ich wollte doch nur weggehen. Das mußte doch auch in ihrem Interesse liegen. In diesem Moment kam Frau Dubberke nach Hause. Ihre Mutter erzählte ihr sofort ganz aufgeregt von meiner Absicht. »Was Devrim, du willst gehen? Du willst uns einfach so verlassen? Hat dir irgend jemand etwas getan? Gefällt es dir bei uns nicht?« redete sie auf mich ein. »Ich mache mir große Sorgen um dich. Du bist im Moment sehr depressiv, und du hast auch wirklich allen Grund dazu. Bleib bitte bei uns! Du könntest sonst eine Dummheit begehen. Ich habe wirklich große Angst um dich, wenn du uns in dieser Gemütsverfassung verläßt!« fuhr sie fort. Als ich das hörte, war ich ganz glücklich. Diese Menschen schienen mich wirklich gern zu haben! Nun verstand ich auch, warum Frau Dubberke eben so böse auf mich gewesen war. Ich mußte sie wirklich beleidigt haben.

Frau Dubberke machte mir Mut. »Devrim, gleich morgen rufe ich meinen Anwalt Herrn Hofemann hier in Saarbrücken an, vielleicht kann er uns helfen!« Schon am nächsten Tag bekamen wir einen Termin. Der Anwalt riet uns, die Klage vor dem Verwaltungsgericht in Stuttgart zurückzuziehen. Es sei bekannt, daß die Richter dort keine vorurteilsfreien Entscheidungen träfen. Besser wäre es, einfach einen neuen Asylantrag beim Bundesamt zu stellen. Leider müßte dieser eigentlich wieder in München gestellt werden, aber vielleicht gäbe es ja doch noch eine Möglichkeit, das Verfahren nach Saarbrücken zu bekommen. Er wollte noch einmal darüber nachdenken. Unbedingt brauchten wir aber zunächst eine Stellungnahme von amnesty international zu meinem Fall. So lange sollten wir noch warten.

Einige Tage später kam wieder ein Brief für mich, jetzt von amnesty international in Bonn. Diesmal war ich nicht mehr so gespannt. Diese Organisation hatte mir ja sowieso nicht geglaubt. Sicher würden sie jetzt nur in höflicher Form schreiben, daß sie leider nichts für mich hätten tun können.

Frau Dubberke öffnete den Brief für mich. »Devrim, das ist ja ganz prima! Hier steht, daß sie deine Geschichte voll bestätigen. Sie haben in der Türkei Erkundigungen angestellt und bitten das Bundesamt, deinen Fall noch einmal genau zu überprüfen. Sie glauben dir! Weißt du überhaupt, wie vorsichtig diese Organisation mit solchen Stellungnahmen ist? Nur wenn mehrere Quellen übereinstimmend berichten, daß das, was du erzählt hast, der Wahrheit entspricht, darf amnesty international überhaupt deine Angaben bestätigen. Das weiß auch das Bundesamt. Jetzt haben wir eine reelle Chance. Ich rufe gleich den Anwalt an!« Ihre Freude steckte mich langsam ein bißchen an. Vielleicht hatte sie ja doch recht, und ich hatte noch eine kleine Aussicht auf Erfolg. Aber so richtig glaubte ich es eigentlich nicht mehr.

Schon am nächsten Tag brachten wir das Schreiben zum Anwalt von Frau Dubberke. Auch er war ganz begeistert. Er schickte uns sofort zur Zentralen Aufnahmebehörde (ZAB) in Saarbrücken, wo er den stellvertretenden Leiter, Herrn Ludwig, kannte. Vielleicht würde er uns helfen. Frau Dubberke fragte ängstlich: »Ist das nicht etwas gefährlich? Schließlich wird Frau Kaya in Augsburg polizeilich gesucht. Wenn Herr Ludwig das erfährt, kann er sie sofort festnehmen und abschieben lassen, noch bevor wir irgendeine rechtliche Möglichkeit haben, dagegen etwas zu unternehmen!« Herr Hofemann beruhigte sie: »Nein, das tut er ganz bestimmt nicht, sonst würde ich sie nicht zu ihm schicken! Ich werde ihn jetzt gleich anrufen und einen Termin vereinbaren.«

Wir machten uns also auf den Weg zur ZAB. Frau Dubberke hatte sogar ihre Praxis geschlossen, um mit mir dorthin zu fahren. Gerade als wir auf den Hof des Gebäudes bogen und parkten, hielt ein Polizeifahrzeug direkt neben uns. Mir rutschte das Herz in die Hose. Hatte der Anwalt mich verraten und die Polizei angerufen? Was sollte ich jetzt bloß machen? Frau Dubberke bitten, so schnell wie möglich wegzufahren? Oder aussteigen und zu Fuß flüchten? Frau Dubberke glaubte nicht, daß der Anwalt uns verraten hätte, und meinte, daß das Polizeifahrzeug gar nichts mit mir zu tun habe. Sie machte mir Mut.

Mit zitternden Knien stieg ich aus, und wir gingen gemeinsam in das Gebäude. Die Dame an der Anmeldung fragte sofort nach meinem Namen und wollte meinen Ausweis sehen. Ich fühlte kalten Schweiß aus allen Poren quellen. Zum Glück fiel Frau Dubberke der Empfangsdame ins Wort: »Wir sind mit Herrn Ludwig persönlich um 14 Uhr verabredet. Mein Name ist Dr. Dubberke!« – »So, das kommt aber selten vor, daß er Termine vergibt! Warten Sie bitte einen Moment dort!« Ich sah mich hastig im Raum um. Er hatte vergitterte Fenster. Alle Türen, außer der, durch die wir gerade gekommen waren, schienen abgeschlossen zu sein. Ich merkte, wie langsam Panik in mir aufstieg.

Gott sei Dank kam dann ein Herr mittleren Alters zu uns und stellte sich als Herr Ludwig vor. Er sah mich lange mit prüfendem Blick an. Jetzt würde er mich gleich festnehmen lassen. Er spielte nur noch vorher ein bißchen mit meiner Angst. Das konnte ich doch seinen Augen ansehen! Er sprach mich schließlich an: »Ach, Sie sind Frau Kaya, von der mir Herr Rechtsanwalt Hofemann erzählt hat. Zeigen Sie doch mal her, was er Ihnen für mich mitgegeben hat! Da scheint ja eine interessante Stellungnahme von amnesty international dabei zu sein.« Meine Hände zitterten, als ich ihm die Papiere übergab. Er las sie langsam durch. Eine mir endlos erscheinende Zeit verging. Dann nickte er und sagte: »Das sieht ja ganz gut aus. Vielleicht kann ich Ihnen helfen. Ich werde Ihnen jetzt eine Bestätigung ausstellen, daß sie sich bei uns gemeldet haben, um einen Asylantrag zu stellen. Ich habe schon im Fahndungscomputer nachgesehen. Augsburg läßt Sie tatsächlich suchen. Aber wenn Sie sich hier in der Nähe aufhalten, wird Ihnen mit diesem Papier von mir erst einmal nichts passieren. Dann werden wir weiter sehen. Melden Sie sich in vier Wochen wieder bei mir!«

Mir war, als träumte ich. Er wollte mir tatsächlich helfen. Es gab also auch in deutschen Behörden noch Menschen. Ich war überglücklich.

Zu Hause feierten wir unseren Erfolg erst einmal mit Sekt. Frau Dubberke sagte zu mir: »Devrim, ich freu' mich ja so für dich. Das ist ein sehr gutes Zeichen. Herr Ludwig hat dir geglaubt und will dir helfen. Du wirst sehen, wir werden die vom Bundesamt auch noch überzeugen!«

Am nächsten Tag ging ich zu meinen Eltern zurück. Ich war jetzt halbillegal, aber schon das fand ich nach der langen Zeit des Gejagtwerdens einfach wunderbar. Meine Eltern freuten sich sehr, daß ich wieder bei ihnen war. Für sie als Kurden war es etwas Schlimmes, mich bei einer deutschen Familie wohnen zu lassen. Nur meine Notlage hatte sie gezwungen, sich über ihre Bedenken hinwegzusetzen. Sie fürchteten immer noch, daß ich bald wie eine Deutsche denken und mich benehmen würde. Ein Mädchen, das sich selbst aussuchte, wen sie heiraten wollte, und ihren Eltern nicht unterwürfig gehorsam war, das wäre eine große Schande für sie gewesen.

Mit meinem Vater bekam ich nach kurzer Zeit schon wieder Schwierigkeiten. Er wollte unbedingt, daß ich arbeitete, um für ihn Geld zu verdienen. Er verschwendete nicht einen Gedanken daran, daß es für mich gefährlich war, schwarz zu arbeiten. Das einzige, was ihn interessierte, war Geld. Wenn ich ihm dieses brachte, war ich eine gute Tochter für ihn, wenn nicht, der letzte Abschaum. Frau Dubberke hatte mich gebeten, ihr etwas beim Umbau ihrer Praxis zu helfen. Sie wollte sich bald selbständig machen und bot mir sogar Geld für meine Mitarbeit an, was ich natürlich entrüstet ablehnte. Schließlich hatte sie auch niemals an die Kosten gedacht, als sie mich bei sich aufnahm, oder an ihren Verdienstausfall, als sie ihre Praxis einen ganzen Nachmittag schloß, nur um mit mir zur ZAB zu fahren. Ich begleitete sie jetzt fast täglich in die Praxis und half ihr so gut ich eben konnte.

Mein Vater war darüber ganz böse. Er wollte, daß ich unbedingt das mir angebotene Geld annähme. Hatte er denn ganz vergessen, was diese Familie für mich getan hatte? Hatte er denn gar keinen Funken Ehrgefühl? Wir stritten uns oft. Er warf mir vor, daß ich immer noch so dumm wie früher wäre. Was hatte ich nur für Eltern? Bei der Familie Dubberke hatte mich niemals jemand dumm genannt. Sie liebten mich sicher mehr als meine leiblichen Eltern. Ich sehnte mich nach ihnen und wollte wieder zu ihnen zurück.

Ich rief Frau Dubberke an und bat sie, mich von meinen Eltern wegzuholen. Sie wandte ein, daß mich mein Vater wohl nicht so einfach gehen lassen würde. Wir machten gemeinsam einen Plan. Sie sollte meinen Eltern sagen, daß meine Papiere nicht verlängert worden wären und ich jetzt auch in Saarbrücken von der Polizei gesucht würde. Es wäre daher für mich sehr gefährlich, auch nur noch einen Tag länger bei meinen Eltern zu bleiben. Unser Plan funktionierte. Mein Vater ließ mich, wenn auch widerwillig, gehen. Jetzt war ich wieder bei der Familie, die mich niemals für verrückt gehalten hatte, die mich verstand und mit der ich über alles reden konnte. Hier fühlte ich mich wohl und geborgen. Hier konnte ich etwas Kraft für meine dunkle Zukunft schöpfen.

Eines Abends lud mich Frau Dubberke ein, sie zu einem Treffen ihrer amnesty-Gruppe zu begleiten. Die Mitglieder dieser Gruppe hatten schon einmal gesammelt, um meine Rechtsanwaltsrechnung in Augsburg zu bezahlen. Rechtsanwalt Dauer hatte mir eine Rechnung über fast 500 Mark geschickt, obwohl er genau wußte, in welcher Lage ich mich befand. Sie einfach nicht zu bezahlen, wäre zu gefährlich gewesen, weil es für ihn ein Leichtes war, dem Landratsamt meinen Aufenthaltsort in Saarbrücken mitzuteilen. Er hatte mich also in der Hand. Ich war der Gruppe für ihre finanzielle Hilfe sehr dankbar, aber ich schämte mich auch, daß ich soviel Geld von ihnen angenommen hatte. Ich war gesund und konnte arbeiten, warum war ich nur immer wieder auf die Hilfe anderer angewiesen? Ich haßte dieses Gefühl der Abhängigkeit zutiefst. Ich kam mir so unbedeutend und wertlos vor.

Nach vier Wochen mußte ich wieder meine Bescheinigung bei der ZAB verlängern lassen. Rechtsanwalt Hofemann hatte mir auch gleich den schriftlich formulierten Folgeantrag für die Außenstelle des Bundesamtes mitgegeben. Diese Behörde befand sich direkt neben der ZAB. Wir sollten uns zunächst wieder bei Herrn Ludwig melden und hatten auch einen Termin vereinbart. Als wir jedoch mit ihm sprechen wollten, hieß es plötzlich, er sei krank. Eine andere Frau nahm mir meine Papiere ab und fing furchtbar an zu schimpfen: »Wo haben Sie denn diese Bescheinigung her? Die hätte ihnen doch niemals ausgestellt werden dürfen! Ach, sie ist von Herrn Ludwig unterschrieben? Ist der denn ganz verrückt geworden?« Ganz zaghaft wandte Frau Dubberke ein, daß wir eigentlich einen Folgeantrag stellen wollten. »Was, einen Folgeantrag? Hier bei uns? Der erste Asylantrag ist doch in München gelaufen. Hat Ihnen Ihr Anwalt nicht gesagt, daß damit auch München für den Folgeantrag zuständig ist? Was wollen Sie also hier?« Frau

Dubberke versuchte noch einmal, mit ihr zu diskutieren: »Aber Herr Ludwig meinte, daß wir den Folgeantrag auch hier stellen können!« – »Ach, der wird sich noch selbst in ernste Schwierigkeiten bringen, wenn er so weitermacht! Frau Kaya hat sich sofort wieder nach München zu begeben, sonst lasse ich sie verhaften.« Das war deutlich.

So schnell wir konnten, verließen wir das Gebäude. Noch ein paar Worte mehr, und es wäre um mich geschehen gewesen. Frau Dubberke rief sofort den Anwalt an. Er riet uns, trotzdem hier zur Außenstelle des Bundesamtes zu gehen und zu versuchen, den Folgeantrag zu stellen. Nach München dürfte ich auf keinen Fall. Da würde man mich sofort verhaften. Wir taten, was er gesagt hatte. Doch auch dort wurden wir wieder nach München verwiesen und unser Antrag gar nicht erst angenommen. Völlig am Boden zerstört fuhr ich mit Frau Dubberke wieder nach Hause. Ich war wieder illegal. Wir hatten in der ganzen Zeit gar nichts erreicht.

Frau Dubberke meinte, daß es für mich bei ihr auch nicht mehr ganz sicher sei, da mein Rechtsanwalt aus Augsburg ihre Adresse kenne. Falls das Landratsamt bei ihm nachfragen sollte, wäre es wahrscheinlich, daß er ihnen meinen jetzigen Aufenthaltsort nicht verschweigen würde. Sie schlug mir daher vor, daß sie mich eine zeitlang bei Frau Richter unterbringen würde. Dort sei ich in jedem Fall besser aufgehoben.

Ich sollte abends gegen elf Uhr bei Frau Richter sein. Ich war furchtbar müde, da ich den ganzen Tag in der Praxis geholfen hatte. Aber Frau Richter blätterte stundenlang in ihrem Kalender und kreuzte Termine an, zu denen sie mich mitnehmen konnte. Es handelte sich durchweg um irgendwelche kirchlichen Veranstaltungen. Ich hielt es sowieso für etwas gefährlich, wenn sie mich überall herumzeigen und allen möglichen Leuten vorstellen wollte, außerdem hatte ich an ihrer Religion nach wie vor kein Interesse. Ich mußte also eine Ausrede finden, um höflich ablehnen zu können und sie nicht zu verärgern. Ich sagte also: »Frau Richter, das ist sehr nett von Ihnen, aber ich muß Frau Dubberke jeden Tag in der Praxis helfen. Ich kann Sie also leider nicht begleiten.« – »Aber sonntags hast du doch sicher Zeit?« fragte sie. »Nein, leider auch nicht, Frau Dubberke hat mich zum Essen eingeladen. Es tut mir wirklich leid!« erwiderte ich, obwohl Frau Dubberke gar nichts dergleichen getan hatte. Sie wollte dann wissen, wie es mit meinem Asylverfahren weitergegangen war. »Ach, dieses gemeine Bundesamt, ich kann soviel Beweismittel vorlegen wie ich will, es nutzt überhaupt nichts! Und die deutschen Gerichte sind in dieser Hinsicht auch nicht besser!« Da hatte ich wohl ein Wort zuviel gesagt. Sie fing plötzlich an zu schimpfen: »Ihr undankbaren Ausländer, was wollt ihr eigentlich hier? Wenn euch das Verhalten unserer Behörden nicht paßt, warum geht ihr dann nicht wieder zurück in euer Land? Deutschland hat doch wirklich genug Ausländer aufgenommen, wir können doch nicht allen Menschen auf der Welt helfen!« Ich konnte nicht verstehen, warum sie mich unbedingt beleidigen wollte. Weshalb hatte sie mich überhaupt bei sich aufgenommen, wenn sie so dachte?

Sicher, Deutschland konnte nicht allen helfen, da hatte sie recht, aber war dieses Land wirklich zu arm, um den Flüchtlingen Asyl zu gewähren, die tatsächlich in berechtigter Angst um ihr Leben kamen? Es war doch eher ein Problem der richtigen und schnellen Prüfung der Asylgründe. Ich versuchte ihr in Ruhe zu erklären, welche Schwierigkeiten ich mit deutschen Behörden und Gerichten bisher gehabt hatte. Dann wollte ich sie so schnell wie möglich verlassen. Sie merkte, wie sehr sie mich gekränkt hatte, und bat mich flehentlich, nicht zu gehen. Sie hätte das ja alles nicht wissen können, und ihre Anschuldigungen seien auch nicht persönlich gemeint gewesen. Ich nahm schließlich ihre Entschuldigung an und blieb wenigstens eine Nacht. Am nächsten Tag erzählte ich Frau Dubberke, was passiert war. Sie sah sofort ein, daß ich bei dieser Frau nicht länger bleiben konnte, und brachte mich wieder zu sich nach Hause. Oh, wie war ich froh, wieder bei ihr zu sein!

Jeden Mittwoch operierte Frau Dubberke in dem von ihr betreuten Tierheim in Saarbrücken. Ich durfte sie begleiten und assistieren. Wir fuhren schon früh los, da es an diesem Tag viel zu tun gab. Frau Dubberke mußte an einer roten Ampel halten. Plötzlich ein knirschendes Geräusch. Ein Lkw hatte wohl die rote Ampel übersehen und war auf uns aufgefahren! Keiner von uns war verletzt, aber ich mußte so schnell wie möglich weg von hier! Wenn die Polizei kam, war es um mich geschehen. Am Straßenrand hatte ein Wagen angehalten, der Fahrer fragte mich: »Wo wollen Sie denn hin? Sie können doch jetzt nicht so einfach weglaufen!« – »Ich will die Polizei rufen! Ich komme gleich zurück!« erwiderte ich geistesgegenwärtig und lief weiter.

Glücklicherweise lag das Haus von Frau Richter ganz in der Nähe. Diese Frau der Kirche würde mir bestimmt helfen! Nur schnell dorthin, damit ich von der Straße wegkam, wo mich die Polizei leicht aufgreifen konnte. Ich rechnete fest damit, daß die Polizei Frau Dubberke fragen würde, wer mit ihr im Auto gesessen hatte und so schnell verschwunden war. Ich hatte noch nicht den halben Weg zu Frau Richters Haus zurückgelegt, da sah ich ihr Auto mir entgegenkommen. Auf mein Winken hielt sie an. Ich schilderte ihr kurz die Situation und bat sie, mich für ein paar Stunden bei sich aufzunehmen, bis sich alles wieder beruhigt hätte. Sie erwiderte nur: »Ach, Devrim, das tut mir wirklich leid, aber ich muß zu einem dringenden Termin in die Kirche.« Begriff sie denn nicht, um was es ging? Ich konnte sie leider nicht mehr danach fragen, denn sie war schon weitergefahren und hatte mich mutterseelenallein auf der Straße zurückgelassen. Ich lief in eine Nebenstraße. Von der Polizei war noch immer nichts zu sehen. Ich hatte Glück und erreichte nach etwa einer Stunde Fußmarsch unbehelligt das Haus der Familie Dubberke. Wieder einmal war ich von einem Menschen zutiefst enttäuscht worden.

Über Wochen änderte sich an meiner Situation überhaupt nichts. Ich verfiel in tiefe Depression. Mein Rücken schmerzte furchtbar, und ich hatte oft starke, migräneartige Kopfschmerzen. Ich brauchte dringend einen Arzt. Aber wie sollte ich ohne Krankenversicherung zum Arzt gehen? Selbst wenn ich bar bezahlte, hätte er doch sicher Verdacht geschöpft. Frau Dubberke gab mir einige Medikamente, aber sie halfen fast nicht. Schließlich wußte auch sie nicht mehr weiter. Sie rief bei einem amnesty-Kollegen an, der Arzt war. Er kam sofort und gab mir starke Schmerzmittel, die wenigstens eine zeitlang halfen. Er war der Meinung, daß meine Rückenbeschwerden allein psychosomatische Ursachen hatten. Organische Leiden konnte er nicht feststellen. Was bedeutete nur psychosomatisch? War das ein anderes Wort für verrückt? Frau Dubberke beruhigte mich: »Devrim, so darfst du das nicht sehen! Dieses Symptom ist bei Folteropfern sehr häufig. Deine seelischen Leiden machen eben auch deinen Körper krank!«

Frau Dubberke bemühte sich weiter, mein Asylverfahren irgendwie voranzubringen. Sie gab einfach nicht auf. Der mit ihr befreundete Arzt hatte meine Reiseunfähigkeit bescheinigt, da ich mich vor Schmerzen kaum noch bewegen konnte. Mit diesem ärztlichen Attest stellte der Anwalt einen Asylfolgeantrag in München für mich. Er schrieb dem Bundesamt und dem Landratsamt, daß ich leider im Moment nicht reisefähig sei und mich daher nicht persönlich bei ihnen melden könne. Er legte als Beweismittel das Attest des Arztes und die Stellungnahme von amnesty international über meinen Fall vor. Nun hieß es also wieder warten. Der Anwalt hatte mir noch geraten, mich von einer Fachärztin für Psychiatrie und Psychotherapie untersuchen zu lassen, die sich auf die Behandlung von Folteropfern spezialisiert hatte. Sie war sehr nett zu mir. Wir führten ein langes Gespräch über meine Erlebnisse in der Türkei, und sie befragte mich über meine jetzigen Beschwerden. Dann fertigte sie ein Gutachten mit folgendem Wortlaut an: »Frau Kaya leidet an einer schweren posttraumatischen Belastungsstörung. Diese posttraumatische Belastungsstörung äußert sich bei der Patientin in starker Schreckhaftigkeit, vor allem bei Geräuschen, die sie nicht unmittelbar einordnen kann, in starken Ängsten, insbesondere der Angst, verfolgt und verhaftet zu werden, und in starken Durchschlafstörungen, die mit heftigen Alpträumen verbunden sind. Darüber hinaus besteht eine schwere depressive Verstimmung. Körperlich leidet sie an starken Rükken- und Kopfschmerzen. Diese Symptome sind typische Symptome, die im Anschluß an Folterung bzw. an lang andauernde, schwere Gewalterfahrung auftreten. Aus ärztlicher Sicht bedarf Frau Kaya dringend ärztlicher und psychotherapeutischer Behandlung. Aus den obengenannten Gründen ist eine Reisefähigkeit auf absehbare Zeit nicht gegeben.« Die Ärztin bot auch an, mich weiter kostenlos zu behandeln. Das konnte ich aber nicht annehmen, schließlich wollte ich nicht einfach alles umsonst. Es mußte auch so gehen. Das Attest wurde von meinem Anwalt an die zuständigen Behörden weitergeleitet. Vom Bundesamt hatten wir noch immer keine Antwort.

20
Ich bin wie ein Vogel ohne Nest

Eine ungewisse Zukunft

Eines Tages hatte ich eine Idee. Wie wäre es, wenn ich einfach einen freundlichen Brief zum Staatssicherheitsgericht in Kayseri und an den Gefängnisdirektor von Nevsehir schrieb? Vielleicht würden sie ja bestätigen, daß noch ein Verfahren gegen mich in der Türkei lief? Ich mußte nur dick genug auftragen und vorgeben, ein ganz loyaler Staatsbürger der Türkei zu sein. Frau Dubberke dachte, ich sei nun endgültig übergeschnappt: »Devrim, das kannst auch wirklich nur du dir ausdenken! Die werden doch niemals antworten!« – »Na, dann ist es auch gut, aber einen Versuch ist es doch zumindest wert«, erwiderte ich. Ich setzte mich also hin und schrieb an den Vorsitzenden des DGM Kayseri: »Wie Ihnen bekannt ist, bin ich Anfang 1992 in Erzurum bei einer Ausweiskontrolle verhaftet worden. Sie beschuldigten mich, für die PKK gearbeitet zu haben. Natürlich hatten Sie das Recht, so zu handeln. Schließlich ist die PKK eine gefährliche terroristische Organisation, und ich kann gut verstehen, daß der türkische Staat sehr vorsichtig sein muß und daher Leute schon bei den geringsten Verdachtsmomenten verhaftet. Ich konnte damals beweisen, daß ich eine Türkin bin und niemals mit der PKK auch nur sympathisiert habe. Sie ließen mich daher trotz der gegen mich erhobenen Anklage nach § 168/2 des türkischen Strafgesetzbuches am 27. September 92 frei. Sie haben mir gesagt, ich sollte mich wieder bei Ihnen melden. Das tue ich hiermit. Ich entschuldige mich dafür, daß ich nicht schon vorher meiner Meldepflicht nachgekommen bin, aber ich besuche inzwischen in Deutschland eine Hochschule. Ich denke daran, sobald wie möglich in die Türkei zurückzukehren. Schließlich ist doch die Türkei meine Heimat. Ich weiß, daß mein Gerichtsverfahren bei Ihnen noch nicht ganz abgeschlossen war, deshalb bitte ich Sie, mir mitzuteilen, was inzwischen entschieden worden ist, und mir ggf. einen neuen Gerichtstermin zu geben. Es ist mein aufrichtiger Wunsch, daß dieses Verfahren gegen mich endlich zum Abschluß gebracht werden kann. Falls Sie noch Fragen an mich haben oder ich Ihnen sonst helfen kann, bin ich unter folgender Adresse zu erreichen.« Ich gab ihm die Anschrift des Vorsitzenden der amnesty-Gruppe, der Frau Dubberke angehörte. Schließlich wollte ich nicht, daß den türkischen Behörden mein jetziger Aufenthaltsort bekannt wurde. Wie leicht hätten sie die deutsche Polizei einschalten können! An den Gefängnisdirektor von Nevsehir schrieb ich einen in etwa gleichlautenden Brief.

Lange hörte ich nichts, und ich hatte mein Schreiben schon fast vergessen. Eines Tages jedoch rief der Vorsitzende der amnesty-Gruppe an und teilte mir mit, daß er einen Brief vom türkischen Konsulat erhalten hatte. Darin stand: »Bitte schicken Sie 15 DM an unsere Adresse, damit wir Ihnen die von Ihnen angeforderten Unterlagen und andere Sachen zukommen lassen können.« Ich rätselte lange herum, was das Konsulat wohl mit »anderen Sachen« meinte. Etwa mein Todesurteil? Wir schickten das geforderte Geld. Etwa zwei Wochen später kam ein Einschreiben vom Vorsitzenden des DGM in Kayseri. »Gegen Frau Kaya, wohnhaft unter angegebener Anschrift, ist unter der Verfahrensnummer 1992/75 ein Verfahren bei diesem Gericht anhängig, das fortgeführt wird. Der Gerichtstermin ist am 12.10.96 um 10.30 Uhr festgesetzt. Sie werden gebeten, diesen Termin wahrzunehmen.« Leider war der festgesetzte Termin schon im letzten Monat verstrichen. Das Schreiben war, wie man auch an den Stempeln auf der Vorderseite erkennen konnte, in der Türkei durch die Hände vieler Beamter, unter anderem auch des Innenministeriums, gegangen. Sie hatten wohl nicht gewußt, was sie damit anfangen sollten, darum hatte es so lange gedauert, bis mich der Brief erreichte. Aber was kümmerte mich das! Ich hätte sowieso nicht im Traum daran gedacht, mich in der Türkei noch einmal einem Gerichtsverfahren zu stellen, dessen Ausgang schon vorher feststand.

Da ich nun die Verfahrensnummer kannte, konnte ich einen Anwalt des türkischen Menschenrechtsvereins IHD bitten, Einsicht in die Gerichtsakten zu nehmen. Er schickte mir Kopien der gesamten Verfahrensakten, die ich sofort zum Bundesamt in München schickte. Jetzt hatte ich einen weiteren Beweis in der Hand. Nun konnte wohl kein vernünftiger Mensch mehr anzweifeln, daß ich vor einem Staatssicherheitsgericht in der Türkei angeklagt war, vor dem nur politische Straftaten verhandelt werden. Das mußte auch das Bundesamt in Deutschland wissen. Aber was hatte ich nicht jetzt schon alles an Beweisen vorgelegt: meinen Gefängnisausweis, dann einen Zeitungsbericht über die Verhaftung meines Anwalts in der Türkei, gefolgt von einer von mir im Gefängnis von Nevsehir unterschriebenen Originalvollmacht für meine Anwälte, eine Zeugenaussage meines türkischen Rechtsanwaltes, ein Gutachten von amnesty international und ein fachärztliches Gutachten über erlittene Folterung und jetzt noch die Kopie der gesamten Verfahrensakten sowie eine Ladung des Staatssicherheitsgerichts. Wenn das alles keine Beweiskraft hatte, wie sollte ein Asylbewerber dann in Deutschland überhaupt noch etwas beweisen?

Vom Bundesamt in München, das über meinen Folgeantrag entscheiden mußte, hatte ich fast ein halbes Jahr nichts gehört. Es mußte doch endlich eine Entscheidung über mein Schicksal getroffen werden! So konnte es doch nicht ewig weitergehen! Ich bat Frau Dubberke, sich beim Bundesamt nach dem Stand des Verfahrens zu erkundigen. Trotz ihrer Bedenken, daß Beamte, die sich bedrängt fühlen, eher negativ entscheiden, rief sie den zuständigen Beamten in München an. Angstvoll verfolgte ich das Telefonat, das über mein weiteres Schicksal entscheiden konnte. Der Beamte meinte: »Ich sehe, Sie haben eine Menge Beweise vorgelegt. Aber es hat doch schon zwei Gerichtsverhandlungen und eine negative Entscheidung in einem Folgeverfahren gegeben, die können sich doch nicht alle geirrt haben! Ich neige daher dazu, Ihrem Antrag nicht zu entsprechen.« Das war also das Ende.

Frau Dubberkes Hände zitterten, aber sie verhandelte äußerlich völlig ruhig weiter. Geduldig ging sie auf jedes Argument der Ablehnungsbescheide ein und widerlegte sie. Schließlich lenkte der Beamte ein: »Ich weiß auch nicht. Aber ich will den Vorgang endlich vom Tisch haben. Ich werde die ganzen Akten nach Saarbrücken schicken. Das Bundesamt dort soll eine weitere Anhörung durchführen. Sie werden benachrichtigt.« Vier Wochen später kam tatsächlich ein Brief von der Außenstelle des Bundesamtes in Saarbrücken. Ich sollte noch einmal schriftlich meine Asylgründe darlegen. Frau Dubberke entwarf einen langen Brief. Jetzt hieß es wieder warten.

Ich stand immer noch telefonisch in Kontakt mit meinem türkischen Rechtsanwalt, Herrn Ertas. Dieser Mann hatte damals in der Türkei sehr viel für mich getan. Seine Arbeit als Verteidiger von politischen

Gefangenen vor DGM-Gerichten war nie ungefährlich gewesen und war ihm zum Schluß auch zum Verhängnis geworden. Er war selbst verhaftet und gefoltert worden. Schließlich gelang ihm aber die Flucht nach Deutschland. Frau Dubberke sagte mir, daß sie solche Menschen wie Herrn Ertas sehr bewundere. Er hätte sich, trotz des bekannten hohen persönlichen Risikos, als Anwalt und Vorstandsmitglied des türkischen Menschenrechtsvereins bedingungslos für die Menschenrechte in der Türkei eingesetzt. Sie und ihre Mutter wollten Herrn Ertas daher sehr gerne persönlich kennenlernen und erlaubten mir, ihn einzuladen. Ich war sehr gespannt, wie er sich in der langen Zeit, in der wir uns nicht gesehen hatten, verändert hatte. Damals im Gefängnis war er für mich wie ein Licht in der Dunkelheit gewesen. Ohne ihn hätte ich meine Freiheit niemals wieder erlangt.

Frau Dubberke und ich holten Herrn Ertas vom Bahnhof ab. Ich war entsetzt, was aus diesem Mann geworden war: Ganz scheu und verloren stand er da und hielt eine Aktentasche in der Hand. Nichts erinnerte mehr an sein selbstbewußtes Auftreten damals vor Gericht. Er hatte alles verloren: seinen Beruf, seine gesellschaftliche Stellung und seine Familie. Hier in Deutschland fühlte er sich wie ein Nichts. Selbst wenn er sich noch für zahlreiche kurdische Exilorganisationen engagierte, war er innerlich ein gebrochener Mann.

Aber auch er hatte mich ganz anders in Erinnerung gehabt. Im Gefängnis war ich die Vorsitzende der PKK-Frauengruppe gewesen. Ich hatte mich selbst durch die Folter nicht zerbrechen lassen und war immer furchtlos für die Interessen meines Volkes eingetreten. Hier in Deutschland hatte ich mich dagegen von der politischen Arbeit fern gehalten. Herr Ertas war der Meinung, daß ich das Leid des kurdischen Volkes vergessen hätte, und machte mir zum Vorwurf, daß ich bereits ganz wie eine Deutsche lebte. Er konnte einfach nicht verstehen, was mich dazu bewogen hatte. Für ihn war ich immer ein leuchtendes Ideal gewesen. Obwohl wir beide ein sehr ähnliches Schicksal hatten, konnten wir uns gegenseitig leider nicht helfen. Im Gegenteil, die Trauer des anderen über sein Schicksal verstärkte nur das Gefühl des eigenen Verlustes.

Mich nahm dieses Treffen sehr mit. Am Ende des Tages hatte ich wieder starke Rückenschmerzen. Herrn Ertas Besuch war für mich wie eine Rückkehr in die Vergangenheit gewesen. Meine Gegenwart und meine Zukunft, falls ich überhaupt jemals eine haben würde, sahen anders aus, und nur in der Vergangenheit konnte niemand auf Dauer leben, ohne den Verstand zu verlieren.

Wenn ich schlafe, träume ich manchmal von bösen Menschen, die mich verfolgen. Diese Träume sind für mich so real, daß ich weine und von meinen eigenen Schreien geweckt werde. Obwohl ich weiß, daß ich nicht mehr in der Türkei bin und mich in Deutschland niemand foltern wird, meine ich, den Atem meiner Folterer von damals direkt neben mir zu spüren. Die Angst schnürt mir die Kehle zu, so daß ich nicht einmal mehr um Hilfe schreien kann. Erst wenn ich das Licht anmache, merke ich, daß sich niemand im Raum befindet.

Dann fange ich wieder an, über mein jetziges Leben in Deutschland nachzudenken. Ich rufe mir einen Sonnenaufgang an einem See ins Gedächtnis. Die ersten Sonnenstrahlen über dem Horizont dringen gerade durch den Morgennebel. Die grünen Äste der Bäume neigen sich tief zur Wasseroberfläche hinab. Ich meine, die Vogelstimmen, die den jungen Tag begrüßen, hören zu können. Der Wald duftet nach dem Regen der Nacht wunderbar nach frischer Erde. Ein tiefer Frieden liegt über der ganzen Szene.

Ich möchte so gerne einmal einen Sonnenuntergang am Meer erleben. Ich stelle mir vor, wie der rote Feuerball der Sonne in der endlosen Weite des Meeres versinkt. Die Möwen kreisen mit heiserem Schrei über mir und scheinen mich aufzufordern, mit ihnen in die Ferne zu fliegen. Der Seewind streichelt mir sanft über das Gesicht. Welle für Welle umspielt meine nackten Zehen, die sich tief in den feuchten Ufersand graben. Hier möchte ich bleiben und ausruhen. Ich wünsche mir nur, für die Schönheit dieses Augenblicks zu leben.

Aber plötzlich sehe ich Menschen mit Pistolen in der Hand, die die Möwen erschießen. Das Blut färbt ihr weißes Gefieder rot. Dann gießen sie Benzin ins Wasser und zünden es an. Wo vorher Wasser war, wabert eine Gluthölle von Flammen empor. Ich sehe, wie Menschen kleine Kinder töten. Ihr Schreien und Stöhnen gellt mir in den Ohren. Aus den Augen eines Babies in den Armen seiner toten Mutter quellen Tränen. Häuser werden angezündet und brennen bis auf die Grundmauern nieder. Kinder schreien um Hilfe. Ich würde ihnen doch so gerne helfen, aber da merke ich, daß ich an Händen und Füßen gefesselt bin.

Manchmal hasse ich alle Menschen. Selbst meinen Geschwistern und meinen deutschen Freunden, die mir nur Gutes getan haben und die soviel riskiert haben, um mir zu helfen, mißtraue ich in solchen Momenten. In mir brodelt es dann, und ich fühle mich wie ein Vulkan kurz vor dem Ausbruch.

Manchmal gehe ich auf die Straße und sehe Hunderte von Menschen an mir vorüberhasten. Wenn die Sonne untergeht, werden sie alle ein Dach über dem Kopf haben. Selbst Hunde haben ihre Hütte. Nur ich bin wie ein Vogel ohne Nest. Jeder Mensch hat einen gewählten Lebensweg, der ihn zu einem bestimmten Ziel führt. Was ist mit meiner Zukunft? Wo gehörte ich tatsächlich hin? Jeder Mensch freut sich, wenn morgens die Sonne aufgeht und der Tag verspricht, schön zu werden. Für mich ist es jedoch egal, ob die Sonne scheint, ob es regnet oder schneit. Das einzige, was mich an einem neuen Tag noch interessiert, ist die Uhrzeit halb zwei: Dann kommt nämlich die Post. Jeden Tag erwartete ich, halb mit Bangen, halb mit Hoffnung, das Schreiben vom Bundesamt, das über mein weiteres Schicksal entscheiden wird.

Wird es auch für mich noch eine Zukunft geben? Oder werde ich ständig auf der Flucht sein? Wird man mich doch noch in die Hände meiner Folterer ausliefern oder werde ich wenigstens das Glück haben, schnell durch eine Kugel zu sterben?

Manchmal wünsche ich mir nichts sehnlicher, als daß alles nur der bösen Phantasie eines kranken Gehirns entsprungen ist. Aber die Wirklichkeit eines jeden neuen Tages erinnert mich daran, daß es nicht so ist. Oft frage ich mich, wofür ich überhaupt noch lebe und warum ich meinem Leben nicht selbst ein Ende setze. Doch dann denke ich an meine Schwestern, an meine Brüder, an meine deutsche Oma, an Anna und die Familie Dubberke, die mich lieben und mir immer wieder neue Kraft zum Leben geben.

Nachwort

Am 24. Oktober 1997 erhielt ich endlich einen Bescheid des Bundesamtes in meinem Asylfolgeverfahren. Darin wurde mir eine Duldung nach § 53.1 AuslG erteilt, was bedeutet, daß ich wegen konkret drohender Foltergefahr für ein halbes Jahr nicht in die Türkei abgeschoben werden darf. Mein Asylbegehren wurde mit der gleichen Begründung abgelehnt wie schon beim ersten Bundesamtsentscheid. Dagegen habe ich Klage beim Verwaltungsgericht in Stuttgart erhoben. Seine Entscheidung steht noch aus.

Da ich nur geduldet bin, darf ich meinen Wohnsitz innerhalb Deutschlands nicht frei wählen und auch nur dann arbeiten, wenn kein Deutscher meine Arbeitsstelle beansprucht. Frau Dubberke mußte daher einen Umverteilungsantrag für mich stellen, damit ich weiter bei ihr wohnen durfte. Obwohl sie sich bereiterklärte, für meinen Unterhalt aufzukommen, wurde diesem Antrag erst entsprochen, nachdem ein Landtagsabgeordneter sich für mich eingesetzt hatte.

Ich besuche jetzt die Abendrealschule. Ich habe mich auch wieder bei McDonald's beworben. Die Filiale in Saarbrücken wollte mich jedoch nur als einfachen Mitarbeiter beschäftigen und verlangte, daß ich meine Schule aufgebe, um 24 Stunden am Tag für sie verfügbar zu sein. Dazu bin ich nicht bereit. Ich werde also weiter nach einer Arbeit suchen, die Deutsche nicht tun wollen. Gedanken an mein Asylverfahren verdränge ich so weit wie möglich.

Günter Wallraff

Über das Elend der Verfolgung und die Glückssache des Asyls

Der Lebenslauf der 24jährigen Devrim Kaya ist eine fast schon exemplarische Auflehnungs- und Verfolgungsgeschichte aus dem kurdischen Alltag der Türkei. Das Besondere ihres couragierten und schonungslosen Berichts besteht darin, daß sie sich nicht scheut, auch der eigenen Kultur, ja sogar ihrer Familie gegenüber eine kritische, manchmal auch ironische Distanz einzunehmen, und den Mut aufbringt, die ihr angetanen Mißhandlungen und Folterungen öffentlich zu machen und anzuprangern. Sie beschreibt nachvollziehbar und überzeugend, wie die von Ignoranz, Nationalismus und Rassismus geprägte Kurdenpolitik des türkischen Staates es schafft, aus einem unbekümmerten und hochbegabten heranwachsenden Mädchen eine kurdische Patriotin und potentielle Widerstandskämpferin zu machen.

Die jahrzehntelange gewalttätige Assimilierungs- und Unterdrückungsstrategie des türkischen Militärs hat erreicht, daß es in den kurdischen Regionen kaum mehr eine Familie gibt, die keine Opfer zu beklagen hat. Der bedeutendste lebende türkische Dichter, Yasar Kemal, Friedenspreisträger des deutschen Buchhandels, der selber wegen »Separatismus« angeklagt und verurteilt wurde, stellte kürzlich fest:

»Nach Ansicht des türkischen Staates ist es so, daß alle Menschen, die zwischen sieben und 70 Jahre alt sind und in den kurdischen Gebieten leben, als Terroristen gelten müssen. Das ist für mich so etwas wie eine indirekt verhängte Todesstrafe. Seit mehreren Jahren gibt es zum Beispiel ein Nahrungsembargo gegen die Kurden im Osten der Türkei. Großfamilien wird von staatlichen Stellen auch noch der eine Sack Mehl, den sie haben, zur Hälfte weggenommen. Der Grund: damit sie nicht die wahren Terroristen unterstützen. Viele Menschen hungern. Selbst Nußbäume werden gefällt, und das Vieh wird ausgerottet. Dabei ist es eine Illusion, daß der Guerilla dadurch geschadet wird. Die kommt aus Syrien, aus dem Iran und Irak und hat diese Unterstützung nicht nötig.«

Bereits im Schulunterricht wird die fast 3.000jährige kurdische Identität, Sprache und Kultur geleugnet und systematisch verächtlich gemacht bis hin zu den abstrusesten Geschichtsfälschungen: Da werden die schätzungsweise 12-15 Millionen in der Türkei lebenden Kurden zu halbwilden unzivilisierten Bergtürken gestempelt. In Schulbüchern wird behauptet, das Wort »Kurde« sei von dem Geräusch »krrr« abgeleitet, das entstehe, wenn man auf dem Schnee läuft, und im übrigen sei wissenschaftlich bewiesen, daß die Kurden ohnehin von den Türken abstammen.

Seit der Staatsgründung im Jahr 1923 durch Mustafa Kemal, den »Atatürk« (Vater der Türken), wird die Türkei als eine »einheitliche und unteilbare Nation« deklariert. Dabei gehören dem Vielvölkerstaat so unterschiedliche Kulturen an wie Armenier und Aramäer, Tscherkessen und Lasen, Griechen und Araber, von denen einige bereits vernichtet oder vertrieben worden sind. Kemal kannte nur noch Türken und keine ethnischen Minderheiten mehr. Anfang der dreißiger Jahre ließ er »wissenschaftlich unter Beweis stellen«, daß »die Türken von den grauen Wölfen in Zentralasien abstammen und der arischen Rasse angehören«. Bis heute wird den Kindern in den Lehrbüchern eingeimpft, daß »die Türken unbesiegbare und tapferste Helden einer großartigen Nation mit edlem Blut« seien. In den Marschliedern, die die Rekruten an den Militärschulen lernen, finden sich einerseits Strophen, die sich auf »dreckiger Grieche«, »griechische Hure« oder »verdammter Armenier« reimen, andererseits der heroisch selbstgenügsame Slogan: »Das türkische Volk hat keine anderen Freunde als die Türken.« Die nationalistischen Phrasen gipfeln im angeblich besonderen »Glück, sich Türke nennen zu dürfen« (Atatürk) – bis heute an allen Schulen der Türkei als Glaubensbekenntnis gelehrt sowie als Provokation und zur Demütigung der kurdischen Bevölkerung mit weißbemalten Steinen in deren Landschaften und Berghänge gepflastert.

Hayri Çetin[1], eine kurdische Lehrerin und Mitglied der Lehrergewerkschaft, schildert die Situation in den Schulen der kurdischsprachigen Bevölkerung:

»Türkische Lehrer werden in die kurdischen Gebiete versetzt, um eine Assimilierungspolitik zu betreiben. Den Kindern wird vermittelt, daß sie sich schämen sollten,

1 Der Name wurde aus Sicherheitsgründen geändert.

Kurden zu sein, denn die türkische Rasse sei die Mutter aller Rassen. So werden Kinder gegen ihre Eltern aufgehetzt und zur Denunziation von Mitschülern angehalten, die zu Hause die verbotene Sprache benutzen. Wir Lehrer werden gezwungen, den Kindern mit dem Stock die türkische Sprache beizubringen, und wenn wir uns weigern, müssen wir mit Repressalien rechnen. Die kurdischen Schüler und Studenten, die es zu etwas gebracht haben, die einen Universitätsabschluß vorweisen können, haben keinerlei Chance, irgendwelche Positionen zu übernehmen, solange sie sich als Kurden bekennen. Kurdische Lehrer, die versuchen, den kurdischen Kindern ihre eigene Kultur nahezubringen, werden entlassen oder auch ermordet.

Allein in den letzten beiden Jahren wurden in Diyarbakir 19 Lehrer ermordet und 30 Kollegen verhaftet und gefoltert. 43 Lehrer wurden aus der Stadt gejagt und über 20 Lehrer zusammengeschlagen und mißhandelt. Zur Zeit sind 4.000 Schulen geschlossen. Unzählige Dörfer wurden zerstört und ihre Bewohner vertrieben. Über 1.000 Schüler sind aus den Schulen rausgeschmissen und etliche gefoltert worden. Wenn du sagst, du bist Kurde, mußt du mit allem rechnen und bist deines Lebens nicht mehr sicher.«

Laut offizieller Verlautbarungen wurden 3.000 kurdische Dörfer von der Armee zerstört und zwangsweise evakuiert unter dem Vorwand, »die Guerilla zu vernichten«. Mindestens drei Millionen Menschen sind in der Türkei auf der Flucht. Im Südosten stirbt nach Angaben der Ärztekammer von Diyarbakir jeder zehnte Säugling. Die Hälfte aller Malariafälle der Türkei werden hier registriert. 90 Prozent der ländlichen Krankenstationen sind geschlossen, es fehlen mindestens 2.000 Ärzte. Ein Drittel des Landes wurde wirtschaftlich ruiniert, das soziale und kulturelle Leben von Millionen Kurden zerstört. Der Verdacht, daß in einer Gemeinde oder Ortschaft die PKK mit Lebensmitteln versorgt oder ein Widerstandskämpfer versteckt wurde, reicht aus, um die Ortschaft zu bombardieren, niederzubrennen und unbewohnbar zu machen. Um die Rückkehr der Bewohner zu verhindern, wird manchmal sogar bei abgelegenen Weilern die Umgebung vermint. Selbst die Provinzstadt Sirnak und die Landkreisstädte Cizre, Nusaybin, Dargecit, Lice und Kulp wurden vom Militär teilweise zerstört und die Bewohner zum Wegziehen gezwungen. Laut Stellungnahme des türkischen Innenministers sind von Ende 1991 bis Ende 1994 insgesamt 2.115 Dörfer und bewohnte Ortschaften auf diese Weise geräumt worden.

Der Wiederaufbau und die Neubesiedelung der verlassenen Dörfer ist verboten; die geflohene kurdische Bevölkerung hat keinerlei Chance, jemals in ihre Heimat zurückzukehren. Statt dessen wird geplant, eine »kurdenfreie Zone« zu schaffen. So meldete die türkische Zeitung *Cumhuriyet* am 11.10.1995:

»Das für die aus dem Osten und Südosten geflüchtete Bevölkerung vorgesehene Ansiedlungsprojekt der Verwaltung für Gesamtansiedlungsfragen soll im Sinne der MHP-Vorschläge (MHP = Partei der grauen Wölfe; G.W.) einen neuen Inhalt bekommen. Meldungen zufolge ist unter der Leitung eines MHP-nahen Verwaltungsbeamten aus dem Ministerpräsidentenamt ein Ausschuß gegründet worden. Dieser plane zur Bildung einer (kurdenfreien) Dreiecksregion zwischen der kurdischen Bevölkerung in Adiyaman, Diyarbakir und Tunceli die Ansiedlung von türkischstämmigen Gagausen und Abchasen.«

Die ständig steigenden Kriegskosten werden selbst von offiziellen türkischen Stellen mit zehn bis zwölf Milliarden Dollar im Jahr angegeben, das sind fast 40 Prozent des staatlichen Gesamtetats. Etwa ein Drittel der türkischen Armee, übrigens nach den USA die zahlenmäßig zweitstärkste innerhalb der NATO, ist zur Unterdrückung und Vertreibung der kurdischen Bevölkerung im Südosten der Türkei stationiert.

Die Türkei, offiziell eine parlamentarische Demokratie, wird tatsächlich, auch ohne vierten Militärputsch, im wesentlichen von den Militärs regiert. Ich habe mir erlaubt, diese Staatsform mit dem Begriff »Militärdemokratur« kenntlich zu machen. Wer Terrorist ist, bestimmt das Militär, oft erst im nachhinein. Es kann ein harmloser Schafhirte sein, der vom Helikopter aus abgeknallt, oder jemand, der aufgrund einer Verwechslung aus dem Hinterhalt erschossen wurde. Wenn man mal wieder eine Erfolgsmeldung braucht, dann erschießt man irgendwo wahllos Dorfbewohner. Hinterher legt man Waffen neben die Leichen, das staatliche Fernsehen wird zum Tatort beordert, und die Siegesmeldung in den Abendnachrichten lautet in solchen Fällen stereotyp: »In einem Gefecht mit den Sicherheitskräften PKK-Terrorist(en) tot gefangengenommen!« Daß »Tote gefangengenommen« werden können, ist eine der makabren Spracherfindungen dieses durchmilitarisierten Staates.

Ein türkischer Offizier gestand dem *taz*-Korrespondenten Ömer Erzeren ein: »Dies ist doch Texas. Du kannst hier einen Mann mit dem Messer abmurksen. Wenn du sagst, daß du einen Terroristen umgebracht hast, wird niemand weiter ermitteln. Ich hoffe nur, daß sie mich bald aus der Armee rausschmeißen …«

Kriegsdienstverweigerung wird in der Türkei wie ein schweres Verbrechen geahndet. Langjährige Haftstrafen und Aberkennung des aktiven und passiven Wahlrechts bis hin zur anschließenden Aberkennung der Staatsangehörigkeit sollen davon abschrecken. Und dennoch verweigern oder desertieren immer mehr Jugendliche. Nach offiziellen

Schätzungen sollen es bereits 250.000 sein: Kurden, die nicht gegen ihre Landsleute kämpfen, junge Männer, die sich den bestialischen Schikanen in der Armee nicht ausliefern wollen oder ganz einfach Angst vor dem Heldentod im Kurdistankrieg haben.

Die Verfolgungs- und Vertreibungspolitik des türkischen Militärs hat bereits jetzt erreicht, daß etwa ein Viertel der kurdischen Bevölkerung aus dem Osten und Südosten der Türkei in die Großstädte des Südens und in den türkischen Westen geflohen ist. Ganze Dorfgemeinschaften siedeln sich in Elendsquartieren in den Randgebieten der Großstädte an. »Geçekondu«, »über Nacht erbaut«, das ist die türkische Bezeichnung für diese Slumviertel. Der Name entstand einem alten Gesetz zufolge, wonach Häuser, die binnen einer Nacht auf staatseigenen Grundstücken fertiggestellt wurden, nicht mehr abgerissen werden durften. Etwa die Hälfte von Istanbuls Bewohnern lebt inzwischen in den Geçekondu. Oft hausen in einem solchen Quartier mit zwei Zimmern drei bis vier kurdische Familien. Dort finden regelmäßige Razzien statt, bei denen Kurden nach ihrem Geburtsort identifiziert und oft willkürlich verhaftet werden. Die Diskriminierung setzt sich bei der Arbeitsuche fort. »Das erste, wonach du gefragt wirst, wenn du Arbeit suchst, ist, ob du Kurde bist. Die Leute sehen viel fern, und wenn im Fernsehen Kurden vorkommen, dann sind es immer tote oder gefangengenommene angebliche Terroristen.« Laut einer IHD[2]- Erhebung wurde 80 Prozent der befragten Flüchtlinge nur deshalb Arbeit verweigert, weil sie Kurden sind. Die massiven Wahlerfolge der islamistischen Refah-Partei gerade in den Großstädten – dort stellen sie zum Teil die Bürgermeister – sind auf die Arbeitslosigkeit und Verelendung der kurdischen Flüchtlinge zurückzuführen. Obwohl sie keine religiösen Fanatiker sind, gehen sie den Heilsversprechen der Islamisten auf den Leim und wählen sie aus Protest, zumal die kurdische Partei DEP verboten ist und ihre Abgeordneten aus dem Parlament heraus verhaftet und zu 15jährigen Haftstrafen verurteilt wurden.

Laut Prognosen des türkischen staatlichen Instituts für Statistik werden im Jahr 2000 etwa 50 Prozent der kurdischen Bevölkerung des Ostens und Südostens in westliche Provinzen des Landes vertrieben worden sein, wenn die Militärs mit ihrer jetzigen Strategie fortfahren,

---

2 türkischer Menschenrechtsverein

den Menschen systematisch ihre Lebensgrundlage zu entziehen. Dazu gehört unter anderem:

- Häuser, Wiesen und Felder niederzubrennen,
- männliche Bewohner vor die Alternative zu stellen, entweder bewaffnete Dorfschützer zu werden oder das Dorf zu verlassen;
- ein Nahrungsmittelembargo zu verhängen;
- zu verbieten, die Sommerweiden, Felder, Weinberge und Gärten zu bewirtschaften.

Die Todesstrafe wird in der Türkei zwar durch Gerichtsurteil noch verhängt, aber seit 1984 nicht mehr vollstreckt. Dafür ist die Zahl der in der Türkei begangenen »nicht aufgeklärten Morde« seit 1990 auf weit über 5.000 angestiegen. Von den Mördern ist bisher kein einziger verhaftet worden. Die über 5.000 ermordeten Menschen hatten eines gemeinsam: Sie waren alle Oppositionelle, die meisten von ihnen Kurden, darunter Rechtsanwälte, Abgeordnete, einflußreiche Geschäftsleute, Journalisten und Schriftsteller. Amnesty international berichtet, daß bereits seit den 80er Jahren in der Türkei Fälle von »Verschwindenlassen« vorgekommen sind. Die Methode, Regimegegner an einen unbekannten Ort zu verschleppen, zu foltern, sie dort umzubringen und die Ermordeten dann verschwinden zu lassen, ist in der Vergangenheit von der Geheimpolizei der argentinischen und chilenischen Militärdiktatur häufig angewandt worden. »Dieses in der Türkei bis dahin recht unbekannte Phänomen hat in den 90er Jahren immer bedrohlichere Ausmaße angenommen«, stellt amnesty international fest. Die UN-Arbeitsgruppe zum »gewaltsamen und unfreiwilligen Verschwinden von Personen« ermittelte 1994 mit über 50 Vorfällen aus der Türkei die weltweit höchste Zahl. 1995 »verschwanden« mindestens 35 Menschen, 1996 waren es mindestens 23 Fälle. »Diese im Vergleich zu den Vorjahren zurückgegangene Zahl der Meldungen könnte auf die weithin bekannt gewordenen Aktionen der ›Samstagsmütter‹ zurückzuführen sein – einer Gruppe von Verwandten ›Verschwundener‹, die sich jeden Samstag im Hauptgeschäftsviertel von Istanbul öffentlich versammeln, um auf das Schicksal ihrer ›verschollenen‹ Angehörigen aufmerksam zu machen und Aufklärung zu fordern«, vermutet amnesty.

Der kurdische Journalist Selahattin Çelik, der im Exil in Deutschland lebt, hat in einem bisher unveröffentlichten umfassenden und fundierten Werk mit dem Titel *Todesmaschinerie. Die türkische Konterguerilla* zahlreiche Fälle von »Verschwundenen« recherchiert. In dem Kapitel »Sind sie ›verschwunden‹ oder findet man nur ihre Leichen nicht?« läßt er einen zufällig überlebenden Augenzeugen zu Wort kommen. A.T., ein Einwohner von Batman, war am 21. Juli 1994 in eine Falle geraten und von einer Militärsondereinheit, genannt »özeltim«, verschleppt worden:

»Wir bekamen vier Tage nichts zu essen und zu trinken, durften nicht schlafen und wurden ständig schwer gefoltert. Wir wurden mit Strom gefoltert, an den Armen aufgehängt, mit Druckwasser bespritzt und verprügelt. Außer uns waren noch Dutzende Bauern aus dem Operationsgebiet, aus den Dörfern in der Umgebung des Cudi-Berges und aus dem Gebiet Silopi in Haft; die meisten von ihnen waren alte Menschen. Die Özeltim-Kräfte und die Soldaten folterten sie brutal. Sie verlangten vor allem von den Alten, zu verraten, wo die PKK ihre Munition deponiert hat. Die Bauern sagten, daß sie nichts wissen, daraufhin drohten ihnen die Spezialteams: ›Entweder arbeitet ihr mit uns zusammen, oder euer Schicksal wird das gleiche sein wie das Hunderter Kurden, die wir umgebracht haben.‹ Außerdem sagten sie, daß sie künftig jeden, den sie festnehmen, egal, ob alter Mensch oder Kind, nicht mehr ins Gefängnis bringen, sondern sofort umbringen würden …

Die Guerilleros wurden noch brutaler gefoltert. Auch mich folterten sie. Nach vier Tagen ununterbrochener Folter brachten sie uns in einem Panzer von dem Ort weg, an dem wir verhört worden waren. Außer mir waren die Guerilleros Yilmaz Uzun, Garbar, Selim und Behdinan und ein in Silopi festgenommener Mann namens Ihsan dabei.

Sobald wir im Panzer waren, schlugen sie uns mit Gewehrläufen. Einige Soldaten schnitten uns die Ohren ab. Einer der Schlächter sagte zu Yilmaz Uzun: ›Hey, du bist doch der PKK-Kommandant. Dir werden wir's zeigen!‹, und trennte ihm die Ohren, die Nase und die Arme ab und schnitt ihm zum Schluß die Kehle durch. Auch den anderen schnitten sie die Ohren oder andere Körperteile ab. Mir haben sie mein linkes Ohr abgeschnitten. Yilmaz Uzun brachten sie noch im Panzer um, mit uns hielten sie nach einer Stunde an und ließen uns im Gelände aussteigen.

Von überall her kam ein seltsam beängstigender Geruch. Vielleicht haben sie hier die verschleppten Bauern umgebracht, vielleicht ist das das Grab Hunderter hingerichteter Menschen, von denen sie behaupteten, sie hätten sie ›tot gefangengenommen‹.

An diesem beängstigenden Ort haben sie uns dann die Ketten an unseren Händen und Füßen aufgemacht. Zuerst gaben sie den Befehl, den Leichnam Yilmaz Uzuns in ein schon ausgehobenes Grab zu werfen. Sie stellten uns an einem Graben auf und beschossen uns, schossen Hunderte Kugeln in unsere Richtung. Ich fiel in den Graben, die Kugeln schlugen in die Erde ein, und die Erde bedeckte mich. Dann schwiegen die Waffen, und der Offizier rief: ›Geht hin und schaut nach, ob sie auch tot sind.‹ Nachdem die Soldaten fertig waren, hörte ich sie sagen: ›In Ordnung, mein Kommandant, alle sind erledigt.‹

Nachdem ich einige Zeit gewartet hatte, hob ich meinen Kopf, und Licht fiel in meine Augen. Deshalb versteckte ich mich wieder in dem Grab und stellte mich tot.

Nach einer weiteren Stunde entschloß ich mich herauszugehen. Nun sah ich, daß das Licht von der 300 Meter entfernten Militärbrigade Kerîyeres kam. Diese Militärstation ist auf einen Hügel gebaut. Gleich gegenüber der Militärstation ist der Fluß Hezil, und auf der rechten Seite kommt nach ein paar Kilometern die Militärstation Gite.«

A.T. gelang es, den Fluß Hezil zu durchqueren und ein Dorf im Gebiet Zaxo in Südkurdistan zu erreichen. Er lag eine Woche lang im Krankenhaus Sabaniye in Zaxo und mußte dann aus Sicherheitsgründen in das Krankenhaus in Dohuk gebracht werden. Der wie durch ein Wunder dem Tod entronnene A.T. hat ein grausames Verbrechen aufgeklärt – aber wie viele solcher Massaker wurden noch begangen, für die es keine Zeugen gibt?

In den letzten Jahren sind in der Türkei zahlreiche Beweise veröffentlicht worden, die belegen, daß der Staat selbst »Todesschwadronen« unterhält und finanziert, jene »unbekannten Täter«, denen nach offiziellen Angaben in den letzten zehn Jahren Tausende Menschen durch Exekution oder Verschleppung zum Opfer gefallen sind – 2.040 allein im Jahre 1995. Es wurde aufgedeckt, daß der »Nationale Sicherheitsrat« die Hauptverantwortung trägt, ein Gremium, dem neben dem Staatspräsidenten und Ministerpräsidenten die Chefs der Geheimdienste sowie Mitglieder des Generalstabes und des sogenannten »Büros für spezielle Kriegführung« angehören. Dieses »Büro« wiederum ist die eigentliche Leitstelle für die Todesschwadronen, die Konterguerilla. Der »Nationale Sicherheitsrat« schwebt über allen Institutionen des Staates, ist damit unkontrollierbar und steht über oder vielmehr jenseits von Recht und Gesetz. Als die frühere Ministerpräsidentin Çiller der Unterschlagung in Millionenhöhe aus einem sogenannten »verdeckten Budget« beschuldigt wurde, verteidigte und offenbarte sie sich mit der Äußerung: »Wenn ich preisgebe, was wir mit dem Geld aus dem verdeckten Budget alles gemacht haben, dann bricht die Hölle los; es würde zu Kriegen zwischen Ländern kommen, ich sterbe eher, als heilige Staatsgeheimnisse zu verraten.« Und der ehemalige Polizeichef und Innenminister Mehmet Agar, der selbst an Folterungen teilgenommen hatte, gab – unter Rechtfertigungsdruck und vor laufenden Kameras – die staatlichen Mord- und Terroraktionen indirekt zu: »Die Türkei, die wir erleben, könnt ihr euch nicht mal in der Phantasie vorstellen. Wir haben tausend Operationen durchgeführt und damit für Ruhe und Ordnung gesorgt. Das sind heilige Staatsgeheimnisse, mit denen man eher ins Grab geht, als daß man darüber spricht.«

Im April 1997 kam ein parlamentarischer Untersuchungsausschuß zu dem Ergebnis, daß Kriminelle, Folterer und Mörder bis in »Ministerposten« aufgestiegen seien; innerhalb des Staates hätten sich »kriminelle Organisationen« etabliert, die »Eigeninteressen« verfolgten. Allein deren Einnahmen aus Rauschgiftgeschäften bezifferte der Ausschuß auf 50 Milliarden US-Dollar. So kam heraus, daß die höchsten Vertreter des Staates bis hin zur Ministerpräsidentin und zum Staatspräsidenten gemeinsam mit den Spitzen von Polizei und Militär »Organisationen« unterhalten, die 80 Prozent des europäischen Heroinhandels beherrschen, daß sie mit dem gewaschenen Geld Parteien gründen, nebenbei in anderen Ländern Putsche organisieren (z.B. in Aserbeidschan gegen Staatspräsident Aliyev) und zur »Beiseitigung von Hindernissen« weltweit gesuchte faschistische Killer oder Mitglieder von Spezialteams zur Erfüllung ihrer »Aufgaben« mit gefälschten Papieren und Diplomatenpässen ausstatten und daß sie diese ganzen verdeckten Aktionen, wenn sie an die Öffentlichkeit kommen, zu »nationalen Heldentaten« verklären. »Jeder, der im Namen des Staates eine Kugel abfeuert oder durch eine getötet wird, ist ein Held«, so die ehemalige Ministerpräsidentin Çiller über den bei einem Verkehrsunfall umgekommenen Profikiller, Heroin- und Waffenhändler im Staatsauftrag Abdullah Çatli, bei dem Geheimpapiere gefunden wurden, die die ganze Affäre überhaupt erst ins Rollen brachten.

»Folter ist systematische staatliche Politik und weitverbreitete Praxis. Sie geschieht systematisch und mit politischer Unterstützung; sie ist politisch gewollt! Folterer werden vom Staat gedeckt! Abgeschobene Asylbewerber, die als Kurden, Aleviten oder als Angehörige linker Gruppen erkannt würden, müssen bei ihrer Einreise mit der Möglichkeit der Folter rechnen«, so das Resumée einer Delegation von Kirchenvertretern, Pro Asyl und des ehemaligen Innenministers von Nordrhein-Westfalen, Herbert Schnoor, nach einer Türkeireise im April 1997. Allein »1993 und 1994 starben 3.840 Menschen unter Einwirkung von Folter oder durch außergerichtliche Hinrichtungen«, berichtet die türkische Tageszeitung *Miliyet* vom 11.12.1994. Und selbst der türkische Minister für Menschenrechte Köylüoglu, der so gut wie keine Kompetenzen hat, kam nicht umhin, öffentlich von »Staatsterrorismus« zu sprechen, als er auf soeben stattgefundene Militäroperationen in der Provinz Dersim, nach Aufständen und Pogromen in den 30er Jahren von den Türken umbenannt in Tunceli (»die eiserne Faust«), angesprochen wurde.

Die 1993 einstimmig erfolgte Verurteilung der türkischen Regierung aufgrund »weitverbreiteter ..., ständiger ..., vorsätzlicher ... und systematischer Folter« durch das Komitee gegen Folter (CAT) der Vereinten Nationen hat die Regierung zu keinerlei Maßnahmen veranlaßt, diese Praxis abzustellen und zu verhindern. Auch die Berichte des Sonderberichterstatters der Vereinten Nationen über Folter von 1995 und 1996 bestätigten erneut diese Vorwürfe. Der Europäische Gerichtshof für Menschenrechte hat die Türkei im Dezember 1996 erstmals wegen (vier Jahre zurückliegender) Folterungen verurteilt; mehrere hundert Klagen gegen die Türkei liegen der Europäischen Menschenrechtskommission noch vor. Dies alles läßt die türkische Regierung und die türkische Staatsmacht einschließlich der Militärs offensichtlich unberührt.

Die Folter ist eine tragende Säule türkischer Politik. Viele Polizisten haben nur eine Ausbildung: die zum professionellen Folterer! In den Polizeistationen des Landes befinden sich serienmäßig hergestellte schwarze Augenbinden, die den Gefangenen bei den Verhören umgebunden werden, damit sie ihre Peiniger später nicht identifizieren können. Täglich werden neue Fälle von Folterungen aus verschiedenen Gegenden der Türkei bekannt, am häufigsten jedoch aus den kurdischen Landesteilen des Südostens.

Unter den Folteropfern sind auch Kinder. Vor zwei Jahren heftete der sozialdemokratische Abgeordnete Sabril Ergül Handzettel an den Parlamentseingang und auf die Tür von Çillers Amtssitz, worauf stand: »In diesem Land wird gefoltert!« Der Anlaß: Weil sie auf die Wände ihrer Schule Parolen geschrieben hatten, wurden etwa 20 Schüler vom Schuldirektor denunziert und von Mitgliedern der »Anti-Terror-Abteilung« ins Polizeipräsidium verschleppt. Die Schüler waren zwischen 14 und 17 Jahre alt. Da in der Türkei häufig Menschen in Polizeigewahrsam »verschwinden«, benachrichtigten die besorgten Eltern den Abgeordneten. Diesem gelang es, sich mit Hilfe seiner Immunität überraschend Zutritt in das Folterzimmer des Polizeireviers in Manisa (Südwesttürkei) zu verschaffen. Was er sah, ließ ihn »erstarren«, wie er sich später in Interviews ausdrückte. Die Kinder waren alle nackt, und Polizisten waren dabei, sich an ihnen zu vergehen. Allen waren die Augen verbunden, und sie trugen Spuren schwerer Mißhandlungen. Später berichteten einige der unter dem Druck der Öffentlichkeit vorübergehend freigelassenen Kinder über Foltermethoden wie die Einführung elektrischer Schlagstöcke in den Mastdarm. All diese Mißhandlungen wurden durch medizinische Gutachten attestiert. 16 Kinder blieben »wegen der Gefahr der Spurenverwischung« weiter eingesperrt. Die Gerichtsverhandlung wurde unter Ausschluß der Öffentlichkeit und sogar unter Kontaktverbot mit den Angehörigen weitergeführt. Wegen der erdrückenden Beweislage und auch aufgrund internationaler Proteste (die Menschenrechtskomission des Europaparlaments hatte sich eingeschaltet), war die Staatsanwaltschaft ausnahmsweise gezwungen, Anklage gegen zwölf Polizisten zu erheben. Während die Polizisten weiterhin ihren »Dienst« unbehelligt ausüben können, verurteilte das Staatssicherheitsgericht in Izmir im Januar 1997 zehn Jugendliche zu Haftstrafen zwischen 30 Monaten und zwölf Jahren. Das »Schmieren von illegalen Parolen« wie z.B. die Forderung »Weg mit den Studiengebühren!« auf Schulwände und das »Verteilen von Flugblättern« rechtfertige eine Verurteilung wegen »Mitgliedschaft in einer illegalen Bande«, argumentierte das Gericht.

Die hohen Strafen beruhen ausschließlich auf den unter der Folter erpreßten Geständnissen – Mißhandlungen mit z.T. bleibenden Schäden: Hüseyins rechtes Ohr ist deformiert, er hat einen Hörschaden davongetragen. Tagelang ist er den Elektroschocks ausgesetzt gewesen. Kabel an Zehen, Penis, Brust. »Sie haben gelacht, als sie mir auf die Hoden preßten. Doch das Schlimmste ist, wenn du nach der Folter kalt abgeduscht wirst. Du zitterst vor dem Ventilator und hörst die Schreie der anderen.« Bei Hüseiyn wurden auch Scheinexekutionen durchgeführt.

Die 18jährige Jale leidet seit der Verhaftung unter Schlafstörungen, und ihre Menstruationszyklen setzen häufig aus. »Sie haben meine Kleider zerrissen und weggenommen, grapschen nach deinem Körper und spucken dich an. Dann wickeln sie dich in eine nasse Decke. Etwas wird an deinen Zehen befestigt. Etwas wird gemacht ...« Sie kann bis heute nicht darüber reden, was ihr sonst noch alles angetan wurde. »Du wirst zum Wahnsinn getrieben.« Elf Tage dauerte der Terror auf der Polizeistation. In akribischer Arbeit haben der Abgeordnete Ergül und die Rechtsanwältin Erda eigene Ermittlungen durchgeführt. Sie entdeckten die Diagnosen der Ärzte, die diese dokumentiert hatten, als die Folterspezialisten die Jugendlichen aus Furcht, ihre Opfer könnten sterben, in medizinische Behandlung brachten. So fanden sie z.B. das Protokoll der Untersuchung der 16jährigen Sema, die am 31.12.1995 um 1.30 Uhr mit vaginaler Blutung – Folge der Elektroschocks – in die gynäkologische Klinik eingeliefert worden war. Oder das der 16jährigen Münire, die am gleichen Tag um 5.00 Uhr morgens im Staatskrankenhaus Manisa mit Spritzen behandelt wurde, weil die Elektrofolter zu schockartigen Anfällen geführt hatte. Oder das des 14jährigen Mahir, bei dem am 5.1.1996 in der Polizeiklinik Manisa Wunden festgestellt wurden, die dadurch entstanden waren, daß ihm ein Polizeiknüppel in den After gesteckt worden war. Die Liste verzeichnet Infektionen der Vagina, Prostata- und Harnweginfektionen.[3]

Das Besondere an diesem Fall ist, daß eine breite Öffentlichkeit davon erfuhr und sich empörte. Selbst regierungstreue Blätter wie *Hürriyet*, die ansonsten die Kurdenverfolgungen rechtfertigen, stellten das Urteil als Skandal dar: »Der Staat, der gegen die Banden, die sich im Staat eingenistet haben, und gegen die Mafia seine Zähne nicht zeigt, nimmt an Schülern Rache.« Der noch weitaus schlimmere Skandal besteht darin: Manisa gibt es tausendfach. Manisa findet tagtäglich an vielen Orten der Türkei statt, und es gelingt ansonsten fast immer, es zu vertuschen und zu verschweigen.

In ihrem neuesten Jahresbericht vom Februar 1998 macht amnesty international darauf aufmerksam, daß in den letzten Jahren die Unterdrückung auch »der legalen Opposition« zugenommen hat:

»Teilweise werden Gefangene vor den Augen ihrer Familienangehörigen gefoltert. Während der Verhöre sind die Betroffenen oft nackt und haben verbundene Augen. Zu den in der Türkei angewandten Foltermethoden gehören u.a. Fußtritte und Fausthiebe; Schläge mit Knüppeln und anderen Schlaginstrumenten; stundenlanges Aufhängen an Hand- oder Fußgelenken oder an auf dem Rücken zusammengebundenen Händen; Elektroschocks an sensiblen Körperstellen (z.B. Geschlechtsteilen) sowie sexuelle Übergriffe (z.B. Vergewaltigung oder Stoßen von Knüppeln in Vagina und Anus). Die 15jährige Kurdin Gülçin Özgür wurde innerhalb des ersten Halbjahres 1996 zweimal verhaftet. Die zweite Verhaftung fand im Juni 1996 statt, kurz nachdem sie öffentlich über die sexuelle Mißhandlung und Folterung berichtet hatte, die sie während ihrer ersten Festnahme im Februar 1996 erleiden mußte. In den Dörfern im Südosten der Türkei werden Folter und Mißhandlungen angewandt, um Dorfbewohner zur Mitarbeit als Dorfschützer zu zwingen.«

Der kurdische Exilpolitiker Ferit Berkay hat kürzlich festgestellt:

---

3 Alle Angaben nach dem Buch von Ömer Erzeren: *Der lange Abschied von Atatürk*, Berlin 1997.

»In diesem Land kommt man nicht darum herum, als verantwortungsbewußter aufrichtiger Mensch ein politischer Häftling zu werden. Ein Akt, der keine große Kunst bedeutet: Schon die Teilnahme an einer Demonstration oder der zufällige Besitz eines Buches, gar einer oppositionellen Tageszeitung, kann Grund genug sein, um als Beweis für die Mitgliedschaft in einer terroristischen oder separatistischen Organisation zu dienen. ›Jeder Mensch ist bis zum Beweis seiner Schuld unschuldig.‹ Nur nicht in der Türkei; hier werden sie erst vor die Fernsehkameras gezerrt, vor ihnen liegt gut sortiertes ›Beweismaterial‹, von Bomben bis schweren Waffen, manchmal auch ein Buch von Kazantzakis, dann werden irgendwelche Taten, die manchmal zufällig von verschiedenen Tätern gleichzeitig und unabhängig begangen werden, aufgezählt, natürlich ohne Indizien oder Beweise. Öfters kommt man nach ›etwas Folter‹ wieder heraus, aber man bleibt natürlich bei der Polizei registriert und ist seit spätestens diesem Zeitpunkt potentieller Terrorist.«

Im Verlauf der Verhandlungen gegen über 1.000 Intellektuelle, die sich aus Solidarität als Mitherausgeber eines verbotenen Buches, welches Artikel über die Meinungsfreiheit enthielt, selbst anzeigten, kam es zu einem Vorfall, der die zur Groteske gesteigerte Willkür der »unabhängigen« Justiz deutlich machte: Weil ein Schriftsteller während seiner Verteidigungsrede eine Passage aus dem *Prozeß* von Kafka las, sah der Richter sich beleidigt und das hohe Gericht verunglimpft. Er forderte, bei der nächsten Sitzung über Kafka gesondert zu verhandeln und diesen ebenfalls »vorzuladen«.

Yasar Kemal hat das Gefängnis einmal »die Schule der türkischen Gegenwartsliteratur« genannt, und sein Kollege Aziz Nesin – ebenfalls jahrelang eingesperrt – berief sich darauf, daß jeder anständige türkische Schriftsteller seiner Generation inhaftiert und ständigen Bedrohungen und Verfolgungen ausgesetzt war.

***

Die Tatsache, daß es die Autorin Devrim Kaya angesichts ihrer Erfahrungen und der ihrer Familie sowie der Aussichtslosigkeit der kurdischen Situation schließlich zu den »Freiheitskämpfern« hinzieht, ist nachvollziehbar. Da, wo keinerlei demokratische Veränderungsmöglichkeit zugelassen und jede kulturelle wie politische Selbstartikulation durch Terror im Keim erstickt wird, gehen Menschen in den Widerstand, auch in den bewaffneten. Verzweiflung und Hoffnungslosigkeit schlagen bei einem jungen Menschen, der von Idealismus und Gerechtigkeitsempfinden durchdrungen ist, leicht in heroische Todessehnsucht um. Devrim Kaya artikuliert dieses Gefühl in einem Traum: »Ich sah mich mit meinen Kollegen von der PKK mit der Waffe in der Hand auf den höchsten Gipfeln der Berge Kurdistans stehen. Wir waren eins mit den sich im Wind wiegenden Bäumen. Wir waren eine verschworene Gemeinschaft. Jeder von uns war bereit, mit einem Lied für Freiheit und Demokratie auf den Lippen zu sterben.« Und sie nennt ein weiteres Motiv für ihren Entschluß, sich dem bewaffneten Kampf anzuschließen: »Zum ersten Mal in meinem Leben hatte ich das Gefühl, daß ich als Frau Männern gegenüber völlig gleichberechtigt war. In unseren Diskussionen über Politik wurden meine Argumente von Ali und Pala (PKK-Aktivisten; G.W.) immer ernst genommen und niemals mit den mir bisher so vertrauten Einwürfen wie: ›Du bist doch eine Frau, was verstehst du denn davon!‹ zurückgewiesen.«

So erklärt sich, daß etwa ein Drittel der auf 12.000 geschätzten PKK-Kämpfer Frauen sind. Mehdi Zana, selbst als politischer Gefangener 13 Jahre inhaftiert und zuvor Bürgermeister von Diyarbakir, der heimlichen und durch Flüchtlinge von 400.000 Bewohnern auf weit über eine Million angewachsenen Hauptstadt des kurdischen Teils der Türkei, kommt zu demselben Schluß: »Viele Frauen gingen auch deswegen in die Berge zur PKK-Guerilla, um den alten Regeln des Patriarchats zu entrinnen. Denn manche selbstbewußte Frau findet sich plötzlich in den alten großfamiliären Strukturen mit männlichem Pascha-Oberhaupt wieder, blutrünstige Fehdebräuche inbegriffen. Und diese Strukturen bedeuten: geringe Bildung, Heirat kurz nach der Pubertät, ein Kind pro Jahr, Arbeit und Schweigen und nochmal Schweigen. Lebenslang.«[4]

Devrim Kaya beschreibt, wie ihr eigener geliebter Onkel – ebenfalls ein PKK-Aktivist – wie so viele andere vor ihm einem Mordanschlag der Untergrundorganisation zum Opfer fällt. Nachdem dies in der kurdischen Bevölkerung Kritik auslöst, läßt sich der große Führer Öcalan herab, den Mord als »Fehler« einzugestehen, und nimmt den ermordeten Onkel sogar in die Reihe der »Märtyrer« auf. Ein Paradoxum, hatte sich Öcalan doch auf dem 5. PKK-Kongreß 1994 als unfehlbar feiern lassen und unter großem Beifall seiner Anhänger wörtlich verkündet: »Mich selber kann ich als absolut fehlerlos bezeichnen!« Ähnlich

4 Mehdi Zana, *Hölle Nr. 5. Tagebuch aus einem türkischen Gefängnis*, hg. v. G. Schumann, Göttingen 1997

»bereinigte« übrigens auch kürzlich der irakische Diktator Saddam Hussein eine ärgerliche Familienangelegenheit. Bekanntlich hatte er seinen abtrünnigen Schwiegersohn mit Versprechungen und Garantien aus Jordanien zurückgelockt und ermorden lassen. Nunmehr, so war in einem an Zynismus kaum zu übertreffenden Leitartikel der Regierungszeitung *Babel* zu lesen, sei ihm und den anderen »verlorenen« – also vom Regime ermordeten – »Söhnen des Landes« der Ehrentitel »Märtyrer der Wut« verliehen und zudem noch ein Denkmal aus Bronze errichtet worden.

In beiden Fällen zeigt sich die Mentalität eines Despoten, dem ein Menschenleben nichts gilt, der als Herr über Leben und Tod einem Ermordeten gegenüber, der einem nicht mehr schaden kann, sich »gnädig erweist«. Die Toten läßt man leben!

Durch eine beispiellose Mordserie gegen parteiinterne Kritiker hat auch der PKK-Chef (wörtliches Zitat: »Was bedeutet schon ein Menschenleben, wenn eine Nation massakriert wird«) seit Mitte der 80er Jahre seine Macht abgesichert. Allein 50 Gründungsmitglieder ließ er umbringen und unzählige PKK-Kämpfer »wegen Abweichung von der Linie der Führung standrechtlich erschießen«. Denn der von Gott begnadete Führer, dessen Gefolgschaft, wie er glaubt, »in einer göttlichen Verbindung« zu ihm stehe, duldet niemanden neben, geschweige denn über sich – es sei denn die Toten, die zu Märtyrern verklärt oder umgefälscht werden, wenn sie nicht mehr widersprechen können. Für Öcalan ist nur derjenige ein wahrhafter Revolutionär, »der die Linie der Führung richtig erkennt, anwendet, sich mit dem Leben an den Führer bindet und alle anderen gefühlsmäßigen, menschlichen und gesellschaftlichen Bindungen aufgibt«.[5] Originalton Öcalan:

»Ohne mich kann es kein Volk geben. Einige mögen das übertrieben finden, aber es ist die Wahrheit ... Manchmal vergleiche ich die Entstehung des Islam mit der Entstehung der PKK ... Es wird keinen zweiten Mann geben, auch nicht nach meinem Tod. Ihr könnt sagen, daß die PKK mit mir begann und mit mir zu Ende gehen wird. Einige sagen, daß ich der Theorie von Nietzsche vom Übermenschen nahestehe. Ich habe nicht viel darüber gelesen. Aber ich akzeptiere keine vergnügungssüchtigen, häßlichen Menschen. Ihr seid äußerst verkommen, ärmlich und zu nichts anderem in der Lage, als euch erschießen zu lassen.«

---

5 Selim Cürükkaya, *PKK. Die Diktatur des Abdullah Öcalan*, Frankfurt 1997

Eine Liebesbeziehung zwischen Mann und Frau in der PKK wird von Öcalan mit »Agententum« gleichgesetzt, Heirat ist verboten, denn das lenke vom Kampf ab. Das tragische ist, daß der selbsternannte Führer Öcalan aus dem sicheren syrischen Exil eine ursprünglich legitime Befreiungsbewegung zu einer Politsekte deformiert hat. Immer mehr Mitglieder – auch Führungskader – wissen dies, gestehen es sich selber ein und ziehen sich in eine Art innere Emigration zurück. Wenn sie nicht aus Angst um ihr Leben schweigen, dann deshalb, »um dem Gegner nicht in die Hände zu spielen«. Nur in den allerseltensten Fällen treten sie an die Öffentlichkeit.

In vielem scheint mir Öcalans PKK Resultat, Produkt und Konsequenz der jahrzehntelangen Verfolgungs- und Vernichtungsstrategie der türkischen »Militärdemokratur« gegen die kurdische Bevölkerung zu sein. Wie in einem System kommunizierender Röhren verhält sich die PKK mit ihren Terroraktionen zu den Massakern der türkischen Sondereinheiten und Todesschwadronen. Über 30.000 Menschen fielen diesem Krieg bisher zum Opfer; Tausende sitzen wegen Mitgliedschaft in der PKK im Gefängnis. Mindestens ebenso viele kurdische Zivilisten wurden Opfer des Militärs, aber auch der PKK, die nicht davor zurückschreckte, bei der Jagd auf »Dorfschützer« zugleich auch deren Familien und Kinder zu ermorden. Vor allem die Militärs drehen weiter an der Gewaltspirale und sind an politischen Lösungen nicht interessiert, um ihre Vormachtstellung, Pfründe und Privilegien nicht zu verlieren.

***

Es ist nun wahrlich kein Geheimnis mehr, Fotos und Filmdokumente belegen es: Die deutsche Bundesregierung leistete gewissenlos und geflissentlich mit ihren Waffenlieferungen Beihilfe zum Kurdenmord. Nur mit Unterstützung der Bundesregierung kann die Türkei diesen Krieg überhaupt weiterführen. Der größte Teil der Waffen und der Kredite kommen aus Deutschland. Im Rahmen von »Verteidigungshilfe«, »Rüstungssonderhilfe« und »Materialhilfe« wurden Rüstungsgüter aller Art von über 7 Milliarden DM an die Türkei geliefert – ein Mordsgeschenk! Darunter befanden sich neben Fertigungsstätten für G3- und MG3-Gewehre auch Leopard-I-Panzer und Munition aller Art. Obwohl die Türkei schon seit vielen Jahren einer der meistbegünstigten

Empfänger deutscher Waffen und Rüstungsgüter in der Welt ist, heizten die ab 1991 hauptsächlich aus NVA-Beständen gelieferten Waffen den Bürgerkrieg gegen die Kurden noch zusätzlich an. Nicht nur der riesigen Stückzahlen wegen: Mit 450 Millionen Stück Munition, über 250.000 Kalaschnikow-Maschinenpistolen, 300 achträdrigen BTR-60-Schützenpanzern und vielem mehr wurden Waffen geliefert, die in erster Linie für einen Bürgerkrieg geeignet sind. In vielen Berichten, nicht zuletzt von amnesty international, wurde »auf den Beitrag solcher Rüstungsgüter zu schwerwiegenden Menschenrechtsverletzungen, vor allem gegen die Zivilbevölkerung im kurdischen Südosten der Türkei«, hingewiesen. Beobachterdelegationen aus ganz Europa mit über 300 Teilnehmern – in der Mehrzahl Gewerkschafter – gelang es im Frühjahr 1994, eindeutige Beweise vorzulegen, daß deutsche Kriegswaffen gegen die Zivilbevölkerung eingesetzt wurden.

So fuhr am 23.3.1994 eine Delegation aus Süddeutschland, England, den Niederlanden und Frankreich in die Kreisstadt Lice, etwa 100 km nördlich von Diyarbakir. Die Delegation hatte die Information, daß zwei bis drei Tage zuvor sieben Dörfer in der Nähe von Lice zerstört und verbrannt worden waren. Menschen dort berichteten, daß im Moment Militäroperationen in der ganzen Umgebung stattfänden. In Wirklichkeit seien es 20 Dörfer gewesen, die während dieser Manöver angegriffen und zerstört worden waren. Ein Bus der Delegation wurde hinter dem Ortsausgang von Lice von der Geheimpolizei gestoppt. Zu Fuß versuchten einige Delegationsmitglieder, zu einem brennenden Dorf zu gelangen. Sie wurden von einer Gruppe Soldaten festgenommen und in eine Militärkaserne in Lice verschleppt. Dort konnten sie beobachten, wie Armee-Einheiten mit deutschen BTR-60-Panzern vom Einsatz aus dem brennenden Dorf zurückkamen.

Den meisten Delegationen wurde es unmöglich gemacht, in die stärker umkämpften Gebiete im äußersten Osten und Südosten der Türkei und in der Derzim-Region zu gelangen. Mitglieder einer Freiburger Delegation schafften es, sich eine Woche in Cizre, nahe der syrischen Grenze, aufzuhalten. Cizre ist durch immer wieder stattfindende Massaker und Bombardierungen in den letzten Jahren bekannt geworden. Die Delegation wurde Zeuge von Beschießungen der Armenviertel der Stadt. Ca. 4.000 »Dorfschützer« sind hierbei, u.a. ausgerüstet mit deutschen Panzern, im Einsatz gewesen. Die Hälfte der örtlichen Bevölkerung ist mittlerweile geflüchtet. Die Delegierten gaben zu Protokoll:

»Wir waren vom Dienstag, dem 22.3., bis Montag, dem 28.3., in Kurdistan. Eine unserer Aufgaben war, den Einsatz deutscher Waffen gegen die kurdische Bevölkerung zu untersuchen. Die offizielle Haltung der Bundesregierung ist, daß die für über sieben Milliarden Mark gelieferten Waffen bis auf wenige Ausnahmen zur Sicherung der NATO-Grenzen verwendet werden. Dem müssen wir aufs schärfste widersprechen. Deutsche Waffen sind uns auf Schritt und Tritt begegnet, obwohl wir uns in der zentral gelegenen Region um Diyarbakir aufgehalten haben, weit entfernt von der Grenze. Wir haben in diesem Gebiet etwa 1.000 km zurückgelegt und können im einzelnen folgendes berichten:

In der Kreisstadt Lice, 80 km nördlich von Diyarbakir, wurden wir am 23.3. für drei Stunden in einer Kaserne festgesetzt. In dieser Kaserne befanden sich Leopard-1-Panzer, MAN-Militär-LKW und Marder-Schützenpanzer. Unsere Bewacher trugen G3-Gewehre. Im Gebiet östlich von Lice war zu diesem Zeitpunkt eine Militäraktion gegen kurdische Dörfer im Gange. In etwa 5 km Entfernung konnten wir ein kurdisches Dorf brennen sehen. Aus diesem Gebiet kamen dann gegen 16 Uhr verschiedene Einheiten mit Hunderten von Soldaten in die Kaserne zurück. Sie fuhren auf MAN-LKW, begleitet von BTR-60-Panzern, die meisten Soldaten waren mit G3-Gewehren ausgerüstet, andere trugen NVA-Helme und andere Uniformteile aus ehemaligen NVA-Beständen. Für unsere Rückfahrt von Lice nach Diyarbakir hatte das Militär aus Lice einen Konvoi zusammengestellt, der sich folgendermaßen zusammensetzte: vier Fahrzeuge von uns, dazu zwei BTR-60-Panzer und zwei Marder-Schützenpanzer.

Alle diese Waffen, zuzüglich neuer Daimler-Benz-Unimog-Geländefahrzeuge, haben wir in mindestens 30 Kasernen gesehen.

- An zahllosen Straßensperren wurden vom türkischen Militär Marder-Schützenpanzer eingesetzt.
- Am 25.3. haben wir im Gefängnis von Diyarbakir einen BTR-60-Panzer gesehen.
- In der Kaserne von Kulp konnte die dort festgesetzte Delegation Werbung der Firma Heckler und Koch fotografieren.

Zivilpolizei, uniformierte Polizei und Dorfschützer waren teilweise mit Heckler-und-Koch-Maschinenpistolen bewaffnet.

Dies ist nur eine Auswahl unserer Beobachtungen. Bei allen denkbaren militärischen Einsätzen finden nach unseren Erkenntnissen deutsche Waffen Verwendung – im Krieg gegen die kurdische Bevölkerung, bei Dorfzerstörungen, bei Massakern, und das überall in Kurdistan. Die Präsenz deutscher Waffen war erdrückend. Wir schätzen, daß etwa 2/3 aller Waffen, die wir gesehen haben, aus Deutschland stammen oder mit deutscher Lizenz produziert wurden. Kurden und Kurdinnen, denen wir begegnet sind, haben uns unmißverständlich zu verstehen gegeben: ›Unser Volk wird mit deutschen Waffen ermordet‹ oder ›ohne diese Waffen aus Deutschland wäre der Krieg in sechs Monaten beendet‹.«[6]

---

6 s. auch Reinhard Hocker/Klaus Liebe-Harkort, *Zur Kurdenfrage in der Türkei*, hg. vom GEW-Hauptvorstand, 60444 Frankfurt/M., Postfach 900409

Im Gegensatz zur türkischen Ministerpräsidentin Çiller, die unumwunden zugab: »Wir setzen die Waffen ein, die wir haben«, versuchte sich die Bundesregierung durch permanentes und penetrantes Dummstellen aus der Verantwortung zu stehlen und sich »auf NATO-Verpflichtungen zur Grenzsicherung« herauszureden.

Im Mai 1998 gelang es dem Fernsehmagazin *Monitor* erstmals, zwei türkische Offiziere ausfindig zu machen, die in der Schweiz um Asyl nachgesucht haben und den Einsatz deutscher Waffen beim Kampf gegen die Kurden bezeugen können. Yener S., Kommandant einer Militärstation, befehligte 200 Soldaten und floh nach dreieinhalb Jahren Sondereinsätzen im kurdischen Teil der Türkei aus der Armee u.a. wegen der Greueltaten, deren Augenzeuge er war: »Es ist allgemein bekannt, und alle Angehörigen der türkischen Armee wissen es, daß diese Waffen (BTR-60-Panzer) im Rahmen des NATO-Abkommens geliefert wurden. Mit Sicherheit weiß jeder, gegen wen und für welche Zwecke diese Waffen eingesetzt werden dürfen: Man benutzt sie großflächig sowohl gegen die PKK als auch gegen die Zivilbevölkerung. Wir haben sie auch eingesetzt ...«

Ömer S., ein Unteroffizier, war von 1994 bis 1997 als Fahrer auf einem deutschen Panzer abkommandiert und erhielt mehrfach Strafbefehle, weil er sich geweigert hatte, gefangene PKK-Kämpfer zu erschießen:

»Ich fuhr einen Panzer vom Typ BTR-60. Ich kenne alle seine Merkmale. Innen im Panzer waren Schilder angebracht mit deutscher Beschriftung. Oben drüber stand ›Achtung!‹. Und darunter stand in deutsch die Bedienungsanleitung. Bei den Panzern änderte man die Farbe, sie wurden umgestrichen. Spiegel und Scheinwerfer der Panzer wurden ausgewechselt, man hat stattdessen türkische Scheinwerfer angebracht, um zu verhindern, daß weitere Fotos in europäischen Medien erscheinen ... Wir haben diese Panzer im kurdischen Gebiet gegen die Guerilla, aber auch gegen die Zivilbevölkerung eingesetzt. Ich habe es selbst erlebt. Zum Beispiel am 15. August 1993 in der Stadt Digor. Wir haben damit auch auf die Bevölkerung geschossen. Es gibt einen Befehl des türkischen Generalstabes für den Kampf gegen die Guerilla. Er lautet: ›Keine Gefangenen machen! Wenn du auf sie triffst, sofort schießen!‹ Das ist ein Geheimbefehl, der nicht schriftlich weitergegeben wird.«

Ömer C. erinnert sich an einen Vorfall vom Spätsommer 1997:

»Acht PKK-Kämpfer waren umstellt, und der erste hatte sich schon ergeben. Der Kommandant schrie mich an: ›Schieß, los schieß! Worauf wartest du noch?‹ Ich antwortete: ›Er hat sich doch ergeben, warum soll ich ihn erschießen?‹ Er schrie noch mal: ›Du sollst ihn erschießen! Erschieß ihn, ich befehle es dir!‹ Ich habe dann über seinen Kopf hinweg geschossen. Da nahm der Kommandant sein G-3-Gewehr und erschoß ihn und alle anderen ... Es gibt ein Kopfgeld für einen getöteten PKKler. Die Soldaten können die Leichen ja nicht aus den Bergen mitbringen. Sie schneiden ihnen deshalb zum Beweis die Ohren ab.«

Auf diese neuen eindeutigen Beweise reagiert die Bundesregierung bisher mit Schweigen. 1995 hatte Bundesaußenminister Kinkel noch versucht, den Ahnungslosen zu spielen, um sich aus der Verantwortung zu stehlen: »Wir haben wirklich keinen eindeutigen Beweis dafür.«

Unter dem Vorwand der »Grenzsicherung« setzt das türkische Militär zunehmend auch Minen ein. Die 870 Kilometer lange türkisch-syrische Grenze ist auf 600 Meter Breite vermint. Allein in diesem Gebiet wurden mehrere tausend Kurden zu Minenopfern, wurden getötet oder verstümmelt. Es ist schon der Normalzustand, daß in jedem Dorf im Grenzgebiet mehrere Bewohner Arme oder Beine verloren haben oder erblindet sind.

Im Norden wurden ab 1992 die Gebiete Baskale, Özlap und Muradiye in der Provinz Van; Semdinli, Yüksekova und Çukurca in der Provinz Hakkari; Uludere, Cizre, Silopi und Idil in der Provinz Sirnak sowie der Kreis Sirnak selbst; Nusaybin und Kiziltepe in der Provinz Mardin; Ceylanpinar, Birecik, Suruç, Akçakale und Viransehir in der Provinz Urfa; Oguzeli, Kilis und Çobanbey in der Provinz Antep; Hizan in der Provinz Bitlis und Gebiete um die entvölkerten Dörfer in den Provinzen Batman, Diyarbakir, Bingöl, Kars, Agri und Dersim vermint. Jedes Jahr kommen neue verminte Gebiete hinzu.

Die türkische Armee legt die Minen nicht nur in Nordkurdistan, sondern auch in Südkurdistan, während ihrer jährlichen »grenzüberschreitenden Operationen« gegen die PKK auf irakischem Staatsgebiet. Bei diesen dauernden Besatzungsoperationen werden Täler und die Umgebung entvölkerter Dörfer vermint. Während auf der einen Seite internationale Hilfsorganisationen versuchen, die vom Irak gelegten Minen in Südkurdistan zu räumen, legt auf der anderen Seite die türkische Armee neue Minen, denen die Menschen aus der Zivilbevölkerung zum Opfer fallen.

Deutschland liefert an die Türkei Minen, die mit Fallschirmen aus der Luft abgeworfen werden. Es wurden Minen der deutschen Firmen RTG und Diehl ausgegraben. Die deutsch-niederländisch-schweizerische Gesellschaft Eurometal hat jeweils 80 kleine Bomben enthaltende Streubomben gegen »weiche Ziele« an die Türkei geliefert. [7] Neuerdings wurde ein Vertrag über den kompletten Transfer der Produktionsanlagen von Eurometal in die Türkei unterzeichnet.

***

Devrim Kayas Flucht- und Asylbericht – über ihren Antrag ist immer noch nicht entschieden – beweist eines: Das Grundrecht auf Asyl, das vor fünf Jahren wesentlich eingeschränkt und erschwert wurde, ist zu einem reinen Ausnahmerecht geworden. Es ist oft reine Glückssache, ob ein Asylbewerber anerkannt wird oder nicht. Auf jeden Fall gilt: Im Zweifel wird gegen den Asylbewerber entschieden.

Vom 1. Januar 1993 bis zum 1. Januar 1998 starben wenigstens 80 Menschen auf dem Weg in die Bundesrepublik oder an den Grenzen. 58 Menschen töteten sich wegen der drohenden Abschiebung selbst. Mindestens 95 Flüchtlinge versuchten sich zu töten und überlebten schwerverletzt. Von denjenigen, die in ihre Herkunftsländer abgeschoben worden sind, wissen wir meist nichts Genaueres. Wir wissen, daß drei Flüchtlinge ums Leben kamen. Mindestens 45 Menschen wurden von Militär und Polizei mißhandelt und gefoltert. Etliche verschwanden spurlos. Neun Flüchtlinge in der Bundesrepublik starben durch Polizeigewalt. Bei Anschlägen auf Flüchtlingsunterkünfte starben seit 1993 mindestens 39 Menschen, 319 wurden z.T. schwer verletzt.[8]

An den Flughäfen wurden 1996 4.286 asylsuchende Passagiere zurückgewiesen, 1997 35.205 Menschen an den deutschen Grenzen »aufgegriffen«, »erkennungsdienstlich behandelt« und zurückgewiesen. Abgeschoben wird zunehmend »effektiver«, die Abschiebeknäste wurden vermehrt und sind in der Regel überbelegt.

In Wahlkampfzeiten müssen Arbeitsemigranten und Asylsuchende wieder mal für nicht gehaltene Versprechungen der Politiker ihren Buckel hinhalten. Da zündeln reaktionäre Politiker und eine bestimmte Presse als Brandstifter. Da war von »unzulässiger Durchrassung und Vermischung« (Stoiber) die Rede, da werden Zuwanderer als »Gesindel« (Berlins CDU-Fraktionschef Landowsky) abgestempelt, und Bay-

7 s. Selahattin Çelic, *Todesmaschinerie. Die türkische Konterguerilla*
8 s. *Menschenrechte ohne Asyl in Deutschland,* Komitee für Grundrechte und Demokratie 1998, 64759 Sensbachtal, An der Gasse 1

erns Politiker rufen nach einem neuen Gesetz, das in bestimmten Fällen eine abgewandelte moderne Spielart der einstmals so bewährten »Sippenhaft« darstellt: Ausländische Eltern von straffällig gewordenen Jugendlichen sollen gleich mitabgeschoben werden. Eine neudeutsche in Bürokratenhirnen ersonnene Sprachregelung hat's geschafft, Flüchtlinge und politisch Verfolgte mit Attributen auszustatten, die Distanz, Mitleidlosigkeit und Verachtung erzeugen sollen: Der Begriff »Asylant«, 1978 erstmals im Bundestag aufgebracht und anschließend in den Medien aufgegriffen, ordnet sich in die Reihe der negativ besetzten Worte wie »Simulant«, »Sympathisant«, »Intrigant« ein und ist für den Sprachforscher Gerhard Müller von der Gesellschaft für Deutsche Sprache in Wiesbaden »menschenverachtend und zudem diffus«, ein »sprachlicher Pogromausdruck«. Sehr bald wurde noch eins draufgesetzt und mit bedrohlichen Begriffen aus dem Katasthrophenbereich tief in die Ängste des Unterbewußtseins gezielt: »Asylantenflut«, »Asylantenansturm«, »Dämme gegen Asylanten«, »Zeitbombe«, »Springflut«, »eine Waffe der Zukunft«. Aus dem neudeutschen »Wörterbuch des Unmenschen« entsprungen und von Fremdenfeindlichkeit und Menschenverachtung triefend sind auch Begriffe wie »Maßnahmen der Sozialhygiene«, womit Ausweisungen »illegal aufhältlicher Ausländer« bürokratisch korrekt umschrieben werden. Und wenn die »Schüblinge« dann, wie es im Amtsdeutsch heißt, »ausländerrechtlich behandelt« und »rückgeführt« werden, geschieht es ihnen doch gerade recht, selbst wenn ihnen erneut Verfolgung, Inhaftierung und Folter drohen. Wer sich den eigenen Problemen und Realitäten nicht stellen will oder kann, ist mehr denn je auf den »Ausländer« als Ventil und Sündenbock angewiesen. Obwohl Asylsuchende nur einen verschwindend geringen Prozentsatz an der Gesamtbevölkerung ausmachen, werden sie zunehmend verantwortlich gemacht für Wohnungsnot, Arbeitslosigkeit und angeblich steigende Kriminalität. Was dieser sogenannte »Asylkompromiß« bewirkt hat, wird überdeutlich, wenn selbst Insider, die ihn ursprünglich gefordert und mitbetrieben, nunmehr erschrecken, was sie damit angerichtet haben.

August Lang, früherer bayrischer Minister, äußerte später als mit Asylsuchenden befaßter Rechtsanwalt: »Wir wollten damals raschere Abschiebungen. Aber dabei muß die Rechtsstaatlichkeit gewahrt bleiben ... Doch das Verfahren, wie es im Alltag praktiziert wird, ist ein Problem. Denn es läuft wie eine Vollstreckungsmaschine: Antrag, weg mit dem Asylbewerber, aus ...«

Und noch deutlicher wird das CDU-Mitglied Major a.D. Siegfried Westermann, der sich 1995 wie folgt äußerte: »Ein Jahr habe ich als Anhörer gearbeitet. Mein Glaube an die Rechtsstaatlichkeit ist nach dieser Zeit erschüttert … Die rechtlich vorgeschriebene Einzelfallprüfung ist eine Farce … Ein Entscheider berichtete mir stolz, daß er in einem Jahr 500 Fälle erledigt hätte …« Westermann schildert seine Erfahrungen am Fall eines abgeschobenen Deserteurs, der als Asylbewerber abgelehnt worden ist: »In seiner Ablehnung stehen nur pauschale Gründe. Wo immer er landet, wird er zum Strandgut gehören. Diese Entscheidung stellt für mich persönlich mein ganzes Wirken in Frage. Mich packt das Entsetzen. In einigen Jahren werden wir wieder Grund haben, uns zu schämen.«

Nichts anderes meinte und sagte Günter Grass, als er am 19.10.1997 in seiner Laudatio auf Yasar Kemal, den Friedenspreisträger des deutschen Buchhandels, in der Frankfurter Paulskirche vor erlauchtem Publikum die feierliche Atmosphäre durch unerwünschte Feststellungen störte und bei den dafür verantwortlichen Regierungspolitikern und der ihnen verpflichteten konservativen Presse einen langandauernden und nachhallenden Sturm der Entrüstung auslöste:

> »Wer immer hier, versammelt in der Paulskirche, die Interessen der Regierung Kohl/Kinkel vertritt, weiß, daß die Bundesrepublik Deutschland seit Jahren Waffenlieferungen an die gegen ihr eigenes Volk einen Vernichtungskrieg führende Türkische Republik duldet. Nach 1990, als uns die Gunst der Stunde die Möglichkeiten einer deutschen Einigung eröffnete, sind sogar Panzer und gepanzerte Fahrzeuge aus den Beständen der ehemaligen Volksarmee der DDR in dieses kriegführende Land geliefert worden. Wir wurden und sind Mittäter. Wir duldeten ein so schnelles wie schmutziges Geschäft. Ich schäme mich meines zum bloßen Wirtschaftsstandort verkommenen Landes, dessen Regierung todbringenden Handel zuläßt und zudem verfolgten Kurden das Recht auf Asyl verweigert.«